高等职业教

U0589870

高职高专旅游类专业精品教材
河北省精品课程教材

旅行社业务

◎ 主 编 赵建宇

清华大学出版社
北京

内 容 简 介

本书是河北省精品课程配套教材,基于旅行社企业的工作过程,本着项目导向、工学结合的原则编写,其目的是让学生了解和掌握旅行社经营管理的基本知识与技能,培养学生的专业能力、职业关键能力、创业能力以及基层综合管理能力,做到"教、学、做"一体化,为从事旅行社各岗位的工作奠定基础。本书主要内容包括:旅行社设立、旅行社产品开发业务、旅行社产品销售业务、旅行社计调业务、旅行社门市业务、旅行社接待业务和旅行社财会业务。

本书适合高职高专旅游类专业作为教材使用,也可供旅游行业从业人员和社会一般读者阅读参考。

图书在版编目(CIP)数据

旅行社业务/赵建宇主编. —北京:清华大学出版社,2012.2(2021.8重印)
(高职高专旅游类专业精品教材)
ISBN 978-7-302-27873-3

Ⅰ. ①旅…　Ⅱ. ①赵…　Ⅲ. ①旅行社-业务管理-高等职业教育-教材　Ⅳ. ①F590.63

中国版本图书馆 CIP 数据核字(2012)第 007433 号

责任编辑:刘士平
封面设计:宋　彬
责任校对:袁　芳
责任印制:朱雨萌

出版发行:清华大学出版社
　　　　　网　　　址:http://www.tup.com.cn,http://www.wqbook.com
　　　　　地　　　址:北京清华大学学研大厦 A 座　　　　　邮　　编:100084
　　　　　社 总 机:010-62770175　　　　　邮　　购:010-62786544
　　　　　投稿与读者服务:010-62776969,c-service@tup.tsinghua.edu.cn
　　　　　质量反馈:010-62772015,zhiliang@tup.tsinghua.edu.cn
　　　　　课件下载:http://www.tup.com.cn
印　装　者:北京九州迅驰传媒文化有限公司
经　　销:全国新华书店
开　　本:185mm×260mm　　　印　张:19.75　　　字　数:455 千字
版　　次:2012 年 2 月第 1 版　　　印　次:2021 年 8 月第 9 次印刷
定　　价:59.00 元

产品编号:045248-03

　　"旅行社业务"作为高职旅游院校旅游管理及相关专业的核心课程之一,按照工学结合人才培养模式的要求,在编写过程中,采用"基于工作过程导向——工作过程系统化课程"设计方法,注重"工学结合、项目导向、任务驱动"的教学模式,在征求多位旅行社业界专家意见的基础上,对旅行社业务的工作流程进行分析,最终将旅行社业务确定为外联销售、门市接待、计调和客户服务四大岗位群。进而又对各岗位群进行职业能力分析,由此确定岗位工作任务和行动领域。打破以往传统的、以理论知识传授为主要特征的学科课程模式,转变为以旅行社各岗位的工作任务为中心,设计工作项目,组织教材内容。目的在于使学生掌握旅行社业务的工作流程及相关岗位的工作技能,从而能较快地适应旅行社各岗位的工作。

　　为了便于学生学习,本书将专业知识与专业技能挂钩,在每一个学习任务后面都配有相关的阅读资料和发生在旅行社业界的典型案例及分析,创设模拟情境,留给学生更多的自主学习的空间,将理论知识转化为实际工作方法和处理具体问题的思路,训练学生运用所学专业知识解决具体问题的能力,实现"教、学、做"一体化,提升学生的职业技能。

　　本教材由赵建宇担任主编,吴亚秋、刘荣担任副主编。尚永利、刘巍参编。具体分工如下:吴亚秋撰写项目一;赵建宇撰写项目二、项目三、项目五、项目六;尚永利撰写项目四的任务一、任务二;刘巍撰写项目四的任务三;刘荣撰写项目七。丁文义、宁文志、郭相强、李海梅和金疆为本书的编写提供了丰富的素材和有益的建议。赵建宇设计编写大纲及目录,并最终修改统稿。

　　本书在编写过程中,得到多位旅行社业内人士的帮助,在此要特别感谢承德海外国际旅游有限公司总经理徐连成先生、承德北方旅行社总经理尚永利先生、承德春秋旅行社总经理王臻舟先生、承德诚信旅行社火神庙分社经理郭相强先生,有了他们的参与,才使本书内容更加充实、实用。

　　本书的完成,参考和借鉴了许多专家、学者的相关著作和研究成果,以及大量的优秀教材,在此表示感谢。对所参考的资料及其编者已一一列于参考文献中。还有一些素材,因来自于一些网站,由于搜集时间过久且内容庞杂,已难寻出处,在此对有关作者表示感谢!

　　由于时间仓促,加之编者水平有限,书中难免有疏漏、欠妥之处,恳请专家、读者批评指正。

编　者

2011 年 11 月

项目一

旅行社设立

学习目标

专业能力目标

- 掌握设立旅行社的程序；
- 能够独立完成申请设立旅行社有关材料的准备工作；
- 具有组织协调与指挥的能力。

方法能力目标

- 具备设立旅行社有关申报材料的写作能力；
- 具有独立完成旅行社组织机构设立的能力。

社会能力目标

- 具备良好合作意识；
- 具有良好的职业道德和敬业精神；
- 具有较强的责任感和严谨的工作作风。

任务一　认识旅行社

【任务描述】

认识旅行社，了解旅行社给人们的生活带来哪些便利，旅行社有哪些职能和基本业务。分组进行讨论。

【任务分析】

旅行社作为旅游业的一个重要支柱产业，通过为人们外出旅游提供食、住、行、游、购、娱等综合服务，给人们外出旅行活动带来了极大的便利，是旅游消费者与旅游服务供应商之间的桥梁和纽带。旅行社的发展与普及为人们的旅行活动提供了众多的方便,同时又进一步促进了旅游业的发展。旅行社是为旅游者提供旅行服务的专门机构,又是连接旅游资源和旅游消费者的中介组织。它最基本的职能是满足旅游者在旅行和游览方面的各种需要,同时协调和帮助交通、食宿、景点、娱乐场所和旅游商店等服务供应部门将其旅游服务产品销售给旅游者。由于旅行社的服务对象是旅游者,这一特点决定了旅行社的业务都必须围绕着旅游者的旅行活动展开。

【相关知识与技能】

一、旅行社的产生与发展

（一）世界旅行社的产生与发展

旅行社的产生是经济、科技、社会分工发展的结果,也是旅行活动发展到一定阶段的产物。18 世纪中叶发生在英国的工业革命,不仅革新了生产技术,极大地提高了生产力,而且也改变了当时世界的经济结构和社会面貌,使人类的旅行和旅游活动的发展受到巨大影响。首先,全球范围内的生产力水平的不断提高和迅速发展,社会财富的急剧增加,有产阶级规模的日趋扩大,使越来越多的人具备了外出旅游的经济条件。其次,科学技术的进步,铁路的兴建,蒸汽机车和轮船的试运行,从根本上改变了当时陆路和水路交通状况,使单位运载能力空前提高,不仅为人们外出旅行节省了费用,而且也大大缩短了出行者的在途时间,从而使人类社会的大规模流动成为可能。最后,工业革命加快了城市化进程,改变了人们原有的工作和生活方式,人们的工作重心由农村转移到城市。工业革命带来了紧张的城市生活和嘈杂环境,人们心理压力越来越大,开始向往宁静休闲的田园生活,外出旅行逐渐成为他们经常性活动。然而,当时的绝大多数人,即便是有产阶级,也都缺乏旅行经验。他们对于异国他乡的情况,尤其是对于有关旅行手续的办理更是了解甚少,加上语言交流和货币兑换等方面的困难,以前那种食、住、行、游都由自己安排的旅游方式渐渐失去了原有的吸引力。

有支付能力的旅游人数的增加和旅游活动的逐渐发展要求有专门的机构和人员为人们外出旅游提供相关的有偿服务,以解除旅行者后顾之忧的呼声日益强烈。在此背景下,1845 年,具有较强市场意识的英国人托马斯·库克看准了这一市场空缺,作为世界首家专门从事旅行代理业务的企业,托马斯·库克的旅行社——通济隆旅行社在英国的小城莱斯特成立了。自此世界上第一位专职的旅行代理商——托马斯·库克登上历史舞台。这标志着近代旅游业开启了新的篇章。

托马斯·库克自幼家境贫寒,10 岁辍学,先后做过帮工、诵经人和花匠等。1841 年7 月,当时作为传教士的英格兰牧师——托马斯·库克是一位热心的禁酒主义演说家,他利用机械化大生产中人们出现的心理危机和压力,以参加禁酒活动为号召,组织了世界上第一次团体包价旅游。他包租了一列火车,载运了 570 人从莱斯特到拉夫巴罗参加禁酒大会,全程 24 英里,第一次采用集体折扣付费方式,按每人仅 1 先令发售来回票,库克本人随车热情照料,除交通费外,还包括乐队演奏赞歌和一次野外午餐及午后茶点,人们感到非常满意。托马斯·库克组织的这次活动已经具备了现代旅行社团体旅游的一些基本特征,如导游讲解、旅行手册等,这次活动被称为近代旅游活动的开端。随后,他又多次组织类似的活动,并逐步意识到其中潜在的巨大商机。

托马斯·库克的旅行社成立以后,其业务范围不断扩大。1845年夏天,库克第一次组织了有350人参加的到利物浦的团体观光旅游。这次观光旅游活动与以前的旅游活动有显著的区别。主要表现在,这是一次以营利为目的的纯商业活动,持续时间长,超过了24小时,并配有专职导游。它包含了旅游线路考察、旅游产品组织、旅游广告宣传、旅游团队组织和陪同及导游等多项内容的旅行社业务活动,是现代旅行社业务的雏形。1855年,托马斯·库克又组织了世界上第一次出国包价旅游,有15.6万人参加。旅游路线从英国的莱斯特到法国的巴黎,参加巴黎水晶宫博览会。这次包价旅游可以说是现代出境旅游业务的初次尝试并得到英国媒体的普遍好评。《曼彻斯特报》称"这是铁路旅行史上的一次创举"。1872年,托马斯·库克成功地组织了世界上第一次团体环球旅游。旅游团由9人组成,库克亲自为向导,历时22天,历经10多个国家。此次环球旅游活动使托马斯·库克名声大振,其名字也成为旅游的代名词,在欧美地区广为人知。1939年,托马斯·库克父子公司在世界各地设立了50余家分社。

托马斯·库克对于旅游业的贡献,不仅在于他开创了近代旅游业,而且还表现在他面向大众,薄利多销,推动了旅游的社会化,促进了旅游业的迅速发展。另外,他的旅游企业的经营管理理念对后世也有深远的影响,例如,他认为旅行事业的经营者应尽可能使客人方便、舒适,尽可能为客人省钱;组织游客去旅游不仅是带客人去游山玩水,更是去探求新知识、新事物。他肯定旅游具有教育作用,并提出了"Saving Money for Travel"的口号,对提高人们的旅游意识作出了贡献。

在托马斯·库克之后,为适应人们不断增长的旅游需求,旅行社在世界各地迅速发展起来。在欧洲先后成立了许多类似的旅游组织,如英国1857年成立的登山俱乐部,1885年成立的帐篷俱乐部;法国、德国都于1890年成立了观光俱乐部。

旅行社的发展与普及为人们的旅行提供了众多的方便,这又进一步促进了旅游业的发展。由于受到两次世界大战及经济危机的影响,全球旅行社业的发展在这一时期经历了几起几落的变化。第二次世界大战之后,相对稳定的世界局势和快速增长的世界经济使旅游业迅速崛起,旅行社也得到了空前的大发展,据不完全统计,目前世界上旅行社数量最多的是欧洲和北美地区,约占世界旅行社总数80%以上。一个遍布全球的庞大的国际性旅游服务销售网络已经形成。

（二）中国旅行社的产生与发展

中国近代旅游业发源于上海。其产生的历史背景与西方旅行社产生的背景截然不同,它是在受到外来经济和文化入侵的影响下产生的。中国最早的旅行社是1923年由爱国人士陈光蒲先生在上海创立的。

清末民初,我国旅游业为少数洋商所垄断,英国的通济隆、美国的运通和日本的国际观光局等先后在上海登陆。1910年,英国的通济隆公司在上海开设了第一个办事处,开展旅行社业务,向欧洲、日本等国家和地区的旅游者介绍中国,它们服务的对象只限于外国人和白领华人。陈光蒲留美多年,又酷爱旅游,他之所以决心创办中国第一家旅行社,据原上海银行天津分行经理资耀华(新中国成立后曾任上海银行总经理)口述:"上海银行办的中国旅行社是我国第一家。陈光蒲创办中国旅行社的动机,开始时还不是作为一种业务,而是对抗洋人,为国争气。旧中国旅行社都是英、美、日等帝国主义的洋商所办,中国人要出国,办理旅游手续都要经过他们之手。洋商不仅收费高昂,而且态度傲慢无礼,根本看不起中国人。陈光蒲时常出国,时常受气。有一次洋商办事的人傲慢无礼,使他实在忍受不住了,同对方争执了几句,对方冷笑着说:'你不满意,你们中国人为什么不自己办一个呢?'对陈光蒲非常蔑视。陈一怒之下,决心创办中国旅行社。"除了爱国和争回祖国的权利外,陈光蒲还认为,为了让国人及各国人士了解中国古老悠久的文化和名胜古迹,也必须建立、健全为旅客服务的机构,这是他要创办中国旅行社的又一动因。

1923年4月,由陈光蒲任总经理的上海银行正式呈文北洋政府交通部,提请代售火车票,办理旅行业务。当时交通部正召开全国铁路联运会议,该案一经交议,立即遭到身居要职的铁路洋员反对。表面理由是英、日、美、法等国在华均有旅行机构,绝无再设的必要,实际上是担心会削减外国在华旅行机构的既得利益。幸好时任交通总长的叶恭绰、路政司司长刘景山及各路华员皆竭力支持,所以经激烈辩论后终获通过。是年8月1日,上海银行旅行部正式宣告成立。这一天,是中国旅游史上值得大书特书的一天。因为按国际惯例,商业性旅行社的产生是一个国家近代旅游业诞生的标志。

旅行部成立一个月后,即在杭州设立分部,以后陆续扩大规模,5年间,共设立分部11处。1927年,经上海银行董事会开会研究,决定投资5万元(后增资至50万元),旅行部自立门户,6月1日,正式改名为"中国旅行社",并向国民政府交通部申请注册,经该部核准,于1928年1月拿到了第一号旅行业执照。(现为香港中国旅行社股份有限公司)这是我国历史上最早的一家由中国人开设的旅行社。陈光蒲及其旅行社的成立,标志着中国近代旅游业的诞生。

随后,在中国各地先后出现了不少类似的旅游企业,如铁路游历经理处、公路旅游服务社、浙江名胜导游团、中国汽车旅行社、国际旅游协会、友声旅行团、精武体育会旅行部、萍踪旅行团、现代旅行社等。它们是中国旅行社行业处于萌芽期的旅行社,承担了近代中国人旅游活动的组织工作。1937年抗日战争爆发,这些旅行社基本处于停业状态,它们中的大多数都解散了,中国的旅行社业随之中断。

新中国成立后,1949年12月在厦门成立了华侨旅行社,这是"中国旅行社"的前身。此后,我国先后于1954年和1979年在北京成立中国国际旅行社和中国青年旅行社。经过50多年的发展,我国旅行社业体系基本形成了三大系统,即中国国际旅行社(国旅)系统、中国旅行社(中旅)系统和青年旅行社(青旅)系统。这三大系统实力雄厚,各系统的分支机构遍及全国各地,成为我国旅行社业的三大组织体系。这一时期中国旅行社业的控制权基本掌握在国旅、中旅、青旅三大旅行社手中。

进入21世纪以来,我国旅游业的发展成就让世界震惊。入境游客和国际旅游收入以每年近20%的速度增长,是同期世界平均发展水平的3倍多。伴随着旅游业的蓬勃发展我国旅行社业也进入了高速发展时期,这主要得益于我国宏观经济环境的持续向好,人民生活水平的不断提高,人们外出旅游的热情进一步高涨。例如,"黄金周"的推出,更是刺激了人们的旅游热情。可以说,我国旅行社业自 1978 年以来,在经历 30 多年的市场化进程后,行业规模不断扩大,从业人员不断增加,经营体制不断创新,经营环境不断改善。旅行社业已经成为拉动经济增长,扩大就业渠道的重要服务行业之一,截止到 2010 年年底,我国共有旅行社 22 784 家,旅行社直接从业人员 340 894 人。

二、旅行社行业组织

（一）旅行社行业组织的性质与功能

1. 旅行社行业组织的含义

旅行社行业组织又称为行业协会,是指旅行社为实现本行业共同的利益和目标而在自愿的基础上组成的民间组织。

2. 旅行社行业组织的性质

旅行社行业组织的性质体现在以下三个方面。

（1）旅行社行业组织是民间性组织,而非官方机构或行政组织;

（2）旅行社行业组织是旅行社为实现单个企业无力达到的目标而成立的共同利益集团;

（3）是否加入旅行社行业组织完全出于自愿,而且可以随时退出。

3. 旅行社行业组织的功能

（1）服务功能

行业协会可以作为协会成员的代表人,与政府机构或其他行业组织商谈有关事宜;加强协会成员之间的信息沟通,定期发布统计分析资料;调查研究协会会员感兴趣的问题,向协会成员提交研究报告;定期出版刊物,向协会成员提供有效信息;开展联合推销和联合培训活动。

（2）管理功能

协会拟定成员共同遵循的经营标准;制定行规会约;对成员依法经营进行监督和指导,仲裁和调节成员之间的纠纷。

（二）我国旅行社行业组织

1. 中国旅行社协会

中国旅行社协会（China Association of Travel Services, CATS）,成立于 1997 年 10 月,是由中国境内的旅行社、各地区旅行社协会或其他同类协会等单位,按照平等自愿的原则结成的全国旅行社行业的专业性协会,是经中华人民共和国民政部正式登记注册的全国性社团组织,具有独立的社团法人资格。协会接受国家旅游局的领导、民政部门的监督管理和中国旅游协会的业务指导。协会会址设在中国首都——北京市。

协会的宗旨是:遵守国家的宪法、法律、法规和有关政策,遵守社会道德风尚,代表和维护旅行社行业的共同利益和会员的合法权益,努力为会员服务,为行业服务,在政府和会员之间发挥桥梁和纽带作用,为中国旅行社的健康发展作出积极贡献。

协会的主要任务是:宣传、贯彻国家旅游业的发展方针和旅行社行业的政策法规;总结交流旅行社的工作经验,开展与旅行社行业相关的调研,为旅行社行业的发展提出积极并切实可行的建议;向主管单位及有关单位反映会员的愿望或要求,为会员提供法律咨询服务,保护会员的共同利益,维护会员的合法权益;制定行为规范,发挥行业自律作用,督促会员单位提高经营管理水平和接待服务质量,维护旅游行业的市场经营秩序;加强会员之间的交流与合作,组织开展各项培训、学习、研讨、交流和考察等活动;加强与行业内外的有关组织、社团的联系、协作与合作;开展与海外旅行社协会及相关行业组织之间的交流与合作;编印会刊和信息资料,为会员提供信息服务。

协会实行团体会员制,所有在中国境内依法设立、守法经营,无不良信誉的旅行社及与旅行社经营业务密切相关的单位和各地区性旅行社协会或其他同类协会,承认和拥护本会的章程,遵守协会章程,履行应尽义务的均可申请加入协会。

协会的最高权力机构是会员代表大会,每四年举行一次。协会设立理事会和常务理事会,理事会对会员代表大会负责,是会员代表大会的执行机构,在会员代表大会闭会期间领导协会开展日常工作;常务理事会对理事会负责,在理事会闭会期间,行使其职权。

协会对会员实行年度注册公告制度。每年年初会员单位必须进行注册登记,协会对符合会员条件的会员名单向社会公告。

2. 地方旅行社协会

地方旅行社协会在宗旨任务、组织方式、会员权利义务等方面与中国旅行社协会很相像。它们和地方旅游行政管理部门之间的关系也等同于中国旅行社协会和国家旅游局。地方性的旅游协会还可以以会员身份加入中国旅行社协会。

(三) 旅行社的国际性组织

1. 世界旅行社协会

世界旅行社协会是一个由私人旅行社组成的世界性非营利组织。世界旅行社协会旨在推动旅游业的发展,收集和传播信息,参与有关发展旅游业的商业和财务工作。现有240个会员,来自于100个国家和地区的232个城市。

世界旅行社协会设有一个执行委员会,有9名委员。总部在瑞士的日内瓦,并设常务秘书处,管理协会的行政事务。协会每两年举行一次大会。协会把世界分成15个区,各区每年举行一次会员社会议,研究本区旅游业务中的问题。

2. 世界旅行社协会联合会

世界旅行社协会联合会于1966年11月22日成立于意大利的罗马,总部设在比利时的布鲁塞尔。世界旅行社协会联合会是最大的民间性国际旅游组织。其前身是1919年在巴黎成立的欧洲旅行社和1964年在纽约成立的美洲旅行社,1966年10月由这两个组织合并组成,并于1966年11月22日在罗马正式成立。

世界旅行社协会联合会是一个专业性和技术性组织,其会员是世界各国的全国性旅行社协会,每个国家只能有一个全国性的旅行社协会代表该国参加。中国旅游协会是世界旅行社协会联合会会员。

三、旅行社的概念与特征

（一）旅行社的概念

我国 2009 年 5 月 1 日颁布的《旅行社条例》规定："本条例所称旅行社，是指从事招徕、组织、接待旅游者等活动，为旅游者提供相关旅游服务，开展国内旅游业务、入境旅游业务或者出境旅游业务的企业法人。"其中的旅游业务是指为旅游者代办出入境和签证手续，招揽、接待旅游者旅游以及为旅游者安排食宿等有偿服务的经营活动。根据《旅行社条例》规定可以得出，凡是经营上述旅游业务的营利性企业，无论其使用的名称是旅行社、旅游公司、旅游服务公司都属于旅行社。对于此概念，应从以下几个方面进行理解。

（1）旅行社应是经过旅游行政管理部门的审批设立的。世界上绝大多数国家的法律、法规都规定，经营旅行社必须通过旅游行政管理部门（或相关行业管理部门）的审批。我国在吸取国外成功经验的基础上，规定了我国旅行社业为许可经营的行业，未经有审批权的旅游行政管理部门的审批，任何集体和个人均不得经营旅游业务。

（2）旅行社应是以营利为目的的企业。旅行社作为独立的企业法人，应当自主经营、自负盈亏、自我约束和自我发展，独立承担民事责任。要实现上述目标，旅行社必须以营利为目的，在经营过程中，依法对自己经营成果承担经济责任，并根据盈亏状况享有相应的经济权利。

（3）旅行社从事的业务应是旅游中介服务。旅行社作为一个企业，本身并没有更多的生产资料，要完成其生产经营过程，主要依托各类旅游目的地的吸引物和各个旅游企业及相关服务企业提供的各种接待服务设施。所以，旅行社作为一个中介性的服务企业，主要依附于客源市场、供应商和其他协作单位来完成其生产销售职能。也就是说，旅行社是旅游消费者与旅游服务供应商之间的桥梁和纽带，因此旅行社具有中介性质。

（二）旅行社的特征

从旅行社的定义来看，旅行社主要应包含以下两个共同特征。
（1）提供与旅行有关的服务，是旅行社的主要职能。
（2）以营利为目的，决定了旅行社的企业性质。

四、旅行社的主要类型

由于不同国家和地区旅行社的发展水平和经营环境不同，世界各国、各地区在旅行社的分类上有很大区别。

（一）欧美国家旅行社的分类

在欧美地区根据旅行社的业务范围和特点，旅行社一般有两种分类方法。一是三分法，即按照业务范围将旅行社划分为旅游经营商、旅游批发商和旅游零售商。二是二分法，即将旅行社划分为批发旅游经营商和旅游零售商，忽略旅游经营商和旅游批发商的差别。实际上二分法或三分法本身并不重要，这两种分类方法传达的都是一个同样的主题，那就是,在多数西方发达国家中,旅行社的分工是按照服务流程进行的。

1. 旅游批发商

旅游批发商(Tour Wholesaler)是一种从事旅游产品的生产、组织、宣传和推销旅行团业务的旅行社组织。旅游批发商根据旅游者的需求和相关部门的实际情况设计旅游产品,再通过零售商将产品出售给旅游者,一般不直接向旅游者出售产品。

2. 旅游经营商

旅游经营商(Tour Operator)是指从事旅游产品的设计、批发业务,以编排、组合旅游产品为主,也兼营一部分零售业务的旅行社。与旅游批发商的区别在于,旅游经营商除了通过从事零售业务的中间商销售自己的产品之外,还自己设立零售网络,直接向旅游者销售各种包价旅游产品。

3. 旅游零售商

旅游零售商(Tour Retailer)又称旅游代理商,是指获得授权直接向个人或社会团体宣传和推销旅游、游船舱位、交通服务、饭店住宿、餐饮、接送服务、观光和所有与旅行社有关要素的个人、商社或公司。也就是说,这类旅行社是直接向公众销售旅游产品和服务的代理商,它们可以代顾客直接向饭店和航空公司等旅游服务供应商预订零散服务项目,也可以代理旅游经营商或旅游批发商的包价旅游产品。旅游零售商的利润来自销售佣金。

在西方国家,旅游零售商特别是旅行代理商分布极为广泛,由于它们直接面对广大旅游者,所以对旅游者的旅游决策影响巨大。

（二）我国旅行社的分类

按照时间先后,我国旅行社的分类有三种。

1. 1996 年以前

1996 年以前,我国将旅行社划分为三类,即一类旅行社、二类旅行社和三类旅行社。一类旅行社的经营范围是从事对外招徕和接待海外游客来中国大陆旅游;二类旅行社的经营范围是从事接待由一类旅行社和其他涉外部门组织来华海外游客;三类旅行社只能经营国内旅游业务。

2. 1996—2009 年

我国 1996 年颁布的《旅行社管理条例》将我国旅行社划分为两类,一类是国际旅行社;另一类是国内旅行社。国际旅行社的经营范围包括入境旅游业务、出境旅游业务和国内旅游业务。国内旅行社的经营范围仅限于国内旅游业务。

3. 2009 年以后

2009 年 5 月 1 日开始实施的《旅行社条例》规定,所有旅行社都可经营国内旅游业务和入境旅游业务。旅行社取得经营许可满两年,且未因侵害旅游者合法权益受到行政机关罚款以上处罚的,可以申请经营出境旅游业务。

五、旅行社的基本职能

旅行社既是为人们旅行提供相关服务的专门机构,又是连接旅游资源和旅游消费者的中介组织。它的最基本职能是设法满足旅游者在旅游过程中的各种需要,同时协调和帮助交通、食宿、景点、娱乐场所和旅游商店等服务供应部门将其旅游产品销售给旅游者。其基本职能主要包括以下五个方面。

（一）生产职能

旅行社的生产职能也可称为组装职能，是指旅行社设计和组装各种包价旅游产品的功能。在我国，旅行社大多以低于市场价格向饭店、旅游交通和其他相关部门批量购买旅游者所需要的各种服务项目，然后进行设计、组装和加工，同时融入旅行社自身的理念和特色，形成含有自己服务内容的旅游包价产品，出售给旅游者。就团体旅游而言，旅行社最终出售的是一件完整的旅游产品，而非组成旅游产品的零散服务项目。当然，旅游者也可以直接向旅游资源部门和企业直接购买各单项的旅游产品，但因购买数量有限，难以获得优惠价格，也不能享受旅游产品的相关服务。可见，旅行社出售的不是简单的旅游原料，而是经过精心设计和加工、装配的综合产品。从这一意义而言，旅行社具有生产职能。

（二）销售职能

旅行社是营利性组织，它不仅需要在旅游市场上销售自己的旅游产品，而且还承担着旅游者和各旅游服务部门的媒介和桥梁作用。旅行社在销售自身包价旅游产品的同时，代旅游服务供应部门和企业向消费者销售单项旅游服务项目。如旅行社代旅游者购买车票、船票、机票，代订饭店等。由于时间、价格和享受型旅游等多种因素的影响，旅游者对销售渠道的依赖性很强。设想如果没有通畅的销售渠道，旅游者就要在对旅游目的地一无所知或知之不多的情况下，广泛搜集有关旅游信息，办理各种烦琐的旅游手续。特别是当旅游者所需要的不仅是本国或本地区的个别旅游服务项目，而是一种跨国度、综合性的旅游产品时，这种状况无疑会在一定程度上遏制旅游者外出旅游的需要。旅行社正是承担起沟通买卖双方的任务，使得旅游产品更加顺利地进入消费领域。因此，旅行社在旅游产品销售过程中起着十分重要的作用，具有销售职能。

（三）协调职能

旅行社要保障旅游活动的顺利进行，就离不开旅游业各个部门和其他相关行业的合作与支持，需要做大量的协调工作。协调工作是多方面的，首先，旅行社必须组织协调好旅游行业内的关系，如为满足旅行者食、住、行、游、购、娱等多方面需要，旅行社就需要协调好各个旅游服务部门。其次，旅行社还需要协调行业外的各种关系，如为保证旅行者顺利出行，旅行社可能需要协调海关、边防检查、卫生防疫、外事、侨务、公安、交通管理等方方面面的业务关系，从而保障旅游者在旅游活动过程中各个环节的衔接和落实。由此可见，组织协调是旅行社的一个基本职能。

（四）分配职能

旅游者旅游活动过程中的消费是多种多样的，特别是在包价旅游的情况下，旅游者通常为其各种旅游活动一次性预付全部或部分费用。这不仅意味着旅行社要根据旅游者的要求，在不同的旅游服务项目之间合理分配旅游者的支出，以最大限度满足旅游者的需要,而且还要在旅游活动结束之后,根据接待过程中的各相关部门提供的服务数量和质量合理分配收入,这就是旅行社的分配职能。

（五）提供信息职能

旅行社的中间组织者的角色和直接服务于旅游消费者的特点,决定了旅行社始终处于旅游市场的最前沿,可以随时地把握市场动态,预测发展趋势。一方面,旅行社把旅游市场信息及时传送给旅游服务部门,促进相关部门改善经营,提高服务质量;另一方面,旅行社作为旅游业重要的销售渠道,又及时、准确、全面地将旅游目的地的各个相关部门的最新发展和变化传递到旅游市场去,以便促进旅游者购买这些旅游产品。可见,提供和传递信息是旅行社的又一重要职能。

旅行社的基本职能可以总结如表 1-1 所示。

表 1-1　旅行社的基本职能

基本职能	主要表现形式
生产职能	设计和组装各种包价旅游产品
销售职能	销售包价旅游产品,代理销售其他旅游产品
协调职能	组织各种旅游活动,协调与相关企业、部门的关系
分配职能	分配旅游费用、分配旅游收入
提供信息	提供市场信息、提供产品信息

六、旅行社基本业务

【案例 1-1】

新中国第一团的发出

1983 年,时任广东（香港）旅游有限公司董事、副总经理冯万本先生代表公司起草了一份《关于开办广东省内人士到港澳旅游业务的报告》上报广东省委、公安厅,引起强烈反响,6 月份此事在广东高层虽已达成一致,但反对之声也十分强烈,但没有人能漠视的是:亲人到死不能相聚,中国内地居民不能到中国香港继承遗产,很多国际官司本来可以轻易打赢,却因为不能到场输掉了。诸如此类的事情再也不能继续下去了。

广东人要求赴港探亲的呼声日益强烈。经过多方谈判,所有条款都定下来了,中国香港游由广东（香港）旅游公司主办。

1983 年当"新中国第一团"出发前往香港时,罗湖口岸掀起了一股新闻风暴。翻开香港当年的报纸,随处可见亲人喜极而泣的感人报道。100 多名香港记者早已等候多时,他们的闪光灯让心绪难平的游客陡增惊奇、感动的泪花。而此后他们在港的 8 日游,与亲友共叙几十年的离别之苦的时刻,都成为媒体追踪采访的目标。那 8 天,在香港民众心中播下的"祖国、亲人"的种子,对日后香港的回归,对中国对外交往的形象有着什么样的意义,今天的人们已经不难理解了。

其中的一个故事是:一位中国台湾中年男子根据台湾媒体的 20 多年前的报道得知,

他的母亲在大陆早已被迫害致死,从此这位孝顺的儿子每天必做的一件事是在母亲的灵位前烧一炷香,但万万没想到的是,香港游的开通,竟让他在香港见到了传说中早已成冤魂的母亲。

冯万本还非常有创意,香港游由游客在境外的亲友支付旅游费用。一般的出境游多由境外的旅游公司接团领游,而香港游则是广东旅行社全程负责。当时媒体称为"新中国第一团"。

当第一批香港游旅客按时返程后,让冯万本松了一口气(怕有人不回来)。

于是香港游很快由每日一团、每团25人,逐渐增加到每日12团、每团48人。每个月1.7万人。该旅行社仅香港游一项收入就达57亿元人民币。

资料来源:根据互联网资料改编

【点评】　自1951年始,中国的边防政策一直处于封锁状态,尤其经过了"文革",中国几乎断绝了和外界的交往。香港游开了出境游的先河,具有历史性意义。当时冯万本两次受到时任全国政协主席的邓颖超的接见,邓颖超对他说,"新中国第一团"出境引起了海内外的极大震动,各大报刊纷纷发表文章评论中国这一重大举措,"证明中国当局对人民生活的重视及政治局面的信心","中国的国门进一步开放是指日可待之事"。当时法新社评论说"世界上没有这样子搞旅游的,一是交了钱还要排队7个月才能出去;二是让别人交钱自己出去旅游"。时任港英人民入境事务处处长贾运德在《成报》上发表文章,"欢迎中国政府开放广东居民来港旅游,认为此举有益于海内外华人'亲情交流,声气互通'"。

香港游的成功在于冯万本所在的旅行社捕捉到了这一商机,在市场调研的基础上,认真分析旅游者的旅游动机和需求,设计出适销对路的顺应了历史潮流的独特的旅游产品,受到广大游客的欢迎。所以香港游才得以一开张即热火朝天、轰轰烈烈、供不应求。

由以上案例可以得出,旅行社的基本业务可以从旅游者实现旅游愿望全过程与旅行社为旅游者提供旅游服务全过程中发生。

其运作过程是,旅行社通过市场调研及时了解旅游者的旅游动机,从而有针对性地设计旅游产品,而在对旅游者搜集信息时,旅行社应适时开展旅游促销活动,提供优质的咨询服务,使旅游者方便地获得旅行社的旅游信息,有质优价实的旅游产品供旅游者购买。旅行社在销售产品后,向有关部门购买各种旅游服务,落实各旅游环节,当旅游者到来时进行周到细致的接待服务,解决旅游者需要服务的所有问题。使游客慕名而来,满意而归。旅行社也在不断运作中提高了知名度,扩大了影响。

（一）产品设计与开发业务

旅行社产品设计与开发是基础性业务。在市场竞争中旅行社能否站稳脚跟,很大程度上取决于旅行社产品的竞争力。旅行社要针对旅游者旅行动机形成和旅游者需求因素,整合旅游资源,开发设计出自己的旅游产品。

（二）旅行社产品营销服务

产品营销业务是指旅行社采取各种促销策略,发展和有效地分配旅游产品在其目标市场的活动。营销业务是旅行社的关键性业务,没有产品购买者,旅行社的后续业务便无法开展。特别是目前旅游市场竞争日趋激烈的条件下,旅行社不仅需要有竞争力的产品,同时需要有效的促销手段。这一阶段是针对旅游者的需求,适时开展各种形式的旅游促销活动,激发购买欲望,最终售出产品。在涉及众多方面的跨地区和跨国度的旅游活动中,此间可能会有旅游中间商介入,同时旅行社与各旅游部门密切合作,在销售旅行社自己产品的同时,为各旅游服务部门提供各种销售机会。

（三）旅游服务的采购业务

旅游服务的采购业务是指旅行社为了生产旅游产品而向有关旅游服务供应者购买各种旅游服务要素的业务活动。它的生产意义更准确地说是组合拼装旅游产品。所需的组合零件均需其他旅游企业或部门提供,涉及旅游者旅游过程中的食、住、行、游、购、娱的各个环节,旅行社在产品开发过程中必须与航空公司、饭店、交通等旅游服务供应商保持密切的合作关系,它们之间既是客户关系,又是战略合作伙伴关系。另外,组团社还需要向旅游线路沿途的各地接社采购接待服务。旅行社的采购业务充分体现了旅行社的依托性和综合性,其采购管理直接关系到旅行社产品的成本和质量。

（四）旅游接待及售后服务业务

旅行社的产品不是靠厂房和机器能生产的,也不是单单通过提供某种硬件设施就可以完成的,而是通过服务人员媒介性劳动逐渐完成的。旅游者购买产品后的旅游消费过程,就是旅行社依据销售承诺向旅游者提供旅游接待服务的过程。导游所提供的服务直接影响到旅游者对旅游活动的认识和评价。旅游者购买的旅游产品是物质享受和精神享受的双重组合,旅行社配备专职的导游人员负责旅游者旅游过程中的服务。导游人员不仅为旅游者的物质需求提供服务,而且在帮助旅游者获得对景物的深刻理解,从而得到精神享受的升华上起着举足轻重的作用。

搞好服务接待工作要抓住这样几个环节:对接待工作的特点与要求的认识;接待工作的计划管理;接待工作的质量管理;接待工作的成本管理;接待工作的安全管理;散客旅游的接待管理;大型旅游和特种旅游的接待管理。

【技能训练】

以小组为单位设计一份旅行社基本情况调查表,为走访旅行社做准备。

【阅读资料】

康辉旅行社发展历程

中国康辉旅行社有限责任公司(原中国康辉旅行社总社)创建于1984年,是中国大型旅行社集团企业之一,是中国最大的网络化旅行社之一,注册资金1亿多元人民币。该社下设80多个旅游分支机构遍布全国,形成有名的"康辉企业网络"。

中国康辉旅行社有限责任公司以"网络化"、"规模化"、"品牌化"为发展目标,致力于

"国内成网、国外成链"的建设。日臻完善的全国网络和垂直管理模式形成康辉集团在全国旅行社行业独特的优势,遍布全国及海外的网络及 30 000 余名优秀员工真诚为海内外旅游者提供全方位的优质服务。

2001 年及 2002 年,"中国康辉"在国家旅游局"全国国际旅行社百强企业"的业绩排名中已列三甲,企业实力不断发展壮大。"高质量的服务、高素质的员工、高水平的旅游"是"中国康辉"的经营宗旨,"让合作者放心,让旅游者满意"是"中国康辉"的经营理念。"中国康辉"将在国家旅游局和北京旅游集团的领导下,在各位同行及广大旅游消费者的支持下,励志图新,蓬勃发展。"服务优质细腻、线路新颖独特"是"中国康辉"蜚声海外的品牌形象;行程万里的"世界屋脊汽车挑战赛"等成功案例的积淀,日渐形成了"中国康辉"卓越的品质特征。整体运作、规模经营是"康辉旅游"从激烈的市场竞争中脱颖而出的制胜之道。在过去几年中,"康辉旅游"充分利用"中国康辉"全国网络布局及垂直管理体系,积极构建同业分销渠道,逐步建立起一个以北京、上海、广州、深圳、昆明等主要出入境口岸及客源地为中心的批发营销体系。

目前,"康辉旅游"国内市场批发体系也在日渐完善,规模扩张及综合实力的全面提升已经使"康辉旅游"这一国内知名的同业品牌日渐成为旅行社行业的领先者。"康辉旅游"——中国旅游第一批发商的目标是"康辉人"不懈的追求。

连锁经营:"康辉旅游"在不断健全完善批发业务体系的同时,积极发展"连锁经营"——直客营销服务体系的建设。"康辉旅游"连锁经营体系保持统一形象、统一产品、统一价格、统一服务,以及网络服务,为旅游消费者提供立体化、多渠道的客户服务。一个网络化的全国直销服务体系的建设是"康辉旅游"贴近市场、贴近客户,确立"以客户需求为导向"的市场营销模式的具体表现,更是"中国康辉"长远发展的一个战略目标。"在家靠自己、出门找康辉"的广告语蕴涵的是"康辉旅游"为广大消费者提供个性化关注、全方位旅游服务的品牌诉求,也是"康辉旅游"——"以客为尊"的经营宗旨的深层次体现。"康辉旅游"连锁经营体系倡导"终生客户、终生朋友"的服务理念,力求以相互的信赖及长期的服务树立服务品牌、赢得客户,最终在激烈的市场竞争中胜出。

继往开来:"康辉旅游"自创立伊始,便不断在精心推广常规出国旅游及国内旅游线路产品的同时,锐意改革、不断创新;一系列主题旅游及特色旅游的相继出台,为"康辉旅游"的品牌发展确立了良好的口碑;1996 年春节"康辉旅游"在全国率先推出中国公民赴东南亚旅游的第一架包机。1999 年国庆"康辉旅游"推出北京第一架赴韩旅游包机,并成功组织了赴荷兰第四十五届世乒赛观摩团活动。2000 年年初"康辉旅游"圆满完成了德国不来梅音乐节、全英羽毛球公开赛及瑞士、法国、瑞典羽毛球系列赛观摩助威活动。2001 年"康辉旅游"成功策划和组织了北京赴普吉岛首架专线包机旅游活动,并成功组织了萨尔斯堡音乐节和泰国"千人宴"——中秋赏月游活动。2002 年"康辉旅游"包机组团赴韩国观摩世界杯,同年还组织了一千五百人歌迷团赴中国香港参加"中国歌曲排行榜"颁奖典礼。2003 年"康辉旅游"利用全国网络体系成功组织接待在北京举行的"皇马"赛事,为"SARS"之后的旅行社业务的启动和复苏注入了新的活力……以上大型旅游活动的成功举办,在中国旅游市场产生了很大影响,为我国旅游市场的开拓及经营形式的探索不断开创先河。随着出境目的地国家的不断开放与旅游消费者市场的日渐成熟,"康辉旅游"不断开发个性化、家庭化的"生活方式"旅游,"休闲游"、"自由行"、"自驾车逍遥游"等休闲旅游产品不断丰富,客户服务日趋完善。目前,"中国康辉"随着"康辉旅游"这一品牌的成长而发展壮大,通过建立高品质的个性化产品体系、网络化的细分市场营销体系、专业化的客户服务保障体系,为社会各界提供更加热情、周到、安全、便捷、高效、专业的服务,并致力于将"康辉旅游"发展成为中国公民旅游大型旅行社集团企业第一品牌。

【案例 1-2】

全球最大旅游批发商登陆中国旅游市场

2004 年 8 月 11 日,经中国国家旅游局批准建立的第一家欧洲在华外商独资旅行社——格里菲(GTA)旅行社(中国)有限公司在北京正式开业。

格里菲旅游集团 1975 年成立于英国伦敦,目前已发展成为全球最大的旅游产品独立批发商,在世界各地拥有 2000 多名员工和 31 家分支机构,年营业额高达 8.8 亿美元。

格里菲旅游集团亚太地区总裁白理德 11 日在北京国际饭店举行的新闻发布会上说,他们之所以看好中国旅游市场,关键在于中国旅游市场极具发展潜力,而且中国对世界各地游客极具诱惑力。

根据世界旅游组织(WTO)的战略预测,到 2020 年,中国将成为世界第一位入境目的地国家和世界第四位出境旅游客源地国家,中国入境人数将达到 2.1 亿人次以上,旅游业总收入将超过 3.6 万亿元人民币,相当于届时中国 GDP 的 8%至 10%。中国公民出境旅游人数将达到世界旅游组织 1997 年预测报告中提出的 1 亿人次。

早在几年前,格里菲旅游集团就看好中国旅游市场,至今已在中国北京、上海、成都、香港、台湾建立了五家分支机构。仅在成都和中国西部,格里菲就与 250 家星级酒店签订了合作协议。不仅如此,格里菲还要求其全球雇员会说中国普通话,目前格里菲员工中已有 300 多人会说汉语。

白理德说,格里菲将不遗余力地把中国精彩感人的旅游目的地介绍给世界各地数百万游客,为中国引进更多高素质的客源,同时也非常希望与中国当地的旅游界同行深入合作,共同拓展旅游市场。

据他介绍,格里菲将大力开展中国入境旅游业务,通过全球供应商重新包装中国旅游产品,并通过互联网连接全球的旅游零售商,采用中文以及英文、日文、韩文等多种语言,为境外旅游团队、商务旅游和散客提供多样化的选择和服务。目前,团队旅游业占格里菲全球业务量的 40%左右,网上业务量约占 20%,每天还可为 2 万名散客预订旅游相关服务。

同时,格里菲将在中国大力发展酒店业务、国内旅游业务和开发旅游景点市场。它们即将在中国大中城市的机场、火车站、地铁站和重要的公共场所逐步建设格里菲全球网络终端,采用世界科技前沿成果开发"旅游百科全书"系统,游客可以从网上查询旅游吸引物动画及图片介绍、最优旅行路线、门票价格、与城市距离、星级酒店方位、相关服务设施特色及客房预留、预订信息等。

目前,格里菲与中国各地的旅游界同行正在进行接触和会商,有的已达成合作协议。

白理德说,北京作为中国的首都和世界著名的极富活力的国际大都市,拥有众多高水准的旅游吸引物和理想的旅游环境,必将成为国内外旅游界开拓、创新的生动舞台。他表示,他对投资中国旅游市场充满信心。

资料来源:新华网北京频道

【点评】 加入世贸组织以后,随着我国旅行社准入政策的出台,很多外资旅行社开始抢滩中国旅游市场。截至2009年年底,我国已有外商投资旅行社38家。外国旅行社进入我国旅行社市场的动机是占领市场,攫取利润,但它们全方位的进入,客观上为国内旅行社业提供了参照和示范作用,这必将推动我国旅行社改变传统的经营模式,向现代旅行社经营管理水平看齐。从各国情况看,一个国家旅行社业的基本整体水平,主要取决于居主导地位的大旅行社的经营管理水平,而处于龙头地位的大旅行社经营能力的提高,必将带动我国旅行社提高整体素质。长期以来,社会上对旅行社业的服务质量一直存在颇多抱怨。加入 WTO 后,国外现代旅行社的示范和规范经营,相信对我国旅行社业会起到促进作用。

【案例 1-3】

美国运通——世界第一大旅行社

美国运通公司创立于1850年,创业初期主要从事快递业务,其发起人是威尔斯·巴特菲尔德·法哥和律师马凯。他们在美国水牛城达成协议后,共同组建了美国运通公司,总部设在水牛城。该公司最早经营货物、贵重物品和现金的快递业务。这种业务在当时已有很大的吸引力,受到广大公众的热烈欢迎。随着美国人不断地涌向西部地区,人们对快递业务的需求与日俱增,美国运通公司逐渐向俄亥俄州、伊利诺伊州和衣阿华州扩展。

运通的扩张能力非常强,业务发展非常快。早在19世纪中叶,它已经成为美国最受尊敬的公司之一。1880年,该公司的快递业务已经发展到美国19个州,设立了4000多个办事处。1891年,运通旅行支票问世。1915年,开办美国运通旅行社,该公司的核心业务是信用卡业务和旅游业务。运通旅行社是运通公司下属的以办理商务旅行为主的世界第一大旅行社。到了1995年,运通公司与旅游相关的业务占运通总收入的66%,这一年38万运通卡用户的刷卡总额为1620亿美元,旅行支票的销售额达到260亿美元。上述两项无现金产品,是美国运通利润的主要来源。

在第二次世界大战期间,美国运通旅行社的业务几乎停滞,大多数欧洲办事处关闭。"二战"后,运通重建各据点,迎接复苏的旅游市场。从20世纪50年代开始,由于美国经济开始兴旺,加上美元强劲,赴欧洲旅游风气鼎盛,运通重拾"海外之家"的形象,隆重推出旅行服务业务,其在巴黎的办事处,每天有1.2万游客接受运通的服务。美国人普遍认为,接受运通旅行社的服务、手持运通卡支付是一种时尚,越来越多的美国人通过美国运通安排旅行,使用运通的旅行支票。

运通旅行社主要以经营商务旅行为主,为了满足其商务客人随时随地的需要,运通在全世界各国的主要旅游城市都设有分公司、办事处等,使商务客人感受到了便捷的服务。

2002年1月,美国运通公司与中国国际旅行社总社(国旅)一起创建了国旅运通旅行社有限公司。公司是获得中国民航管理局(CAAC)和国际航空运输协会(IATA)经营许可权的首家商务旅行合资公司,也是中华人民共和国首家中美合资的商务旅行公司。合资公司为跨国公司、地区性公司以及国内公司提供商务旅行管理服务,包括办理签证、国际及国内机票预订、酒店预订、会议服务以及其他地面服务的安排。第二家及第三家合资旅行社也分别于 2002 年 12 月在上海、2003 年 2 月在广州成立。

【完成任务】

以小组为单位进行社会调查,考察本地几家旅行社,了解它们的规模、经营的业务范围、经营现状、发展趋势等方面的内容,写出调查报告。

思考与练习

1. 旅游批发商与旅游经营商的区别是什么?
2. 旅行社生产职能与生产企业的生产职能有什么区别?是如何体现的?
3. 我国旅行社的分类与欧美国际旅行社的分类有什么区别?

任务二　旅行社设立程序

【任务描述】

假设你毕业后进入了一家大型企业,随着我国旅游业蓬勃发展,你所在的企业了解到你所学的专业是旅游管理,因此准备发挥你的特长,由你来负责组建一个旅行社。接受任务后你打算怎样去做?

【任务分析】

按照 2009 年新颁布的《旅行社条例》的规定,设立旅行社要有固定的营业场所、必要的营业设施、符合国家规定的经营人员、法定数额的注册资本和质量保证金。旅行社属于特许经营的行业,因此工商注册之前,先要取得行业主管部门的许可,并向所在省、自治区、直辖市旅游行政管理部门提交包括设立申请书、可行性报告、企业章程、验资证明等在内的一系列的文件。经过严格的审批程序取得旅行社业务经营许可证后,方可进行工商注册和税务登记。

【相关知识与技能】

一、影响旅行社设立的因素

(一)影响旅行社设立的外部因素

影响旅行社设立的外部因素主要有以下两个。

1. 旅游业发展状况

一个时期国家旅游业发展水平和发展规律趋势,以及与之有关的地区旅游发展水平和趋势,会对旅行社的设立产生非常重要的影响。如果旅游业发展水平高,而且有稳定或不断发展的规律趋势,旅游客源就有保障,同时,为旅游者提供服务的各部门、各行业也会得到发展,这一时期的旅游市场就处于良好的发展环境中,为旅行社建立旅游服务部门协作网络提供了条件。反之,如果旅游发展水平低,或者有不断衰退的趋势,就给旅行社的设立带来不利的影响。

2. 国家相关政策法规

政府对旅行社的宏观干预主要体现在相关的法律、法规方面。任何一个企业的发展都要受国家和地区有关法律的限制,不能有超越国家和地方政策及法律、法规的行为。所以,任何人和单位在设立旅行社之前,都必须研究与旅行社密切相关的法律和法规,在法律许可的范围内行事。

各国对旅行社的设立都有不同的规定,主要包括申办者的从业经验、法定的注册资本、经营保证金和旅行社业务经营许可制度等相关管理规定。

我国政府对旅行社业的政策、法规主要包括以下几个方面。

(1)民法与商法。与旅行社有关的民法与商法主要有《中华人民共和国公司法》(以下简称《公司法》)、《中华人民共和国合资企业法》、《消费者权益法》、《反不正当竞争法》等。

(2)政令与条例。有关的政令与条例包括2009年中华人民共和国国务院令第550号《旅行社条例》和1999年5月14日国务院第263号令《导游人员管理条例》。国家正在制定《中华人民共和国旅游法》。

(3)旅游局长令及相关行政法规。它们包括2009年4月3日国家旅游局30号令《旅行社条例实施细则》和2010年5月5日国家旅游局32号令《旅游投诉处理办法》。

(4)行业标准。我国已颁布的与旅行社管理有关的行业标准有《导游服务质量》(GB/T 15971—1995)、《旅游服务基础术语》(GB/T 16766—1997)、《旅行社国内旅游服务质量》(LB/T 004—1997)等。

(二)影响旅行社设立的内部因素

影响旅行社设立的内部因素主要有以下几个方面。

(1)管理与服务人才。影响旅行社设立的人力资源因素主要体现在旅行社的管理人员和职员的录用,管理人员必须具有相应的管理能力和管理经验,而职员的录用对旅行社的正常发展也有重大影响。

(2)客源市场。客源是旅行社的生命线,在外部条件具备后,旅行社能否通过建立行之有效的销售网络,保证旅行社有稳定的客源,也是旅行社通过主观努力可以解决的。

(3)财力资源。资金的筹措是旅行社最重要和最关键的因素。2009年5月1日实施的《旅行社条例》对各类旅行社的注册资本提出了具体的要求,这是国家对各类旅行社注册资本的最低限额,这一数额不能满足旅行社业务发展的需要,这就要求各旅行社根据自己的实际情况确定资金的数量。

(4)营业场所和营业设施。旅行社的营业场所和营业设施必须符合旅行社业务经营的要求。

（5）合作网络。在旅游业发展水平较高的情况下，旅行社能否联络各有关部门和行业形成为旅游者提供相关服务的网络，主要取决于旅行社自身的努力。所以，我们也将合作网络归为内部条件的构成因素。

二、旅行社设立程序

（一）旅行社设立基本条件

旅行社业务属于许可经营行业。经营旅行社业务，应当报经有审批权的旅游行政管理部门批准，领取《旅行社业务经营许可证》，并依法办理工商登记注册和税务登记手续。

旅行社设立的基本条件是：有固定的营业场所、必要的营业设施和经培训并持有省、自治区、直辖市以上人民政府旅游行政管理部门颁发的资格证书的经营人员。

1. 固定的营业场所

旅行社必须拥有与其旅游业务规模相适应的固定营业场所，即在较长的一段时期内能为旅行社拥有或使用，而不是短期内频繁变动的营业场所。2009 年新颁布的《旅行社条例实施细则》对旅行社经营场所的要求是，旅行社的营业场所既可以是旅行社自己拥有的固定资产，也可以是旅行社从其他单位租用的营业用房。如果是租用的营业用房，需提供租期超过一年的证明。要注意营业场所地点的选择，例如，上海浦东地区的张扬路只有 100 多米长，却分布着 22 家旅行社，成为特色鲜明的"旅游超市"，造成店多成市的优势。

2. 必要的营业设施

国内旅行社必须拥有传真机、直线电话机、计算机等办公设备。这三种办公设备是旅行社开展旅游业务经营活动必需的基本条件，没有这些现代化的办公设备，旅行社难以在竞争日益激烈的市场条件下生存下去。必要的营业设施具体有如下几种。

（1）两部以上的直线固定电话；

（2）传真机、复印机；

（3）具备与旅游行政管理部门及其他旅游经营者联网条件的计算机。

国际旅行社的经营范围一般比较广泛，其业务也远远超过国内旅行社。因此国际旅行社在营业设施方面，除了像国内旅行社一样必须拥有传真机、直线电话机、计算机等办公设备之外，还必须拥有能够保证其顺利有效地开展旅游业务所必需的交通工具。

3. 符合国家规定的经营人员

按照《旅行社条例》的规定，旅行社的高级管理人员和重要部门的中层管理人员，必须经过培训考核，并持证上岗。具体而言，设立国际旅行社，必须至少拥有持有国家旅游局颁发的《旅行社经理任职资格证书》的总经理或副总经理一名，持有国家旅游局颁发的《旅行社经理任职资格证书》的部门经理或业务主管人员三名，拥有取得会计师以上职称的专职财会人员；设立国内旅行社，必须至少拥有一名持有国家旅游局颁发的《旅行社经理任职资格证书》的总经理或副总经理、一名持有国家旅游局颁发的《旅行社经理任职资格证书》的部门经理或业务主管人员和取得助理会计师以上职称的专职财会人员。

4. 法定数额的注册资本和质量保证金

（1）注册资本。是指旅行社向政府企业主管部门登记注册所填报的财产总额，包括流动资产和固定资产,是旅行社承担债务的一般担保财产。2009年5月1日实施的《旅行社条例》规定,经营国内旅行社业务和入境旅游业务的旅行社有不少于30万元的注册资本。旅行社取得经营许可满两年,且未因侵犯旅游者合法权益受到行政机关罚款以上处罚的,可以申请经营出境业务。

(2)质量保证金。2009年5月1日起实施的《旅行社条例》规定,旅行社应当自取得旅行社业务经营许可证之日起3个工作日内,在国务院旅游行政主管部门指定的银行开设专门的质量保证金账户,存入质量保证金,或者向作出许可的旅游行政管理部门提交依法取得的担保额度不低于相应质量保证金数额的银行担保。经营国内旅行社业务和入境旅游业务的旅行社,应当存入质量保证金20万元;经营出境游业务的旅行社,应当增存质量保证金120万元。质量保证金的利息属于旅行社所有。旅行社每设立一个经营国内旅游业务和入境旅游业务的分社,应当向其质量保证金账户增存5万元;每设立一个经营出境旅游业务的分社,应当向其质量保证金账户增存30万元。

(二)旅行社设立的基本程序

根据《旅行社条例》及《旅行社条例实施细则》的规定,在我国申办旅行社应首先取得相关旅游行政管理部门的认可,然后再向工商行政管理部门领取营业执照。其主要程序包括:准备和提交设立旅行社所必需的相关文件;旅游行政主管部门审核、批准、核发旅行社业务经营许可证;向工商行政管理部门注册登记、领取营业执照;向税务部门办理税务登记、申请税务执照。

旅行社设立程序如图1-1所示。

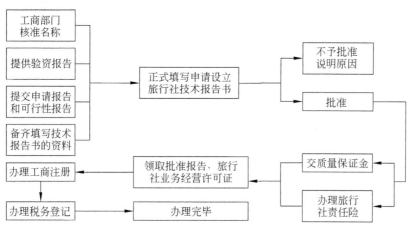

图1-1　旅行社设立程序

1.准备和提交设立旅行社所必需的相关文件

国家工商总局将旅游企业列为特许经营行业,即在旅游企业申请开业登记之前,应首先按国家有关规定报请行业归口部门审批,然后再向工商行政管理部门办理登记注册。

为能够顺利办理设立旅行社的申办手续,申办人要根据《旅行社条例》和《旅行社条例实施细则》规定,准备好申办过程中所需的各种文件和证明材料。申请设立旅行社时,应向旅游行政管理部门提交以下文件:设立申请书、可行性研究报告、旅行社章程、负责人履历、验资证明、经营场所证明和经营设备情况证明、旅行社质量保证金承诺书、工商行政管理部门出具的《企业名称预先核准通知书》。

（1）设立申请书。设立申请书是旅行社申办人向有关部门表达愿意申办旅行社意愿的书面材料。申请书的内容包括：申请设立旅行社的类别，是国际还是国内旅行社，国际旅行社要说明是否申请经营出境业务；旅行社的名称及缩写要区别于其他旅行社、中英文名字要一致；写清楚设立旅行社的详细地址，有利于旅游行政管理部门审查和监督管理；说明企业形式（国有、集体、个人还是中外合资）、投资者（国家、地方、企业、集体和个人）、投资额和出资方式（现金、固定资产或无形资产）。

（2）设立旅行社的可行性研究报告。可行性研究报告是设立旅行社的最为重要的文件，反映了申办人对旅游市场、旅行社发展前景和自身实力等情况的预测和估计。这是旅行社能够通过相关部门审核、获得经营权的主要依据。因此，旅行社申办者应予相当重视。可行性研究报告应该是在对旅行社设立地区做过充分、细致的调查研究，掌握了旅行社设立的市场情况，对申办旅行社所作出的切实、可行的判断抉择。可行性研究报告所包括的内容有：设立旅行社的市场条件、资金条件和人力条件，受理申请的旅游行政部门需要补充说明的其他问题，说明符合设立旅行社的规定与要求。

（3）旅行社章程。旅行社章程是规定旅行社性质、宗旨、任务、成员机构、活动规则和要求的文件，具有法规性和约束力。旅行社章程是用以规定公司法人的权利和义务以及调整公司内外关系的基本法律文件。它向社会公开申明其经营宗旨、资金状况、股东结构、经营规模、经营范围、组织形式和组织结构、议事规则、股东的权利和义务、公司内部管理原则和公司发展方向等公司基本事务，是公司一切行为的基本准则，也是规范公司决策和经营管理的法律依据。旅行社章程主要内容包括旅行社的宗旨、经营范围和方式、经济性质、注册资金数额及来源、组织机构及职权、财务管理制度、劳动用工制度，对旅游者承担的责任和其他应说明的问题。分为普通旅行社章程和股份制旅行社章程。

（4）资信证明。旅行社属于低投入、高风险行业，国家法律为了保护旅游者的权益不受到损害，在资金方面对旅行社申办者作出了明确规定。为此，申请设立旅行社必须请求法定验资机构对旅行社的注册资本和质量保证金进行审验，以检验注册资本金和质量保证金的真实性，并且由验资机构出具验资证明。在我国法定的验资机构包括国务院金融主管部门审批设立的各商业银行、会计师事务所、审计师事务所等。验资可选择银行验资和注册会计师及会计师事务所或审计师事务所验资。验资结束，申办人将验资证明或验资报告书交受理申请的旅游行政主管部门。

（5）旅行社经理、副经理履历表和资格证书。

（6）经营场所证明和经营设备证明。设立国际旅行社，要提交传真机、直线电话机、计算机和业务汽车等经营设备证明；设立国内旅行社，要提交传真机、直线电话机、计算机等经营设备证明，具备使用证明和发票、收据。

（7）旅行社质量保证金承诺书。旅行社质量保证金是旅行社缴纳，旅游行政主管部门管理，用于保证旅游者权益的专用款项。设立旅行社的申办人必须由旅游行政管理部门按照《旅行社条例》规定出具已经缴纳质量保证金的证明材料。

（8）工商行政管理部门出具的《企业名称预先核准通知书》。

以上文件报旅游行政管理部门审核、批准、发证。

2. 旅游行政管理部门审核、批准、发证

省级旅游行政管理部门可以委托设区的市（含州、盟，下同）级旅游行政管理部门，受理当事人的申请并作出许可或者不予许可的决定。受理申请的旅游行政管理部门可以对申请人的经营场所、营业设施、设备进行现场检查，或者委托下级旅游行政管理部门检查，并从受理申请之日起20个工作日内作出许可或者不予许可的决定。予以许可的，向申请人颁发旅行社业务经营许可证，申请人持旅行社业务经营许可证向工商行政管理部门办理设立登记；不予许可的，书面通知申请人并说明理由。

3. 向工商行政管理部门注册登记、领取营业执照

申请设立旅行社的申请人在收到许可证的60个工作日内，持有关批文和许可证到当地工商行政管理部门办理工商注册登记手续，领取营业执照。旅行社营业执照的签发日期，就是该旅行社的成立日期。

旅行社变更经营范围的：如国际旅行社申请增加出国旅游业务、港台旅游业务和边境旅游业务的；国内旅行社申请转为国际旅行社，国际旅行社申请转为国内旅行社，经原审批的旅游行政管理部门审核批准后，到工商行政管理部门办理变更登记手续。旅行社变更名称、经营场所、法定代表人等或者停业、歇业的，应当到工商行政管理机关办理相应的变更登记或者注销登记，并向原审核批准的旅游行政管理部门备案。

4. 向税务部门办理税务登记、申请税务执照

旅行社应当在领取营业执照的30个工作日内，向当地税务部门办理开业税务登记手续，在办理好银行账号后，申请税务执照，办理税务执照时向当地税务部门领取统一的税务登记表，认真填写各项内容，经税务机关审核后，发给税务登记证。税务登记结束后，旅行社就可以申领发票、刻制公章。旅行社正式成立，开始签订合同、经营旅行社业务活动。

三、旅行社的监督管理

旅行社应当接受旅游行政管理部门对其服务质量、旅游安全、对外报价、财务账目、外汇收支等经营情况的监督检查。

旅游行政管理部门对旅行社每年进行一次年度检查。旅行社应当按照旅游行政管理部门的规定，提交年检报告书、资产状况表、财务报表及其他相关文件、材料。

在未取得《旅行社业务经营许可证》之前开展旅行社业务或在经营范围之外开展旅行社业务，旅游行政管理部门有权责令停止非法经营或责令限期整改，没收非法所得，并处以相应罚款，情节严重的，可以吊销《旅行社业务经营许可证》，并由工商部门相应地吊销营业执照。

旅游行政管理部门负责质量保证金的财务管理，并按照国家有关规定将质量保证金用于赔偿旅游者的经济损失。旅游行政管理部门受理旅游者投诉，经调查情况属实并作出责令旅行社予以赔偿的，若旅行社拒不承担或无力承担赔偿责任，旅游行政管理部门可以从该旅行社的质量保证金中划拨。

【技能训练】

以小组为单位拜访三家旅行社,进行一次旅游咨询,用同样的问题咨询每一家旅行社,然后把三家的回答作对照,写一个有关对旅行社印象的调查报告,包含内容如下:

(1) 旅行社的外观和位置,能否被轻易识别出是一家旅行社? 能引发你进去看一看的欲望吗? 地理位置优越、交通便利吗?

(2) 旅行社的内部状况如何? 有多少员工愿意主动为你提供帮助? 宣传册的摆放位置显眼吗? 旅行社的内部布局如何? 办公设施的设计布置如何? 有统一着装吗?

(3) 在服务效率方面,旅行社的咨询人员真正能为你解决问题吗? 他们精明能干吗?知识丰富吗?

(4) 在产品构成方面,旅行社的产品类型有哪些? 是否有特色? 产品的宣传方式有哪些?

【阅读资料】

最初的选址是今天春秋"航母"成功的第一步

上海春秋旅行社(简称春秋国旅)成立于1981年,在中山公园2平方米的铁皮棚子起家,历经25年发展,目前拥有两千余名员工导游,年营业收入逾30亿元,业务涉及旅游、航空、酒店预订、机票、会议、展览、商务、因私出入境、体育赛事等行业,是国际会议协会(ICCA)在中国旅行社中最早的会员,是第53届、第54届世界小姐大赛组委会指定接待单位,是世界顶级赛事F1赛车中国站的境内、外门票代理,被授予上海市旅行社中唯一著名商标企业。自1994年至今,每年获国家旅游局排名的国内旅游业务量全国第一,是国内连锁经营最多全资公司、最具规模的旅游批发商和包机批发商。在上海有50个连锁店,在江浙地区有400余个,全国有近2000个网络成员,在北京、广州、西安、沈阳和三亚等30余个国内大中城市设有全资公司,每个全资公司大都有2~10个连锁店,境外有美国、泰国、中国香港等7个境外全资公司。

如此辉煌的事业,是怎么开始的呢? 如果您知道上海春秋旅行社是1981年,以3000元自筹资金,诞生在2平方米铁皮棚中的,不知道有什么样的感慨? 从1981年创立开始,25年来上海春秋旅行社一直着眼于学习国际大旅行社的运行规律,紧贴市场,依靠创新超越自我。其中,最重要的经验之一就是:不眷恋团体市场而定位散客。20世纪80年代,上海春秋旅行社创社后组成的第一个旅游团就是由散客构成的苏州一日游。

为什么散客愿意到春秋报名?

春秋人很明白:散客成团会有顾虑、要承担风险,因此,春秋一开始就选择紧靠南京路步行街的、"十里南京路,一个新世界"之称的新世界旁,设立了第一个门市——西藏路门市,旨在通过在旺市地段建立自己的门市,打消或者减少消费者的顾虑。25年的发展成就,无疑证明了这是一个英明的战略选择。因为,迄今为止,西藏路营业部一直是春秋国旅众多门市中接待人数最多、营业收入最高的。

海尔集团总裁张瑞敏说过一句话，一个企业，可以承受得起战术上的失误，但是承受不起战略上的失败。对春秋来说，将自己市场定位于"不眷恋团体市场而定位散客"；为散客旅游者着想，当初选择西藏路建造旅行社第一个门市，不但是一个重大的战略决策，而且是一个成功的战略决策，短短25年，春秋发展成了14 000家国内旅行社的"龙头"、"航母"就是明证。由此可见，门市选址地段举足轻重：第一重要的是地段；第二重要的是地段；第三重要的还是地段。

资料来源：根据互联网资料改编

【案例1-4】

内蒙古两家旅行社涉嫌挂靠承包经营案

2010年5月7日，《中国青年报》以《内蒙古多家旅行社公开出租部门——一些大型旅行社就像收租子的"地主"》为题，反映内蒙古两家旅行社涉嫌挂靠承包经营。据调查，承包一个部门缴纳1万元保证金，承包费为每年1.5万元，承包人可以对外宣称是该旅行社的某一部门，各个承包部门业务独立，旅行社不过问。挂靠承包经营导致内蒙古旅游市场出现秩序和质量问题。

资料来源：中国旅游报，2011-4-22

【点评】 设立旅行社，经营国内旅游业务、入境旅游业务和出境旅游业务，是国务院行政法规《旅行社条例》设定的行政许可项目，只有符合规定条件的申请人，经审查获准后才能从事上述经营活动。《行政许可法》规定，依法取得的行政许可，除法律、法规规定依照法定条件和程序可以转让外，其他不得转让。

本案中所描述的旅行社承包挂靠，是承包挂靠人向旅行社交纳一定费用，就可以对外以该旅行社的名义经营旅游业务，即使用该旅行社获得的旅游业务经营许可证。这实际上是旅行社业务经营许可证的出租和租借。对此，《旅行社条例实施细则》第二十七条作出了明确界定："旅行社的下列行为属于转让、出租或者出借旅行社业务经营许可证的行为：……（二）准许其他企业、团体或者个人，以部门或者个人承包、挂靠的形式经营旅行社业务的。"对于转让、出租、出借和受让、租借旅行社业务经营许可证的行为，《旅行社条例》第四十七条规定了罚则："旅行社转让、出租、出借旅行社业务经营许可证的，由旅游行政管理部门责令停业整顿1个月至3个月，并没收违法所得；情节严重的，吊销旅行社业务经营许可证。受让或者租借旅行社业务经营许可证的，由旅游行政管理部门或者工商行政管理部门责令停止非法经营，没收违法所得，并处10万元以上50万元以下的罚款。"

【完成任务】

按照《旅行社条例》有关规定，分组模拟设立一个国内或国际旅行社，并准备相关注册文件。

思考与练习

1. 旅行社的选址有什么要求？
2. 旅行社基本业务有哪些？
3. 谈谈你所在地区的旅行社发展现状。

任务三　旅行社的组织设计

【任务描述】

通过任务二的学习你已经了解了设立旅行社的程序，并已经按要求准备了设立旅行社的相关文件，下面请你和你的同学完成以下任务：为即将设立的旅行社设计组织结构，并画出示意图；为每一个部门制定部门职能；为每一名部门经理制定岗位责任制。

【任务分析】

为了保证旅行社业务经营的顺利进行，为了使旅行社各部门保持协调配合，也为了保证旅行社计划目标的实现，必须把旅行社内部机构的上下左右关系以一定形式固定下来而形成完整的管理体系，这就是旅行社的组织结构。旅行社组织结构的基本模式有两种，一种是直线制的，业务导游人员与领导关系上下垂直。另一种是事业部制的组织结构，事业部制组织结构就是通过对不同地区或产品的业务进行划分，从而形成各不相同的事业部，实行集中领导下的分散经营。

【相关知识与技能】

一、旅行社的企业组织形式

（一）国有独资公司

国有独资公司的产权形式特点是：

（1）旅行社的全部资产为全民所有，资产实置于国家部、局、委、办和各省、市、自治区政府部门。

（2）资产委托代理关系为全民—全国人大—国家各部门—旅行社领导集体—旅行社经理。

（3）不存在股权、股份、股票。不设董事会，总经理由主管部门任命，职工为国家聘用的工作人员。

（4）公司所有权与经营权分离后，经营权包括使用权、收益权和转让权。

（5）企业产权在个人之间是完全不可分，或者说是完全重合的，每个人都有旅行社的全部产权,但又不可能真正实现个人所有。

（二）股份有限公司

股份有限公司的产权形式特点是:

（1）公司的价值形态资产为股东（国家可以是一个大股东）所有,事物形态的资产为产权运行的行为主体所有。

（2）股份有限公司的股本总额分成等额股份,实行证券化管理,具有可自由认购、自由转让、流通的特征。股东一旦认购了股票,就不能向公司退股,但可以通过股票市场出售。股东入股的资产以货币为主,但也有以实物或知识产权等作价入股的,上市公司必须依法向社会公开财务状况。

（3）资产的委托代理关系为股东—董事会—总经理。总经理由董事会聘任,职工为旅行社聘任的工作人员。

（4）股权和法人财产权分离后,法人的责、权、利等全部到位,经营管理实现了独立自主。

（5）一般实行董事会领导下的总经理负责制,总经理通过董事会对全体股东负资本经营承担有限责任,并对聘用的所有员工的劳动、管理和各类报酬负责。

（6）股份有限公司产权最重要的特点是股权个人（自然人或法人）之间是可分的、不重合的,而公司的法人财产是不可分的运作整体。这样可以降低社会成本,而且行为主体的自我干预较为有效。

中国的股份有限旅行社目前为数不多,但它们是中国旅行社产权制度变化、改革的先驱。股份有限旅行社的成立,可以采用的方式一般有两种:一是发起设立的方式——发起人认购旅行社发行的全部股份而建立企业;二是由发起人认购公司发行股票的一部分,然后通过向社会公开募集其余部分的方式成立公司。

（三）有限责任公司

有限责任公司是《公司法》明确规定的我国两种基本公司之一,指不通过发行股票而由为数不多的股东集资组建的公司。根据《公司法》规定,有限责任公司包括一般有限责任公司和国有独资公司两种形式。一般有限责任公司是由 2 个以上 50 个以下股东依法共同出资成立,各股东以其出资额为限对公司承担责任,公司以其全部资产对公司债务承担责任的有限责任公司。

有限责任公司的资本无须划分为等额股份,也不发行股票。股东确定出资金额并交付资金后即由公司出具股权证明,作为股东在公司享有权益的凭证。股东的股权证明不能自由买卖,股东之间可以相互转让其全部股权或部分股权,股权转让时,公司的股东具有优先购买权。如果股权转让给非公司内的其他人员,则须征得全体股东的同意。股东依照出资的多少,对公司承担有限责任。

二、旅行社组织机构的内容和设立原则

一个旅行社的组织机构,主要包括旅行社组织机构的内容和原则,具体如下。

（一）旅行社组织机构的内容

旅行社的组织机构是指从事旅行社经营活动的决策、执行和监督的最高领导机构。一般来说，旅行社的组织机构包括三部分的内容，即决策机构、执行机构和监督机构。

（二）旅行社组织机构设立原则

旅行社为开展正常的经营活动，需要建立一个合理的组织结构体系，设计组织结构体系时，应围绕以下几个基本原则进行。

1. 客观性原则

客观性原则是指要从旅行社自身的客观条件和工作目标出发进行组织机构设计。客观性原则要求在进行组织机构设计时，要以客观需要为依据，避免主观臆断：要"因事设岗，因岗定责，因责定人"，不能"因人设岗"。

2. 专业化原则

专业化原则是指将旅行社的总体目标按照组织职能、产品特性或地域范围等为主要标准分解为若干子目标，依据子目标设置部门，每个部门都承担一定的专门任务。依据专业化原则进行组织结构设计、设置工作部门时，要以能否最大限度地完成组织目标，能否合理利用人、财、物资源，能否最快传递信息，能否使各部门做到既分工又协作为衡量标准。

3. 管理跨度原则

管理跨度原则是指一个管理者所拥有的直接下属的数量。跨度小意味着直接下属的人数少，也意味着管理工作负荷量较小；跨度大，则相反。在组织设计时要确定合适的管理跨度，使管理工作既利于进行，有利于专业化分工优势的发挥。根据管理学专家研究，有效管理幅度的因素是：职务的性质和内容、管理者的能力、工作人员的素质、职能结构的健全程度等。一般来说，高层组织的有效管理跨度为 4～9 人，基层组织的管理跨度为 8～12 人。

4. 责、权、利相统一原则

组织机构一经成立，就应明确各岗位职务的责、权、利，使组织内部的每位管理者都拥有与自身职务相对等的权利和责任，做到责、权、利三位一体的统一，避免"有权无则"、"有责无利"、"有责无权"等不合理现象的发生。

三、旅行社基本部门

旅行社的基本部门可以分为两类，围绕旅行社业务设置的业务部门和维持企业正常运营的职能部门。

（一）业务部门

1. 外联部

外联部主要负责对外联络工作，包括旅游产品的设计、促销和销售等职能。外联部的主要任务是将获得的各种旅游信息资料有机地组合成旅行社产品，并将旅游产品销售给旅游中间商或旅游消费者。

2. 计调部

计调部主要负责旅游接待计划的落实,保证旅游活动的正常进行。即负责与相关的旅游服务供应部门或其他旅行社签订合作协议;负责向外联部提供相关旅游服务部门的旅游信息;负责旅行社客流情况统计和各采购单位情况的统计工作。

3. 接待部

接待部负责按照具体接待计划安排导游,帮助旅游者完成旅游活动。

(二)职能部门

旅行社的职能部门主要包括人事部、财务部、办公室等。旅行社可以根据本社的具体情况设置部门,可以增加或减少部门数量。

四、旅行社的组织结构

(一)直线职能制

直线职能制是目前我国大部分旅行社采用的组织机构模式。这种组织结构模式的基本特征是权力高度集中统一,上下级之间实行单行线从属管理,总经理拥有全部权限,尤其是经营决策权与指挥权。

在我国,大多数旅行社规模较小,业务较为单一,企业的组织结构相对简单。规模小的旅行社一般采用"一条龙"方式进行部门设置,既各个部门独立负责外部联络、计划协调落实、服务采购、旅游接待等业务的全过程,部门内部人员也是全能型人才。业务齐全的旅行社设置外联部、计调部、接待部等业务部门及人事部、财务部、办公室等管理部门,组织机构采用直线型组织机构,如图1-2所示。

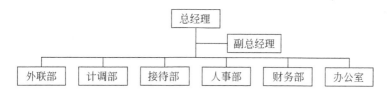

图1-2 旅行社直线职能制组织形式

这种划分方式具有如下优点:第一,部门之间分工明确。第二,组织机构稳定,有利于员工长期钻研某项业务,成为该业务专家。第三,提高管理者的权威。

但是随着旅行社规模的扩大、市场的拓展、市场环境的日益复杂,这种结构容易削弱旅行社完成整体目标的能力,组织机构缺乏弹性、不能激发员工接受新观念与新的工作方式等缺点也逐渐暴露出来。

(二)事业部制

旅行社通过对不同地区或产品的业务进行划分,从而形成各个不同的事业部,实行集中领导下的分散经营。旅行社通过放权使每个事业部成为相对独立的盈利中心。它是旅行社内对于具有独立的产品和市场、独立的责任和利益的部门实行分权管理的一种组织形态。在这种组织结构中,旅行社把政策制定和行政管理分工,实行政策管制集权化和业务运营分权化。旅行社的最高管理是决策机构,以实行长期计划为最大任务。旅行社的各个部门内部完成外联、计调、接待等职能,如图1-3所示。

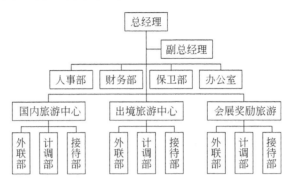

图1-3 旅行社事业部制组织形式

这种结构设置有利于旅行社最高管理层从日常行政事务中摆脱出来,有更多的时间管理决策;有利于旅行社对各部门进行二级管理;有利于旅行社开拓市场;有利于协调部门之间的利益分配;有利于培养管理人才,提高管理人员的素质。

但也需注意,为了旅行社保持完整性,避免使高层领导"大权旁落",并保证事业部不至于形成"各行其是"的"独立王国",最高管理层必须保持三方面的决策权,即事业发展的决策权、资金分配权、人事安排权。

从我国目前旅行社经营实践来看,按照职能划分部门的组织结构多适用于小型旅行社和新开业的旅行社,而大、中型旅行社则多采用按照地区或语种划分部门的组织结构。

五、旅行社组织设计现状分析

管理学原理告诉我们,在组织设计中,为了保证工作效率和减少协调的困难,一般应遵循"宁简勿繁"的原则,即可以由一个人或少数几个人完成的工作,就尽量避免人为地复杂化。

旅行社作为中介机构,大多以低于市场的价格向饭店、旅游交通部门、餐馆、游览景点等批量购买旅游者在旅行过程中所需的各种服务要素,经过组合加工后形成完整的旅游产品,直接面对旅游者进行销售。在许多情况下,一个人可同时扮演"采购者、组织者、销售者"的三种角色。换言之,在旅行社工作中,一个人或一个部门负责外联、计调、接待等旅行社产品生产的全过程是可能的。

此外,旅行社工作的复杂性和联系的广泛性,使得旅行社始终处于与其他部门错综复杂的关系之中,为保证合作关系的稳定与巩固,旅行社采用专人协调的做法具有更大的优势。通过以上分析我们不难看出,将业务部门按生产过程划分设立的方法基本上不适合旅行社业务的特点,由此组织的演变成为必然。而按地区划分,将相关的业务职能集中在每一个地区部门,则更适合现代形势下旅行社组织的设计。这就是业务职能导向的旅行社组织结构形式。旅行社的业务部门采取按地区设置的方式,每一地区部都有外联、计调和接待功能。市场部则是一个虚设机构,供各业务部门开拓市场之用。

按地区业务划分部门的组织设计方法,将发挥出以下优势:有利于业务衔接和利益分配;有利于旅行社对各部实行目标管理;有利于推行三级核算制;有利于部门整体业务的开展;有利于各地区业务的稳定与发展;有利于将过去各部门间的内部竞争转化为对外部的竞争;有利于旅行社业务范围的扩展、业务数量的增加与质量的提高;有利于从政策上鼓励开辟新的地区业务。

【技能训练】

1. 请各小组对当地旅行社企业的组织结构进行调查,并对该旅行社的组织结构进行分析。并绘制出该旅行社的组织结构图。

2. 分析中国国旅总社的组织结构。

【阅读资料】

中国国旅总社简介

中国国旅,作为中国规模最大的旅行社企业,国旅总社已有 50 多年的发展历史。1954 年 4 月 15 日,在周恩来总理的亲切关怀下,中国国际旅行社总社作为隶属国务院的外事接待单位在北京正式成立。同年,在上海、天津、广州等 12 个城市成立了分支社。党和国家领导人曾多次接见过国旅总社组织来华的客人。

国旅总社主要经营范围包括:招徕、接待外国人、华侨、中国港澳台旅游者来华、归国或回内地旅游;组织中国公民及在华外国人到海外旅游;组织中国公民在国内旅游;承办国际、国内会议;为旅游者提供交通、食宿、游览、通信、签证、娱乐、购物、旅游救援及医疗救护服务;国际、国内车、船、航空客货运输代理;旅游市场开发等。旅行社业务是国旅总社的核心业务,入境旅游业务体现了企业的核心竞争力。2002 年国旅总社旅行社业务创汇1.5 亿美元,实现营业收入 16 亿元。

在拓展旅行社国际旅游市场的过程中,国旅总社先后开发了一批精选旅华产品:"长江三峡游"(包括总统系列游船)、"丝绸之路游"、"古运河游"、"长城之旅"、"黄河之旅"、"香格里拉之旅"、"锦绣中华"、"江南水乡游"、"奇异山水游"、"西南少数民族风情游"、"冰雪风光游"、"佛教四大名山朝圣游"、"寻根朝敬之旅"等,成为国旅总社招徕销售的主要产品。

"夕阳红健康老人行"、"浪漫海底婚礼"、"风兰之旅"等环球行系列产品也成为中国公民旅游市场中的知名产品。

目前,国旅总社已与世界上 100 多个国家和地区的 1400 多家旅行商社建立了稳定的业务合作关系,并在美国纽约、洛杉矶,日本东京、大阪、名古屋、福冈,澳大利亚墨尔本、悉尼,法国巴黎,德国法兰克福,瑞典,丹麦,中国香港、澳门等国家和地区设立 14 家境外子公司,在国内有全资、控股子公司和联号经营企业 150 多家,形成了稳定的国际化销售网络和完整的接待网络。

国旅总社先后加入了 PATA（太平洋亚洲旅行协会）、IATA（国际航空运输协会）、ASTA（美国旅行代理商协会）等国际组织，并且是世界旅游组织在中国的唯一企业会员。

在中国旅行社业国际旅游市场占有率上，国旅总社始终保持着领先的地位，经营业绩在各个方面都领先于中国同行，从全国旅行社排名开始，国旅总社外联海外来华旅游者等主要经济指标始终排在全国旅行社百强榜首，并自始蝉联旅游紫禁杯"最佳企业奖"、"旅行社最高创汇奖"、"旅行社最高外联人数奖"等多种奖项。

经过几代国旅人的奋斗，"中国国旅"、"CITS"已成为国内外知名品牌，被国家商标局认定为我国旅游业界唯一的中国驰名商标，目前已在世界 60 多个国家和地区注册。在 2005 年 8 月召开的"世界品牌大会"上，世界品牌实验室和《世界经理人》周刊联合发布了 2005 年《中国 500 最具价值品牌》，中国国旅再次跻身中国最具价值品牌之列，排名第 50 位，评估价值为 103.64 亿元人民币。中国国旅对国际旅游业的贡献和知名度使其成为世界旅游组织在中国的唯一企业会员，中国旅行社协会会长单位，并加入 DATA（太平洋亚洲旅行协会）、IATA（国际航空运输协会）、ASTA（美国旅行代理商协会）等国际组织。

【案例 1-5】

旅行社挂靠承包者卷款潜逃

2000 年 12 月至 2001 年 1 月间，黎剑、杜伟（湖南张家界人）等人，以北京中天旅行社接待部名义，租用北京崇文门饭店 203 房间作为经营场所，并以北京中天旅行社名义发布广告，在收取游客大量旅游款或购票订金后携款潜逃，此案共涉及游客 355 人，金额 99 万余元，堪称旅游业大案。此案系中天旅行社内部管理混乱将部门随意承包所造成的，北京市旅游局在认定责任后，依据有关规定对该社进行了停业整顿，并动用了其 10 万元服务质量保证金对游客进行补偿。

资料来源：乐途旅游网

【点评】 旅行社的随意承包挂靠，实质是非法转让或变相转让许可证的违规经营行为，北京中天旅行社的行为就是终酿恶果的典型事件。在此要告诫旅游者，报名时不要怕麻烦，需留心核查组团单位的资质，问明情况，如在门市部报名不妨找总社核实。此案的受害者交款后拿到的都不是正式发票而是收据，有的甚至是白条，而且所签旅游合同和收据上的章都是部门章，而部门章是不具有法律效应的。

【案例 1-6】

出境旅游派领队 法定义务不可少

几名游客参加某旅行社组织的新马泰 15 日游，在临登机时游客发现，该团是由 5 家旅行社共同组织的，并且这个旅游团没有领队。旅游团在途中遇到了许多困难，在国外如何转机，入境卡怎么填，怎样与境外旅行社接洽等均无人过问。在新加坡入境时，因不熟悉情况，旅游团被边检部门盘查一个半小时之久。旅游过程中，因没有领队与境外社协调，原来的日程被多次变更。旅游团在异国他乡，人生地不熟，只好听从境外导游摆布。

资料来源：乐途旅游网

【点评】 领队是由旅行社派出，是为出境旅游者提供协助、服务，同境外旅行社接洽，督促其履行接待计划、调解纠纷、协助处理意外事件的人员。根据规定,旅行社组织中国公民赴外国和我国港、澳地区旅游,必须安排领队,这是旅行社的法定义务。

【完成任务】

请每个小组为即将设立的模拟旅行社设计合适的组织架构,并说明原因。

思考与练习

1. 旅行社的组织结构有哪几种?各有什么优缺点?
2. 旅行社组织结构设立原则是什么?

项目二

旅行社产品开发业务

学习目标

专业能力目标

- 能够独立完成旅游市场调查工作；
- 能够根据市场调查结果独立设计旅游线路。

方法能力目标

- 能够独立采集信息、处理信息；
- 掌握丰富的旅游知识，熟悉旅游线路，具有较强的推销能力。

社会能力目标

- 具有良好的职业道德和敬业精神；
- 具有较强的责任感和严谨的工作作风。

任务一　旅行社产品的开发

【任务描述】

在项目一中你和你的小组已经完成了旅行社设立的准备工作，你们的旅行社已经通过审批程序，接下来就要开始运营了。作为一家旅行社必须不断推出自己的旅游产品，而市场调研是旅游产品开发的基础。通过市场调研，了解消费者的需求以及需求的差异性，才能开发出创意新、把握准及适销对路的旅游产品。请你选择一个具备较大市场潜力的细分市场，并设计一份对这一特定市场的调查问卷，以获得宝贵的第一手资料，为开发旅游产品奠定基础。

【任务分析】

旅行社产品的开发是旅行社提高产品竞争力，树立品牌形象的主要内容，更是其长期利润最主要的源泉。由于旅行社产品具有无专利性的特点,所以旅行社要想在市场竞争中脱颖而出,就必须在产品设计上下工夫。旅游线路是旅行社产品的主体。旅游线路设计,从确定方案到组织实施、供应市场中间要经过市场调查与分析、方案筛选、试产试销、投放市场和检查评估五个阶段。

【相关知识与技能】

一、旅行社产品的内涵与形态

(一)服务的内涵与特征

与通常经济学界的认识不一样,这里的服务是从市场营销学的角度所提供的一种概念,即它的研究基础是将服务视为一种产品。

服务主要具有以下几个特征,可以概括为"四不",如图 2-1 所示。

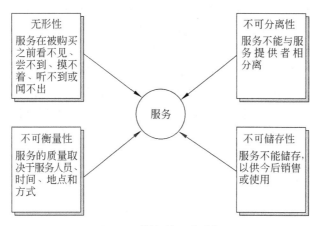

图 2-1 服务的四种特征

(1)无形性:与其他产品不同的是服务在被购买之前看不见、尝不到、摸不着、听不到或闻不出,是无法感知的。例如,航空公司的乘客除了一张飞机票和安全到达目的地的承诺之外什么也没有。

(2)不可分离性:即生产与消费同一性。服务不能与服务提供者相分离,不管这些提供者是人还是机器。如果服务人员提供了服务,那么这位服务人员便是服务的一部分。

(3)不可衡量性:即异质性。服务的质量取决于服务人员、时间、地点和方式,服务的构成人员及其服务质量水平经常变化,很难有一个统一的标准。

(4)不可储存性:受生产与消费同一性所影响,服务不能像有形产品那样可以储存。

(二)旅行社产品的内涵与形态

1. 旅行社产品的内涵

旅行社产品就是旅行社为了满足旅游者旅游过程中的需要而向旅游者提供的各种有

偿服务的有机整体。它不仅满足旅游者最基本的生理、物质需要,还能满足客人许多精神上的需求。从广义上看,凡是能向旅游者销售的服务和产品都是旅行社产品。简单的如一张机票、一间客房、一顿餐食、一次汽车接送、一次导游、几张景点门票等;复杂者,如为旅游者组织的一次出国观光旅游。可以把所有的服务组合在一起,形成一个产品。无论旅行社产品简单还是复杂都是根据旅游活动的主体——旅游者的需求而设计并销售的。有着不同职业、经济实力、性别、国籍、民族、受教育程度等背景的旅游者,对任何一种产品的需求都不可能是一样的,存在着或多或少的差异。随着社会经济和科学技术的发展,消费者对旅游需求的差异在不断增加,旅游者的消费观念越成熟,对旅行社产品多样性的需求越强烈。

从不同的角度分析,旅行社产品的构成要素不同。

从旅游需求者的角度来考虑,旅行社产品可以将其看成是以目的地活动为基础的有形与无形要素的组合。这个组合,在旅游者看来,就是可以用一定代价购得的一种经历,它是一个整体的产品。

从产品生产者即旅行社的角度来考虑,旅行社提供的产品分为以下三个层次。

(1)核心产品。旅行社核心产品是向旅游消费者提供的基本、直接的使用价值,以满足其旅游需求和利益。具体地说,食、住、行、游、购、娱六大要素构成旅行社产品的核心。

(2)有形产品。旅行社有形产品是核心产品借以实现的形式——在市场上出售旅行社产品的实物或劳务的外观。在旅游市场上,产品的基本使用价值必须通过某种形式得以承载,在市场上实现交换,即使是纯粹的劳务商品,也具有类似的形式上的特点。因为任何一个旅行社产品都有一个确定的外观。旅行社产品的有形产品包括品质、形态、商标、价格、旅游类型(如观光旅游、度假旅游)等。

(3)外延产品。旅行社外延产品是指旅游者在购买之前、之中和之后所得到的各种服务和利益。如旅行社为旅游者进行旅游咨询,旅游进行中提供额外服务以及旅游结束后对旅游者进行随访交流,收集旅游消费者的反馈信息,以便为他们提供令人满意的产品。旅行社应注重产品的整体效能,并在有形产品和延伸产品上形成自己的特点。这些可以被看做旅行社管理的工具,使旅行社和其他竞争者明显区别开来。

综上所述,从旅游经营者(供给)的角度来看,旅行社产品是指旅行社为满足旅游者旅游过程中食、住、行、游、购、娱等各种需要,而凭借一定的旅游设施、旅游吸引物向旅游者提供的各种有偿服务的总和;从旅游者(需求)的角度来看,旅行社产品是指旅游者为获得物质或精神上的满足而花费一定费用、时间和精力所获得的一次旅游经历。

2. 旅行社产品的形态

(1)按旅游者组织形式可分为团体旅游产品和散客旅游产品

① 团体旅游产品。团体旅游产品是指由10人以上的旅游者组成的旅游产品。一般采用包价的形式。旅行社作为操作主体,大体是由旅行社提供线路,游客选择购买,然后游客在规定的时间、地点、景区,在导游的陪同下,乘坐规定的交通工具,入住约定的宾馆、饭店,按照规定的线路完成食、住、行、游、购、娱等旅游过程。

② 散客旅游产品。又称自助或半自助旅游。它是由10人以下的旅游者组成,旅行社散客旅游产品有时采用非包价的形式,有时采用包价的形式。

世界旅游市场正在进入"散客时代"。目前,欧美各主要旅游接待国的散客市场份额占到了 70%~80%,经营和接待散客旅游的能力,已成为衡量一个国家或地区旅游业成熟度的重要标志。据权威部门预测,我国散客旅游的比例虽然低于旅游发达国家,但近年来发展十分迅速,已超过市场的半壁江山。特别是一些大中城市和沿海地区,散客比例更大。随着散客自主意识和自主能力的不断增强,外部约束条件的降低以及旅游供给的增加,今后几年我国散客旅游的比例将会逐年提高,成为旅游市场的主角。

散客旅游与团体旅游,二者在行程安排、付款方式、自由程度、价格方面都有所不同。但是,这并不意味着散客一定不经过旅行社。相反,某些散客在出游前的旅游咨询和出游后的某些事项方面,也经过旅行社。如订房,订机、车、船票等。需要指出的是,有人通常把团体旅游产品等同于团队包价旅游产品,把散客旅游产品等同于非包价旅游产品,其实团体旅游产品和散客旅游产品只是人数上的区别。此外,对于成团人数标准也不一致。一般国内旅游豪华团 10 人成团,标准团 16 人成团,经济团 30 人成团,入境旅游 9 人成团,出境旅游 3 人即可成团。

(2) 按产品所包含的内容划分为包价旅游产品、非包价旅游产品

① 包价旅游产品。包价旅游产品是指旅游者在旅游活动之前将全部或部分旅游费用预付给旅行社,由旅行社根据与旅游者签订的合同或协议,相应地为旅游者安排旅游项目。

包价旅游又可分为全包价旅游、半包价旅游、小包价旅游和零包价旅游。

a. 全包价旅游产品。旅游者将涉及旅游行程中的一切相关的服务项目费用统一起来预付给旅行社,由旅行社全面落实旅程中的一切相关的服务项目。全包价旅游产品中的一切相关服务项目包括食、住、行、游、购、娱各环节及导游服务、办理保险和签证等。

b. 半包价旅游产品。半包价旅游产品是指在全包价旅游的基础上扣除中、晚餐费用(即不含中、晚餐项目)的一种包价形式。游客在旅游目的地,可以自由选择中、晚餐,费用现付,其他同全包价。半包价旅游的优点是降低了产品的直观价格,提高了产品的竞争力,也更好地满足了旅游者在用餐方面的不同要求。

c. 小包价旅游产品。小包价旅游又称可选择性旅游,或自助游。即旅游者可根据本人意愿,选择所需的旅游项目,由非选择部分和可选择部分组成。非选择部分包括接送、住房和早餐,旅游费用由旅游者在旅游前预付。可选择部分包括导游、餐饮、娱乐、购物及参观游览等,旅游者可根据时间、兴趣和经济情况自由选择,费用既可以预付也可以现付。

小包价旅游对旅游者具有多方面的优势,表现为明码标价、经济实惠、手续简便和机动灵活四个方面。

d. 零包价旅游产品。零包价旅游产品是一种独特的产品形态,多见于发达国家。参加这种旅游的旅游者,必须随团前往和离开旅游目的地。即旅行社将去同一旅游目的地的游客组织起来,共同在同一口岸、乘同一航班入境,但在旅游目的地期间散团、自由活动,旅行社不安排项目,完全由旅游者自己安排项目。零包价旅游的特点是:旅游者活动自由,只受到行程期限的限制,行程内容自己安排;旅游者即使以散客的形式也能享受到团体机票的优惠;旅行社统一代办签证和保险。

② 非包价旅游产品。非包价旅游产品主要是指旅行社根据旅游者的具体要求而提

供的各种非综合性的有偿服务。主要有以下两种形式。

a. 单项服务。常规项目包括：交通票务、订房、订餐、办签证、办边境证、伴游、租车、会务安排等。通常适合散客，也可以针对团队。

b. 组合旅游。组合旅游也称自由人旅游，主要是旅游目的地的旅行社根据对于旅游客源市场需求的调查和了解，设计出一批固定的旅游线路，并将这些旅游线路的具体内容，广泛通知旅游客源地的旅行社，由它们进行推销，并按时将旅游者送到旅游目的地。旅游目的地的旅行社把不同旅游客源地的零散游客汇集起来，组成团队进行旅游，旅游活动结束后，旅游团就地解散，各自返回客源地。这是一种特殊的旅游产品，通常以团队的形式出现，而不同旅游客源地的零散游客通常以单项服务方式进行计价。

组合旅游的特点是：散客拼团，避免了一些客源地旅行社组团能力不足而造成客源浪费的弊病。另外，组合旅游时间短，有利于目的地旅行社在较短的时间内招揽大量的客源。组合旅游产品比通常的散客全包价费用低，这对于散客旅游者是很有吸引力的。

（3）按旅游者消费档次划分可分为豪华等、标准等、经济等

① 豪华等。这是由旅游者的消费水平决定的。豪华游要优先安排，提供优质优价的设施和服务。它不仅包括饭店、餐饮、交通的豪华标准，还注意提供高水平的导游、司机等人员的服务水平。例如，游客一般住宿用餐于四、五星级的酒店或豪华游轮，提供中级或高级导游、服务进口豪华车、高水准的娱乐节目等。豪华游的人均效益较高。

② 标准等。标准等旅游，旅游费用适中。游客一般住宿、用餐于二、三星级或中等水平的宾馆、游轮，享用豪华空调车。

③ 经济等。这种旅游团，规定要在 15 人以上，价格低于标准等。两者不同之处在于，提供给经济等的服务档次低于标准等，而游览项目基本相同。

另外，在使用的交通工具上，豪华等，长途交通支、干线全飞；标准等，只限于长途干线双飞；经济等长途采用火车、汽车的交通方式。

（4）按旅游者的目的和行为划分

① 观光旅游产品。它是指旅行社利用旅游目的地的自然旅游资源和人文旅游资源组织旅游者参观游览考察。观光旅游产品一般具有旅游资源品位高、可进入性大、服务设施多、环境氛围好、安全保障强等条件。为此观光旅游产品长期以来一直是国际旅游市场和国内旅游市场的主流产品，旅游者能在较长时间里领略旅游目的地的特色，因此深受广大旅游者的喜爱。观光旅游产品包括自然风光旅游产品和人文景观旅游产品。

② 度假旅游产品。现代社会，随着经济不断发展，人民生活水平和收入的提高，闲暇时间增多，配上日益完善的交通服务设施、旅游住宿设施，越来越驱使人们外出度假休闲，借以寻觅异国他乡的观念和文化，改变环境和口味，探求新的经历从而缓解工作的紧张。于是度假旅游这种利用假期进行休养和消遣的旅游产品已成为人们越来越追捧的旅游方式。度假旅游者到达目的地后，一般活动范围不大，但在该地停留时间较长，如果感觉该地理想的话，重复旅游的可能性较高。度假旅游产品要求度假区具备四个条件：环境质量好、区位条件优越、住宿设施和娱乐设施良好、服务水平高。对旅行社来说，度假旅游产品是今后适应散客旅游、自助旅游日益增多的潮流，值得开发的旅游产品。度假旅游产品主要包括海滨度假、乡村领域、森林旅游。

③ 专项旅游产品。专项旅游产品又称特种旅游产品,是一种具有广阔发展前景的旅游产品,具有主题繁多、特色鲜明的特点。专项旅游产品包括商务旅游、会议旅游、体育旅游、探险旅游、烹饪旅游、医疗旅游、品茶旅游、书画旅游、宗教旅游等。专项旅游适应了旅游者个性化、多样化的需求特点,是今后旅行社产品开发的趋势,但专项旅游产品的开发难度大,操作程序多,有时需要多个部门的协作和参与,费用一般较高,这在一定程度上抑制了旅行社开发的积极性。

二、旅行社产品的开发

旅行社要成为可持续发展的、强大的、拥有一流业绩的企业,就有赖于在旅游市场中不断培育一大批品位高、吸引力大的旅游精品。但是目前我国旅行社在产品开发上仍十分薄弱,相当多的旅行社没有自己的精品或特色产品,造成企业发展后劲不足,实力单薄,在市场上缺乏竞争力,仅靠价格战来适应市场,不能从根本上摆脱目前普遍存在的生存危机和发展危机。

（一）旅行社产品开发现状与存在的问题

1. 旅游产品设计层次低

首先,我国的观光产品在国际市场上还处于初级开发水平,高质量的观光旅游产品应突出游客的参与性、娱乐性、知识性和享受性,这几方面在我国观光旅游产品开发中没有得到充分体现。其次,度假旅游产品、商务旅游产品等其他旅游产品开发的水平也同样存在着差距。最后,旅行社旅游产品科技含量低,容易被抄袭。

2. 市场调研环节薄弱

市场调研是旅游产品开发的基础。通过市场调查,了解消费者的需求,设计出适销对路的产品。与西方发达旅行社相比,中国旅行社在产品开发过程中往往不进行或不注重进行市场调查,而是靠主观判断或"跟风",一些设计者认为"只要产品好,不怕没有卖点",这种一厢情愿的产品设计思路,会冒很大的风险。

3. 模仿和抄袭盛行

当某家旅行社设计出很受市场欢迎的旅游产品后,这时会有大量的旅行社采用"跟风"的方式,模仿、抄袭这些好的产品,这种现象非常普遍,极大地挫伤了旅行社投入大量人力、物力研发产品的积极性。而"跟风"的旅行社由于生产成本低,往往用低价格来吸引旅游者,从而加剧了市场的混乱与竞争。

4. 产品缺乏特色

当今旅游者的需求越来越个性化,旅游者希望通过参加具有鲜明特色的旅游活动来体现自己的个性。目前我国旅行社的旅游产品中,有特色的旅游产品很少,大多表现为无差别、无特色,众多旅行社经营千篇一律的产品,加剧了市场竞争,尤其是恶性价格竞争。

5. 品牌意识淡漠

品牌是企业竞争的王牌。对于生产者来说,品牌有助于他们区分不同产品,进行产品介绍和促销,也有助于培育回头客并在此基础上形成顾客的忠诚。对于购买者来说,品牌可以帮助他们识别、选择和评价不同生产者生产的产品,并可以通过对旅游产品品牌的选择来获得旅游活动的最大满足感。目前旅行社普遍不重视品牌企业、品牌产品的创立,整个旅行社行业,品牌企业所占的比例很小,品牌产品也为数不多,不利于增强旅行社的市场竞争实力。

(二)旅行社产品开发的对策

1. 不断创新产品

旅行社通过产品的不断创新,可以有效地拉大与竞争对手之间在产品开发方面的差距,以减少对方"搭便车"的机会。旅行社通过不断地向市场推出具有鲜明特色的新产品,有利于其产品在内容和形式上保持与其他竞争者的区别,避免陷入大路货的窘境。同时,新产品具有构思新颖、内容独特、形式时尚等特点,可以使旅游者提高对其价值的认知度,进而使旅游者在消费该产品时的效用增加。

2. 快捷销售

快捷销售是旅行社应对产品开发中存在的模仿和抄袭的有效手段。一般来说,在一家旅行社将新开发的产品投入市场的初期,其他旅行社往往由于不了解该产品的销路,一时不会立即跟随,从而会使开发产品的旅行社成为在市场上经营该产品的唯一企业,从而可能享有短暂的独家经营地位。如果该产品销路好,可能形成一段时间的垄断经营,为该旅行社提供较大的利润空间。旅行社应充分利用这一有利时机,采取快捷销售的策略,在其竞争对手认识到该产品的市场前景并采取行动跟随之前,将尽可能多的产品销售出去,以获得理想的利润。

3. 靠特色与内涵树立品牌

我国旅游产品的开发过程多则几个月,少则几天,这样随意、不慎重地开发出来的产品,往往缺乏特色与内涵,易被模仿,很难树立品牌,产品的生命周期较短。因此旅行社必须从长远出发,做好自己的市场定位,从深层次挖掘旅游产品内涵,突出特色,提高科技含量,还应重视品牌的创立,形成自己的品牌优势,使得其他竞争者难以仿冒。如北京胡同文化旅游,以展示北京胡同的文化历史和京城百姓的民俗,受到海外游客的青睐。它的成功就在于紧紧抓住了文化与民俗的主题,展示了老北京乃至全中国深厚的文化底蕴。

(三)我国旅行社新产品的类型

目前我国旅行社开发的新产品主要有以下三种类型。

1. 全新型产品

全新型产品是指旅行社根据市场的发展和旅游者需求的变化,开发新的景点、开辟新的旅游线路等。全新型产品往往会在短期内取得独占该产品市场的优势,为旅行社获取丰厚的利润。但开发新产品耗资多、风险大,若投放市场后不能被广大旅游者认可和购买,则会丧失盈利机会,甚至亏本。

2. 改良型产品

改良型产品是指旅行社对其原有产品作部分调整或改造,冠以新的名称重新投放市场的产品。原有的产品经过改良后,变成新的产品,增强了吸引力,能够招徕更多的游客。

由于改良产品是在原有产品基础上的调整,经重新包装上市,所以在线路考察、通信联络等产品开发费用方面低于创新型产品,降低了开发成本。改良产品还能够缩短开发过程,加快投资进程,使产品尽快投放市场,产生效益。例如,2010年上海世博会的"东风"再次吹热华东旅游,不少游客准备"二度"访华东。华东线是外省旅游当中较为成熟的旅游线路。不少游客都曾去过,而旅行社借上海世博会的"东风",重新进行线路组合,以世博园为核心打包华东其他景区,推出华东深度游旅游线路,深受游客欢迎。

3. 仿制型产品

仿制型产品是指旅行社以其他旅行社的产品为样品所开发的新产品。对中小型旅行社来说,在开发新产品时,往往会在资金和人才方面短缺。因此,仿制其他旅行社已投放市场的产品是其开发自己新产品的捷径。这种做法投资少、见效快、省时省力。但是旅行社总是步人后尘,难以创造出自己的产品形象,限制了自身的发展。

(四) 旅行社新产品开发程序

任何方案的开发,只有在遵循一定条理、秩序的基础上,出奇制胜,才有可能获得竞争品牌与创意和旅游者忠诚,旅行社产品的开发也不例外。旅游线路设计,从确定方案到组织实施,供应市场中间要经过调查分析和构思创意、方案筛选、产品试产试销、产品投放市场和产品检查与评估五个阶段(如图2-2所示)。

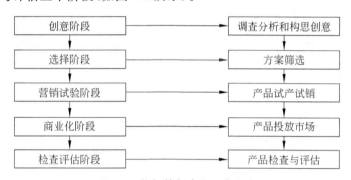

图 2-2　旅行社新产品开发程序

1. 创意阶段——市场调查分析和构思创意

【案例 2-1】

一次失败的旅游产品的开发

北京一家公司2003年10月推出的"乘坐旅游大巴从北京到香港"的产品,这是闭门造车的产物。从北京乘坐长途大客车,穿行京、冀、豫、皖、赣、湘、粤等内地省份,随游随走,7天抵达中国香港,这样的想法固然浪漫,但事实上无法回避的问题颇多。首先是旅程的辛苦,每日十几小时的车程,令人难以忍受。除非是专门的汽车团、探险团,客人具有相当的心理准备和体力准备。一个不容忽视的事实是,在京沪高速路通车后,一些旅行社开办了京沪旅行车游,初尝新鲜的游客叫苦连连,后续客人杳无踪影。舒适度的考虑欠缺,产品就失去了存在的要件。

"乘坐旅游大巴从北京到香港"还不只是旅程所带给客人的劳顿,车况、路况、社会治安等许多无法预料的问题,也会吓退客人。因而,该产品信息发布后,未及成行就先行夭折。

任何旅行社产品的开发,都必须进行周密的市场调查与分析。只有对现有市场进行冷静的分析,把握市场需求,寻找市场亮点,才能找准产品开发的市场切入点。市场分析和调查可分为以下几个阶段。

(1) 对现有市场的分析

对现有市场的分析是旅行社开发产品的第一步。首先应对旅游市场现有的产品作定性和定量分析;其次应对本社正在经营的旅行社产品与现有市场进行对比分析。对现有市场分析的根本目的是找出产品的优势和不足,并根据市场可用旅游资源,结合旅行社自身的情况,分析新产品开发方向,编写调查分析报告。产品的调查分析报告中应该包括:①现有某些产品的不足。②新产品发展前途。其中包括产品市场的大小、进入市场的可能性、需求的持久性和此类产品的发展趋势。

(2) 制订新产品开发草案

根据市场调查和分析报告可制订新产品开发的草案。草案是产品的雏形,草案中应包括以下三个方面。

① 新产品拟定名称,产品的需求量和需求时间;该产品的销售范围和目标市场;此类产品的销售量和市场占有率;潜在旅游者数量及旅游者实际购买能力;旅游者对新产品的要求和希望;季节变化对销售的影响;与企业现有产品的关系;产品的销售渠道等。

② 生产销售类似产品的竞争者数量;各竞争对手的销售数量、产品系列、产品特点级差异程度;各竞争对手采用的竞争策略、手段及变化情况;竞争对手的市场占有率和价格差,潜在竞争对手以及它们加入该种新产品市场的可能性。

③ 旅行社设计新产品所需人、财、物的保证程度;旅行社的信誉和管理水平;所需各种服务设施的供应能力和服务质量等。

(3) 确定产品开发方案

确定产品开发方案是个极为复杂的问题,因为每个方案都有其合理的成分,也都存在着缺陷和不足,这就要求旅行社企业在选择方案的过程中,对各种方案进行综合评价和比较分析。选择方案一般应考虑以下标准。

① 复合旅行社经营战略,有利于提高竞争能力,投入与产出比例适中。

② 有利于保证原有产品的正常发展。

2. 选择阶段——方案筛选

方案筛选,就是旅行社产品开发设计人员,凭直观经验判断,剔除那些于旅行社发展目标、业务专长和接待能力明显不符的或不具备可行性的构思,缩小有效构思范围。在筛选过程中要防止两个失误:一是误舍,即对某种构思创意方案的潜在经济价值估计不足,而予以舍去,坐失良机;二是误用,即对某种方案的经济价值估计过高,而予以采用,招致损失。

因此,当一条旅游线路的主题确定后,具体的设计组合会有多种方案,对这些方案要进行认真的比较研究,综合考虑多种因素,然后确定较为合理、理想的一种方案。

旅游线路的设计中最好有长期在接待一线的导游参加,多听取导游的意见,所确定的方案就会更切实际。

3. 营销试验阶段——产品试产试销

旅游线路方案确定后,旅行社即可与有关部门或行业达成暂时协议,将旅游线路设计方案付诸实施,进行试验性销售。旅行社试销产品的目的,在于将新产品及与新产品有关的营销策略,首次付诸实施,以观察顾客的反应。因此,试销工作是产品大量上市之前的一项试验。其成功与失败对日后该产品的命运具有决定性的影响。在产品试产试销阶段,旅社应注意:

(1)试销规模要适中;

(2)保证试销产品的质量;

(3)充分估计可能出现的问题,做到有备无患;

(4)如果效果不好,不要勉强投放市场。

4. 商业化阶段——产品投放市场

旅游线路试销成功后,即可正式投放主要目标市场,并进行大量的广告宣传和促销。这一阶段应慎重作出以下决策:产品投放市场的时间、地点、客源、产品的定位和具体的营销策略。

5. 检查评估阶段——产品检查与评估

旅游线路投放市场并非实际过程的终结,旅行社还应对旅游线路进行定期的检查与评估,对线路进行必要的修订和改进,并广泛搜集各种反馈信息,为旅游线路的进一步完善提供依据。旅游线路的检查除在发展趋势、销售市场、竞争态势、价格和内部条件几个方面进行外,还应着重就收益情况进行分析。包括损益平衡分析和价格分析。

【案例 2-2】

中国香港某旅行社推出的香港至华东旅游线路

中国香港某旅行社推出的香港至华东旅游线路安排见表 2-1。

表 2-1 中国香港至华东旅游线路

天　数	行　　程	交　　通	住　　宿
1	香港/上海	飞机(21:05 抵沪)	静安希尔顿
2	上海/无锡	下午火车	无锡大饭店
3	无锡/苏州	中午火车	南林大饭店
4	苏州/杭州	下午火车	香格里拉
5	杭州/香港	飞机(9:25 离杭)	

【点评】 这条线路的优点是,直航飞机往返香港方便,但有下列问题。

(1)时间问题。香港/上海飞机是晚上才抵达,而杭州/香港飞机是上午起飞,实际上第 1 天和第 5 天都不能观光,时间浪费在机场候机上。而由上海/无锡/杭州,交通工具方式单一,增加了火车上的时间,而且每一地的游览都很匆忙。

(2)价格问题。港/沪及杭/港直航飞机,价格昂贵,占去了总团费相当大的比重。导致主观价格太贵,平均每人每天的价格过高。

由于行程安排不合理,行程价格过高,试产试销过程中游客反应平平。后经过改进、调整,该旅行社对线路重新进行了编排。重新编排的行程如表2-2所示。

表2-2 重新编排的行程表

天 数	行 程	交 通	住 宿
1	香港/广州/杭州	早班直通车转飞机(中午13:00抵)	香格里拉
2	杭州/无锡	下午火车	无锡大饭店
3	无锡/苏州	下午汽车	南林大饭店
4	苏州/上海	下午汽车	静安希尔顿
5	上海/广州	晚上飞机	中国大饭店
6	广州/香港	下午直通车(18:30)	

与原先的行程相比,后者有如下优点。

(1) 第1天13:00抵杭州,第6天下午18:30才离开广州,总游观时间延长约1天。

(2) 香港/广州/杭州及上海/广州/香港的交通费,只占香港/上海、杭州/香港交通费的60%左右。

(3) 后者增加了广州点,丰富了行程内容。经过这样改变行程线路后,在行程与价格上更易于被旅游者接受。

【技能训练】

1. 走访本市旅行社,对各旅行社旅游产品进行调查,并写出调查报告。
2. 设计旅游市场调查问卷。

【阅读资料】

自驾游旅游产品设计思路与市场实操

一、策划案例名称:车驴会禹山湖"尖叫"户外派对

二、项目策划背景

1. 活动主办:车驴会、旅游之声

(1) 车驴会是杭州地区的以"户外旅游"+"自驾"为特点的车友会组织,由于定位鲜明,活动频繁,相当长一段时间内人气旺盛。2007年以后逐步开始商业化操作,业务归并到旅行社之下,由熟悉汽车游服务市场的专职人员操作。为了尽快取得商业上的成功,需要大规模的活动来树立品牌。

(2) 旅游之声是杭州一家以旅游话题为主的电台,在内容方面和车驴会有多种合作。

2. 活动赞助:养生堂"尖叫"运动饮料

本次活动群体,是养生堂"尖叫"运动系列饮料的目标客户,养生堂遂参与并且赞助本次活动,提供了大量饮料、礼品以及相关费用。

3. 项目策划过程概述

（1）全国各地都有很多车友组织，处于自发和松散状态。自驾游活动虽然很普遍，但组织很随意，称不上有什么服务。我们感觉自驾游未来的市场会越来越大，所以想尝试进入这块商业服务领域。

（2）我们决意搞一次大型的活动，定位在"自驾+户外派对"这个主题上，需要召集100辆车以上参加。因为属于大型活动，定位新颖，这样才有商业价值，传统媒体愿意报道。这样就能解决最关键的问题——商业赞助。

（3）我们很快撰写了详细的活动方案，并且拉上一直有合作关系的"旅游之声"电台一起举办。然后联络了一些适合这个活动群体的商家，最后和养生堂水业公司一拍即合，该公司进行了活动冠名，提供了大批"尖叫"饮料和活动奖品，还有一部分费用。

（4）禹山湖位于浙江北部安吉，交通便利，风景秀丽，湖边有大片草坪，湖水清澈，无须门票，但附近有山庄、酒店，配套设施齐全，适合开展大型自驾活动。

（5）我们通过杭州本地的网站、电台和报纸发布了活动信息，报名情况热烈，一共有120辆自驾车报名参加。

（6）活动整体流程如下。

D1：上午在杭州黄龙体育中心停车场集合，一般10～15辆车一组，每个小组要取一个个性化的队名，车标、车旗、车号一应俱全，然后分队出发。

中午是禹山湖山庄聚餐。下午大家来到湖边，主席台、活动区、露营区早已经规划好了，大家首先安营扎寨。接着是乐队、舞蹈队、山地车等丰富的表演。然后是活动高潮部分：水上游戏竞技。所有人都能分组报名参加，奖品丰厚，现场气氛极其热烈。傍晚是烧烤、冷餐会，晚上还有户外电影，躺在草坪上数星星，真是愉快的一天！

D2：第二天自然醒，可以到附近山林里走走，自由活动一下，然后陆续撤离。可以跟随原来的组长结队回家，也可以自行撤退。

4. 项目策划效果

（1）活动结束以后，活动效果通过各种媒体报道传播，车驴会的品牌和名气越来越响亮了。活动咨询客服电话响个不停。

（2）有两家汽车服务公司和一家保险公司主动上门寻求合作。商家资源整合更顺利。

（3）车驴会社区也越来越热闹，在线人数从以前最高300多人升至500多人。

5. 项目亮点回顾和总结

（1）活动整体效果较好，最关键的是好玩，这是最难得的。我们参加过很多大型活动，组织得很规范的不少，但真正好玩的没几个。好玩是评价活动的最重要参数。

（2）主持、表演、秩序维护基本上由义工承担，现场秩序井然，人力成本投入较低。所以虽然在赞助金额不是很大的情况下，还是获得了一定的收益。

6. 暴露的问题

本次活动出了一个安全事故，把我们推向一个尴尬的位置。具体情况是：活动结束返回的时候，一个车主超车中出了车祸，他本人还只是小伤，但搭车的女孩头破血流，手臂骨折。我们医疗组工作人员把女孩送进医院。出院后，就牵涉到一个赔付问题。车主认为他没有违反交通规则,这次车祸是一次意外。而且这个女孩也是组织方安排她搭车的。除了车主,我们没有给搭车者购买保险,最后以我们赔付 5000 元了事。幸好是轻伤,否则会非常麻烦。

我们以为,自驾游安全隐患比较大,关于组织方、车主和搭车者的安全责任界定上,还没有很适当的方案,这是旅行社等商业机构进入这个服务领域有所顾虑的最重要原因。

资料来源:旅游智典姚支柱的博客

【案例 2-3】

海南双飞六日蜜月之旅①

一、时间地点

定于 2009 年 12 月 31 日—2010 年 1 月 5 日在中国三亚"天涯海角"风景区,黎村苗寨、亚龙湾中心广场、大东海隆重举办。

二、活动内容及时间安排

第一天:"快乐飞翔",2009 年 12 月 31 日

乘××—三亚航班,开始浪漫的蜜月之旅,一路"快乐飞翔"直飞美丽的鹿城——三亚;机场接团,导游为新人献上花环,然后乘车前往蜜月第一爱巢,下榻酒店休息。

第二天:"海誓山盟",2010 年 1 月 1 日

早餐后于酒店内由专业化妆师为新人装扮,穿婚纱、化妆、戴上美丽的花环,玫瑰花车开道,穿行于南海情侣路——"椰梦长廊",在醉人的三亚湾留下永生难忘的精彩浪漫,乘车赴"天涯海角"。情侣们在代表的领读下宣读《天涯婚誓》,在著名的"天涯石"前面向青山大海鞠躬,情侣们共饮爱情甘露——"喜椰",祝愿白头偕老,拍结婚照,颁发《天涯海角集体婚礼证书》。午餐后,进行外景婚纱组照的拍摄,情侣们可享受最纯洁的大自然下的婚纱照。刻有"天涯"、"海角"、"南天一柱"的巨石雄峙南海之滨,极目远眺,海天一色,无穷无尽,此情此景让新人四目相对,海誓山盟……所有这一切尽由专业摄影师收入光碟。而后驱车前往具有海南民俗风情的黎苗村寨去体验别具地方特色的黎苗婚礼,祝新人们白头偕老,恩爱一生;在鹿回头山顶公园,聆听美丽的爱情故事,在夫妻树下系上"同心锁",许下"白头偕老、恩爱一生"的誓言;晚上自己做主去享用海鲜风味大餐,丰俭由己。

第三天:"水中良缘",2010 年 1 月 2 日

早餐后前往昌源水晶大世界,赠送"昌源水晶戒指"(选一个漂亮的水晶坯料,为心爱的人 DIY 磨制一份"爱之物语"魔幻水晶);游览大(小)东海旅游区,可自费乘坐观光潜艇观看神秘的海底世界、海上冲浪、空中拉伞等娱乐项目;新人们不妨一试潜水,勇敢的新郎带着温柔的新娘,以大海作教堂,潜水服作婚纱,海底牵手,来个浪漫的海底婚礼!由潜水教练作为见证人,交换婚戒(潜水费用自理);游览集中外园林、佛教文化为一体的福泽之地——南山佛教文化苑,让我们放飞爱的和平鸽,为心爱的人祈福,祝愿所有相亲相爱的人一生一世,平安幸福!欣赏世界小姐选美总决赛,一睹世界级赛场风采!享用浪漫烛光红酒晚餐后,晚上举办月光沙滩联欢晚会。

---

① 这是学生根据所学知识自己设计的一条旅游线路。不但设计了行程,还设计了宣传海报。

第四天:"二人世界",2010 年 1 月 3 日

今天,真正地感受一下属于情侣们甜蜜的二人度假吧,漫步海南情侣路——"椰梦长廊",一本好书,几首喜欢的歌,可以到沙滩上晒日光浴;中途乘坐快艇登灵秀小岛——西岛,再次享受大海温馨的拥抱,继续前行海口,一路欣赏美丽风光,充分享受浪漫温馨的二人世界。前往兴隆华侨农场,游乐小鱼温泉,"鱼水情深"给甜蜜的旅途增添了健康和浪漫。

第五天:"同舟同济",2010 年 1 月 4 日

乘车前往风景秀丽的东山湖畔参观海南野生动物园,犹如置身于鸟语花香的大自然,您将进入一个奇丽多姿、惊险有趣的动物世界。在园内的"心心相印"种植区,新人们共同栽下象征爱情的椰子树……然后前往著名的博鳌旅游风景区,参观亚洲人和平对话的平台——亚洲论坛永久性会址景区,乘船前往万泉河入海口玉带滩;玉带滩横卧在万泉河和南海之间,沙滩广阔平坦,柔软洁白,是世界上河流出海口自然景观保持最完美的地方。午餐后游览海南母亲河——万泉河美景;游览"热带风景明珠"——兴隆热带植物园,欣赏奇花异草;免费品尝兴隆特产的香浓咖啡,意犹未尽;晚上自费观看东南亚当红艺人表演。

第六天:"流连忘返",2010 年 1 月 5 日

早餐后,乘机从海口返××,结束难忘的海南之旅,返回温馨的家。

三、服务项目

(1) 提供四星级酒店 5 晚住宿;

(2) 赠送浪漫烛光晚餐一次;

(3) 提供豪华交通旅游用车;

(4) 提供司仪主持,化妆;

(5) 提供新娘婚纱全套;

(6) 提供全程摄像及后期 DVD 光盘制作;

(7) 提供新婚保险。

四、报名方法

(1) 报名需带身份证、结婚证复印件、个人照片各一张。

(2) 婚礼费用:每对新人 5 天活动总费用 6999 元(不含往返飞机费用),亲属每人 1888 元。

【点评】 本例利用海南空气清新、景色宜人,是中国全天候的海岛度假旅游胜地,也是天然的结婚圣殿这一得天独厚的资源,精心设计了这一婚庆旅游线路,深深吸引了对婚礼充满憧憬,追求浪漫、个性婚礼的新人。而三亚的风光集海南之精华,婆娑的椰林、洁白的沙滩、湛蓝的海水、灿烂的阳光,步步为景,处处是诗。在这里举办婚礼,可融喜庆于大自然,聆听天籁之音,尽享梦寐以求的清新、浪漫和自然,在蓝天白云下山盟海誓、尽展笑颜。在三亚举办海底集体婚礼,不是单纯地为了结婚而结婚,可以说是集结婚与度蜜月于一体,整个婚礼完全是在自然环境下举行。这些都是国内其他城市无法相比的。所以,不论是核心产品、有形产品还是外延产品的设计都是非常成功的。

【案例 2-4】

宠物旅游团"畅游"小黄山

2008 年 10 月 27 日清晨,合肥某旅行社组织了由 40 余只狗宝宝组成的合肥第一支"宠物旅游团"向六安东石笋出发。虽然宠物主人们也随团出行,但在旅游团里明显是"配角":他们不但要帮狗狗们背水、背狗粮,还要保护好狗狗们的安全,让它们在旅程中老老实实,不打架、不闹事。

- 狗狗一路很兴奋

出发的时间定在早上 6 点,可多数宠物主人和狗狗们 6 点不到就在指定地点等候上车。苏格兰牧羊犬、可卡、八哥犬、金毛、吉娃娃……十多个品种的狗狗第一次相互见面显得有点紧张,但没过多久,各自的小习惯就表露出来。

一只叫"哈利"的苏格兰牧羊犬是个"音乐家",只要主人哼上几句,小家伙就立刻开始"唱歌",纵然哼哼唧唧没有个调调,可还是博得了大家的掌声;八哥犬"厌蛋"是个爱惹事的小家伙,见旁边的狗狗不理它,就上去蹭蹭,再转头就跑,往坐垫上一趴跟没啥事似的;一只迷你杜宾可是个性格暴烈的家伙,只要别的狗狗从它旁边经过,就立刻狂吠不止,好像要开战一样。

狗狗们在车上悠闲自在,可苦了狗主人们。一会儿喂水,一会儿抱着说说话,还要担心脾气坏的狗狗挑起"战争",一路上忙得不亦乐乎。

- 下水上山玩得欢

这次出游的目的地是有"江淮小黄山"之称的东石笋,车刚到达目的地,狗狗们就开始撒欢。因为活动的根据地是在一块靠近水边的空地,爱游泳的狗狗见到水就忘了 10 月底的天气,"扑通"一声扎进水里。一只金毛最先下水,尽管主人在旁边呼唤、威胁,它还是一副不在乎的样子。一只八哥犬看得"眼馋",学着金毛也扎进水里,只是身体太胖,游了几下就动不了了,只得上岸歇着。

考虑到山坡陡峭,这次旅行只选择了东石笋上相对较矮的小山,可对于很少爬山的狗狗们来说,还是累得不轻。因为兴奋,冲得太快,"开普敦"把脚趾弄伤了;有的地方太险,主人们只得拉着狗或干脆抱起狗慢慢走。本以为冲在前面的是体型大的狗狗,没想到小型的狗狗却占了优势,跑得最欢。

- 长了见识,交了朋友

一天的活动累坏了狗主人也累坏了狗狗们,在返程的车上,多数狗狗开始呼呼大睡。"这样的活动很好,能让狗狗有宽松的环境玩耍。"带着狮子狗参加旅行团的刘阿姨表示,合肥市区遛狗场所较少,宠物活动空间很小,这种特殊旅游团可以让狗宝贝到大自然中"长见识",还能多交几个朋友。

此外,据活动组织者介绍,此次狗主人 150 元/人的旅游费还有结余,余下的费用将捐给省城义务收养流浪狗的组织。

【点评】 宠物旅游这种特种旅游产品,可以说是由"不方便"产生的新商机,如今正以其独特的姿态悄然兴起。

一直以来养宠一族在考虑外出旅游时都会有这样的烦恼:宠物托管所很难找到;家

政服务中心不提供寄养宠物的服务；亲戚朋友又没有饲养宠物的经验。权衡利弊后只得放弃出游计划。而如今新兴的宠物旅游业，为宠物主人免去了后顾之忧。

宠物旅游在我国刚刚起步，应逐步形成自己独特的行业规范。首先，参加旅游的宠物必须有饲养许可证。组团的旅行社规定宠物主人必须严格填写宠物资料，包括名字、年龄、种类、健康、特长及兴趣爱好等。宠物主人还须提供宠物一年之内注射过狂犬疫苗的证明。旅行社负责联系正规宠物医院的兽医师。在出发前，医生会为宠物主人做相关注意问题的讲座。在游程中，如果宠物出现疾病症状，随行的宠物医生会立即诊治。

当前，旅行社最大的通病是在经营上缺乏特色和个性，产品趋同现象十分严重。产品的趋同导致了价格的无序竞争，为确保经济利益，行业中自主开发新产品的企业越来越少，"跟风"现象愈演愈烈，从而使得产品创新难上加难，在传统旅游利润见底的情况下，特种旅游的开发是旅行社寻找的一种新的经济增长点。本案在激烈的市场竞争中另辟蹊径，尽管宠物旅游业在其发展过程中肯定会遇到这样或那样的困难，但是在整个宠物经济迅猛发展的环境下，相信宠物旅游业一定会有美好的明天。

【完成任务】

独立完成大学生旅游市场调查问卷的设计，并根据调查结果写出调查报告。

思考与练习

1. 如何理解旅行社产品的产品属性？
2. 怎样理解旅行社产品与服务的关系？
3. 旅行社产品有哪些不同的形态分类？
4. 如何看待我国散客旅游市场的兴起？

任务二　旅游线路设计

【任务描述】

结合本地及周边地区旅游资源、市场需求等要素，在调查研究的基础上设计一条旅游线路，需明确：线路名称、目标市场、日程详细介绍、成本构成、线路特色、旅游注意事项等内容。将上述内容以模拟旅行社为单位制作成课件进行展示，并根据老师和同学的意见进行修改。

【任务分析】

对于旅行社来说，旅游产品更多地表现为旅游线路。旅游线路设计过程是一个分析市场需求、选择、采购、组合、优化旅游产品的过程。旅游线路在内容上，包括旅游者在旅游过程中所利用和享受的一切,涉及食、住、行、游、购、娱等各种旅游要求,各个环节要环环相扣,密切配合。旅游线路设计要符合市场需求,同时还要主题鲜明、突出特色、点线结构要合理,这样的旅游线路才能有卖点。

【相关知识与技能】

一、旅游线路设计的决定因素

旅游线路是指旅行社根据旅游市场的需求,结合旅游资源和接待能力,凭借交通线把若干个旅游地和旅游点合理地贯穿起来,为旅游者设计的旅行游览路线。旅游线路包含了旅游者从离开居住地到返回到居住地开展旅游活动的一切要素。

旅游线路设计是指在一定的旅游区域内,以一定的旅游时间和旅游费用为参照,按照一定的目的、主题与方式联系起来而形成的一种综合产品。时间和空间的结合构成了旅游线路。旅游线路的内涵十分丰富,认识旅游线路设计的基本要素,对于设计旅游线路有着重要作用。旅游线路设计的基本要素包括旅游资源、旅游设施、旅游服务、旅游安全、旅游时间和旅游可进入性等。其中旅游资源、旅游设施、旅游服务、旅游可进入性是设计旅游线路的决定因素。

（一）旅游资源

旅游资源是进行旅游线路设计的核心和物质基础,是旅游者选择和购买旅游线路的决定因素。旅游资源的吸引力决定了旅游线路的主体与特色。旅游线路的设计必须最大限度地体现出旅游资源的价值,如"*丝绸之路游*"、"*黄河风情游*"、"*江南水乡游*"、"*西南少数民族风情游*"等。

（二）旅游设施

旅游设施是旅行社向旅游者提供旅游线路所凭借的服务性载体。旅游设施不是旅游者选择和购买旅游线路的决定因素,但它能影响旅游活动的开展顺利与否,以及旅游服务质量的高低。旅游设施分为专门设施和基础设施两大类。前者指住宿、游览、购物、康乐、饮食服务设施;后者指交通、通信、供电、供排水、卫生、医疗等设施。旅游线路设计中要考虑旅游设施的数量、种类以及质量与消费档次,有时也要考虑设施的空间布局,如旅游饭店与景点、机场、市区的距离,停车行离景点大门的距离等。

（三）旅游服务

旅游服务的存在与旅游设施的存在密切相关,二者相辅相成,离开了旅游设施,旅游服务就无法实现。旅游服务的质量直接影响旅游线路的质量,因而旅游服务是旅游线路设计核心内容。旅游线路设计时要考虑旅游项目中的服务功能、服务水平,并设计宾客意见调查表,着重反映导游、司机的服务态度、服务技能、服务效率等。

（四）旅游的可进入性

旅游线路设计时必须考虑旅游者进入旅游目的地的难易程度和实效性。旅游者是否能顺利到达旅游目的地是构成旅游线路设计的重要因素,因此,旅游的可进入性是旅游线路实现其价值的前提条件。旅游可进入性包括畅通的交通条件、简便的通关手续条件、良好的社会环境。

二、旅游线路设计的原则

产品设计是旅行社的重要任务,关系到旅行社经营的成败。在产品开发设计中,旅行社产品开发设计人员应遵循以下原则。

（一）市场导向原则

旅行社产品开发的目的,在于通过产品的销售获得经济利益。如果旅行社设计的旅游线路,不能满足旅游者的需要,产品就没有销路,旅行社也就无利可图,因而旅游线路要适销对路。旅游者对旅游线路选择的基本出发点是:时间最省,路径最短,价格最低,景点内容最丰富,最有价值。旅游者的需求决定了旅游线路的设计方向。坚持市场导向的原则,就是要求在旅游线路设计过程中,要根据市场需求变化开发产品;根据旅游者或中间商的要求开发产品;创造性地引导旅游消费。

（二）突出特色

旅游线路可以多种多样,特色是旅游线路的灵魂。突出特色是旅游线路具有吸引力的根本所在。这就要求对旅游线路的资源、形式要精心选择,力求充分展示旅游线路的主题,做到特色鲜明,以新、奇、异、美吸引旅游者的注意。特色是旅游产品生命力所在。

世界上有些事物是独一无二的,如埃及的金字塔、中国的秦始皇兵马俑,这就是特色。由于人类求新求异的心理,单一的观光功能景区和游线难以吸引游客回头,即使是一些著名景区和游线,游客通常的观点也是"不可不来,不可再来"。因此,在产品设计上应尽量突出自己的特色,唯此才能具有较大的旅游吸引力。

在旅游产品系统中,越是民族的越有特色。一个民族的文化、历史、意识形态对于其他民族的游客来说都是很有魅力的旅游产品。例如,昆明—大理—丽江—西双版纳旅游线路展现了我国 26 个少数民族绚丽的自然风光、浓郁的民俗文化和宗教特色。如古老的东巴文化、大理白族欢迎客人寓意深长的"三道茶"、有"东方女儿国"之称的泸沽湖畔摩梭人以母系氏族的生活形态闻名于世界、美丽而淳朴的丽江古城以及纳西族妇女奇特的服饰"披星戴月"装,等等。这些都以其绚丽多姿的魅力深深吸引着广大的中外游客流连忘返。这些旅游线路和旅游项目在世界上都是独一无二的,具有不可替代性,体现了"人无我有,人有我特"的独特性。

（三）旅游点线结构合理的原则

旅游线路安排是否合理关系到旅游者的旅游效果,关系到旅行社产品是否具有吸引力。旅游线路所涉及的有饭店、餐饮、交通、景点等如何安排及时间控制,排列的顺序等内容。合理的线路安排要将这些因素组合成一个圆满高效的有机整体。

旅游景点之间的距离要适中,旅游线路中的景点数量要适宜;同一线路的旅游点的游览顺序要科学,尽量避免走重复路线,各旅游景点特色差异突出。

一条好的旅游线路就好比一首成功的交响乐,有时是激昂跌宕的旋律,有时是平缓的过渡,都应当有序幕—发展—高潮—尾声。在旅游线路的设计中,应充分考虑旅游者的心理与精力,将游客的心理、兴致与景观特色分布结合起来,注意高潮景点在线路上的分布与布局。旅游活动不能安排得太紧凑,应该有张有弛,而非走马观花,疲于奔命。旅游线路的结构顺序与节奏不同,产生的效果也不同。

（四）效益性原则

效益性原则就是旅行社在设计旅游线路时,应强调成本控制,并获得相对高的效益。例如,通过充分发挥协作网络的作用,降低采购价格。这样既可以降低直观价格,便于销售,又能保证旅游企业的最大利润。旅行社要尽可能保证接待能力与实际接待量之间的均衡,减少因为接待能力闲置造成的经济损失。

（五）主题鲜明原则

旅行社设计旅游线路时要有鲜明的主题,只有这样才能获得较大的旅游吸引力,此主题的形成主要依靠将性质和形态有内在联系的旅游点串联起来,并依据旅游交通、食宿、服务、娱乐、购物等方面的特点,选择与之适应的形式。例如,“丝绸之路旅游线”将西安、敦煌、吐鲁番及中东、欧洲的与古代丝绸贸易有关的旅游点串联起来,组织旅游者参观文物古迹,品民族风情,观赏仿唐乐舞（丝路花雨）等仿古歌舞,尝历史名菜佳肴和民族特色小吃,下榻具有浓郁地方和民族特色的饭店;在交通安排上,汽车、火车、飞机交通工具交叉使用,甚至有的地段骑骆驼或坐毛驴车。购物活动中有古碑刻拓片、唐三彩、夜光杯等,借以使游人充分体验古丝绸之旅的情调。又如,浙江温州民营经济非常发达,旅行社把一些规模较大的生产日用品的民营企业和温州的山水人文旅游景点结合起来,开发出了“温州民营经济探秘游”的旅游产品。

（六）生态效益原则

生态旅游的产生是人类认识自然、重新审视自我行为的必然结果,体现了可持续发展的思想。生态旅游是经济发展、社会进步、环境价值的综合体现,是以良好生态环境为基础,保护环境、陶冶情操的高雅社会经济活动。生态旅游是国际上非常流行的旅游方式,尤其是在美国、加拿大、澳大利亚以及很多欧洲国家已经发展得非常成熟。生态旅游所提倡的“认识自然、享受自然、保护自然”的旅游概念将会是 21 世纪旅游业的发展趋势。专家认为,草原、湖泊、湿地、海岛、森林、沙漠、峡谷等生态资源和文物一样,极易受到破坏,并且破坏了就不能再生,甚至可能在地球上消失。

云南丽江是一个易受破坏的老城镇,2011 年国庆黄金周期间,竟有 31.35 万人次去那里观光,经常是游客比本地人还多。在北京,人们不得不拓宽建于 15 世纪的天坛

(1998年被列入世界文化遗产)周围的矮墙,以容纳更多的游客。有人抱怨说:"天坛上的人太多了,就好像在东京的马路上一样。"敦煌因游客"超载"导致窟内空气湿度过大,对壁画造成损害。华山旅游超载开发,造成许多古树古松的死亡。

从2000年7月1日起,九寨沟实行了游客限量入景区制。如果你是当日排名在1.2万名之外的游客,将被拒绝进入景区。由此,九寨沟成为全国第一个对游客实行限量入内的景区。九寨沟作出这一限客决定,主要目的就是为了更好地保护好九寨沟这个不可再生的世界自然遗产,避免因游客过多而对景物产生破坏。特别是每年的"五一"、"十一"两个旅游黄金周,游客量猛增,最多时游客竟然达到了3万多人。为避免游客超量,九寨沟管理局目前正在制订预售门票方案,与各旅行社实行联动。另外,一旦游客超量,九寨沟管理局将通过网络、报纸等媒介及时向社会公布。也许有一天,游客要想去九寨沟需要提前三个月预订门票。

三、旅游线路设计

(一)旅游线路设计的主要内容

1. 确定线路名称

线路名称是线路的性质、大致内容和设计思路内容的高度概括,因此线路名称的确定应考虑各方面的因素,力求体现简约、突出主题、时代感强、富有吸引力等原则。

2. 策划旅游线路

旅游线路是以一定的交通方式将线路各节点进行的合理连接。节点是构成旅游线路的基本空间单元,是一个有特色的旅游目的地。节点可以是城市,也可以是独立的风景名胜区。线路的始端是第一个旅游目的地,是该线路的第一个节点;线路的终端,是线路的最后一个节点,是旅游线路的终结或整个旅游线路的最高潮部分;而途经地则是将始端和终端串联起来的其他节点,是为主题服务的旅游目的地。因此,策划旅游线路就是安排从始端到终端及中间途经地之间的旅游顺序,在线路上合理布局节点。安排旅游线路一方面是对符合主题特色的节点城市或风景区的选择;另一方面是对节点旅游顺序的安排,应体现时间最短、费用最少、交通便利、合理搭配的原则进行全面考察、综合平衡,进而合理选择。

3. 计划活动日程

活动日程是指旅游线路中具体的旅游项目内容和地点及各项活动进行的日期,应体现劳逸结合、丰富多彩、节奏感强、高潮迭起的原则。

4. 选择交通工具

交通工具选择应体现"安全、舒适、经济、快捷、高效"的原则。不仅要了解各种交通工具的游览效果和使用旅程,还要了解国内外交通状况。具体选择交通工具时,要注意多利用飞机,尽量减少旅途时间;少用长途火车,以避免游客疲劳;合理使用短途火车,选择设备好、直达目的地、尽量不用餐的车次;用汽车作短途交通工具,机动灵活。

5. 安排住宿餐饮

吃、住是旅游活动得以顺利进行的保证,应遵循经济实惠、环境幽雅、交通便利、物美价廉、有特色等原则进行合理安排,并注意安排有地方或民族特色的风味餐饮。

6．留出购物时间

购物通常在旅游者总花费中占 30％左右。因此,不仅应遵循时间安排合理且能够满足大部分游客需要的原则,还应遵循不重复、不单调、不紧张、不疲惫的原则适当安排。

7．策划娱乐活动

娱乐活动不仅要丰富多彩、雅俗共赏、健康文明,还要达到体现民族文化的主旋律和文化交流的目的。

（二）旅游航程安排

国际航运发展迅猛,选择哪个航空公司的哪个航班,选择什么样的飞行路线,在进行旅游线路设计时,都会有一个航程规划的问题。规划航程包括选择航空公司、航班、转机城市和航线设计等。一般选择的依据包括以下几点。

1．直飞或转机

航空公司大多只直航至首都,如果到该国其他城市就要在首都转机。转机时要注意是否需要换机场或办理过境签证。

2．航班频次

洲际航班可能并非每日一班,可根据往返日期要求确定。

3．航线设计

设计航线,首先,注意尽量选择同一家航空公司;其次,要选择合作运营的两家航空公司。否则,票价可能十分昂贵。

4．中转与衔接

如果不想在转机城市多作停留,就尽量选择衔接紧密的航班。一般国际接转至少需要 1.5 小时;否则,可能因为延误、行李转挂、气象条件等因素导致无法顺利接转。尤其是前段所乘航班飞行里程较长、停降次数又多时,衔接时间更应宽裕一些。

5．飞机机型与服务

一般座位较多的宽体客机飞行较平稳,震动和颠簸小,乘坐比较舒适。

6．航空时刻表

规划航程离不开时刻表,外航的时刻手册都可以在其办事处免费得到,手册上有详尽的航班信息和查阅说明,并附有地图、机舱布局、航空公司新闻等。需要注意的是,时刻表上的航班起飞、到达时间均为当地时间。另外计算飞行时间时,需要考虑时差。

四、旅游线路设计实践

【案例 2-5】

丝绸之路十三日游

第一天:于指定时间、地点集合乘车前往深圳机场,乘 XO9304（15:30/22:30）航班飞乌鲁木齐市自由活动。住:徕远宾馆。

第二天:9:00 早餐,9:30 前往天池游览,13:30 在蒙古包用餐,17:30 回乌市。住:徕远宾馆。

第三天：8:00 早餐,8:30 赴吐鲁番(190 公里)参观火焰山、葡萄沟,13:30 葡萄沟用餐,14:30 参观坎儿井、交河古城。住:徕远宾馆。

第四天：8:30 早餐,9:00 赴石河子。住:石河子宾馆。

第五天：9:00 早餐,9:30 前往南山牧场(70 公里),13:30 返乌市用餐,晚餐后 19:58 乘 K890 列车赴柳园。住:火车软卧。

第六天：列车上早餐后,约 8:25 抵柳园,乘空调旅游车至敦煌,午餐后参观中国最大石窟艺术馆——敦煌莫高窟。住:敦煌大酒店。

第七天：8:00 早餐后游览沙漠奇迹——鸣沙山和月牙泉,骑骆驼(自费)领略大漠风光,午餐后乘空调旅游车赴嘉峪关,参观嘉峪关雄伟壮观的城楼和城墙、长城博物馆。晚餐后乘 T658 火车(21:42)赴兰州。住:火车软卧。

第八天：约 7:30 抵兰州,早上在酒店休息,午餐后市内参观五泉山公园、黄河母亲雕像、黄河第一桥。下午乘 T655 次火车往西宁(15:48/18:48)。住:西宁宾馆。

第九天：早餐后游览塔尔寺,塔尔寺是我国著名的喇嘛寺院,是喇嘛教黄教创始人宗喀巴生地,亦是西北地区佛教活动的中心。后前往我国最大内陆咸水湖——青海湖。游日月山、倒淌河、藏民家访。晚餐后乘 K424 次列车前往银川(18:01)。住:火车软卧。

第十天：早上 7:00 到达后休息,游览沙湖,后游览西夏王陵(又称西夏陵、西夏帝陵),有"东方金字塔"之称,是西夏历代帝王陵墓所在地。住:银川长相依宾馆。

第十一天：早餐后自由活动,午餐后游览华夏西部影视城,又称"东方好莱坞"。晚餐后乘 K2587 次列车(18:42)列车前往西安。住:火车卧铺。

第十二天：早上 8:50 抵达西安,参观张学良公馆和大雁塔,下午参观古丝路起点石雕群。住:古都大酒店。

第十三天：早餐后参观著名的兵马俑、华清池和五间厅等,午餐后游明城墙、碑林。乘 CZ3252(17:20/19:30)飞机返深圳。

线路特色:

众所周知,乌鲁木齐在蒙古语中是"优美的牧场"之意。它位于天山北麓草原地带,东临天山东段最高峰——博格达峰,南依连绵千里的天山林带,西、北紧靠准噶尔盆地,是世界上离海洋最远的城市。而吐鲁番古称姑师,是古丝绸之路上的重镇,位于新疆维吾尔自治区中部,北隔天山与乌鲁木齐市相邻。吐鲁番历史悠久、美丽神奇,自两汉以来一直是我国西域地区政治、经济、文化中心。敦煌位于甘肃、青海、新疆三省(区)的交会点。敦煌,历经沧桑,几度盛衰,步履蹒跚地走过了近五千年漫长曲折的历程。悠久历史孕育的敦煌灿烂的古代文化,使敦煌依然辉煌;那遍地的文物遗迹、浩繁的典籍文献、精美的石窟艺术、神秘的奇山异水等使这座古城流光溢彩,使戈壁绿洲越发郁郁葱葱、生机勃勃,就像一块青翠欲滴的翡翠镶嵌在金黄色的大漠上,更加美丽,更加辉煌。形似一叶扁舟的西宁市,扼青藏高原东方之门户,位于青海东部,黄河支流湟水上游,四面环山,三川会聚。市内湟水及其支流缓缓东向流过这里,境内最高海拔 4394 米,市区中心海拔 2275 米。属大陆性高原半干旱气候。冬无严寒,夏无酷暑。夏季杨柳成荫,凉爽宜人,是旅游避暑之胜地。

特别提醒：

10 月的青海，秋高气爽，凉意习习。游客这个时候去青海旅游，应带上羊毛衫，以备夜间御寒。购物：冬虫夏草、鹿角菜、青稞酒、胸饰、荷包、烟袋。小吃：手抓羊肉猪粑、醪糟、酿皮。

【案例 2-6】

香港—烟台—泰山—曲阜—济南—青岛—烟台—香港双飞八日游

线路特色：

（1）乘坐港龙航空公司波音 777 豪华客机。

（2）畅游五岳之首、世界自然文化遗产地泰山，孔子故里、世界文化遗产地曲阜，加游风筝之都潍坊。

（3）品尝孔府家宴、济南地道鲁菜风味（糖醋黄河鲤鱼、九转大肠）、青岛饺子席、泰山农家菜。

（4）安排欣赏著名的祭孔仪式。

（5）全程入住四星级国际酒店。

行程：

D1：香港—烟台（约 2.5 小时）

旅游者准时于中国香港国际机场指定的航空公司柜台前集合，乘中午 11 时航班赴烟台，晚餐后住宿碧海大酒店或同级酒店。

D2：烟台—蓬莱—潍坊

早餐后乘车往蓬莱县（约 1.5 小时）游览蓬莱阁，这里殿阁凌空、面临大海，素有仙境之称；下午乘车往潍坊（约 3.5 小时），游览十芴园及杨家埠（风筝作坊群），晚餐后住东方大酒店或同级酒店。

D3：潍坊—济南—泰安

早餐后乘车往济南（约 3 小时），游大明湖。大明湖是济南市泉眼最多、最大的湖泊；后游唐代石刻宝库之称的千佛山；最后游览我国著名的"天下第一泉"趵突泉；游毕乘车前往泰安（约 1.5 小时），入住银河宾馆或同级酒店。

D4：泰安—曲阜—泰安

早餐后乘车往曲阜（约 1.5 小时）参观我国古代最大的私宅孔府、气势宏伟的孔庙并观看祭祀圣人孔子大典，最后旅览世界最大的家族墓地孔林，游毕后回泰安，入住同上。

D5：泰山—济南

早餐后抵国家重点风景名胜区泰山。游览中天门、南天门、玉皇阁，欣赏泰山"黄河金带"、"云海玉盘"、"晚霞夕照"三大自然奇观；下午游览岱庙，这是封建历代帝王祭祀泰山的庙宇，游毕后乘车赴济南（约 1.5 小时），住宿于香格里拉酒店或同级酒店。

D6：济南—青岛

早餐后乘坐旅游专列往青岛，中午抵达青岛后游览我国道教名山崂山，参观道家宫观上清宫、下清宫、太平宫，听道家养生讲座；最后参观青岛啤酒厂。晚餐后入住海天大酒店或同级酒店。

D7：青岛

早餐后游览青岛标志性景观栈桥，以及八大关、小鱼山公园及小青岛风景区；下午自由活动、购物。住宿同上。

D8：青岛—烟台—香港

早餐后乘车往烟台，下午14：30乘直航班机返回香港。

【点评】　这条线路是香港中国旅行社股份有限公司开发的传统旅游线路，该线路设计立足于常规观光型旅游产品，着重突出四个小特色，旅游点结构相当合理。该线路最大的特点是详细具体，引人注目，特别是公路交通各段所需的时间都有注明，住宿的酒店也有注明，让旅游者报名时感到十分放心，这样特点的旅游线路设计目前在我国内地的旅行社经营中还不多见。

【技能训练】

1. 选择当地旅行社的一条旅游线路，运用旅游线路设计的原理予以分析。
2. 了解该社的常规旅游线路、精品旅游线路和新开发的旅游线路。

【阅读资料】

国家旅游线路撑起中国旅游形象

2009年3月23日，国家旅游局公布了《中国国家旅游线路初步方案》，并公开征求意见。"丝绸之路"、"香格里拉"、"长江三峡"、"青藏铁路"、"万里长城"、"京杭大运河"、"红军长征"、"松花江—鸭绿江"、"黄河文明"、"长江中下游"、"京西沪桂广"、"滨海度假"12条线路入选首批中国国家旅游线路的备选名单。此次进入备选名单的12条旅游线路，涵盖了中国历史、人文等特色旅游线路。从"丝绸之路"到"京杭大运河"，从"青藏铁路"到"红军长征"，它们都是国家旅游形象的有力支撑。

国家旅游线路入选条件要求，要有比较完善的旅游基础设施和旅游接待设施，公路、铁路、航空的通达性较好，旅游城镇、旅游景区、宾馆饭店等功能设施比较齐备，全线路特别是重要节点城市或景区在交通可进入性、资源和景观的可游性、地理与气候的适游性等方面优势明显。跨越多个省区市，具有较大的体量和规模，拥有多个旅游服务中心城市或重点节点，能够实现资源、市场、品牌共创和共享，能够影响、带动和辐射周边多个省区市。

针对目前公布的12条备选国家旅游线路，有业内人士认为其是目前国内旅游市场的风向标，能对旅游市场今后的发展起到良好的引导作用。

其中，"丝绸之路"以丝路文化为核心，跨越河南、陕西、甘肃、宁夏、青海、新疆六省区，涉及主要景点有秦始皇兵马俑博物馆、敦煌莫高窟、冬游麦积山、嘉峪关、塔尔寺等，是各旅行社卖点较好的线路。

"香格里拉"线路以川、滇、藏民族文化和特色景观为内涵，构成了从昆明经大理、丽江至迪庆的核心旅游线路，并辐射四川甘孜及西藏等地，主要景点有梅里雪山、松赞林寺、千湖山、碧塔海、碧壤峡谷、哈巴雪山自然保护区、纳帕海等，一直受游客青睐。

　　"长江三峡"线路以峡谷景观、高峡平湖风光、大坝景观、历史文化、地域文化为主要吸引物,主要景点巫峡、瞿塘峡、西陵峡、白帝城等。目前各旅行社推出的都是三峡游轮之旅,从重庆到宜昌全程五六天时间,沿途游客可上岸游览,也是一条经典旅游线路。

　　"青藏铁路"线路则东起青海西宁,西至西藏拉萨,并延伸至西藏的其他地区,主要景点有拉萨、日喀则、昌都、林芝、山南、阿里、那曲。此条线路除了受国人青睐以外,也是国外游客来中国的必游之地。

　　但也有旅行社相关负责人认为,有部分线路并不大适合国人的旅游需求及旅游习惯。比如,"万里长城"线路,东起山海关,西至嘉峪关,跨越多个省区市。主要景点包括八达岭长城、慕田峪长城、蓟黄崖关长城、秦皇岛老龙头、金山岭长城、雁门关、嘉峪关等。各地资源串联起来存在较大难度,无论国内还是国外游客都不可能从头走到底。根据目前国内外游客的旅游特点,可能会更倾向于长城与周边景点的组合游,旅游时间也不会太长,估计也就一两天时间,不可能进行跨越多省的长时间长城之旅。

　　再有"黄河文明"旅游线路,其以黄河文明为纽带,自西向东连接青海、甘肃、宁夏、陕西、内蒙古、山西、河南、山东八省区。目前各旅行社推出的"黄河文明"旅游线并不少,但其大都是连接一省或两省的黄河文化之旅,一次跨越多省的旅游线路操作性并不大。

　　总体来说,12条"国家旅游线路"将散落在全国各地的重点旅游资源统一整合,"打包出售",有利于提升中国旅游在世界的形象。如华东地区景点众多,而众多旅游资源多以个体形式存在,在区域旅游开发中,各省、市也各自为战,相互交流不够。"京杭大运河"国家旅游线北起北京,南至杭州,中间贯穿北京、天津、河北、山东、江苏、浙江六省市,它的推出将整个华东地区的地脉、文脉串联了起来,以国家的名义对外推出,具有深远意义。

　　一位旅游资深专家认为,推出"国家旅游线路",关键在于下一步的具体操作方式以及在细节上如何落到实处。比如,如何规范、如何制定与国家旅游线路相吻合的线路;在推广手段、服务配套及流程上应有哪些相对应措施等,这些都应迅速跟进,否则推出"国家旅游线路"将仅是一种宣传手段而已。

　　除前文介绍的以外,进入备选的12条国家旅游线路还有:

　　"京杭大运河"线:以京杭大运河的历史遗存为内涵,北起北京通州,南至杭州,跨越北京、天津、河北、山东、江苏、浙江六省市,是我国东部贯穿南北的文化旅游线。

　　"红军长征"线:从江西瑞金出发,经江西、湖南、贵州、四川、陕西,直达延安,是我国贯穿东西、连接南北、重点在西部的旅游线。

　　"松花江—鸭绿江"线:以东北三省的林海雪原、白山黑水、民族文化、边疆风情为内涵,以冰雪旅游、文化旅游、生态旅游、边疆旅游为核心,以大江和界河旅游贯穿东北三省。

　　"长江中下游"线:以长江中下游城市群和世界遗产为核心,连接湖北、湖南、江西、安徽、江苏、上海,以都市旅游、遗产旅游、山水观光为特色。

　　"京西沪桂广"线:以空中航线为主,连接北京、西安、上海、桂林、广州五个著名旅游城市,被誉为"经典中国"旅游线。

　　"滨海度假"线:以空中航线、海上航线,连贯我国东部沿海的度假旅游目的地,从北向南包括大连、烟台、威海、青岛、日照、连云港、福州、泉州、厦门、深圳、珠海、海口、三亚、北海等城市,突出我国的滨海度假旅游品牌,引导居民休闲度假。

资料来源:北京青年报,2009-04-03

【案例 2-7】

<h2 style="text-align:center">"三八"西栅丽人行二日游</h2>

第一天:温州—西栅

早 6:30 发车前往乌镇,约 12:30 左右抵达,中餐后畅游全新打造的乌镇西栅景观,不知你是否看过《似水年华》?乌镇就是这样美丽和充满爱情的滋味,但是,乌镇西栅,更是世外桃源,那青灰色的瓦片,那纵横的石板路,落英缤纷间,小船掠过,摇橹的渡船摇向远处,对岸的人家,小孩子隐约玩耍的欢笑从宅院里透出,推开老宅院的大门,高高的屋檐下,芭蕉在墙角绿着……在这里,你就是一个如水伊人,在水一方。让你的美丽在江南尽情绽放吧。本日晚餐自理,您可以和自己的爱人或者亲友选一家河边小店,点上几个可口的小菜。夜幕降临,您可以在古镇中自由地徜徉,欣赏着满眼华丽的灯光水色。也不妨找个水边茶楼喝杯茶,醉在宁静的西栅之夜。

第二天:乌镇—温州

今天的早上是完全属于您自己决定的。

- 您可以清晨醒来,携爱侣或朋友,纵情享受江南古镇阳光绿意,看小桥流水人家,古镇的清晨是那么的美,安静而无人打扰,这里的宁静当让您万分不舍。
- 您也可以睡到自然醒,在古镇里四处逛逛,去乌陶吧同做乌陶;在昭明书院共读书报;在月老庙许愿祈福。在这个最适合恋爱和邂逅美丽的时节,邂逅江南的美好。
- 中午 12:00 集合,离开西栅,结束难忘的两天快乐生活,归途中将经过桐乡土特产商店——联友特产品菊中心(1 小时左右),这里是杭白菊的原产地,有兴趣可以带一点回家里品尝。结束愉快旅程!

【点评】　随着"三八"妇女节的临近,一些专门为女性设计的旅行路线惊艳登场。浪漫短途游、温馨亲子游、温泉 SPA(Solus Par Agula,水疗)游等,全都为女性游客度身定做,3 月俨然成为专门打造的旅游"女人季"。由于"三八"妇女节假期有限,因此,一至二日的短线游应是旅行社主攻的对象,线路设计除了常规的购物、观光、泡温泉的旅游线路外,还可增加一些颇具"女人味"的休闲游线路。

本案是温州一家旅行社专门为"三八"妇女节设计的"'三八'西栅丽人行二日游"旅游线路,女性不仅可以单独出游,还可以偕爱人、恋人一同出游。安排出游的女性在由老房子改建的古民居酒店住宿,古旧的大床和雕花的窗棂,保留着完好的水乡风情,让游客重温少女的梦幻情怀。同时"三八"妇女节期间可让女性游客享受美容、购物、美食的三重诱惑,也确实诱惑了不少女性的芳心。

商家或旅行社在大打"三八"妇女节促销攻势时,也给线路冠上了十分诱人的名字,例如"花香衣美瘦身团"、"浪漫熏衣草团"、"温泉美容团"等,不要说内容,光名字听起来就很诱人,让更多女性同胞享受"三八"妇女节的乐趣。

【完成任务】

1. 收集拟设计旅游线路的有关资料(主要包括景点、酒店、餐馆、交通等方面的信息, 课后进行)。

2. 以模拟旅行社为单位,填写旅游线路设计任务书,完成旅游线路设计(观光、度假、专项等旅游线路各设计一例)并制作成 PPT(PowerPoint),在班级与其他模拟旅行社分享。

思考与练习

1. 什么是旅行社产品?

2. 旅游线路开发的原则有哪些?

3. 案例分析:

江苏某旅行社为游客推出如下乡村生态旅游产品。

土色土香的农舍,虽然没有城市宾馆的豪华设施,但中国庭院式的建筑特色,充满了江南水乡特有的诗情画意。农舍面依小河,岸边柳丝依依,饭后茶余漫步河堤,观赏田野风光,秧苗翠绿,菜花金黄,桃花火红,对外国游人来说,富有东方情调。河中鱼虾泛游,随时可以垂钓,其乐无穷。河岸古老的风车在慢悠悠地转动,牛力车在老牛牵引下拉水,脚踏水车任意比试,到处是欢歌笑语。到农家,手工织布和小车纺纱,吸引了不少女宾排队操作,纺纱织布看起来容易,操作起来并不简单,在农妇的尽心指导下,好不容易有点成绩,越试越来劲,久久不愿离去。

晚上,客人们分成若干小组,被农民请到家里做客。主妇端上粽子、汤圆、馄饨、鱼虾和农村时令蔬菜。客人们吃得眉开眼笑,都说比五星级宾馆里的山珍海味好吃得多。然后,或清茶一杯,或时鲜瓜果,与农村老爷爷、老奶奶聊聊天,与孩子们逗逗趣,生活气息像一杯酽酽的茶。

外国游客特别喜欢宽敞明亮的三间一套的房间。中间是客厅,靠墙摆一张大八仙桌,两边是靠背椅,墙中挂着寿星图,左右红纸对联,写的都是祝福吉祥一类的内容。卧房摆着三面雕花的大木床,床上有湘绣花枕头,窗帘是蓝底白花的土布,门窗玻璃上贴着红纸剪成的窗花。游客离开时,依然兴致未尽。

试分析:

(1) 乡村游热销的原因。

(2) 发展观光农业的条件。

项目三

旅行社产品销售业务

任务一　旅行社产品的价格及构成

【任务描述】

你已经完成了旅游线路设计的任务，接下来就是要把这条旅游线路推向市场。所以，你要掌握一定的定价策略，为自己的产品制定一个合理的价格。

【任务分析】

在旅行社的营销组合中价格是最为敏感的变量。因为，旅行社产品的需求弹性较大，它的价格变化会强烈影响到旅游者的购买行为，影响到旅行社的销售量和利润。同时，价格又是一种重要的竞争手段,关系到旅行社营销的成败。旅行社产品的价格主要由旅游产品的成本和利润两部分构成。

　　旅行社经营人员必须懂得如何为其待售产品定价,使之有吸引力,并让旅游消费者能够买得起;懂得如何对产品进行广告和促销并掌握一定的促销手段,以便能使顾客了解并希望获得这些产品。同时还必须懂得如何选择和驾驭中间商,充分运用旅游市场中的中介组织的力量,与之形成较为稳定的营销利益共同体,以使自己的产品在更为广阔的空间为广大旅游消费者所知晓、理解和购买。

【相关知识与技能】

一、旅行社产品的价格

　　对于旅行社而言,营销组合中最明显的变量就是价格。同时,价格也是可以由旅行社控制的最灵活的变量。旅行社产品的需求弹性较大,它的价格变化会强烈影响到旅游者的购买行为,影响到旅行社的销售量和利润。价格又是一种重要的竞争手段,关系到旅行社营销的成败。尽管近年来非价格因素对于旅游者选择产品的重要性日益突出,但是,从我国目前的市场营销状况及消费者的心理状况来看,价格仍然是决定旅行社获利能力及竞争能力的重要手段。

　　旅行社产品的价格是旅游者为实现旅游活动的需要而向旅行社支付的费用,是旅行社所提供的产品价格的货币表现。从价值构成看,旅行社所提供的产品价格由两部分组成:成本费用和利润。其中,成本费用用于补偿旅行社采购住宿、交通、景区、餐饮等单项旅游产品物化劳动的耗费和旅行社导游费等活劳动耗费。利润是旅行社产品价格扣除成本费用支出后的余额,包括税前利润和税后利润两部分。用公式可表示为:

旅游产品价格＝成本＋利润＋税金

　　旅行社产品价格有两大特点:一是综合性,即旅行社产品覆盖跨度大,具有旅游产品综合性的特点;二是灵活性,即旅游产品的价格受各种因素的影响,变动多、变动大、种类多。

二、影响旅行社产品价格制定的因素

　　影响旅行社产品价格制定的因素包括产品的内部因素和外部因素。产品的内部因素是指构成旅行社产品的各项成本和利润;产品的外部因素包括旅游市场的供求关系、市场竞争状况、汇率、季节、替代产品价格等。

　　(一)内部因素

　　1. 产品成本

　　产品成本是影响旅行社产品定价最直接的内在因素。产品的成本按成本与销售量的关系可以分为固定成本和变动成本。

（1）固定成本

旅行社的固定成本是指在一定范围和时间内总额不随经营业务量的增减而变动的成本。固定成本包括旅行社经营用的房屋租金或房屋折旧、其他固定资产折旧、管理人员的工资、管理费用、广告费用等费用，这些固定成本的付款数大多数是提前约定好的，基本不会随着旅游人数的增减而变动。

（2）变动成本

旅行社的变动成本是指随着旅行社产品销售量的变化与其总额发生正比例变化的成本，也就是说是与旅行社接待的顾客人数有关的成本。旅行社产品的销售越多，变动成本越大。一旦旅行社停止产品的销售，变动成本就不会产生了。

【例 3-1】　某旅行社开发的北京到海南标准团旅游产品，包机租用 200 座飞机，租金为 200 000 元人民币，住宿、餐饮、景点门票等费用为每客 1200 元。当游客分别为 180 人、200 人时，试确定其固定成本和变动成本费用。

固定成本：200 000 元。

180 人：变动成本＝180×1200＝216 000（元）

200 人：变动成本＝200×1200＝240 000（元）

总成本：

180 人：总成本＝200 000＋216 000＝416 000（元）

200 人：总成本＝200 000＋240 000＝440 000（元）

每人变动成本：

180 人：每人成本＝416 000÷180≈2311（元）

200 人：每人成本＝440 000÷200≈2200（元）

从上例可以看出，不管是 180 名游客还是 200 名游客，固定成本没有发生变化，而变动成本发生了变化，因而总成本也随之改变。比较每人的变动成本，我们发现，销售量增加时，每人成本反而降低了。这一事实说明旅行社提高销售量，可以降低单位固定成本，从而增加旅行社的收益。如果旅行社的产品价格高于固定成本和变动成本之和，则盈利；产品价格低于固定成本和变动成本之和，则亏损。

旅行社产品中所包含的变动成本一般有旅游者的交通费用、餐饮费用、住宿费用、参观游览时的导游费用、旅游景点的门票费用、旅游保险费用、团队陪同人员的交通和住宿费用等项开支及旅行社缴纳的营业税金等。

2. 利润

旅行社产品的利润是指在一定时期内旅行社通过销售其产品所获得的收入和旅行社为生产和销售产品所付出的各项成本费用相抵后的余额，是旅行社经营的财务成果。旅行社产品价格必须包含一定比例的利润。

（二）外部因素

1. 市场供求关系

旅行社在制定产品价格时必须充分考虑旅游市场上的供求状况。当旅游市场对旅行社的某种产品需求量增加时，旅行社常常提高该产品的销售价格；产品需求量减少时，旅行社往往降低产品的销售价格。

（1）供给

供给是指在一定市场条件下，市场所能提供的产品的总量。其供给规律是当旅游产品市场价格升高时，获利空间增大，经营这一产品的旅行社增多，其供给量增多；当旅游产品市场价格降低时，获利能力随之下降，甚至发生亏损，于是经营这一产品的旅行社就减少，因而产品的供应量就不足。反过来，当供应量增多（供过于求）时，价格就会降低；当供应量减少（供不应求）时，价格就会升高。

（2）需求

需求是指在一定条件下市场对一定产品有支付能力的需求量。需求与价格的运动成反方向运动，即价格升高，需求量减少；价格降低，需求量增大。反过来，需求增大，价格升高；需求降低，价格降低。

例如，旅游旺季出游的人数多，机票价格扶摇直上，而一到淡季，机票价格高位跳水，折扣从 7 折、5 折，直至 3 折不等。海南三亚的旅游旺季是圣诞节到春节、"五一"和"十一"，其他时候都是平季或淡季。2010 年 9 月 30 日从北京到三亚，机票最低折扣为 7.3 折（1690 元），而淡季的机票可以达到 4.1 折（940 元），仅交通费用就相差了 750 元。相应的景点也有淡季和旺季之分。淡季旅游时，不仅车容易坐，而且由于游人少，宾馆在住宿上有优惠，可以打折，高的可达 50% 以上。在吃的问题上饭店也有不同的优惠。因此说旅游淡季比旺季在费用上起码要少支出 30%。

2. 市场竞争状况

市场竞争状况可以分为完全竞争、完全垄断、垄断竞争和寡头垄断四种。

完全竞争状况是指经营同类产品的人数很多，且旅行社规模都不大，产品价格完全由市场所决定，在这种情况下无法采取提高价格的办法增加利润，只能通过提高生产效率、降低各种成本的办法增加利润。

完全垄断状况是指某一旅游产品或地区市场完全由一家旅行社所控制。旅行社可以在一定范围内和一定时期内自由定价。

垄断竞争状况是指许多旅行社经营同类产品，各旅行社之间存在激烈竞争，但各旅行社产品又存在着一定的差异。在这种环境中，少数旅行社的实力强，能对产品的价格和销售量发挥较大影响，多数实力较弱的旅行社只能参照它们的价格来制定自己的价格。

寡头垄断状况是指在一定时期和范围内，某种产品主要由少数几家实力雄厚的大型旅行社所生产和销售，每个大型旅行社都占有相当大的市场份额。在这种情况下。任何一家旅行社改变其价格都会影响整个市场价格，这时产品的价格不是由市场供求关系所决定，而是由少数几家大型旅行社通过协议或默契决定的。

旅游产品组成的综合性使得旅游产品的市场竞争环境较为复杂。就我国目前而言，对于整体旅游产品，特别是中心城市周围的短程旅游产品，属于完全市场竞争。对于出境旅游，由于我国执行的是特许经营制，从而形成了寡头垄断市场，其价格完全由少数几家旅行社所控制。对于旅游景点而言，由于景点的独断性和不可替代性，其门票价格也是独断的，处于垄断状态。

旅行社应当把市场上的竞争状况作为制定产品价格的重要参考依据，因此在计价时，要比较其他旅行社同类产品的价格,并尽可能分析竞争对手该类产品的成本和价格发展趋势,然后才能确定自己具有竞争能力的价格。

3. 金融环境

金融环境主要是指汇率和通货膨胀两个方面。汇率是一国货币对另一国货币单位的价格表现,即两种不同货币的比价。旅行社产品在国际市场上除了依据产品自身的价值外,还取决于本国货币与外国货币的比率。

当旅行社经营入境旅游时,对外报价就涉及汇率的问题。汇率的变动使得产品在不同时期用同一种货币表示时发生变化。为避免由于汇率变动带来的损失,旅行社计价也随之波动。在本国货币贬值时,入境旅游产品的实际价格下调,而出境旅游产品的价格上涨;当本国货币升值时,入境旅游产品的实际价格上涨,而出境旅游产品的价格下降。因此,旅行社在制定入境旅游产品和出境旅游产品价格时,必须关注货币汇率的变化,根据具体情况对产品价格作出调整

通货膨胀是指当货币供应量超过货币需求量时,引起货币贬值、物价上涨的现象。出现通货膨胀时,旅行社唯有提高价格,才能弥补由于物价上涨带来的成本支出增加。

4. 国家政策

近年来,国家对旅游价格的控制趋于放松,取消了一系列国家干预价格的政策。但为建立旅游市场秩序,国家会制定相应的政策、法律、法规等,以指导旅行社的经营行为。

5. 季节变化

旅游是一种季节性很强的活动,旅游旺季和淡季之间存在着明显的差别。旅行社在制定产品价格时,必须将产品销售的季节因素考虑进去。一般情况下,旅行社在旅游旺季时会保持其产品售价不变或将产品售价上调;在旅游淡季时则往往将产品售价适当降低,以吸引更多的旅游者。

三、旅行社产品的价格策略与定价方法

(一) 旅行社产品定价策略

定价策略是旅行社制定价格的指导思想、行动方针和基本原则,也是总体营销策略中的重要组成部分。新产品或服务能否为顾客所接受,新开业的旅行社能否挤入市场,在相当大的程度上受制于采用何种定价策略。

1. 心理定价策略

心理定价策略是运用心理学原理分析不同的旅游者购买旅游产品的心理动机,从而制定出产品的价格。运用这种策略所制定出的产品的价格符合消费者的心理,起到了刺激消费的作用。旅行社常用的心理定价策略可归纳为以下几个方面。

(1) 非整数定价策略

非整数定价策略是旅行社在制定产品价格时避免以整数来设置价格而采用零头结尾,带有尾数的价格让旅游者产生价格低廉的感觉,并认为带有尾数的价格是经过认真的成本核算产生的结果,使旅游者对价格产生信赖感。例如,承德木兰围场两日游价格定在500元,就不如定在498元。

（2）声望定价策略

声望定价策略是指依据旅游消费者的"价高质必优"的心理，并利用名牌效应而采用的一种定价策略。当产品有较高的知名度、质量优良时，制定高价。可满足一部分消费者显示身份、地位的心理需要。同样在保证产品质量的前提下，制定高价，往往也会给消费者一种价高质优的感觉，也会增加产品的吸引力，产生扩大销售的良好效果。

为此，旅行社在设计产品时，如能安排入住著名饭店、在名人就餐过的地方就餐，利用名人效应提高产品声望，必然会产生价高质优的感觉，使客人心理上得到满足。这样的产品制定高价是比较容易让消费者接受的。

（3）分级定价

分级定价是指旅行社根据不同层次的旅游消费者的不同消费心理，将一系列功能相近的旅游产品分成几个不同的档次，每个档次制定一个价格，以满足不同旅游消费者需要的计价方法。旅行社常根据旅游产品在质量、性能方面体现出的差别感，把包价旅游产品分为经济等、标准等、豪华等。

（4）吉祥数定价策略

吉祥数定价策略是利用旅游者喜爱吉祥数字的心理为产品制定价格。例如，将新婚蜜月游产品定价为 9999 元。

2. 新产品定价策略

新产品定价策略是指旅行社的新产品在投入期所采用的定价策略。新产品定价策略选择是否得当，关系到新产品能否顺利进入市场并拥有一定数量的顾客。一般而言，新产品定价策略主要包括取脂定价策略、渗透定价策略和折扣定价策略。

（1）取脂定价策略

取脂定价策略也叫做撇油定价策略，是指在新产品上市时以高价投放市场，力求在较短的时间内取得高额收益的定价策略。这一定价策略的特点在于新产品投放市场初期，竞争对手尚未推出与之竞争的同类产品，开发新产品的旅行社在市场上暂时处于一种产品的垄断地位。这种策略适用于某种新、特产品投放市场初期，旅行社若想长期采用这一策略必须不断进行产品创新。

（2）渗透定价策略

渗透定价策略与取脂定价策略相反，主张在新产品上市初期，将其价格定得较低，接近成本价格，以吸引顾客并迅速打开销路、渗入市场的一种策略。采用这种定价策略，虽然价格较低，但有利于迅速打开旅游产品的销路，扩大市场的销售量，形成规模经营，增加利润。还能阻止竞争对手介入，但可能导致投资回收期过长，并且如果产品不能迅速打开市场或遇到较强的竞争对手，会遭受重大的损失。

（3）折扣定价策略

折扣定价策略是指旅行社在制定了基本价格之后，可以根据不同的交易方式、数量、时间及条件，选择灵活的折扣定价技巧，以刺激消费者购买，从而增加产品销量。常见的折扣方法有以下几种。

① 数量折扣。数量折扣是指根据购买数量或金额的多少而给予不同折扣的优惠，以吸引更多的客源，同时和购买者建立良好的合作关系。

例如,自组入境团或自组国内豪华旅游团按国际惯例 16 人以上,实行"16 免 1";20 人以上实行"16 免 1.5";30 人以上实行"16 免 2"。也可以 10 人等以上对外销售给予8 折优惠,6～9 人等给予 9 折优惠。但实践证明,2～5 人等和 1 人等是不可以给予优惠的,因为利润太薄。若再优惠,质量就难以保证了。

② 季节折扣。旅游市场是一个淡旺季十分明显的市场,为了减少旺季客人数量,吸引客人在淡季购买,旅行社根据不同的季节制定不同的价格,就叫做季节折扣策略。

在旅游淡季,旅行社购买的各部分旅游产品如饭店住宿费、交通费等,往往也会跟着降价,旅行社产品的成本随之下降,因而在淡季降价并不意味着降低收益。

③ 现金折扣。现金折扣指的是在允许购买者延期付款的情况下,为了鼓励购买者迅速付款,根据付款时间期限按原价给予一定折扣的策略,这种方法又称付款期限折扣。延期付款对旅行社是十分不利的,但有时是无法避免的。为了资金及时到账,必然会增加许多不必要的管理费用,有的还会变成呆账和坏账,造成不必要的损失。为了避免经营风险,给予一定的现金折扣是必要的。

例如,某公司是旅行社的长期客户,为了鼓励该公司迅速付款,旅行社允许该公司延期付款 30 天,在 10 天内付款,给予 2% 的现金折扣,即 10 000 元旅行款只需付 9800 元,如果超过 10 天付款,则该公司将不再享受 2% 的现金折扣。

应当注意的是,只能针对那些支付信誉好,且有支付能力的客户制定延期付款政策,同时严格制定支付期限,以便保证资金及时到位。

④ 同业折扣。当旅行社通过中间商销售产品时,往往也会给予一定的折扣优惠,这就是所谓的同业折扣。中间商分为批发商和零售商,给予他们折扣政策,可充分发挥中间商的销售作用,扩大产品销路,增加产品销量。这种折扣有时也反映在佣金上。

由于经营产品不同,在经营中旅行社有时也会购买别人的产品。为了扩大交往,加强同行业之间的合作,旅行社往往会给他们比一般客人更多的优惠。

(二)旅行社产品的定价方法

旅行社产品的定价方法有多种,企业必须依据本身的市场目标和竞争地位,采取合适的定价方法。

1. 成本导向定价法

成本导向定价法是指在旅行社产品成本的基础上加上一定比例的利润来确定产品价格的方法。这种定价方法不考虑市场需求方面的因素,简单易行,是许多企业目前最基本、最常用的一种定价方法。由于成本形态不同,该定价方法主要包括成本加成定价法、边际贡献定价法和投资回收定价法。

(1)成本加成定价法

成本加成定价法是在单位产品成本的基础上,再加上一定百分比的预期利润来确定价格。它是一种最简单的定价方法。公式如下:

$$人均单位成本 = \frac{总成本}{接待量}$$

成本加成定价法的关键是确定一个合理的利润率。绝大多数旅行社采用的都是行业平均利润率,用公式表示为:

单位产品的价格＝单位产品变动产品×(1＋成本加成率)

例如,某旅游线路成本为2000元,成本加成率20%,则

$$价格＝2000×(1＋20\%)＝2400(元)$$

(2) 边际贡献定价法

边际贡献定价法只计算成本,而不计算固定成本,以预期的边际贡献补偿固定成本并获得赢利。边际贡献是销售收入和变动成本的差额,若边际贡献大于固定成本则赢利,反之亏本,若边际贡献等于固定成本,则企业保本。计算公式如下:

边际贡献＝产品销售收入－变动成本

例如,某旅行社推出周末两日游,其价格构成为:门票35元;导游费30元;往返交通费40元;正餐费40元;住宿费50元;游湖费25元;总价220元。由于冬季出游人数大大减少,因此,旅行社难以用220元的价格招徕大量的旅游者。在这种情况下,旅行社为了维持该产品,采用边际贡献定价法,价格下降20元,可获得的边际贡献计算如下:

$$边际贡献＝200－(35＋40＋40＋50＋25)＝10(元)$$

这种定价方法能给旅行社提供衡量销售价格的客观标准,便于旅行社掌握降价幅度,开展价格竞争。只要边际贡献大于零,旅行社就可以在更大的范围内实行价格竞争,争取市场优势。

(3) 投资回收定价法

投资回收定价法是根据旅行社的总成本或投资总额、预期销售量和目标收益额来确定价格。旅行社在确定目标利润额及预测全年外联人天数以后,先按外联总人天数计算出总成本,然后用总成本加预期总利润并除以外联人天数,就可以得出外联一人天的平均销售价。其基本公式为:

$$单位产品价格＝\frac{总成本＋目标收益额}{预期销售量}$$

例如,某旅行社以接待国内旅游团队为主营业务,该旅行社2010年的目标利润总额是570 000元,固定成本760 000元。根据预测,该旅行社2010年将接待38 000人天的国内团体包价旅游者。该旅行社所在城市适于接待国内团队的酒店平均房价是180元/(间·天);旅行社每接待一人天的综合变动成本为25元。那么,该旅行社接待国内团队的每人天收费是:

$$\frac{760\,000＋38\,000×(90＋25)＋570\,000}{38\,000}＝150(元)$$

在理论上,这种定价方法可以保证目标利润的实现,但是由于此方法是以预计销售量来推算单价的,而忽略了价格对销售量的直接影响,只有经营垄断性产品或具有很高市场占有率的旅行社才有可能依靠其垄断力量按此方法进行定价。

2. 需求导向定价法

需求导向定价法就是不再以成本为基础,而是根据旅游者的需求强度、需求特点和旅游者对旅游产品价值的认识和理解程度为依据来制定价格。需求强度高时定高价,需求强度低时定价低。具体分为理解价值定价法和需求差别定价法。

（1）理解价值定价法

理解价值定价法是指旅行社通过了解顾客对"价值"的理解，相应制定产品价格的方法。消费者在购买某一产品和服务之前，基于产品的广告、宣传所得到的信息及自身的想象，对产品的价值有一个自己的理解，只有当产品和服务的价格符合旅游者的理解时，他们才有可能接受这个价格。这种定价方法必须配合各种宣传促销活动来影响旅游者对产品的认识，特别是对旅行社企业品牌的认知，使之形成对旅行社有利的理解价格，以获得超额利润。

（2）需求差别定价法

需求差别定价法是指旅行社根据不同购买力、不同数量、不同种类、不同地点、不同时间等因素采取的不同价格。该方法并不是基于成本的变化，而是基于不同旅游者收入水平的不同、偏好的不同和掌握市场信息充分程度的不同。因而对同一旅游产品有不同的认知价值。在不同的时间和季节，旅游者的需求偏好和强度也有所不同，因而在认可程度高、需求强度高的地区和时间就可以制定高价格，反之只能制定较低的价格以应对市场。

在国际旅游市场上，旅行社相同的线路产品对不同的客源国的报价是有差别的，这就是利用不同客源国对相同线路的认知存在差别，采用差别定价法的结果。此外，还有儿童价与成人价的差别，国内游客与国外游客的差别，学生价与一般游客价的差别，淡季价与旺季价的差别。

【案例 3-1】

携程旅游线路试行差别定价

预订 7 月份的"澳洲游"行程将可比常规报价最多便宜 3000 元。记者昨日从国内最大在线旅游公司携程网获悉，携程正在革新团队游定价体系，差别定价将首先在澳洲游线路上试行。

记者获悉，近日前往携程预订澳洲游的游客惊讶地发现，前后相差两天预订的同一行程差价竟高达 3000 余元。面对游客的疑问，携程网度假产品经理徐郅耘表示，这是因为携程正在试行"早预订得优惠"的新策略，提早 2 天预订，就可能省下不少"银子"。

据介绍，新定价策略首先从上海始发的澳大利亚团队开始，凡是前 6 位预订并交付订金的客人，原价 13 100 元的度假产品只需 9900 元即可成交，而第 7 至 12 位预订并交付订金的客人也可享受每人 11 300 元起的优惠价。据悉，该系列澳洲"6 晚团队游"由携程翠明国旅提供，包含了往返机票、四星酒店住宿以及悉尼、黄金海岸等澳洲东岸几个旅游热点城市。

记者了解到，澳洲常规线路报价一直维持在 12 000 元以上，对于携程此番分时差别定价，携程度假业务副总裁杨涛解释称，旅客越早预订，企业就越能有效预订旅游资源，从而提高成本控制。

事实上，此举在国内旅游行业尚属"首吃螃蟹"，不过在国际市场上，单订酒店、单订机票以及"机＋酒"，都可以享受到提早预订带来的优惠。

资料来源：上海青年报，2006-05-26

3. 竞争导向定价法

竞争导向定价法就是指旅游企业为了在激烈的市场竞争中求得生存和发展,以市场上竞争对手的产品价格为定价的基本依据来制定旅游价格的定价方法。在这种定价法中,竞争是定价要考虑的中心,竞争对手的价格是定价的出发点,而产品成本、市场需求的强度不会对定价产生直接的影响。

（1）率先定价法

率先定价法是指旅行社根据市场竞争环境,率先制定出符合市场行情的旅游价格,以确定该产品在市场上新价位的形象,达到参与市场竞争、排除竞争对手的目的。这种方法适合于那些实力雄厚的旅行社,当他们开发出的新的旅游产品,或者产品在市场上处于竞争激烈状态时,往往会率先确定产品新的价格,通过自己的形象和领袖地位,迅速确定产品的形象,或者吓退竞争者,将竞争者挤出市场,从而达到增加自己市场份额的目的。

旅行社在采用这种方法时,不一定在价格上与竞争对手完全一致,可高于或低于竞争对手某一百分比。这种方法,尤其是率先降价时,对增加自己的市场份额、对消费者是十分有利的,然而对大多数企业的经营形象塑造却是十分有害的,旅行社对率先降价往往都比较慎重。

（2）追随核心定价法

追随核心定价法是指依照那些有影响力、处于核心地位的旅行社确定产品的价格。那些实力不处于优势的旅行社往往依照核心旅行社产品的价格来确定自己产品的价格,其产品的价格随着核心旅行社产品的价格波动而波动,利用核心旅行社的影响和领袖地位,树立自己产品的形象,以便从中分到一份利益。由于这种方法不容易引起竞争对手的注意,表面上不会引起新的降价风,因而备受一些旅行社的推崇。

（3）随行就市定价法

随行就市定价法就是根据竞争对手的平均价格或者习惯价格确定自己产品的价格。由于人们对平均价格的认同,当市场产品较多,需求强劲时,采用这种定价方法很容易获得满意的收益,这对旅行社是十分有利的。

采用竞争导向定价法,把市场的普遍反应放在首位,对那些面向大目标市场的旅行社、竞争比较激烈的产品比较有利。但对于那些面向特定目标市场、且市场比较小的旅行社产品,则往往是有害的,因为它忽视了产品无形价值对消费者的影响,同时也会给人们一种经营不良的印象。

【技能训练】

1. 走访旅行社,了解旅行社通常采用什么定价方法制定产品价格。
2. 在实际工作中,旅游价格的季节性、灵活性是如何体现的?
3. 在实际工作中,如何利用心理定价策略?
4. 在实际工作中,旅行社制定产品价格时应该注意哪几个问题?

【阅读资料】

北京旅行社错失 F1 商机

F1 上海站比赛 26 日盛装落幕,10 余万来自国内外的观众一齐涌到上海。其中北京的游客,没将自助散客计算在内至少也有 2000 人。但遗憾的是,北京的旅行社却没能成功地组出一个"F1 赛事游"团来,让人大跌眼镜。

1. 卖了票却未组成团

F1 上海站比赛的观赛票在中国总共销售了 15 万张,在开赛前一个月就已全部售完,从 300 多元的站票到最高近 3 万元的贵宾围场票,分别由上海的多家机构负责分销,其中包括中国最大的国内社——上海春秋国旅。它在北京的全资子公司北京春秋国旅向总社申请了 1027 张票,这是北京分到的散票量。

北京春秋国旅总经理杨洋介绍,1027 张票在 8 月底就已经售完,北京春秋想向总社追加时,发现上海总社的票都不够卖,无法追加。北京春秋卖这 1027 张票可以得到 3%~18% 的回佣,卖票赚了多少钱,杨洋并不透露,只告诉记者,卖满 1000 万张才能得到 18% 的回佣,卖满 100 万张有 3% 回佣。按每张票最高 3700 元计算,北京春秋的门票销售额最多也才 380 万元,能得的回佣不过区区几万元。

此前在 7 月,北京春秋曾向媒体表示要借助票源优势,对该社北京出发的华东 5 日游添加 F1 赛场参观以及观赛项目,打造成"F1 观光游",而昨天杨洋苦笑着说,北京春秋基本没有组织人进行"F1 观光游",目前走的还是普通的华东 5 日游。问其原因,他只表示"说来话长"。

记者向中青旅、国旅、港中旅等其他北京大社了解的情况也不乐观。各社负责人纷纷表示,由于没有获得门票的代销权,缺乏首要的成团因素——观赛票,且向春秋买票来再卖成本更高,加上 F1 有一定专业性,所以他们根本没有过要开发 F1 相关旅游产品的想法。因而,虽然北京有庞大的 F1 迷群体,北京旅行社在相关旅游产品和配套服务的开发和运作上几乎是一片空白。

2. 旅行社应变能力较差

谈到这次几乎交了白卷的原因,杨洋对记者大倒苦水:北京春秋拥有了卖票权之后不是不想赚钱,而实在是不确定因素太多。

上海当地的交通问题。本来以为可以像以前一样采用普通包车,每位游客每天 20 元即可,后来却发现上海临时规定每辆包车都需要购买专用通行证,每天场外 400 元、场内 600 元,而且不同车之间不能转用,如果用出租车,只能停在离赛场 3 公里的地方,游客只能步行,所以多出来的成本让旅行社措手不及。

酒店房价问题。普通三星在平时只要 150 元人民币,而 F1 期间临时疯长到 700~1000 元,五星级酒店如新锦江更是从 260 美元涨到 600 美元,对于需要提前向客人报价的旅行社来说实在是动作跟不上变化。

游客消费心理问题。真正有钱的、专业的车迷不会选择跟旅行社去看 F1,会自己订好住宿和交通,不会在意价格。相当一部分人是公司买单,也不通过旅行社。

综合而言,旅行社需要在基础报价上加 2000 元才能保本,例如,原来的华东 5 日游报价需从 1800 元涨到 3800 元,这是令普通游客无法承受也无法理解的。此外,还有机票折扣变化和当地临时政策变化,都令北京的旅行社晕头转向,所以旅行社没有对 F1 专项旅游产品做宣传和包装。

但负责 F1 专项操作的上海春秋副总经理周卫红却有不同的说法。周卫红介绍,北京很多大客户如 HP、中石化、联通都是直接向上海春秋买票的,每家动辄几百张,所以北京专门前来的人至少有 2000 人,还不包括一些自助散客,但这些人中几乎没有人是被北京的旅行社组织而来的。而与北京春秋的无所斩获相比,其总社上海春秋却大赚了一笔,销售的票达到了 1.2 万多张,销售额达到 1000 多万元,销售额在上海众多分销商中排第一。按 18% 的回佣率计算,上海春秋卖票就赚了近 200 万元。此外,上海春秋还接待了几千人的 F1 专项旅游,该社所开发的这条线路,是以普通华东 5 日游的报价为基础报价,游客再随意选择添加不同的票的等级,由于 F1 期间各项成本提高,华东 5 日游的报价翻了 2～3 倍。

3. 北京旅行社应该反省

眼下北京旅行社对没有组团似乎还有点庆幸的意思。杨洋说,由于临时变故太多,幸亏没有按照当初的价格组团,否则北京春秋将在每个游客身上亏至少 1000 元。对此,上海春秋副总周卫红却不客气地说:北京春秋没能成功运作,固然有客观因素,如北京很多人对上海很熟悉,所以不通过旅行社就来了,但总的来说,还是因为北京春秋不会包装和设计产品,没有抓住这么重大的商机。周卫红表示,这里面总社要负一部分教导责任,所以在 10 月份,总社会请北京分社的骨干到上海进行 F1 专项旅游产品包装培训,毕竟 F1 在中国还有 7 年的路要走,可探讨之处有很多。

业内专家认为,F1 赛事在上海落幕了,北京也举行了中国网球公开赛,在内地举行的重大赛事将来还会有很多,无穷的市场潜力考验着旅行社的神经敏感度和眼光。北京第二外国语大学教授戴斌说,北京传统的旅行社一般以做接待为主,主动组团和设计产品的经验相对较弱,赛事旅游对于北京来说是特殊产品,尤其对 F1 这样第一次来华的比赛,更是没有经验。但旅行社要看到,这绝对是一个新的业务增长点,因为今后通过旅行社来进行专项赛事旅游是一种趋势,因此旅行社应当转变指导思想,及时跟主办方尽早取得联系,主动而有效地参与。专项旅游产品开发设计得好,能为游客节省精力,旅行社完全可以与游客达到双赢的结果。

资料来源:京华时报,2004-09-30

【案例 3-2】

低价港澳游 实为令人烦恼的"购物团"

2010 年中国香港接连发生"强迫购物"丑闻。乒坛名将陈佑铭香港游拒购物疑被气死事件经报道后,引起社会的广泛关注。"我经历了有生以来最不爽的一次旅行,现在说出我的真切感受,给所有打算报团参加港澳游的朋友们提个醒。"6 月 5 日,济南某高校的王老师回忆起"五一"港澳游,仍是气愤难平。

"低价港澳游就是购物游","别图便宜报低价的港澳团,你可能根本省不了钱还买回自己不想买的东西。"王老师说,"五一"期间,他和同事一起参加了某知名旅行社的港澳品质双飞五日游,报价是 1500 元,除了自由活动的行程,全都是被导游拉着去指定卖场购物,不逛够一定时间,根本不让出门。"我在导游带去的店买的一根铂金项链,打了 5.5 折后 786 港币,而在周大福店里,一模一样的卖 580 港币,而且周大福、周生生店里的式样多,样子还更漂亮。"王老师的同事去香港想买块 CK 的表,而导游带去的店里根本不代理 CK,所以只能买了那里代理的什么日本牌子的表,1000 港币,跟去香港买名牌的初衷相差甚远。

"如果知道这种团并非什么价格优惠,我宁可不去。"回到济南后,王老师通过多方咨询才了解到,自己被"超低价"的广告迷了眼。一般港澳 5 日游在港停留 3 天时间。这 1000 多块的团费等于只包含往返飞机、两天的三餐、两个晚上的住宿费和海洋公园门票。而在港的交通费、第三天自由活动一天的住宿费以及导游和司机的小费却不包含在内。这就是说,你一踏上香港的土地就欠了当地"地陪"的钱,而这些钱是导游带你去的那些店(王老师这次去了 3 个店)赞助的,一般一个 20 人左右的团,最少要一个店消费满 10 000～15 000 元,这是旅行社给导游的底线,不完成任务导游是不会放客人走的,而且脸色也当然不会好,如果买得多过底线,导游才有回扣,游客最后一晚的住宿酒店也才有商量的余地。

"港澳游报价太乱"。王老师认为,现在港澳游的报价太乱,从 1000 元到 4000 元都有,没去过的游客不可能判断出哪个是零负团费,只要跟了团,就要任人宰割,根本没有后悔的机会。他说,消费者"认实惠"的心理是让零负团费如此嚣张的一个原因。但是,监管部门的坐视不问,也让一些旅行社钻了空子。

【点评】　零团费、负团费的现象最早出现东南亚旅游上,尤其以泰国旅游最为严重。近年在全国旅游市场迅速蔓延。旅游业深受其害。据中国香港旅游部门的有关提示,内地组织港澳游团队每人成本在 4000 元左右。但本案港澳双飞五日旅游的价格甚至不到一张往返机票的价格,组团社和地接社全靠旅游者在当地购物、看表演等自费项目所拿到的"回扣"来充抵旅游者团费的不足或获取利益。强迫旅游者参加自费项目,强迫旅游者购物的现象不一而足,屡禁不止,旅游者投诉不断,已经成为旅游界的一块心病和痼疾。严重影响了旅游业的声誉,损害了旅游消费者的合法权益,同时,也损害了旅行社和导游的形象,成为诚信旅游建设和旅游发展的障碍,因此必须出重拳加以整治。针对"零负团费"形成的原因、关键环节,要加强与工商等部门协作联动,集中力量检查治理以低价旅游广告招徕游客的问题,鼓励社会各界举报发布不实旅游广告行为。旅游企业和从业人员要严格执行《侵权责任法》、《反不正当竞争法》、《消费者权益保护法》、《价格法》、《广告法》和《旅行社条例》等法律、法规,摒弃低于成本的旅游宣传、招徕和组织接待,抵制旅游商店、旅游景区严重质价不符,高价格、高"回扣"经营行为。

【案例 3-3】

东京银座美佳西服店折扣销售方法获得成功

日本东京银座美佳西服店为了销售商品采用了一种折扣销售方法,颇获成功。具体方法是:先发一公告,介绍某商品品质性能等一般情况,再宣布折扣的销售天数及具体日期,最后说明打折方法:第一天打九折,第二天打八折,第三、四天打七折,第五、六天打六折,以此类推,到第十五、十六天打一折,这个销售方法的实践结果是,第一、二天顾客不多,来者多半是来探听虚实和看热闹的。第三、四天人渐渐多起来,第五、六天打六折时,顾客像洪水般地拥向柜台争购。以后连日爆满,没到一折售货日期,商品早已售缺。

　　【点评】　这是一则成功的折扣定价策略。妙在准确地抓住了顾客购买心理,有效地运用了折扣售货方法销售。人们当然希望买质量好又便宜的货,最好能买到二折、一折价格出售的货,但是有谁能保证到你想买时还有货呢?于是出现了头几天顾客犹豫,中间几天抢购,最后几天买不着者惋惜的情景。这种方法可以使企业抓住销售旺季,既吸引了顾客又树立了企业在消费者心目中的形象,阶段性地将产品销售推向高潮。

【完成任务】

　　以模拟旅行社为单位,请你和你的同学一起,运用所学的知识为你所设计的旅游线路制定一个合理的价格,并说明定价的过程、理由和方法。

思考与练习

　　1. 旅行社如何走出低价竞争的陷阱?举例说明。
　　2. 对于家庭旅游者来说,何谓最合理的价格?
　　3. 旅行社制定产品价格的依据是什么?

任务二　旅游线路报价

【任务描述】

　　你接到了外地组团社的询价电话,有一个40人的标团要到你处两日游,请你将地接价格报过去。你将如何完成报价任务呢?

【任务分析】

　　旅游线路的报价是旅行社制定产品价格方法和价格策略的最终体现,是实施销售的重要环节。旅行社产品实施的成功与否,与旅行社的产品报价有很大关系,因为旅行社产品报价往往不仅仅是价格上的信息,还含有行程、提供服务的标准及相关要素的大量信息。所以,旅游线路报价不仅仅是数字的概念,它在很大程度上影响着旅游者和旅游中间商作出决策。

【相关知识与技能】

一、旅游线路报价的含义

（一）旅游线路报价的含义

旅游线路报价就是将旅游线路产品的内容结合价格以信息的形式传播给旅游者或中间商，做到产品质量与销售价格相符。旅游线路报价要体现等价的原则，一方面旅游线路中的各个项目，包括交通、餐饮、住宿、景点、娱乐等在接待质量上一定非要与线路价格相符，不得"偷工减料"；另一方面导游提供的服务在接待标准上必须做到规范化、标准化，与线路所含的导游服务费相符。

（二）报价分类

1. 根据报价对象不同分为组团报价和地接报价
(1) 组团报价，主要用于组团社向旅游者的报价。
(2) 地接报价，主要用于地接社向组团社的报价。
2. 根据报价内容的详略分为总体报价和单项报价
(1) 总体报价。主要针对旅游者的咨询，指能够反映线路产品整体性的内容和整体性的价格。
(2) 单项报价。主要针对旅游中间商或组团旅行社，这种报价不仅是整体性的内容和整体性的价格，还有各种细分的、具体的单项内容和价格。
3. 根据报价方式不同分为针对旅游者的报价和针对中间商的报价
(1) 针对旅游者的报价。包括媒体广告（电台广播、电视、网址主页）、门市报价（办公地点醒目的线路价格宣传板）。
(2) 针对中间商（或组团旅行社）的报价。网络在线报价（ICQ、QQ、MSN）、邮寄报价（旅行社行业组织的定期刊物、主要针对同业）、传真报价、上门报价（新奇线路推出时，外联人员派发）、展销报价（参加综合性会议时推出的具有竞争力的旅游线路和价格的宣传品）。其中门市报价、邮寄报价、传真报价、网络在线报价运用得最为普遍。
4. 根据旅游者的年龄和客源地不同分为成人报价和儿童报价、外宾报价和内宾报价
(1) 成人报价和儿童报价。一般情况下，儿童报价相当于成人价格的 1/2 或 2/3。
(2) 外宾报价（"四种人"、外国人）和内宾报价。"四种人"指港澳台胞和外籍华人。

二、旅行社产品报价的计算

一条完整的旅游线路报价要考虑以下内容。

（一）旅游线路报价计算项目

1. 综合服务费
(1) 市内交通费是指一地旅游接待用车的费用。旅游团用车规定是按照人数多少配

备的。一般为：1～3 人配备小轿车；4～12 人配备面包车；13 人以上分别配备 19 座、25 座、33 座、45 座、55 座车。其费用按车型、车价、使用天数及距离计算。也有豪华团，10 人也要求乘 33 座车，这种情况下，车费要按照实际用车情况决定。

（2）翻译导游费。翻译导游费是旅行社为客人提供翻译导游的服务费。这里有两种情况。

① 全陪劳务费，是指跨省市的全程陪同的翻译导游的服务费。其费用按旅行天数与团队的人数及具体标准综合计算。全陪的差旅费，仅指大交通的费用（即城市间交通费）和半价房费。国内团，全陪房费一般住二星级以下的予以减免。

② 地陪导游费，按旅游天数与人数及单人导服费相乘计算，导游费中还含导游员的补助费。

（3）领队减免费。领队减免费是指对外方旅游团团长或外方领队、随员发生的费用。通常按国际惯例实行 16 免 1、16 免 1.5、16 免 2 进行不同程度的优惠。

（4）通信联络费。

2. 房费

房费是指旅游全程的住宿费。其费用根据星级酒店的合同标价，有否单男、单女的补差，以及有否加住、加床、延时等费用组成。

3. 餐费

餐费是指旅游一日三餐的费用。目前，一般早餐与房费一起计算。也就是说，房费中包含早餐费。餐费按旅游天数的顿数与标准计算，还包括各地风味餐。

4. 城市间交通费

城市间交通费是指大交通的费用，包括国际往返交通和城市间往返的交通费。一般指飞机、轮船、火车、长途客车。飞机票，10 人以上团体可享受 4～6 折优惠；火车票随季节的不同有 20 免 1 或 10 免 1 的优惠。轮船也是如此。不过火车、轮船有的线路就没有什么优惠。

5. 门票

门票是指游览参观的门票费。包括景区内的景点门票及景区内的专用车、观光索道、电梯费等。但旅行社一般只包首道门票，其余客人自理。

6. 专项附加费

专项附加费包括：

（1）汽车超公里费。旅行社租车，一般按市内每天行驶 80～100 公里计算，如若出市应根据实际距离加收汽车超公里费。例如，从市区去北京长城、十三陵，大连金石滩，昆明石林，哈尔滨飞机场，吉林阿拉底朝鲜村等，需支付汽车超公里费。

（2）会议室费、娱乐活动费、体育赛场租费、赠送礼品费、资料费、特殊门票费等。

7. 管理费

管理费是指根据有关部门的规定发生的费用。如工商年检费、财务审计费、培训费、门前卫生费、旅行社责任保险费、房租费、水电费、办公费、工资等，也要按每人每天平均收费计算，划入成本。

8. 不可预见费

不可预见费是指旅途中不可预见的费用，或临时意外发生的费用。此项费用可能发生也可能不发生,不是每个团都能用得上。

9.税金

税金指获得差额利润按国家规定的百分比进行纳税。

(二)旅游线路报价的计算方法

1.一般团队旅游线路的报价

一般团队旅游线路的报价＝大交通费＋房费＋车费＋餐费＋门票费＋导游服务费

2."四种人"旅游线路的报价

"四种人"旅游线路的报价＝综合服务费＋大交通费＋房费＋门票费

三、旅游线路报价说明

旅行社一般为旅游者安排双人标准间或三人间,有时团队因人数或性别原因可能出现单男单女的现象,这样就会出现自然单间,由此产生的房费差额根据事先达成的协议由组团社或地接社来承担。

旅游团内成年旅游者人数达到16人时,应免收1人的综合服务费,全陪只收交通费和房费,其余全免。

12周岁以下儿童收取30%～50%综合服务费(不占床、车位),12周岁以上儿童收取全额综合服务费。

旅游线路报价一般不含各地机场建设费、旅游意外保险费(自愿投保)、火车上用餐费、各地特殊自费旅游项目费用。

超公里费是指汽车长途客运的收费,各地收费标准不同。旅行社租车,一般指市内每天行驶80～100公里,如若出市应根据实际距离加收汽车超公里费。

旅游线路报价在实施过程中若因发生不可抗力因素造成的实际费用超过报价的(如行程延期),由旅游者自行承担额外费用,旅行社可不承担此费用,或与旅游者分担费用。

地接旅行社在旅游线路报价中应含有团队确认方式及结算方式的具体要求。

地接报价的主要对象为旅游中间商。

【案例3-4】

海 南 某 旅 行 社 地 接 报 价

浪漫蜈支洲岛五天四晚游

—— 海南旅游纯玩团

1.行程

D1:全国各地飞往海口

乘坐客机降临美丽的椰城——海口,沿路观椰城美景抵达酒店入住,迎接第二天的经典游。酒店:华天酒店/仙居府/泰华/花开四季/新温泉/金融/鹏胜/汇银或同级。

D2：海口—兴隆

早餐后车览万泉河风光，前往红色娘子军故乡——琼海市；外观亚洲人对话平台——博鳌会址景区；乘船游览载入吉尼斯纪录的分隔河、海河最狭长的沙滩半岛——博鳌玉带滩（需另付费，约 50 分钟）；乘竹排游览中国的"亚马逊"河，体验万泉河竹筏漂流（约 30 分钟）；午餐后参观海上香格里拉，水湛蓝清澈，沙滩洁白细柔，被美国《时尚》杂志评为"世界十大冲浪基地之一"的日月湾海门公园台湾村（另行付费，游览约 100 分钟）；继续乘车赴海南最大的归国华侨聚集地，游览兴隆热带植物园（约 50 分钟）；晚餐后可自费选择观看欣赏泰国红艺人表演。

酒店：鑫桥酒店/金叶桃园酒店/金日酒店/明月酒店/明阳酒店或同级。

D3：兴隆—三亚

早餐后参观槟榔谷，于莽莽热带雨林之探访神秘的蚩尤部落（需另付费，约 120 分钟）体会"纯海南"；继而亲临冯小刚执导，葛尤、舒淇主演的《非诚勿扰 2》精美大片拍摄地、海天仙境、热带天堂亚龙湾热带天堂森林公园风景区（另行付费，约 120 分钟）依山傍海，山在海上，人在树中，海在眼底，是上帝遗落在凡间的天堂，是目前最南最新高优景区。前往 4A 景区——亚龙湾国家旅游区，欣赏亚龙湾中心广场亚龙湾风景区：①游览世界上天然与人工结合得最好的蝴蝶园、蝴蝶谷（停留时间 20 分钟）；②浏览陈列着来自四大洋的数千种珍奇贝类的贝壳馆（停留时间 40 分钟）；游国家珊瑚保护区（潜水游泳基地）——大东海旅游区，海滩嬉戏、大海冲浪、悟大海情怀；这里是潜水爱好者的天堂，海上娱乐项目众多（约 180 分钟，水上娱乐项目自理）；晚餐可自费享用海鲜风味大餐。

酒店：天泽海韵/海虹酒店/世纪山水/凯丰大酒店/景华商务/凤凰豪都/凤凰豪生海岸或同级。

D4：三亚

早餐后车览三亚情侣路——椰梦长廊；参观集农林科普教育、园林生态旅游、休闲度假观光为一体的大型农林科技观光园南天生态大观园（需另付费，约 80 分钟）；游览著名的 4A 级景区天涯海角（停留时间 120 分钟）——有情人终成眷属的浪漫开端，南天一柱天荒地老不变的爱情圣地，车览世界小姐决赛会址——美丽之冠。晚餐后可自费乘游艇出海观光游（150 分钟），坐在游艇游览美丽的三亚湾，欣赏美丽的三亚市夜景。

酒店：天泽海韵/海虹酒店/世纪山水/凯丰大酒店/景华商务/凤凰豪都/凤凰豪生海岸或同级。

D5：三亚—海口

早餐后乘快艇登上中国的马尔代夫蜈支洲岛（含船票，海上娱乐项目自理），是世界上为数不多的唯一一没有礁石或者鹅卵石混杂的海岛，是国内最佳度假基地（120 分钟）；赠送海南仙山——文笔峰（游览时间 90 分钟），山上植被茂盛，山顶常有云雾缭绕，仙人洞、仙人掌、仙人石等仙迹及秀美山色让人流连忘返。返回海口，结束快乐的旅程。

2．报价

地接价格（不含往返机票）600 元/人；小孩 450 元/人。

3．提供服务标准

住宿：全程 2 晚挂牌四星酒店，三亚 2 晚海边指定酒店（出现单男单女，客人需补房差或安排住三人间)。

用餐：7正4早餐，4早(5点1粥)/7正(10菜1汤)30元/(人·天)。

用车：旅游空调车(全省旅游用车实行统一调度，一人一正座)。

景点：含景点第一门票(不含景区电瓶车及自理项目)。

购物：全程无购物店。

导游：导游讲解服务。

保险费：旅行社责任险。

团费不含：不包含往返机票、航空保险、旅游人身意外险、景区内索道费、电瓶车费、自由活动期间餐费、车费、游客自愿加的自费项目及个人消费。具体费用见表3-1。

表 3-1

晚上项目		红艺人歌舞表演：150元	夜游三亚湾：150元	海鲜风味大餐：150元
白天项目	第2天	玉带滩游船：70元	日月湾海门公园：130元	
	第3天	蚩尤部落：150元	亚龙湾热带森林公园：178元含电瓶车	
	第4天	南天生态大观园：128元		
其他项目		海南潜水：380元起	南山文化旅游区：198元(含素斋)	南湾猴岛：163元

4. 备注

(1) 以上行程为基本行程，在不减少景点的情况下，地陪导游有权根据实际情况调整行程中景点游览的先后顺序。

(2) 遇航班(列车)取消、延误、变更或自然灾害(如天气、地震等)等不可抗力的因素造成不能完成的景点，旅行社不负责赔偿；造成增加的费用客人自理。未产生的费用按合同约定的价格退还。

(3) 行程中团队住宿如出现单男单女时，团友有义务听从及配合导游安排住房或补单房差。

(4) 由于海南旅游的特殊性，导游行程中推荐的自费项目客人自由、自愿选择参加，白天自费项目不去游玩的客人需在景区门口等候(下车自由活动)。晚上自费项目不去游玩的客人可在酒店休息。

(5) 赠送项目如遇特殊原因取消，本公司将不退费用。

(6) 客人自愿离团或放弃旅游项目，本公司将不退还任何费用。

(7) 海南报价为综合优惠价，持(老年/记者/导游/军官)证等属于有优惠条件游客，均不再重复享受优惠，不再退票。

(8) 保险费：(赠送)8万元/人旅行社责任险。

(9) 提供机场、码头、车站免费轿车接送服务。

【案例 3-5】

入境旅游团("四种人"地接报价)

大连、旅顺 2 天 2 夜精华游(人数 34＋1 人)

1. 行程

D1：16：58 接 T454 火车沈阳/大连,晚餐后入住酒店休息。

D2：早餐后游览金石滩风景区,套票 66 元,含中华武馆、奇石馆、中外名人蜡像馆、毛主席像章纪念馆、金石园、黄金海岸、西部高尔夫球场(每人打 3 杆球)、狩猎场、婚礼教堂等。晚餐品尝海鲜自助火锅(含饮料,不含酒)。

D3：上午参观棒槌岛风景区(20 元)、老虎滩海洋公园(15 元)、中山音乐广场、人民广场、女骑警训练基地(20 元)。下午游览俄罗斯风情一条街、滨海路(北大桥、群虎雕塑),晚餐后送大连港乘船赴烟台,21：40 乘海洋岛号豪华游轮。

2. 提供标准

(1)"四种人"综合服务费：100 元/(人·天)×2.33 天＝233 元/人。

(2)住标准三星级房：盛世年华大酒店,100 元×2 天＝200 元/(间·天)。

(3)用餐：5 正餐×20 元/人＝100 元/人。补海鲜自助火锅的餐差 28 元/人。

(4)景点门票：121 元/人。

(5)船票三等 B 舱：170 元＋5 元手续费＝175 元/人。

(6)行李托运费：15 元。

3. 报价

团款：772 元/人×34 人＝26 248 元。

全陪费：船票 175 元/人。

合计总团款：26 423 元。

若实行 16 免 1 优惠则总团款为：26 248－772＋175 ＝ 25 651(元)。

注：一般不免大交通费。

4. 计价说明

入境团队的地接计价与国内旅游团的计价有如下不同。

(1)入境团队的计算比较简单,综合服务费中已包含正餐费、车费、导游费、行李托运费。

(2)综合服务费的计算按国际的餐标计算方式计价。一天综合服务费按 100％的比例划分为,早餐 33％、午餐 34％、晚餐 33％。上述行程 2 天加 1 晚餐,则为 2.33 天/人。

(3)上述综合服务费是按"四种人"标准计算的。入境团队的国籍如为日本、韩国、美国、澳大利亚、欧洲国家的客人,综合服务费要按外国人标准计算。外国人综合服务费要比"四种人"大约高 20％～40％。这主要是因为餐饮及用车的标准不同。"四种人"10 人以上团体每人餐标 20～25 元/(人·餐),外国人 10 人以上团体每人餐标 30～35 元/(人·餐),"四种人"用车每人一个整座即可,但外国人 8 人以上应配备 22 正座的豪华旅游车,16 人以上应配备 33 座车,25 人以上应配备 45 座车。

5. 组团报价

组团报价主要是针对旅游者的报价。

【案例 3-6】

张家界奇山异水双飞四日游（20 人＋1 全陪）

1. 行程

D1：北京乘 CZ3718 次航班(13:35/19:40)飞张家界，入住酒店。

D2：早餐后，茅岩河漂流，人间瑶池宝峰湖(62)自理。

D3：早餐后，游张家界森林公园、黄石寨、六奇阁、南天一柱、天书宝匣、金鞭溪、千里相会和水绕四门。

D4：早餐后游天子山，贺龙公园，天台，仙女散花，玉笔峰，十里画廊，黄龙洞，百丈峡，晚餐后乘 CZ6131 航班(21:50/23:20)返北京。

2. 报价

2580 元/人。

3. 服务标准

(1) 交通：往返飞机，小交通为国产豪华空调车。

(2) 住宿：三星同级酒店空调标间。

(3) 导服：全程优秀导游员服务。

(4) 用餐：正餐八菜一汤。

(5) 门票：行程内景点首道门票。

(6) 保险：旅游保险及旅行社责任险。

(7) 旅游纪念品。

4. 报价说明

(1) 本社有权在不减少景点的前提下对该行程进行调整。

(2) 如遇自然灾害、政治、军事、交通等特殊情况及不可抗力等因素造成的阻延或滞留所产生的费用由游人自理。

(3) 报价不含：黄石索道上行 48 元/人，下行 38 元/人，十里画廊小火车 30 元/人，天子山上行 52 元/人，下行 42 元/人，机场建设费、航空保险费及私人消费。

5. 报价分析

20 人的团体单人报价 2580 元/人这个价格是怎样产生的呢？

(1) 张家界地接报价如下。

① 房费：25 元(晚·人)×3 晚＝75 元/人。

② 餐费：35 元/(人·天)×3 天＝105 元/人。

③ 车费：52 元。

④ 景点门票费：漂流 82 元＋天子山 160 元＋黄龙洞 61 元＝330 元/人。

⑤ 导游费：20 元/人。

合计单人报价：582 元/人。

(2) 全陪成本如下。

机票:1582元(往返)+ 全陪补助费200元(4天)=1782元。

20位客人均摊:1782÷20=89(元)。

(3) 游客每人利润:200元/人。

(4) 代办人身意外险:20元/人。

(5) 旅游帽:5元/人。

(6) 旅游纪念品:30元。

核算:每人成本=582+1582+89+20+5+30=2308(元);每人利润为200元。合计为:2308+200=2508(元)。

注意:2580元−2508元=72元/人,全团20人则余1440元(20×72)。1440元中1000元作为佣金或作为礼品使用,440元作为旅游最后一餐使用。

全团利润=20人×200元/人=4000元。

航空部门返单程机票3%佣金=791元/人×21人×3%=498元。

总盈利=4000+498=4498(元)。

6. 在组团报价时应注意的问题

(1) 自组团的价格由地接价、往返大交通、利润、全陪费、全陪补助费、保险费等内容组成,不可漏项,不可错误计价。

(2) 团队成员达到16人以上,旅行社应派一名全陪导游员。如10人以上,不足16人,客人也要求派全陪导游时,计价时也要按客人实际人数均摊全陪劳务费和全陪补助费。

(3) 要适当掌握自组入境团队的人均利润,通常在100~300元之间。短线人少,利润也少,人多利润则高;长线人少,利润也偏高,人多则利润可观。自组团是旅行社创收的重头戏。

四、旅游线路报价指南

(一) 报价的依据

行程是旅游报价的唯一依据,也是游客旅行的确切指南,没有行程就不会有报价,也不存在旅游。行程的编制从内容上看,包括六大要素的全部。这里有着粗与细、详与略、简与繁、畅与阻之分,仔细分析便知其水平如何、分量如何、力度如何。可以说,优秀的行程,就会像磁石一般牢牢地吸引着游客,也会像名篇佳作一样令人反复回味。

(二) 编制行程的基本要求

1. 内容上要特色化

你招徕的客人到你那里去旅游,一定要把线路与众不同的独特之处和特有的风味体现出来。必须做到特色鲜明,个性突出,让人感到到此一游别无分店,唯我独有,不来后悔,值得一游之感。

2. 旅行上要科学化

海、陆、空的城市间的大交通一定要规范科学,方便快捷。以最快的速度、最短的距离、最可靠的方式到达旅游目的地。航班、车次、船次一定要准确无误，以利于合作方旅行社操作。游览时间的掌握要充分，不要"硬挤"、"赶鸭子"式的东奔西跑，即使"走马观花"也要尽可能使其"下马观花"，领略佳景，时间上要留有充分的余地。

3. 景点上要精彩化

各地景点千姿百态，风格各异，一定要把最精彩的、一流的、绝妙的"独家之秀"展示出来。

4. 游览上要流畅化

游览点、就餐点、住宿点这三点连线的顺序要考虑周到，安排得当，流畅自如。不可舍近求远，尽量不走重复路线，始终给客人新鲜的感受。不可东一头、西一头地没头苍蝇一样，缺乏科学距离设计。

5. 文字上要艺术化

行程的字数仅有几百字，除了注意准确、鲜明、生动外，还要有明确的主题，不能千篇一律。因为，旅游团，团团不同，虽大同小异，但总有不同点。正因为这种不同，就要多备几套方案，多换几种形式，文字上既要朴实大方，又要流光溢彩。风格可以不同，文字一定要精练、优雅、动感、时尚。

下面让我们比较一下，同样的行程，同样的用车，同样的餐标，只是景点略有不同的编制所产生的完全不同的效果。

【案例 3-7】

两个接待行程孰优孰劣

A 接待行程

大连两夜三天游

1. 行程

D1：早接站。旅顺、电岩炮台（15 元）、胜利塔、白玉山（25 元）、苏军烈士陵园、星海广场、绿山观景台。

D2：上午参观农业园、棒槌岛（20 元）、中山广场、人民广场。下午俄街，滨海路。极地海洋馆（105 元）自理。

D3：游览金石滩（66 元），蜡像馆、奇石馆、金石园、黄金海岸、西部高尔夫球场，自由活动，送团。

2. 提供标准（25 人团体）

房：三星或同级。

餐：3 早 5 正。

车：空调车。

门票：第一门票。

合计：630 元/人。

评级：A—。

理由：

（1）态度不认真，草率从事，过简过略，多有笔误，如"中山广场"应为"中山音乐广场"。"俄街"应为"俄罗斯风情一条街"。

（2）未能突出精华景点，顺序不当。

（3）游览别扭，看之不顺眼，读之不顺嘴，思之不顺理，只是罗列景点而已。

（4）报价无明细，没注明往返交通，没有标明星期等。

（5）语言乏味，缺乏美感。

改进办法：

（1）培养严谨的工作作风。

（2）提高分析事物的能力与综合事务的表达能力。

（3）加强实践，最好跟团实习，或做一段时间导游，以增加实际工作经验，丰富阅历与知识。

（4）提高文字水平，加强艺术熏陶与自身修养。

B 接待行程

亲情、友情、蓝海盛情——来自大海的邀请
——大连 2 夜 3 天经典之旅

1. 行程

D1（二）　早接北京/大连 T 83 次 6:58，酒店自助早餐后，乘车去驰名中外的旅顺口区参观日俄战争生死战场之一的电岩炮台（15 元）；中国建造的俄式胜利纪念塔；拥有悲壮历史色彩的侵华日军罪证之一的白玉山（25 元）；浓缩旅顺百年沧桑历史的"苏军烈士陵园"；日俄战争最后战场"203 高地"（30 元）；海产品批发超市。

下午，返回市内游览：亚洲最大的星海广场（华表、百年城雕、交易会展馆、中国唯一的现代文明博物馆外景）；世界四大名船之一——电视剧《公安局长》拍摄地"奥丽安娜号"游船；蓝色喷泉、千米多瑙河欣赏；绿山观景台眺望北方香港全貌，以及人民广场、水晶球；中山音乐广场、港湾郑和号古船等。

D2（三）　上午参观金州高科技农业园区（1 小时可达）。

下午，参观中国第一支女骑警训练基地（20 元）；神秘的国宾馆"棒槌岛风景区"（20 元）；投资 4 亿元，占地 3.5 万平方米的世界最大、中国唯一的虎滩海洋极地动物馆（105 元），观看 4 只海豚精彩表演；秀丽的滨海路观光（群虎雕塑、北大桥傅家庄海水浴场，森林动物园二期放养圈外景）。

D3（四）　游览中国最大的 4A 级旅游度假区金石滩（66 元）：有上百尊中外名人的"蜡像馆"；东北最大的"奇山馆"；"毛主席像章博物馆"；神力雕塑的天然景观"金石园"；碧海金沙的"黄金海岸"；中国第一个旅游西部高尔夫球场（教练现场教学，每人打三杆球）；"欧式婚礼教堂"；大型山谷丛林狩猎场等。

市内午餐，下午游览繁华的天津街、胜利广场、新玛特商业街，自由活动。

晚餐后送机，航班 C26123，时间 19:30（机票自备）。

2. 提供标准（25 人团体）

（1）住房：三星或同级 210 元/人（含自助早餐）。

（2）餐：3 早 5 正（早餐 10 元、正餐 20 元），130 元/人。

（3）车：新款空调120元/人。

3. 团体单人报价

781元/人。

4. 备注

（1）火车站南出口举牌："欢迎××旅游团"。

（2）导游员：石英（女），手机：13912345678。

（3）金龙客车，新款空调26座蓝色车。车号：辽B961234；司机：赵龙。

评级：B+。

优势：

（1）主题鲜明，有强烈感染力。

（2）详略得当，重点突出，较为完整，不留疑问。

（3）切实可行，具有新意。

（4）安排得当，引人入胜。

（5）文字有文采，有美感。

不足：

（1）如果能把下榻的宾馆名称标明就好了。

（2）还应注明该团的等级标准。

【点评】 以下是线路报价的技巧。

（1）先高后低，机动灵活，留有余地。此法适用于新客户，因首次合作不明新客户的习惯做法与信誉程度，有否特殊要求，一般定价报出过后，新客户往往不留情面的"杀价"，甚至"二次杀价"、"三次杀价"，直杀的卖方"片甲不留"为止。为防止意外，应采用价格先高后低为好，以备应变。

（2）一锤定音，简洁高效，一目了然。此法适用于固定的老客户，因双方比较熟悉，彼此有信任度，无须多讲什么，只要按对方的要求把日程、标准、注意事项、出发时间、定价内容等一一讲明即可，往往一张传真，两个电话就可"一锤定音"，方便、快捷、省力，但此法的运用要业务娴熟，格外谨慎，正因为是老客户，所以万万马虎不得，以防差错，影响自己信誉。

（3）特线特价法，新奇诱人，利润明显。特殊线路的价位没有可比性，这是旅行社定价的一个难得的"制高点"，自然定价特殊。

（4）内容有别，项目分明，货真价实。旅游者常常询问：一样的路线，为什么定价不同？这时应耐心告诉他们，因为旅游线路定价是由多种因素构成的，如用房、用餐、用车、门票含量等的不同，导致总体定价的不同，即使是同一条线路，因其中某一个环节不同则价格也会不同。

（5）退让协商，互敬互让，友情为重。旅游的不可预见因素很多，尤其是机票价格。机票价格往往占旅游全款的60%左右，遇到机票上浮，只要旅行社合同于机票上涨之前签了，则极有可能亏本。那么怎样定价才能避免损失呢？①定价要明确有效期限；②定价要留有"后手"，以备不测，告诉客人如遇不可抗力的情况，进行友好协商。

（6）礼品相送，真心实意，物有所值。以往组团一般赠送帽子、旅行包之类的礼品。

如今送得多了,有景点,有美食,有各式礼品,呈现"礼品大奉送"之态,有点像百货公司卖年货和店庆,丰富多彩,颇有人情味。"送礼"会给客人一种安慰,一种心理上的平衡愉悦感。

(7) 捆绑联销,展示实力,互惠互利。此法为近年出现的新的定价法,具有一定的垄断性、辐射性和影响性。商界第一要素乃"实力",有实力,才会在竞争中获胜。目前,旅行社之间的合作产生的"实力"呈现出不可阻挡之洪流,应引起业界特别关注。

(8) 高标高走,重在品质,特殊安排。此法是针对高标准、高品位的特殊团队与散客而言的。他们讲究精华舒适,不太计较价位,住房三至五星,车为豪华空调新款,每人一排座,餐饮任点,服务上要求有酒店与餐饮服务经验的优秀服务人员,确为高标准,严要求,不得有任何差错。

(9) 季节差别,掌握动态,便民利己。此法指淡旺季不同、平日与假日不同、还有热线与冷线不同、新线与旧线不同,定价均不同;淡、旺季之差,主要在用房、用车、门票及大交通上,淡季低,旺季高,定价自然不同。

【技能训练】

1. 旅行社制定产品销售价格的依据是什么?
2. 在实际工作中制定产品价格时,应注意哪些问题?
3. 入境团队地接报价与国内团队地接报价有哪些不同?

【阅读资料】

不能再"潜规则"旅行社拿什么赚钱?

2009 年专门将今年年休假放在"五一"小长假之后,准备避开旅游旺季的张先生,最终放弃了外出旅游的计划,因为所有旅行社的报价都超过了他的预期。

早早就计划在"五一"期间发布超值低价旅游广告的成都某旅行社老总刘先生,也放弃了广告宣传,因为所谓的"超值价格",注定要亏本或者受罚。

在 5 月初,旅行社、旅游从业人员、甚至一些旅游者嘴边,都挂着一个关键词"条例"。因为国务院颁布的《旅行社条例》和国家旅游局制订的《旅行社条例实施细则》,分别在 2009 年 5 月 1 日和 5 月 3 日开始正式实施。

这些新规定,目的是让延续多年的旅游市场"潜规则"彻底浮出水面,并最终消亡。而与此同时,旅行社原有的生存法则也将从根本上发生改变,一个崭新的旅游格局必将诞生。就像成都一家旅行社负责人形象形容的:"旅游行业目前就像一位等待分娩的孕妇,阵痛过后,就是一个新的生命诞生!"

据统计,目前全国共有旅行社 19 800 多家,其中国际旅行社 1800 多家,国内旅行社 18 000 多家。2008 年,接待入境旅游人数 1.30 亿人次,旅游外汇收入达到 408 亿美元;接待国内旅游人数 17.1 亿人次,国内旅游收入达到 8749 亿元人民币;组织中国公民出境旅游 4584 万人次。

　　如此大规模的旅游市场,确实亟待规范化。然而也有专业人士分析:新《旅行社条例》的实施,严格禁止隐性收费等旅行社"潜规则",有助于规范旅行社市场秩序,对正规旅行社的发展具有促进作用;但对行为不规范的旅行社而言,则意味着失去部分收入来源,可能导致线路报价提高。

　　新规显威力　"零负团"不见了,团费涨了不少

　　张先生年初就计划好了,趁着"五一"之后的旅游淡季,带家人去三亚旅游。让他没有想到的是,"五一"之后,成都到三亚的团费不仅没有降,反而直逼春节的旺季价格2100元。张先生最终放弃了三亚之行,选择在家休养。

　　除了成都到三亚外,成都到云南的多条热门线路,最近也出现了上涨行情。昆明游、大理游、丽江游,团费从原来500～800元不等,近期上涨到了1000元以上。

　　"客源增,价格涨。"以前这是旅游行业的顺口溜。不过现在,涨价的背后,却是旅行社因生意差而叫苦不迭。"客人打电话上门,但一咨询完价格就没了回音,客源差得不得了!"成都一家旅行社负责人向记者诉苦道,"以前,我们公司的云南团天天发,现在基本上3～5天才能发一个团。"

　　这是近期整个旅游行业的普遍现象。记者走访了成都多家大型旅行社了解到,近期客源比较差,最主要的原因就是团费涨价。而涨价的原因,还得从现在旅行社天书般的合同说起。

　　在成都一家旅行社,记者看见了一份规范的旅游合同——成都到三亚,双飞五日游,每天的行程就像流水账一样,密密麻麻地写在合同中。在合同上,记者看见:"水上竹筏漂流,游玩时间60分钟;亚龙湾海滩,游玩时间120分钟……"每天的行程、入住酒店的名称、一日三餐的安排和价格标准、每一个景点的游玩时间,自费项目的游玩时间及价格等,全部清晰地写在合同中。

　　"唉,我们也不愿意涨价,复杂的合同也是被逼无奈,不过必须要按规定办事。"一家旅行社负责人无奈地表示。而他口中的规定,就是国务院此前颁布的《旅行社条例》和国家旅游局制订的《旅行社条例实施细则》。《条例》和《实施细则》对"强迫购物"、"增加消费"、"零负团"等作出了明确的处罚规定,最高罚款50万元。

　　一位业内人士表示,新规定的实施,要求旅行社必须将以前很多隐形收入,全部摆到桌面上来,与游客签订白纸黑字的合同。这就捅破了旅游行业的"潜规则",稀释了旅行社的收入,旅行社必须提高团费,才能保证不亏损;然而一提高团费,又吓退了客人——这就使新规定实施以后,整个旅游行业遭遇了尴尬的市场状况。

　　揭秘零负团　旅行社原有生存链条的"潜规则"

　　旅行社经营的"潜规则"到底是什么? 一位不愿意具名的导游告诉了记者其中的秘密。

　　她向记者透露,旅行社的经营是一条完整的链条,链条上的每个环节都有自己的生存空间和盈利方式。这个经营链条包括旅行社门面、旅游批发商、旅游目的地的地面接待旅行社。

　　对于消费者来说,最常见的是旅行社门面。门面主要接待散客,他们非常清楚旅游批发商的报价。比如,批发商给门面的价格为1000元,那么门面就会给散客开出1100元或

者 1200 元的价格,这 100～200 元就是门面的利润。

事实上,旅游批发商为了"买"到足够的客源,必须给门面更大的利润空间,开出的价格很多都低于旅游成本价,也就是业内常说的"零负团"。比如,成都到三亚,旅游批发商预订机票和酒店的成本价,根据行情变化有可能达到 1200 元,然而批发商给门面的价格却只有 1000 元,也就是说接一个客源,批发商会亏损 200 元。

门面接收散客到一定数量,就按照旅游者的行程整理组团,然后打包"卖"给批发商。这样,旅行社门面就完成了旅游经营链条的第一步交易。

按照上面的例子,每个客源,旅游批发商要亏损 200 元,那么他们又如何盈利呢?这就在于旅游批发商与旅游目的地地接社的第二步交易。

这位导游告诉记者,批发商的常规盈利模式有两种:一种是依靠强大的客源,将客源以人头算,高价转让给地接社;另外一种是业内所说的"赌单",也就是批发商和地接社共同分享游客在目的地产生的利润,而利润的源泉就在于消费者在目的地的购物。地接社拿到客源以后,会通过导游引导,前往当地很多有合作的购物点,而这些购物点为了吸引客源,又会给地接社一个比较可观的提成。

据这位导游介绍,像"零负团费"这种情况,旅行社不但不给导游工资,还要求导游按游客的人数,向旅行社交"人头费"。于是导游不得不费尽心机让客人去购物,"我们也从导游变成了导购!"据她透露,导游将旅游团队带到旅行社指定的珠宝、皮革、燕窝等购物场所,这些"专卖店"很多都把玻璃卖出水晶的价格,人工珠宝标出天然珠宝的价格。

还有一些导游为了赚钱,在旅游中滥用游客对自己的信任,擅自增加旅游者的自费项目,而这些项目往往对导游有着高额的回扣。如东南亚的旅游,泰国导游推荐的自费项目一般多达 20 个,折合人民币大约 3000 元。

而按照新的《旅行社条例》和《旅行社条例实施细则》规定,对于欺骗、胁迫旅游者购物或者参加需要另行付费游览项目的旅行社,将被处以 10 万元以上 50 万元以下的罚款,对相关导游、领队人员处以 1 万元以上 5 万元以下的罚款。

面对高额的经济处罚,旅行社和导游个人都不敢越过"雷区",他们必须得改变现有的生存法则。

阵痛中变革,旅行社改赚差价,自由人成新宠。

新规定已经撼动了旅游行业的生存链条和市场规则,旅行社又该何去何从?

成都一家旅行社负责人分析,高额的经济处罚伴随新规定而来,旅行社的生存链条将会进行一次洗牌过程。比如之前门面卖散客给旅游批发商,旅游批发商再卖团给地接社,以后可能转变为:批发商通过自己在航空公司、宾馆和地接社的采购,综合组成一个旅游产品,严格制定一个高于成本价的批发价,批发商的盈利在于批发价和成本价的差价;批发商将批发价报给旅游门面,门面的盈利就在于批发价和零售价中的差价;客源组织完成以后,旅游批发商按照人头付费的方式,将客源委托给地接社,这就是地接社的收入。这样也就完成整个旅游流程。

据这位负责人介绍,目前,很多旅行社主要通过"零负团"的形式操作,因此在新条例实施以后,必然会促成旅游行业的一次大洗牌。以前通过低价方式来收客的旅行社,如果没有更好地吸引客源的市场方式,时间长了必然被淘汰。其实,这对净化市场是一个好处。

"新规定就像一颗炸弹,直接轰炸了旅游行业的中心地带,不过也迅速激起了众多飞片。这个所谓的中心地带,就是旅行社的团队旅游,而众多的飞片就是旅游中的自由人。"成都一家大型旅行社负责人形象地给记者形容道。

据了解,新规定开始实施以后,团费的价格在飙升,参团的客源不断减少,而自由人旅游却在逐渐增加。

川航假期的相关负责人向记者介绍,目前,在成都—三亚双飞五日旅游团,目前市场上参团价格大致在 2000～2100 元,这是没有一处购物要求的团队,行程也严格按照新条例来制定。不过,因为这样的团费几乎和三亚旅游最高峰的时期——春节的价格差不多了,因此目前参团的人很少。

同时,这个价格相比目前三亚自由人旅游(5 天双飞,四星级宾馆住宿)1600 元的市场价要高 500 元,因此,价格因素刺激了自由人的旅游方式,近段时间三亚自由人出现了大幅度的增长。从旅行社角度讲,只要有足够的客源,采用自由人方式还省了很多心。现在一些旅行社已经在调整策略,将重心放在了发展自由人客源上。

携程相关负责人向记者表示,在新条例出台实施以后,一直主推自由人的携程并没有受到影响,反而出现了很大幅度的上涨。以三亚为例,携程的自由人产品销售情况相当好,从数据上看,客源数量较前年同期(去年同期因为不可抗因素,不具有可比性)都有一个很大程度的上涨。

资料来源:王琮琦. 成都商报,2009-05-15

【案例 3-8】

旅行社接待质量计费说明

某旅行社接待质量计费说明如下。

一、接待标准

A 豪华团:三星级涉外饭店双人间、空调旅游车、十菜一汤、独立成团。

B 标准团:二星级酒店或同级标准、空调旅游车、八菜一汤、并团。

二、计费范围

城市间交通、房费、餐费、公里费、基本车费、景点门票费、海关税、人员车辆过境费、风味餐费、专场泼水费、税费、地方管理费、优秀导游服务费、旅游责任保险及旅游意外伤害保险。

三、不含费用

各旅游等级均不含国外人妖表演费、机场建设费、航空保险费、火车汽车团不含途中餐费,不含出境消毒及境外保险费,中甸不含骑马费、藏民家访费,丽江不含玉龙雪山索道费、丽江古城维护费。

声明:旅游价格在节假日期间上浮 30%。

备注:行程内住宿如产生空床费(即 1 人入住 1 间房)则单列收取;如遇行程内各旅游地地方政策性调价,我社有权对此行程报价作出相应调整,并及时通知。如因人力不可抗拒因素或客人自身原因造成景点减少,只在当地退景点门票(按旅游签单退还);本社在不增减景点的情况下,有权对行程进行调整,但不影响原定标准及景点。

【点评】 旅行社组团报价时一定要明码标价,不能搞模糊收费。该案例中清楚标明了旅游团性质、接待标准(包括住宿标准、用餐标准、乘运的标准等)、参观游览项目及计费范围等。特别是向旅游者说明了哪些参观游览项目是包括在团费当中的,哪些是自费项目,即报价中不含的费用。另外,特别需要补充说明的也要列出,以免引起不必要的投诉。

【完成任务】

1. 接旅行社经理通知,2011年4月30日将接待一个43人的团队,请按常规线路和标准等,为其制定一条本市4日游行程表并运用成本加成定价法确定产品价格,作出报价。

2. 目前旅游正步上一条危险的轨道,经营者想方设法用不正当手法降价,这些手法已经伤害了游客的利益,让旅游这本令人愉快的经历变成了让人受气的过程。这些旅行社所做的一切就是压低成本,其结果就是:用最节省的方式从房、餐、车、酒店、航班、导游、购物、自费项目、门票等各方面一点一点抠,能省就省,能骗就骗,哪怕引起游客的反感、投诉。这种让人"上当受骗"、"货不对板"的感觉彻底破坏了游客的兴致,导致"最美的旅程,最不开心的旅游"! 试调查一家旅行社产品的价格,分析其有无价格陷阱。

思考与练习

1. 旅行社产品价格制定的影响因素有哪些?
2. 旅行社产品定价有哪些策略? 应该如何运用?
3. 旅游线路报价的技巧有哪些?

任务三　旅行社销售渠道

【任务描述】

在项目二的任务中,要求你设计一条旅游线路,现在需要把它推向市场,请为这条旅游线路选择一个合适的销售渠道进行产品的促销。

【任务分析】

旅游产品的生产经营活动与旅游消费者的购买、使用过程往往受多种因素制约,在时间、空间上存在一定的差异。同时在客流量大、客源结构复杂的条件下,旅行社除发挥自身营销资源优势外,还必须运用旅游市场中的中介组织的力量,与之形成较为稳定的利益共同体,促使旅游产品在更广阔的空间为广大旅游消费者所知晓、理解、认可。

【相关知识与技能】

一、旅行社销售渠道的类型

旅行社产品的销售渠道是指旅游产品从生产领域到达消费领域所经过的路线和途径。即使旅游线路的报价很有竞争力,也需要正确的销售渠道进行分销,旅游产品销售渠道选择是否合理,直接影响着旅游产品的销售。在市场经营中,由于旅游市场、旅游企业、旅游中间商以及旅游消费者等多种因素的影响,旅游产品营销渠道也就形成了多种状态,即便是同一种旅游产品也可能通过不同的营销渠道进行销售。根据旅游产品在销售过程中是否涉及中间环节,一般将旅行社产品销售渠道分为直接销售渠道和间接销售渠道两种模式,此外,根据中间环节的多少,还可以对间接销售渠道做进一步划分,见表 3-2。

表 3-2 旅游产品销售分配系统

直接销售渠道	零层渠道	生产者→旅游消费者
间接销售渠道	一级渠道	生产者→旅游零售商→旅游消费者
		生产者→旅游经销商→旅游消费者
		生产者→其他营销渠道→旅游消费者
	二级渠道	生产者→旅游批发商→旅游零售商→旅游消费者
	三级渠道	生产者→本国旅游批发商→外国旅游批发商→旅游零售商→旅游消费者
		生产者→旅游批发商→旅游经销商→旅游零售商→旅游消费者

（一）直接销售渠道

直接销售渠道又称零环节销售渠道,是指旅行社和旅游者之间不存在任何中间环节,旅行社直接将产品销售给消费者,这是一种产销结合的销售方式。例如,我国一些大中型旅行社通过设在海外的销售机构直接向当地旅游者销售旅游产品。直接销售渠道一般分为以下四种形式。

（1）旅行社直接在当地市场上销售产品。旅行社自己充当零售商,等待顾客上门购买。如当地居民到本旅行社门市部报名参加由该旅行社组织的一日游或两日游。

（2）旅行社在主要客源地建立分支机构或销售点,通过这些分支机构或销售点向当地居民销售旅行社的旅游产品。旅游生产企业拥有并操纵自己的销售网点,所以仍然属于直接销售渠道的一种。

（3）旅行社通过预订系统来扮演零售商的角色,旅游消费者只需通过电话、电传或计算机等设施就可以预订自己所需要的旅游产品。这种销售渠道是随着现代信息技术的推广和发展而出现的,它极大地方便了消费者,也使旅游生产企业提高了产品的技术含量、服务水平和自身形象,节省了营销费用。

(4)目前电子商务开展较好的旅行社都已经开通了网上旅游产品销售,旅游者通过网上选择和预订旅游产品、网上报名、网上支付等环节实现购买,成为旅游产品的新型销售渠道。

直接销售渠道的优点在于以下几个方面。

(1)简便。旅行社直接向旅游者销售产品,手续简便,易于操作。

(2)灵活。旅行社在销售过程中可以随时根据旅游者的要求对产品进行适当的修改和补充。

(3)及时。旅行社通过直接向旅游者销售产品,可以及时把旅行社开发的最新产品尽快送到旅游者面前,有利于旅行社抢先与竞争对手占领该产品市场。

(4)附加值高。旅行社在销售产品时可以随机向旅游者推荐旅行社的其他产品(如回程机票、车票、品尝地方风味等),增加产品附加值。

(5)销售成本低。直接销售渠道避开了中间环节,节省了需支付给旅游中间商的手续费等销售费用,增加了旅行社的利润。

直接销售渠道的不足之处主要是销售覆盖面比较窄和影响力相对较差,旅行社受其财力、人力等因素的限制,难以在所有的客源地均设立分支机构或销售网点,从而对旅行社在招徕客源方面有一定的不利影响。

(二)间接销售渠道

间接销售渠道是指旅行社通过旅游客源地旅行社等中间环节把产品销售给旅游者的途径。按照中间环节所包含的销售渠道的数量,间接销售渠道又分为以下三种形式。

1. 单环节销售渠道

单环节销售渠道是指生产旅游产品的旅行社和购买该产品的旅游者之间存在一个中间环节。由于旅游业务之间的差异,旅游中间商的角色由不同的旅社充当。在国内旅游业务方面,充当这个中间环节的主要是客源地的组团旅行社;在入境旅游业务方面,往往由境外的旅游批发商、旅游经营商或旅游代理商担任中间商的角色;在出境旅游业务方面,旅游客源地的组团旅行社则成为旅游中间商。

2. 双环节销售渠道

双环节销售渠道是指生产旅游产品的旅行社和购买该产品的旅游者之间存在两个中间环节。这种销售渠道多用于入境旅游产品的销售。在双环节渠道中,生产产品的旅行社先将产品提供给境外的旅游批发商或旅游经营商,然后再由他们将产品出售给各个客源地的旅游代理商,并由他们最终销售给旅游者。

3. 多环节销售渠道

多环节销售渠道包含三个或更多个中间环节,主要用于销售量大、差异性小的某些入境旅游产品,如某个旅游线路的系列团体包价旅游产品。多环节销售渠道的操作程序是:生产产品的旅行社将产品出售给境外一家旅游批发商或旅游经营商,由该旅游批发商或旅游经营商充当该旅行社在某个国家或地区的产品销售总代理,然后该总代理再把产品批发给该国或该地区内不同客源地区的旅游批发商或旅游经营商,再由他们将产品提供给散落各地的旅游代理商,最后由旅游代理商把产品出售给旅游者。

间接销售渠道具有许多明显的优点。首先,这种销售渠道具有比较广泛的影响面,旅游中间商往往在各客源地区拥有销售网络或同当地旅游机构保持着广泛的联系,能够对广大的潜在旅游者施加影响。其次,这种销售渠道在销售过程中具有比较强的针对性,旅游中间商对所在地区旅游者的特点及需求比较了解,能够有针对性地推销更适合旅游者需求的产品。最后,间接销售渠道的销售量比较大。旅游中间商是以营利为目的,专门经营旅游业务的企业,具有较强的招徕能力,能够成批量购买和销售旅行社产品。

间接销售渠道的主要缺点是销售成本高。由于间接销售渠道存在一个或多个中间环节,导致旅行社产品的最终价格被提高,这容易对旅行社产品的销售量造成某些消极影响。

二、旅行社销售渠道的选择

(一)销售渠道策略

销售渠道策略是旅行社面临的最复杂的策略之一,它在一定程度上决定着产品的销售成本和收益水平,所以许多旅行社都十分重视销售渠道策略的研究。

1. 销售渠道长度策略

销售渠道长度是指旅游产品从生产者(或供应商)向最终消费者转移过程中所经过的中间层次的多少。所经中间层次越多,则销售渠道越长。一般来说在条件允许的情况下短渠道优于长渠道。最短的渠道就是旅游企业不经任何环节直接向消费者出售产品,消费者可以得到比较便宜的价格。间接销售时,旅游代理商要向被代理的旅游企业收取佣金,旅游批发商要在批发价格的基础上加价出售,前者会减少有关旅游企业的收入,后者会提高产品价格,影响市场占有率。此外,中间层次过多,会影响产品生产者与消费者之间的信息沟通,甚至发生信息误导。

2. 销售渠道宽度策略

销售渠道宽度一般指销售旅行社产品的零售网点多少和分布广度,另外也常指直接经销或直接代理某旅行社产品的中间商的数量。按销售渠道宽度,销售渠道策略可分为广泛性销售渠道策略、专营性销售渠道策略和选择性销售渠道策略。网点越多,地域分布越广,直接经销和代销本旅游产品的中间商越多,产品的销售渠道越宽。目前我国旅行社在经营国内旅游业务时一般采取直接销售渠道,通过组团社和接团社完成任务。目前,由于入境旅游市场处于供大于求的状况,国际旅行社普遍感到客源不足,都希望和更多的海外旅游中间商建立业务关系,故大多采用广泛性销售渠道策略。

(1)广泛性销售渠道策略

广泛性销售渠道策略是指旅行社对旅游中间商不加限制,通过众多的旅游批发商,把旅游产品广泛地散布给各个旅游零售商,以便及时满足旅游者需求的渠道策略。这一策略就是在某一市场上,凡是愿意推销本旅行社产品的批发商都可以和它建立业务关系,相应的我方旅行社也不禁止对方购买自己竞争对手的产品,彼此都没有约束。对经营国内旅游业务的旅行社来说,广泛性销售渠道策略是指广泛委托各地旅行社销售产品、招徕客源的一种渠道策略。

旅行社采取广泛性销售渠道策略的目的是建立一个由大量旅游中间商组成的松散网络,扩大产品的销售范围,提高经济效益。在旅行社开始向某一目标市场推销产品时,有利于寻找、发现理想的中间商。这种渠道策略的不利之处在于销售成本高,旅行社必须同大量的中间商联系,渠道费用多,控制难度大。该策略的优点是可方便旅游者购买;便于联系广大旅游者和潜在旅游者;还可以发现理想的中间商。不足之处是成本较高;产品销售过于分散,管理难度大。

（2）专营性销售渠道策略

专营性销售渠道策略是指旅行社在一定时期、一定地区内只选择经验丰富、信誉高的一家旅游中间商来推销旅游产品的渠道策略。通常是在一个客源市场内只找一家旅游批发商作为自己在当地的独家代理或总代理,也就是说,旅行社只向该旅游中间商提供本旅行社的产品,该中间商则只向本旅行社提供客源,双方均不得在当地同对方的竞争对手进行业务往来。例如,英国的促进社、日本的日中旅行社、韩国的华丰旅行社分别只经销中国在该地区的旅游产品。

这种渠道策略的优点在于销售成本低。旅行社可以对中间商经销活动进行控制,降低渠道费用。这种渠道策略的不利之处在于市场覆盖面窄、风险大,若中间商选择不当,则可能影响相关市场的销售。

因此,专营性销售渠道策略适用于旅行社开辟新市场之初,推销某些客源层比较集中的特殊旅游产品以及品牌知名度和美誉度高的豪华型旅游产品。目前我国旅行社面向欧、美等地区国际旅游市场提供的包价旅游产品,基本上都是采用这一策略进行销售。

（3）选择性销售渠道策略

选择性销售渠道策略是指旅行社只在一定市场中选择少数几个信誉较好、推销能力较强、经营范围和自己又比较对口的旅游中间商进行产品销售的渠道策略。这是一种较理想的策略,该策略取上述两种策略之长而避其短。这种销售渠道策略的成败在很大程度上决定于对旅游中间商的考察。采用该策略的旅行社,往往是在最初投放产品时采用广泛性销售渠道策略,当销路稳定,利润增长时,便改用此策略。旅行社根据对旅游市场上不同旅游中间商的考察,发现那些在市场营销、组团能力、企业经济实力、信誉等方面具有一定优势,而且其经营的业务与本旅行社基本相同的旅游中间商,通过谈判与他们建立起比较稳定的业务关系,由他们充当本旅行社在当地的销售代理。

（二）销售渠道选择标准

任何旅行社在经营过程中都面临渠道选择问题(参见表 3-3),这是影响旅行社产品销量的关键因素之一。旅行社销售人员应该从以下几个方面进行分析。

表 3-3　直接销售渠道与间接销售渠道选择标准

直接销售渠道	选择标准	间接销售渠道
近	旅行社与目标市场的距离	远
集中	客源市场的集中度	分散
销售佣金多于销售费用	经济效益	销售佣金少于销售费用
良好	旅行社声誉	尚未确立
强	财务能力	弱
强	市场营销能力	弱
强	实力	弱

1. 与目标市场距离

旅行社选择销售渠道的首要标准是与目标市场的距离。如果旅行社位于目标市场之中或目标市场附近，一般采取直接销售渠道。旅行社可以不通过任何中间环节直接向旅游者销售产品。既可以节省销售费用和提高销售利润，又能够准确掌握旅游者的需求信息，有利于推出适销对路的旅游产品。

如果距离目标市场较远，旅行社应采取间接销售渠道。因为当地旅行社对所在地区情况的熟悉和了解有助于在宣传和促销方面起到理想的效果。同时，旅行社如果派销售人员到远离其所在地的旅游客源地直接销售其产品，需要花费包括长途交通费、食宿费、销售人员工资或销售佣金等大量的销售经费，这会直接影响到旅行社的销售利润。而利用目标市场所在地旅行社作为中间商进行销售，只需付出一定比例的销售佣金，低于直接销售的费用。

2. 客源市场的集中度

对于那些范围小而潜在旅游者又很集中的旅游市场，旅行社可以采取直接销售渠道。旅行社可以在客源地建立一两个销售机构，充分发挥直接销售渠道的优势。对于那些范围广，潜在旅游者非常分散的客源市场，旅行社一般选择间接销售渠道，控制销售成本，广泛招徕旅游者。

3. 旅行社自身条件

旅行社的自身条件包括旅行社的声誉、资金、管理经验和对销售渠道的控制能力等。如果旅行社拥有良好的声誉和财务能力、丰富的管理经验、充裕的资金和较强的分销渠道控制能力，应该选择直接分销渠道，通过自己的销售网点进行直接销售。反之，则应该选择间接销售渠道。

4. 经济效益

旅行社还应根据不同的销售渠道带给旅行社的经济效益来决定选择哪一种分销渠道。一般来说，旅行社通过中间商来销售其产品所获得的销售收入要低于由旅行社直接进行产品销售所获得的收入，因为旅游中间商要将产品销售的部分收入留下，作为其帮助旅行社进行产品销售的报酬，使旅行社的产品销售利润降低。然而，旅行社通过旅游中间商进行产品销售可以为其节省数目可观的销售费用，降低了旅行社产品销售成本，从而提高旅行社的利润。

（三）旅行社网络营销

互联网作为信息双向交流和通信的工具,已经成为众多商家青睐的传播媒介,被称为继报纸杂志、广播、电视之后的第四种媒体。旅行社利用互联网进行旅游营销活动,将旅游产品的虚拟化展示、虚拟化消费、旅游咨询、旅游订购集于一身,赋予了旅游营销组合以崭新的内容。旅游网络营销具有以下优点。

（1）适应国际旅游散客潮的需求,网络营销,散客成团。网络除了预订、查询功能之外,便于散客成团,常规旅游线路因客流量较大,用不着拼团;而有一些生僻的项目就可以在网上组团,在网上设计产品。如上海春秋旅行社在网上就做这种散客成团的业务,他们提出的口号是"网上成团,散客享受团队价"。

（2）成本低廉,效果强大。网络营销,制作和上网费用低,内容丰富,易于旅游产品开发,修改和补充,便于新产品的迅速投放,宣传面广,覆盖全球;网络营销,越过了批发商,零售商,减少了销售环节,节省了佣金和费用,降低了销售成本。

（3）网络营销便于旅行社与旅游消费者之间的双向沟通,满足旅游者个性化的旅游需求。网络利用其信息量大、覆盖面广、传输迅速的优势,通过各种旅游信息站点及主页,进行供需双方全天候的信息交流。对旅游消费者而言,拥有充分的信息来源,对旅行社等旅游企业的选择范围更大;对旅行社而言,进行信息处理和传输的能力迅速增强,对市场的调研、细分和定位更深入可靠,并通过一对一的营销模式,实现了个性化服务。

（4）网络营销,具有结算功能。旅行社在营销中,应该借助网络营销的种种优势来为自己服务,网络营销必定成为21世纪旅行社营销的主要营销手法。

（5）可24小时随时随地提供全球性营销服务,没有地域和时间的限制。

（6）旅游信息的数量与精确度,远超过其他媒体。

（7）可适应市场需求,及时更新网络旅游产品或调整价格。

（8）所有的旅游图片、文字、视频等信息,都可以放在网上,减少印刷与邮递成本。

（9）相当于在网上又开个旅游店面,并且无店面租金,节约水电与人工成本。

（10）避免推销员强势推销的干扰。

（11）由网络信息提供与互动交谈,与消费者建立长期良好的关系。

旅行社网络营销是在传统营销基础上产生的营销方式,利用网络来实现营销。但它并非"虚拟营销",而是传统营销的一直扩展,即传统营销向互联网的延伸,所有的网络营销活动都是实实在在的。无论旅游者何时何地想要查阅旅行社的旅游产品信息,都可以直接登录旅行社的网站进行查询,而无须在旅行社营业时间内到旅行社的办公地点进行咨询,为潜在的旅游者提供了便利。

三、旅游中间商的选择与管理

旅行社在经营过程中,广泛采用间接销售渠道策略,因此旅游中间商的选择与管理至关重要。旅行社依据对自身的综合分析和对市场特点的把握,在决定销售渠道形式后,就必须有针对性地选择中间商。旅行社主要应从以下两个方面进行考察。

（一）旅游中间商的选择

1. 经济效益

总的原则应考虑成本相对较低,利润相对较高的销售网络和中间商。旅行社选择中间商,还应考虑到在对中间商提供一定的支持和援助后,能否获得最大的销售量或销售额。在这里,通过估测中间商的单位销售费用和销售总额,就可以基本衡量中间商的效果。如果对方是从事代理业务的中间商,所考虑的就是对方所要求的佣金率。当然,旅行社还应该根据自己的经营实力,在利润大小和风险高低之间进行均衡。因为,在利润相同的情况下,风险最小的销售渠道应是最理想的渠道,但利润和风险往往在很多情况下是成正比的。

2. 市场一致性

中间商的目标市场必须与旅行社的目标市场相吻合,地理位置上应在旅行社客源较为集中的地区,以便于旅行社充分利用中间商的优势进行产品推销。如在国内旅游中的上海、广州、江浙地区。在国际旅游方面美国是我国国际旅行社的主要目标市场之一,而美国只是一个大的地理概念,其出国旅游市场并非均匀分布,而是相对集中地分布在有限的区域。据美国旅行与旅游局的统计,美国出国旅游的50％集中在加州、纽约、新泽西、佛罗里达、得克萨斯和伊利诺伊六个州,日本的出国旅游者相对集中在东京都、京阪神和东海三大城市圈,比例高达68％。在德国,北威州的杜塞尔多夫、多特蒙德等城市,巴伐利亚州的慕尼黑和斯图加特,以及北部的汉诺威、不来梅等都是出国旅游较集中的地带。英国出国旅游者的13％来自伦敦、27％来自英格兰东南部、12％来自西北部,这些地区的客源即占总数的52％。因此,旅行社选择的旅游中间商,在地理位置上应接近这些客源相对集中的地区,并在此基础上考虑旅游中间商的目标市场与旅行社目标市场的一致性。

3. 商誉与能力

中间商应有良好的商业信誉和较强的推销能力,其中偿付能力是双方合作的经济保障。

4. 业务依赖性

旅行社所选择的中间商可能经营很多旅游产品,也可能只经营某一类产品,中间商对旅行社的依赖性决定了其努力程度。

5. 规模与数量

从规模上来说,中间商规模大,组团能力强,易形成垄断性销售,往往使我们的企业受制于中间商,但规模过小,实力单薄,也不利于产品推销。

6. 合作意向

旅行社和旅游中间商之间的合作关系实际上是一种双方情愿的关系,因此,旅行社在选择中间商时,所选取的对象必须有与我方合作的诚意。有些中间商为多家同类旅游产品供应者代理零代业务,那么合作诚意就更为重要,否则无法保证其积极推销我方产品。

总之,选择中间商是旅行社在开拓销售渠道工作中必须加以认真对待的课题。它不仅需要有战略的眼光,而且需要有务实的精神。只有综合考虑上述因素,才有可能获得与条件理想的旅游中间商的合作。

（二）中间商的管理

旅行社在选择了中间商后,应加强中间商的管理,主要从四个方面进行:一是建立中间商档案,内容包括中间商的名称、国别、地区、法人代表、联系方式、合作年度、合作情况。二是加强与中间商的沟通。三是实施客户评价。四是适时调整中间商队伍。

1. 建立中间商档案

中间商档案(见表3-4)的建立可以使旅行社掌握本企业中间商的历史和现状,为销售渠道决策与具体管理提供客观依据。

表 3-4　旅游中间商情况档案

中间商名称			
国别		通信地址	
电话 电传		电报 传真	
负责人或联系人姓名			
与我社建立业务联系的时间			
我设与该客户联系人			
合作年度			
合作情况			
客户详细情况			
填表人　　　　填表时间　　　年　月　日			

2. 及时沟通信息

及时沟通信息是旅行社对中间商加强管理的重要措施之一,旅行社及时向旅游中间商提供产品的各种信息有助于旅游中间商提高产品推销效果。同时旅行社也能够根据旅游中间商提供的市场信息改进产品设计,开发出更多的适销对路的旅行社产品。

3. 实施客户评价

旅行社应对客户档案中的信息进行评价,以掌握中间商的现实表现和合作前景。客户评价包括:

(1)积极性。中间商为本旅行社推销产品的积极性,直接影响旅行社产品的销售效果。

(2)经营能力。旅行社在评价中间商的经营能力时,应重点考察中间商的经营手段的灵活性、经营管理能力和市场覆盖面等项指标。

(3)信誉。旅游中间商的信誉是合作的基础,旅行社必须密切注意客户的信誉情况。

4. 适时调整中间商队伍

旅行社应根据自身发展情况和中间商发展情况,适时调整中间商。旅行社在下述情况下应作出调整中间商的决策:原有中间商质量发生变化;旅行社产品种类和档次发生变化;市场竞争加剧等。

四、旅行社同业批发业务

同业批发业务是指一系列针对旅游同业客户的旅游产品批发业务。在国外同业批发业务已经存在几十年了,我国近几年才刚刚兴起。旅行社同业批发业务主要包括同业产品的开发、区域客户网络的建设与管理、同业批发业务具体操作三大阶段。由于同业批发业务的顾客是代理商而非终端消费者,因此属于间接销售渠道的范畴。

旅游批发业务的一般模式是:批发商—组团社—游客,而其中的批发商涉及的批发业务类型有散拼团业务、团队业务、大项目业务等。地接社作为基础产品的提供者和景点、交通的提供者一样,希望自己的产品得到程度更广的分销,在上述分销体系中,旅游批发商发挥着承上启下的重要作用。

批发业务具体操作流程分为业务咨询电话、报价及确认、业务操作、后续服务与改进四个环节。

1. 业务咨询电话

批发业务实际操作的第一步,就是接待组团社客户的业务来电咨询,首先要分清业务类型,如果是批发商向市场推出的"散客成团"产品,应该坚持公司的价格政策,问清楚游客的人数、姓名、身份证号码、具体出行时间等。并告知组团社机位(车票)畅销,请尽快确认。

团队的电话咨询对批发商来说非常重要,有些批发商由于进行了大量的市场开发工作,接到了很多团队的询价电话,但是由于报价和服务方面的原因,导致最后成交的业务量很少。接听团队业务咨询电话应注意以下几点。

(1)接听客户的团队业务咨询电话应该注意报价准确,并向客户告知自身的大交通的优势和接待社的接待质量的优势,可告知请示总经理后还可以优惠,给对方一个可以还价的预期,因为组团社客户一般在向批发商询价时都是采取"一团多询"的方法,根据报价的情况及对批发商的印象或合作的评价等综合因素,考虑将该团队交给那一家批发商。在其决策过程中,价格是最重要的考虑因素之一。

(2)接听组团社的团队业务咨询来电时应注意询问客户的需求。如团队人数、团队特征(商务团、奖励旅游团、老年团还是成年团)。尤其应注意询问客户有无特殊需求,可根据这些特殊需求进行特殊服务细节的设计,除了保证一定的价格优势之外,还要以服务产品的卖点和独到的服务细节来打动对方。

(3)接听组团社的团队业务咨询来电时,应该认真填写接待登记表、详细记录上述事项并特别注明进度情况,与组团社确定产品内容、发团日期、什么时候出票、首付款比例、什么地方接团、多少人、男女比例、有无儿童、有无特殊要求(少数民族饮食生活习惯、孕妇、残疾人、病人)、返程方式(火车还是汽车、飞机)等,并注意将该团信息及时用传真和电子邮件等形式发送给接待社,让接待社做好接待准备。

2. 报价及确认

接听组团社的团队询价电话后,应该根据客户要求打印产品行程及报价单,并做好产品的分解报价,同时做好与客户进行二次价格谈判的准备。报价结束后,应该尽快进行客户跟踪服务,询问客户的团队是否已经确定,并再次表示自己愿意为组团社提供真诚服务的愿望,如果客户的团队业务还没有确定下来,可以表示愿意全力以赴帮助客户拿下这单业务。如果客户已经将业务交给另一家批发商,也不要因此烦恼,因为你的周到服务已经给客户留下了深刻印象,要尽量设法弄清楚对方的报价及客户与竞争对手合作的原因,并再次表示与其合作的愿望,用自己的真诚打动客户。跟踪电话往往可以大大提高业务的确认率。

经过与客户的沟通,如能达成合作意向的,双方可以传真确认,格式如团队确认书。确认的主要内容有:价格、行程、时间、人数、住宿标准、餐饮标准、用餐人/次数(有无少数民族特殊饮食安排)、车型、区间交通票、返程交通票、全陪姓名、联系电话等。

3. 业务操作

(1) 接待产品确认。业务确认完成后,先将确认单发送给接待社,由接待社开始进行产品要素的相关确认工作。某些接待社已经推出了让组团社选择导游的服务,根据客户的特殊要求和团队特征,选择合适的导游是提高游客旅游体验的重要措施。

(2) 送票及帮助客户召开行前说明会。按照与组团社的约定,在收到组团社的大交通款项后进行出票,然后与组团社约定送票时间和送团时间。如果组团社有召开行前说明会的习惯,应该配合组团社客户完成行前说明会。

(3) 送团。批发商需要在旅游团出发时,安排自己的管理人员到机场或火车站去送团,完成业务操作的全部环节。

(4) 行程跟踪。旅游过程中要与接待社的计调人员、组团社的全陪人员保持联系,了解接待的质量和客户的满意度。如果出现客户投诉情况,应及时与接待社的领导取得联系,尽早采取补救措施,力求在旅游目的解决问题,以保证组团社的满意度,提高组团社的忠诚度。

(5) 接团结账。旅游结束后,批发商可以安排专人到机场或火车站接团,以体现服务体系的完整性。如果接待过程中出现质量问题,接团就是进行补救的最好时机,可以对客户进行抚慰,在出现投诉时如能得到很好的解决,往往可以给批发商带来更多的客户。接团后,可以根据与组团社达成的结账协议,把没有结清的团款结清。如果在旅游目的地发生了投诉,应该根据游客的反应和接待社的处理意见,对组团社作出合理的赔偿。这时可以减免一部分团款,并对接待质量问题作出合理的解释,取得组团社客户的谅解。

4. 后续服务与改进

(1) 团队结账。旅游团队业务结束后,核算团队的收入和成本(即批发商的批零差价),如果出现质量问题,则需要进行赔偿,只要不是批发商自身的责任(如大交通环节等),就需要根据组团社的要求向接待社提出赔偿要求。

(2) 客户回访。旅游团完全结束后,应该在一周内对组团社客户进行回访。一方面对客户给予的服务机会表示感谢;另一方面可以向客户推荐批发商新开发的产品,询问客户最近的业务动向,有无达成新的业务合作的可能性等。客户回访的方式有很多,比如登门拜访、电话联系、电子邮件、网上 MSN 或 QQ 聊天、同行酒会等。

(3) 客户档案管理与维护。认真整理已有业务记录的组团社客户档案,包括组团社名称、联系电话、企业规模、组团流向等信息,并就业务达成决定人的一些信息,在适当的时机通过向业务决定人寄送贺卡、打电话祝贺生日等方式提升客户的忠诚度。

（4）产品改进和新产品研发。业务打开局面后,可以根据客户的反馈意见,和接待社一起对产品的方案进行调整改进,避免在以后的业务推广中出现类似的问题。另外,还可以根据对当地旅游市场的调研和当地组团社的要求,开发设计一些独具特色的旅游产品,并就产品的分销与当地组团大社达成一致,在产品严重同质化的今天,通过产品差异化策略获取组团社客户的认可。

在中国的出境游市场上,内地的旅行社由于客源、口岸、签证等因素,如果直接组织本地旅游团赴境外旅游,成本非常高昂。而处在北京、上海和广东的部分旅行社,利用国际航空口岸的交通优势和使领馆众多的地利,向全国各地旅行社同行提供了固定出发日期的出境游同业团的产品,帮助内地旅行社降低了经营成本和运营风险,为内地旅行社组织出境游提供了极大的便利,从而成功地转型为出境游批发商。

目前,这些旅游批发商已占据中国出境游市场的显著份额,塑造中国出境游行业新格局,可以说是中国公民出境游由近及远、走遍全球的"路线图"。如在欧洲市场,凯撒国旅、众信国旅、华远国旅等批发商每年各自向欧洲输送的客人都数以万计。在传统的东南亚及港澳市场,北京的捷达假期、海洋国旅,上海的东方中旅,广州的和平国旅等每年都操作着三五万人的团队。国旅总社、广东中旅等分别在高端产品和单一市场如澳大利亚等线路上的批发业务上取得较大的市场份额。与此同时,在每个口岸城市的每条产品线上,都有数家乃至数十家的旅行社以同业批发为主营业务,通过为各地旅行社同行服务的形式来经营。业内专家介绍,世界排名前列的旅行社几乎都是大型批发商,这些批发商在世界旅游产业的竞争格局中掌握着主动权。随着越来越多中国人走向世界,拥有巨大客源规模的中国市场将成为全球旅游界注目焦点,并为中国旅行社提供全球性发展空间。

【技能训练】

1. 旅行社网络营销需要哪些条件?
2. 设计一份旅行社同业批发业务的接待登记表。
3. 旅行社如何加强对中间的管理?

【阅读资料】

旅行社促销计策

客源是旅行社的生存之根。客源的多少,直接决定了旅行社的存在、发展与规模。旅行社"有没有饭吃",其决定的因素就在于客源。如何去寻找、挖掘、开拓、招徕客源,不断增大客源量,是旅行社不可回避的重大问题。而提高招徕人员的思想水平和业务技能,乃当务之急,持久之计。笔者认为,作为旅游市场中坚力量,旅行社有许多有效的"计策"可以抓住顾客的心,既赚到了客人的钱,又让客人有一个愉快的旅行。

1. 广告煽情——成本虽大，收益空前

广告宣传，以"攻心为上"，是现代营销的基本手段之一，往往简洁明快，动人心弦，它用精彩的画面、凝练的语言、悦耳的音乐去"煽情动感"颇为有效，这一点有目共睹。近年来，大连在北京火车站的巨大彩屏上，发布大连旅游信息，在京城最繁华的王府井大街上，用灯箱形式向中外来宾昼夜展示大连独特的山水风光和城建亮点，打出了中国最漂亮的"浪漫之都"这一招牌，虽花了重金，但效果相当好。可以说，大连 1999—2001 年，省外游客和旅游创汇，连续 3 年每年以 30% 的速度递增，国内游客每年增加 100 万人次，现已达到 1400 万人次，旅游总收入也从每年 61 亿元人民币增至 135 亿元人民币，平均每年增加约 15 亿元人民币，这与"情愿出血，肯于宣传"，有着密不可分的关系。

2. 参展联络——广结朋友，扩大领域

每年国内外旅游专业博览会都会如期举办，也会新增许多地区的大型展览会。选择性的参展，会通过老客户，结交新客户，也会直接认识许多新的合作伙伴，结交天下同业人员，对提升合作领域，十分奏效。旅游界有句名言："不忘老友，结交新友，新朋老友，财富长久。"因此，参展十分有必要。

3. 登门拜访——不怕失败，闯出天地

客源来自社会不同层次，不同方面。实践中发现，企事业单位的"老干办"、"退管办"、"工会"、"团委"、"办公室"，常常是组织旅游的主管部门，只要"撬开"这些大门，与其建立真诚的友谊，彼此信赖，日久天长就可以挖到客源。不过要有精神准备，你与人家不熟悉，人家不买你的"账"，甚至有时"扔脸子"，给你个"闭门羹"也是正常现象，不必计较。要保持宽容自信的良好心态，不断反复地进行"人际沟通"，必定有效。

世界上没有免费的午餐，万事开头难。只要不怕失败，不怕"跑断腿"，不怕"磨破嘴"，勇于进取，举止得体，善于交往，成功就在脚下。因为"路"是走出来的，"勤"是成功的前奏。我们说，"捷足先登"打开市场，靠的就是想在先、抢在先、跑在先、干在先，想得再好，不埋头苦干等于"零"。

4. 影视、歌曲传播——经久难忘，受益持久

宣传上最好的工具当属影响力大的影视与歌曲。一部《尼罗河上的惨案》使多少人对尼罗河两岸神奇的古迹产生了热烈地向往，对文明古国埃及产生了浓厚的兴趣；一部《庐山恋》又使多少人想领略一下庐山的真面目，如今"庐山"仍然那么让人"想恋"；还有《刘三姐》、《阿诗玛》等。2001 年大连国际服装节的大型广场音乐会的实况，在中央电视台一年内足足播了 56 次，为提升大连的知名度、赢得客源起到了意想不到的良好效果。

利用文艺形式，展开自己独特的旅游宣传，是极为有效之方。此法可大可小，可面可点；可历史典故，扬名天下；可一歌一曲，一炮走红。没有固定的标准，要量力而行，选准宣传招徕的"突破点"，就可事半功倍。

5. 新闻媒体——影响力大，知名迅速

招徕中最为省钱的办法是邀请新闻记者、电视台记者及作家来进行旅游宣传促销，也可自己做新闻报道。这种宣传具有可靠性、快捷性、实效性、影响性，也是最佳手法之一。新华社著名记者穆青 1966 年写的长篇通讯《县委书记的好榜样——焦裕禄》，轰动全国，被编入中学课本，笔者至今还背得出其中的精华片段。一篇文章使兰考县这个名不见经

传的县城天下闻名,引起人们久久的关注,吸引许多人前往参观学习。这些年,电视旅游节目时间都不长,它用滚动的画面、动听的音乐、优美的解说词,令观众陶然沉醉,欲前往体验。以新闻作先导,诱你出游,实为时尚动感之举。不过,新闻宣传要追求新事迹、新特点、新景观、新动态、新经验、新角度。同时,新闻宣传也容易形成"过眼烟云","一次性"不可能留住所有人的"眼球",要不断从新角度、新视野、新侧面、新意境上反复宣传,以加强宣传的力度与深度,须知"重复就是力量"。

6. 说明会议——产品到家,倾倒宾朋

有计划、有准备、有组织地在重要客源地召开大规模的旅游产品说明会,"送货上门"进行企业之间面对面的招徕,可达到"芳心大动"之奇效。如 2004 年 4 月 10 日大连旅游促销团在北京举办"周末度假到大连,体验属于自己的浪漫"大型旅游说明会,会上散发了大量招贴画、小册子、旅游纪念品,以及多种多样的宣传材料,掀起了强劲的"蓝海盛情"热潮,仅大连国旅就招徕了 10 个专列,1 万人次到大连参加国际沙滩文化节。

此法使用的核心在于用面对面的"掏心里话"感染对方,争取对方,促进双方共筑合作金桥。应注意市场定位要准确,人员队伍要精干,材料准备要漂亮,整体包装要新颖,会前有充分的"铺垫",会中有流畅的"和弦",会后有预期的目标,在这里,有备而来,"货色独特"最为重要。

7. 聚会交友——亲切自如,获取成功

旅游营销人员应是"社会活动家",走到哪儿都要"三句话不离本行",想方设法让所有认识你,知道你的人,还有你能通过熟人认识结交的人,了解你是真心实意、具有专业水准的旅游服务工作者。如参加婚礼、校庆、店庆、答谢会、联欢会、忘年会、家长会、开业大典、同学聚会、春节聚餐、战友团圆、青年节、教师节、建军节、圣诞节派对、军民共建会等活动。在公众场合,要举止大方,温文尔雅,笑容可掬,给人成熟谦虚,和蔼诚实,有知识、有教养之感,由于这些活动是在热烈、亲切、友好、欢乐的气氛中进行的,又有许多知己在场,帮助你介绍牵线,人与人之间充满了友善,故这种小范围的招徕,自然流畅,成功率极高。

运用此法,须知个人代表着单位,你是对外的"窗口",一举一动,一言一行要高雅得体,恰到好处,学会"自我推销",让人瞬间产生信任,为日后招徕打下基础。试想,客人对你印象不佳,怎可日后随你出游,切记个人素质的提高是成功的必备条件。

8. 大篷车队——浩浩荡荡,效益倍增

旅行社常常利用淡季到外地直销外联,以巩固市场,开拓市场,这不足为奇。然而,运用"大篷车队"进行跨省市的长途招徕,却是近年来时尚的方法。这方面,大连堪称独领风骚,技艺超群,大连把"大篷车队"当成宣言书,向全国人民宣告大连大力发展旅游支柱产业的决心。自 1999 年 12 月 3 日至 2002 年 12 月 15 日共出行 19 次,足迹路遍了祖国的山山水水,出行地区达 31 个省市、自治区,访问车程 38 816 公里,招徕人数达 585 万人,综合效益 36 亿元,取得了辉煌战果。

"大篷车队"招徕,浩浩荡荡,气势宏大,有影响、有震动、有活力、有朝气、有深度、有气魄,值得提倡。只是要注意"兵马未动,粮草先行",提前做好"安民告示",访问城市要相对集中。根据不同地区设计不同的产品,组织要严密,准备要充分,人员要齐备,方可"马到成功"、"战而后赢"。

9. 邀请洽谈——友情为重，寓意深长

利用大型活动，或社庆，或新景点开张，或新酒店开业之际，有选择性地邀请中外客户参加，予以招待。会后组织集体游览，业内同行在一起"同住、同吃、同游、同探讨"，既增进了感情，交流了信息，加强了联谊，又可推出新的旅游产品。大家畅所欲言，当面洽谈，可就一些设想和合作中的细节进行详细深入的研讨，往往会在互相学习，共同切磋中提高招徕的数量和品质。如大连每年举办"赏槐会"、"交易会"、"服装节"和"国际马拉松比赛"，这四大有影响的旅游活动，都是"请进来"、"借题招徕"的好机会。

运用此法不难，要准确地掌握信息，工作留有足够的"提前量"，若"临时抱佛脚"就不灵了，弄不好还会"水中捞月——一场空"。

10. "鸿燕"传递——情洒四海，真意绵绵

平时旅行社之间常用互发信函的方式，交流信息，互通情报。逢年过节，会提早向海内外的客户寄发贺年卡之类，意在联络感情，表示答谢。这是情感招徕，充满了人性化，属"心理战"范畴，常常会唤起美的回忆，难忘的合作岁月，这对于互惠互利，友好相处，大有益处，会赢得进一步的招徕。

此法正因为过于简单，所以许多"后来者"不太在意，但我认为，"小小卡片系深情"，"无情未必真豪杰"。"情"会创造意想不到的奇迹。

11. 名片有别——诱人收藏，赢得交往

名片虽小，颇有价值。它是业务联系，感情交流的"通行证"，也是招徕中最"微不足道"的工具，俗话说"勿失小节，方成大器"。名片印刷得是否豪华并不重要，但有独特风格、有感染力的名片会起到激动人心、引发交往的作用。从心理学角度上看，求新求奇是人类的共性。有独特艺术品味，有文化内涵的名片，会令人赏心悦目，爱不释手，并愿意主动联络，不会随意丢掉，从这个意义上讲，名片又是"千里姻缘一线牵"的"红线"，应引起重视，严格地说，这属于企业包装，企业文化的范围。大连旅行社的名片以绮丽的城建新景和滨海风光做衬托，当属上乘之作，受到广泛称赞，但如果千篇一律都是这种模式，怕也失去了个性。笔者认为，同业者一定要认真设计一张符合单位与个人特点，能"锁住目光"，强化印象的名片，它可让你在招徕中发挥出普通名片所起不到的效果。

12. 回访感人——服务制胜，客源滚滚

回访指团队接待结束前，地接社负责人前往饭店主动征求意见，加强合作，改进工作。回访是把工作做细的体现，动作不大，收获丰盛，它可以"以德感人，以礼服人，感动上帝，感动全陪（领队）"，可惜我们许多旅行社忽视了这一"细节"。如今中国百强旅行社排名第一的"上海春秋"，成立之初他们是在一间旧铁皮房起家的，客户也不多，但他们做到"逢团必保品质，结束必访客人和领队"，开始外地组团社发给他们一个团"试一把"，经这一试，果然不错，结果后面团队蜂拥而上，客源量不断攀升，形成滚动式发展。他们客户群的50%是通过"回访"建立起来的，所以生意越做越大，最终产生了量变到质变的飞跃。尽管上海春秋的经验有许多，但"回访"是其中主要经验之一，这不可否认。

莫小瞧"回访"，它的无穷"魔力"在于将心比心，诚恳待人，肯于弯腰，虚心讨教的精神。有了这种精神，还怕没有"回头客"？如果接一个团"砸"一个团，恐怕离破产不远了。"回访"的基础在于接待，接待不成功，回访也解决不了问题。因此，"回访"是"表"，接待是

"里",二者结合,其力无比。一句话,以质取人乃招徕的最高境界。

13. 借力发挥——突击有力,抢占市场

有一年春天,某旅行社做"导游员接待实践培训",当讲完了最后一课,这家旅行社领导给每个学员发了 10 封信,要求看谁在最短的时间里,将信送至打算出游的单位,并希望将送去信的单位列个明细清单返回。结果 64 位导游员 7 天内发出 640 封信函,果真组成 10 多个团队。2002 年初夏,某旅行社一位业务经理请了 20 多位实习大学生,经培训后,让他们重点走访中小学,结果拿下了大连 34 中学 1600 人游金石滩的计划,效益也不错。此法推而广之,也可以借会议之力,搞个"会后旅游";借"疗养"之力,来个"踏春"或"秋游";借大学开学之际,来个"城市览胜";借"医学进修"之力,来个"走访新景";借"集体婚礼"之力,搞个"相约在北京"等。

"借力招徕"往往突击性强,点长面广,爆发力大,正所谓"网过千层还有鱼,虽越打越小,便毕竟会有鱼。"不过"借力"要"借"到实处,确实"有力",招徕人员必须经过培训,否则"无利可图",因为人才决定成败。正如《孙子兵法》所说:"凡战者以正合,以奇胜。""奇"就奇在"人所未想我想,人所未行我行","人所难言,我则易之",把握时机,伺机而动。

14. 传单纷飞——广种薄收,简便易行

当我们有了新产品,急于招徕,又心中无底,打广告又担心广告费用太大,万一招不来客,岂不赔本?对此,传单招徕是一个普通而有效的办法。如印制彩纸宣传单,每页仅一两分钱,组织员工,或请人协助,在会展门前、街头闹市、机关企业、公园内外、码头车站等客流集中地向游人散发,也可在公益广告栏上张贴,或向有关单位投寄,必然会收到"广种薄收"之效果。假如条件允许,可制作内容丰富,图文并茂,印刷研究的游览手册,里面把路线、项目、吃、住、行、游、购、娱的条件、标准、特色一一讲清,明码标价,配以可视性的光盘,以方便客户购买你的产品。印制旅游手册在国外相当流行,可适时采用。此法注意印制的传单一定要有新内容、新语言、新版面、新式样、新主题、新思路,给人耳目一新之感,如果平淡无味,像"白开水"一样,那可就"鸡孵鸭子——白忙活"了。

15. 编队出击——互惠互补,各得其利

旅游业是由多种行业共同组建的事业,互相之间关系密切,不可分离,尤其是交通部门、酒店、餐馆、景点(景区)、购物点、车队等占的合作比重最大。多年来,联合招徕显示出整体实力,如酒店＋旅行社＋车队;景点＋旅行社＋航空部门;旅行社＋酒店＋购物点等。进行编组,形成支支精干的"小分队",每队 3～5 人,或长线,或短线,或国外的"突击作战",往往初战告捷,喜讯频传,常常打一枪换一个地方,挺像"游击战","编队出击"好就好在各自发挥各自的优势,费用低、速度快、时间短、效果好,充分体现出"互惠互补、利润共享"的原则。

经验告诉我们,编队招徕要目标明确,把住时机,常选择淡季"出击",以小搏大,可"四两拨千斤",创造不凡的业绩。"36 计走为上策",这里指的不是"死里逃生,另起炉灶"而是指"出走八方,广为纳友"。不妨扪心自问,你走了多少地方,招了多少客源?

16. 助人利己——利润可观,意在他乡

此法为:先助人,后利己,高姿态,利均享。当今现代商战中,"智慧、机遇、技术、合作"八个字为关键词语,其中"机遇"排在第一位。俗话说:"帮助别人就是帮助自己",确有哲理。实践中,当某旅行社经过运算,发现自带车由北京等地来大连利润十分可观时,便马上告诉北京一客户,并帮他核算成本,计算利润。此客户如梦初醒,马上组织客源来大连,行程为"大连、北戴河7日游往返汽车团",每人售价960元(除正餐外全含),车车满员,年年来连,游客阵阵欢笑,双方也频频获利。此法招徕要精通价格运算,熟悉市场,找到最佳利润增长点,方可助人利己,互有得利,如果运算不准,无利可图,瞎忙一阵,就会既伤了双方感情,又影响了今后合作。

17. 抓住机遇——跟踪追击,大获全胜

旅游为我们提供了人际关系的大舞台,善于交际,就可演出可歌可泣的剧目。招徕人员应勇于抓住机遇,敢于"自我宣战",勤于活动,善待友人,就一定可以创造旅游奇迹。某旅行社的一位英语翻译,主攻欧美市场,从事销售工作的前3年几乎毫无进展,但他不灰心,不气馁。1989年接待世界超豪华巨型游船"皇家公主号"来连访问时,他负责翻译工作,安排欧美客人进行"居民家访"活动,他工作认真,一丝不苟。临别,他高兴地与身边一位满面笑容的美国游客交换了名片,猛然惊呆了,这位客人竟然是美国佛罗里达州教育旅行社的总经理。他马上与他进行了亲切、简短、热情的交谈,送走游船,又"马不停蹄"的整理线路、照片画册、报价等资料,将其寄往美国,又反复进行书信、传真、电话联系。"工夫不负有心人",第二年经他手自组的美国来华访问团16个,人数达千人,足迹踏遍大半个中国,行程为"广州、杭州、上海、西安、北京10日游",并连续多年组团量与人数在东北同行业中名列前茅。后来他被旅行社派往美国研修,直接开发美国旅游市场。他为旅行社的招徕创收,作出了突出贡献,令人难忘。

机遇是为有准备的人准备的。机遇的存在,时间极为有限,如白驹过隙,稍纵即逝,不会永远等你,一旦机会来了,一定要雷厉风行,紧紧抓住,因为,"抓而不紧,等于不抓"。

资料来源:李晓军. 旅行社经营技巧. 北京:中国旅游出版社,2011

【案例3-9】

旅游出新招 进城赶大集

九亿农民的旅游市场,堪称"世界之最"的大市场,到农村去,到想进城的农家去,那里有广阔的客源,大连一家旅行社想出了"让农民进城赶大集"的促销点子,他们经过调研,精心策划出一套促销计划,并付诸实践。

进城赶大集,利用农民节前买年货、办礼品、赶大集的习俗,派大客车到乡下集镇,广为宣传,坐满就发车,进后半日购物,半日游玩,中午提供便餐,当日返程,饱了农民"眼福",且获利多多。

该旅行社推出此种旅游产品后,深受偏僻乡镇农民欢迎,最多一天曾租了三十辆大客车进城赶集,每车五十人,一人赚十元,一个月下来,收益也不小。

【点评】 促销一定要将产品与市场结合,找准市场需求点,采用相应的促销手段,便能奏效。该旅行社推出的"让农民进城赶大集"之举,可谓独具匠心和智慧。虽然每个人只赚10元,但客源广泛、需求众多、操作简便、成本低,采用直接推销的手段,方式灵活、针对性强,通过现场广播宣传和人员推销,易强化购买动机,及时促成交易。此方法可以举一反三,如组织农村中小学生逛新城,组织郊区农民进城欣赏夜景等。

【案例 3-10】

不怕失败的推销

某旅行社一位外联用三四个月时间到一家公司推销,遭到了 13 次拒绝后才结识了一位开发区日资企业的中方工会主席。之后又多次"上门拜访",直到一年后,终于组成 127 人赴北京、青岛、大连旅游,之后这位外联继续与该企业工会保持良好关系,明年该公司旅游活动都找她安排。

【点评】　在实推销中,吃"闭门羹"或遭白眼的事是常见的,要有思想准备。做外联要不怕失败,做直接营销更要有不怕失败,不怕"跑断腿",不怕"磨破嘴"的勇气、毅力和精神。所谓"精诚所至,金石为开"正是这个道理。同时也要掌握推销技巧,懂得客源来自社会的不同层次、不同方面。企事业单位的"老干办"、"退管办"、"工会"、"团委"、"办公室"常常是组织旅游的主管部门。只要撬动这些大门,与其建立真诚友谊,彼此信赖,日久天长就可以挖到客源。

【完成任务】

为模拟旅行社制定一份销售渠道的选择报告。分析说明旅行社为什么要选择某种营销渠道。

思考与练习

1. 分析旅游产品销售渠道类型及特点。
2. 如何考察或选择旅游中间商?
3. 旅行社营销人员在与旅游中间商打交道时要具备哪些方面的素质?

任务四　旅行社产品的促销

【任务描述】

旅行社的产品推向市场,除了质量、价格、特色等因素外,选择合适的促销方法也很重要,请你选择一定的方法将所设计的旅游产品销售出去。

【任务分析】

旅行社产品的促销是通过与市场进行信息沟通,来赢得消费者的注意,使之对旅行社的产品感兴趣,为旅行社产品树立良好的形象,从而促进销售的。其实质就是要实现旅行社产品与潜在旅游者的有效沟通。旅行社的常用的促销方法主要由媒体广告、营销公关、营业推广、直接营销等要素组成。

【相关知识与技能】

一、我国旅行社常用的促销方法

【案例 3-11】

针对不同的外联市场采取不同的营销策略

2005 年"五一"黄金周,深圳首次直飞银川的包机满载 130 多名深圳游客徐徐起飞,直奔大西北。与此同时,负责该项目的张经理也松了一口气。因为在此之前的一周内,市场对这场包机旅游似乎没什么反应,幸好最后的一周形势急转直上,报名人数猛增,否则损失很严重。这个变化主要是广告策略的改变,首先,产品名称由原来的"宁夏银川 6 日双飞团"改成了"塞上江南行——宁夏银川 6 日双飞团";其次,广告设计由原来的无主题变为"驼铃声声大漠行"为主题,给整条线路一个明确的定位和概括性的说明;再次,把原来的罗列行程变为突出"第一次"的体验:第一次乘包机直飞宁夏,第一次骑骆驼观长河落日;第一次在沙漠绿洲万亩沙湖观鸟;第一次支持治沙——亲手种下一棵树;最后,把该广告从综合广告版中提出来,做成一个独立的专题广告,加强色彩运用,给人强烈的视觉冲击,力求留下十分深刻的整体印象。

【点评】 针对不同的外联市场,应该采取不同的营销策略。案例中旅行社针对渴望体验的旅游者,没有墨守成规,实施一贯的促销方式,而是适时地改变了广告营销的角度,以更加符合旅游者的兴趣和需求,因此取得了成功。

旅行社有了优质的产品、合理的价格和适当的渠道,还必须采取有效的方法,把产品的信息准确及时地传递给消费者,激发他们的购买欲望,才能促进产品的大量销售。

旅行社促销是指旅行社将有关旅行社、旅游地及旅游产品的信息,通过各种宣传、吸引和说服的方式,向目标市场传递信息,并与其进行信息沟通,从而达到引发旅游者兴趣、激发购买欲望、促进购买行为的活动。旅行社常用的促销方法有以下几种(如图 3-1 所示)。

图 3-1　旅行社促销要素组合

(一)媒体广告

(1) 自办媒体型广告是旅行社开展广告促销活动的重要工具。旅行社自办媒体广告包括户外广告牌,广告传单,载有旅行社名称、社徽、联系地址和电话号码的纪念品如旅行包、太阳帽、伞、T 恤衫、钥匙扣、针线包、圆珠笔、记事本、年历等。

(2) 大众传播媒体广告主要有报刊广告、电视广告、广播广告、宣传广告(广告牌、广告画)、印刷广告(招贴画、宣传册、明信片、旅游手册)、网络广告、交通工具广告等。旅行社应根据产品目标市场的特点选择他们喜爱的报纸、杂志、网络、广播电台节目及电视频道开展广告促销。

（3）口头广告：旅游经营者面向旅游者的宣传及口碑宣传。

不同媒体广告的各有优、缺点，具体表现见表 3-5。

表 3-5 主要广告媒体优缺点

媒体广告	优 点	缺 点
户外广告	视觉效果强烈；展示时间长；灵活选择展示位置；复现率高	内容有较大的局限性；顾客选择性差；实践性差
报纸广告	覆盖面宽；时效性强；读者稳定；传递灵活迅速；便于保存；可信度高；费用低廉	广告有效时间短；表现手法单调；设计简单、呆板；难以突出广告信息
杂志广告	阅读有效时间长，便于保存；表现手法灵活；有独特的固定的读者群；制作质量高	时效性差；版面位置选择性差；传播范围有限
电视广告	时效性强；收视率高；视、听结合，表现生动；市场覆盖率高；可信度高	对顾客选择性差；制作成本高；竞争大
广播广告	地理及人口针对性强；覆盖面广；播放频率高；传播速度快；时效性强；成本低	表现单调，只有听觉；听众零星分散，顾客选择性差；听众难于记忆广告信息
互联网广告	覆盖范围广泛；针对性强；互动性强；形式新颖	受技术条件限制；需要被动等待
直接邮寄广告	灵活，直接针对目标顾客；个性化；竞争较少；限制较少	成本较高；易被忽视

旅游媒体广告根据其特点、类型的不同，在选择上应考虑以下四个方面。

第一，针对目标顾客的媒体视听习惯来选择。如对高层商务旅游者，以网络、报纸、杂志为好；对普通市民，以电视、电台、报纸为好；对青年，以时尚的电视、报纸专题节目为佳。

第二，针对促销产品的特点来选择。对风景区、景点，宜选择杂志彩页和电视做广告；对线路和服务项目，以报纸和电台为好。

第三，针对广告的信息特点来选择。如对实效性很强的旅游信息，较适合于报纸媒体；对常规旅游线路和景点，可选择杂志做广告；对集中性促销的产品可各种媒体一起上。

第四，根据费用来选择。不同媒体和版面、时段、大小不同，其费用也不同，选择的原则便是既要尽量节约成本又要有的放矢，取得最佳绩效。如掌握好广告的时效性、了解各媒体特点、价格和栏目是必要的。

（二）营业推广

营业推广是短期的促销方法，它是通过短期内降价，举办展销会、招待会、竞赛等促销活动，刺激顾客购买欲望的促销方法。营业推广的对象有两种：一是旅游中间商。面向旅游中间商的推广活动包括邀请中间商踩线、实地考察旅行、参加旅游博览会、参加旅游交易会、给中间商销售折扣、联合做广告、销售竞赛与奖励以及提供宣传品等众多方式。二是面向旅游者，主要有打折、优惠、奖励等方法。

（三）直接营销

直接营销是指旅行社直接与顾客接触来推动旅行社产品销售的促销方法。直接营销的方法有人员推销、人员接触、会议促销、直接邮寄、电话推销、电视推销。

（四）营销公关

营销公关是指旅行社通过信息沟通，发展旅行社与社会、公众、顾客之间的良好关系，建立、维护、改善或改变旅行社和产品的形象，营造有利于旅行社的经营环境和经营态势的一系列措施和行动。旅行社常用的公关促销方法有两种，一是针对新闻媒体的公共关系；二是针对顾客的公共关系。

（五）现场传播

现场传播是指旅行社通过营业场所的布局、宣传品的陈列与内部装饰等向旅游者传播广告信息，增强旅游者购买的信心，促成旅游购买行为的发生。

以上五种促销方式的优缺点见表 3-6。

表 3-6　五种促销方式优缺点比较

促销方式	优　点	缺　点
媒体广告	宣传面广，传递信息快，节省人力，形象生动	只能与消费者进行单向信息传递，效果不能立即体现，有些媒体促销投入高
人员推销	与消费者直接面对，有利于了解消费者特点和需要，互动性强，有利于与顾客形成长期关系	人员编制大，推销力量不易改变、费用高
直接营销	容易吸引注意力，作用快速，刺激性强	效果通常是短期的，适用于短期促销
营销公关	对消费者来说，真实、可信，容易接受，有利于树立企业形象	活动牵涉面广，并非企业可以自行控制
现场传播	信息传播快，强化了旅游者购买	效果通常是短期的，不能立即体现

二、旅行社促销预算方法

任何一个旅行社，它所拥有的人力、物力和财力的资源总是有一定限度的。为了以较少的耗费取得最佳的经济效益，旅行社必须事先做好促销预算。一般来讲，旅行社制定促销预算的方法主要有以下几种。

（一）销售百分比法

销售百分比法是旅行社按照销售额的一定比例来确定促销预算。按计算标准不同又分为计划销售百分比法和平均销售比例法。

1. 计划销售百分比法

计划销售百分比法根据年度预计销售额确定促销预算。

促销预算＝年度预计销售额×促销费占销售额的百分比

例如，某旅行社确定广告费用占其产品销售额 3％，并计划下一年度的产品销售中要实现 2000 万元的销售额。则该旅行社下一年度的广告预算为：

广告预算＝2000×3％＝60（万元）

2．平均销售比例法

旅行社根据计划中的下一期产品销售额和上一期产品实际销售额的平均值计算促销预算的方法。

$$促销预算 = \frac{计划中下一期产品实际销售额 + 上一期产品销售额}{2} \times \frac{广告费占销售}{额的百分比}$$

例如，某旅行社 2009 年完成销售额 1100 万元，并计划在 2010 年实现销售额 1500 万元，确定广告费占销售额的比例为 3%。则 2010 年的广告费预算为：

$$广告预算 = \frac{1500 + 1100}{2} \times 3\% = 39（万元）$$

（二）竞争对抗法

竞争对抗法是旅行社根据竞争对手的促销费用水平制定本企业的促销预算的一种预算方法。

$$促销预算 = \frac{对手促销预算}{对手市场占有率} \times 本社预计市场占有率$$

（三）支出可能额定法

支出可能额定法即根据旅行社的财力所能承受的能力来制定促销预算。

（四）目标任务法

目标任务法即旅行社首先确定促销目标，然后确定为实现这一目标目标所应进行的促销活动，最后估算出为完成这一活动所需要的促销费用。

【技能训练】

1．怎样才能更有效地做好外联促销工作？
2．在人员推销过程中，应突出哪些方面？
3．在促销组合策略中，什么情况下适用于哪种促销手段？

【阅读资料】

千年一遇的好日子——2009 年 9 月 9 日我们结婚吧！

一、目的意义

为了向中华人民共和国 60 岁华诞献礼，借助 2009 年 9 月 9 日 9 时 9 分 9 秒这千年一遇的好时刻，以国际集体婚礼的形式，来增进世界各国人民之间的友谊、促进世界文化和谐、弘扬中华民族多彩婚礼文化，同时，为了应对金融危机的影响，积极拉动中国入境游旅游市场，活跃旅游氛围，创造国际旅游机会，也为了打造国际婚礼度假旅游目的地品牌，宣传"国际婚礼之都——三亚"、"国际婚礼圣山——泰山"，进而提升三亚市、泰安市的国际形象和影响力，拉动婚庆旅游产业发展。

二、组织机构

支持单位：联合国经社理事会　联合国挚友理事会

主办单位：中华全国妇女联合会　世界和谐基金会（WHF）

承办单位：三亚市人民政府（或旅游局）　泰山风景名胜区管理委员会

协办单位：中国国际旅行社总社　中国青年旅行社　新浪网　雅虎网

策划机构：北京九鼎辉煌旅游发展研究院

三、活动时间、地点

报名时间：2009 年 2 月 1 日—2009 年 8 月 1 日

活动时间：2009 年 9 月 9 日—9 月 15 日（历时 7 天）

举办地点：海南三亚市著名景区景点、山东泰山景区

四、活动主题

"千年一遇　天长地久　海誓山盟"

广告语：999 共牵手　相伴到永久

五、活动内容描述

（一）综述：2009 年 9 月 9 日 9 时 9 分 9 秒"天长地久海誓山盟"999 国际集体婚礼相约三亚、泰山，为新婚刻录爱情最美丽的瞬间，为新婚举办最辉煌盛大的典礼，为 999 对新人举行一次世界盛世和谐婚宴。他们在神圣的五岳之首——泰山玉皇顶和浪漫温馨的海洋圣地——三亚湾进行着他们的千年之约，甜蜜而浪漫的气氛带你走入了王子与公主的童话中，在温馨的与自然的意境中，王子给了公主一生的誓言、一生的承诺，待嫁的心情就像星空下的童话，令人着迷……留下一生难忘美好的回忆。

届时我们将邀请联合国前秘书长安南及部分国家政要、明星、商界名流等作为证婚人，参加来自世界各地新人的和谐婚礼。

活动历时 7 天，从全球 5000 对新人中，严格筛选出 999 对新人参与，活动围绕三亚市、泰安市景区景点设计"海誓山盟"创意性婚礼，并特别邀请一百多个国家近千家媒体进行活动的连续报道，同时，由中国旅游卫视、山东卫视在 2009 年 9 月 9 日 9 时 9 分 9 秒这一时刻开始，进行一小时对三亚海湾与泰山玉皇顶进行婚礼现场互动直播，雅虎网七天全程直播。

（二）直播：前期准备，特制婚庆礼炮、婚庆地毯和婚庆同心锁、纪念币、鲜花和彩蝶、和平鸽、世界和谐钟。

9 月 9 日活动说明——泰山、三亚将在 2009 年 9 月 9 日 9 时 9 分 9 秒同时举办风情婚礼。

1. 花轿婚礼：在泰安市选择 90 对新人披红挂彩（其中外国人占 30%），新郎身着中国民族服装，骑着高头大马，新娘坐在花轿里。由唢呐吹鼓乐开道，在泰安市形成一道亮丽的风景线。

抬轿起程：在锣鼓、唢呐、舞狮的伴随下，花轿开始起程。

跨火盆和射箭：新娘在媒人的搀扶下直接跨过。下轿之前，新郎拉弓朝轿门射出 3 支红箭，用来驱除新娘一路可能沾染的邪气。

拜堂和交杯酒：火盆之后有的还要跨过马鞍，征兆新人婚后合家平安；然后才由新郎用条红布包着的秤杆挑开新娘头上的喜帕，这时，一对新人正式拜堂了。拜堂后最重要的

部分不是交杯酒(合卺酒),而是给双方高堂敬茶,通常这个时候是弄得一群人声泪俱下,场面感人,在热烈的喜庆气氛中也透渗透着浓浓的亲情。

同心结发和谢媒:新人相互剪些头发,作为夫妻关系的信物放在一起保存。之后主持人同点龙凤烛,新人交换香书美玉作信物,再向当地领导(作为媒人)赠送蹄髈。

2. 海滩婚礼:在三亚市举办风情婚礼,伴着99门礼炮的响声,新人们乘坐99辆敞篷花车巡游,20对新人乘坐热气球冉冉升空,同时新人们的10艘豪华邮轮也缓缓向海滩驶来,红色地毯从船上延伸到岸边,诱人的红玫瑰花瓣将典礼的中心区包围,踩着红花瓣,俊朗的新郎和美丽的新娘由舷梯伴着优美欢畅音乐缓缓走上海滩,穿过鲜花做成的"同心门",进入被花海包围的中心。这象征着今后二人过上同心同愿的生活。

这时候,一千只和平鸽飞向天空,这是世界和谐婚礼的象征。

婚礼现场,同时举办接吻大赛、背媳妇大赛活动,前五对获奖者免费参加2010年维也纳中国新春音乐会。

3. 两地电视互动:9时9分9秒,在泰山顶上,世界和谐基金会主席Frank主席和新人一起敲响"世界和谐钟";在三亚海滩联合国前秘书长安南和新人们放飞和平鸽。两地十对新人代表,通过大屏幕对话,共同许下终身相爱的海誓山盟诺言。之后,两地互派十对少数民族新人,通过屏幕直播,在婚礼现场举办民族风情婚礼,唱山歌、对情歌。

4. 欢乐活动:泰安市新人在玉皇顶情寄同心锁,放飞彩蝶,举行划龙舟比赛。三亚市新人在三亚市花车巡游,海底婚礼,乘坐热气球,举行游泳和沙滩背媳妇比赛。

5. 风情婚宴:安排豪华气派的大型婚宴和晚会,在演出现场由全国妇联、中青联海南省三亚市、山东省泰安市党政领导为情侣们主持婚礼并祝酒、祝福。

六、媒体支持

组委会将邀请国际媒体100多家,前期进行"999国际集体婚礼新闻发布会"、"'夫唱妇随'情侣歌手大奖赛"、"最有夫妻相"评选、"国际婚礼主题歌《你和我》词曲征集"、"主题歌《你和我》演唱赛"活动等。

七、费用来源

1. 景区旅游宣传费;

2. 新人度假旅游费;

3. 相关企业赞助费。

北京九鼎辉煌旅游发展研究院
2008年10月

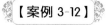【案例3-12】

"筷"意江苏——江苏省"烹饪王国游"主题旅游促销策划

客人来来往往,就是放不下筷子

吃在江苏,玩在江苏

江苏历来是美食大省,取名"筷"意江苏,是因筷子是美食的象征。江苏除已排定了全省13市的精美菜单——特色美宴,还准备不少大型美食活动吸引游客。

今年春季的"南京大排档"美食节上,除展示金陵小吃外,将再现"炖菜核"、"炖中鼓"、

"扁大枯酥"等味香难做的金陵名菜和不少新派菜肴。"五一"节前后,太湖之滨要举办苏州国际美食节,此美食节将突出"苏帮菜"的传统特色。

在今年的江苏烹饪王国游活动中,常州龙舟粽子美食节、中国盱眙龙虾节、高邮螃蟹节等 15 项传统美食节活动也将同时开展。

此外,江苏的众多旅行社已把这些美食活动编成特色旅游线,如让游客学做淮扬菜、保健美食、江海食趣、楚汉食行等多条游线。

江苏历来是美食大省,江苏境内的淮扬菜系是中国四大菜系之一,用料考究、精工细作、讲求韵味、色香味俱佳;南京盐水鸭、扬州大煮干丝、苏州的松鼠鳜鱼、徐州的霸汁狗肉、淮安的软兜长鱼、无锡的酱排骨都是江苏驰名海内外的名菜,以"筷意江苏"为名是因为筷子既是美食的象征,在烹饪王国游活动中,江苏十三个城市不仅编制了精美的菜单,更推出了一系列特色美宴以飨游客。扬州红楼宴、淮安全鳝宴、苏州吴中第一宴、无锡太湖船宴、常州龙城东坡宴、镇江乾隆御宴、南通八仙宴、徐州汉宫御宴、泰州梅兰宴以及连云港的海鲜全席等十大苏菜名宴将推动美食兴旅。

修辞——在全国一盘棋中变招

许多国家和地区都为旅游进行了主题促销。我国国家旅游局从 1992 年开始,对每一年的旅游活动都确定了主题,为扩大中国旅游形象在国际市场上的知名度取得了良好的宣传效果。继 2001 年"健身体育游"、2002 年"民间艺术游"之后,2003 年的主题是"烹饪王国游"。这就相当于给当年的中国旅游进行了主打产品的选择和总品牌的规划。

对外是同一主题,可是对于相同的旅游客源目标市场而言,各省之间又是竞争对手。而江苏省旅游形象在本年的推广中如何能够既不游离于总主题之外又能彰显本省的个性?

因此我们决定为江苏省的年度促销活动拟定易识易记易传播的口号,最终推出"烹饪王国游"的江苏分主题——"'筷'意江苏"。"'筷'意"与"快意"谐音,明确地交代出与美食的关联性,又表现畅快随意的旅游心境,口号朗朗上口。这个主题又与江苏省本年度的旅游纪念品(后文将提到)意义相关、互相呼应。

我们的修辞获得了良好的效果,首轮促销攻势以后,就连一些名不见经传的小旅行社都在报纸广告中以"'筷'意江苏"作为线路游的号召。

文本——合上菜谱,打开美食地图

为美食促销,历年的做法是出版菜谱,反正淮扬菜有的是精美绝伦的菜式,由大厨挂帅,精确到"克"与"钱"单位的原料、配料,仿佛要将名菜名点的"金针"度与人。可是旅游者谁会照本宣科去来个名菜 DIY,他们的理想是:在"那个时候"到"那个地点"遇到 100% 的"那番美味"。

"不……就不算到过……",这样的句式反映了人们在旅游目的地对标志性项目的追求。"某某某到此一游",这是一个经典的题词,之所以长盛不衰,也是出于同样心理。传统性著名美食对于远客,尤其是国外客源,远途外省客源具有重要吸引力。

所以在"'筷'意江苏"美食项目推介中,江苏的每个城市都有一个传统名点、名菜。有的城市美食系统实在发达,只好推出名宴——许多名菜、名点的豪华组合。根据游客心理,推出"不可不'点'"(名点)、"招牌菜"(名菜)等小单元,同时明确指出能够找到这些美食的传统名店,让游客的舌头得到最正宗和感受。

正如策划中对淮安美食的定位"半是名门,半是新潮",江苏虽然是四大菜系之一淮扬菜的重要领地,美食传统源远流长,书写着名门美食的"正史",同时更是一个注重美食创新的省份:随着生态旅游的升温,很多富于特色的美食亦成为观光客追踪的目标。例如"十三香龙虾",在江苏大众媒体的协同作用下,已成功举办数度"龙虾美食节";而活鱼锅贴、大闸蟹等,也是江苏美食的新秀。质朴的原料、独特的烹饪方法,带领游人去找寻绿色食品的真谛,仿佛一部趣味横生的美食"野史"。这些新派的江苏菜点让游人们常吃常新,主要的目标对象是到江苏短途旅游的本省或邻省游客;以这些新菜"饵",还可以吸引重复旅游,形成真正的美食之旅——专为一饱口福而去某地品尝某道佳肴。

仅靠一个地区,一个景点的促销,无法塑造"'筷'意江苏"的整体形象,无法达到轰动效应和持续效果,这就需要合理地设计旅游线路。在"食、住、行、游、购、娱"几大元素中,"食"只是"游"的一个侧面,美食线路的编排须与游览线相辅相成。旅游线路是旅游产品组合的重要形式之一,将一些跨区域的旅游产品联合起来,形成一个比较完整的综合性旅游产品。旅游线路设计对旅游营销有非常重要的影响,其设计水平直接影响旅游市场营销的效果。

"'筷'意江苏"线路的编排上讲究与潮流的结合。在追求健康与绿色的饮食风潮中,我们推出了"保健美食游",因为食疗大约是最愉快的保健法,一边大快朵颐,一边又心安理得。参加这条旅游线路,不仅可以品尝不同口味的药膳,还可参观南京中医药学院等单位的研究成果,理论与实践双丰收。

"'筷'意江苏"推出的线路,基于美食的基础将城市游重新组合。比如连云港、盐城、南通三个城市组成"黄海海鲜游",因为虽然同在黄海边,三个城市的海鲜美食以及旅游风貌各有特点。这条游览线,在连云港可以体验海上垂钓的乐趣,像齐天大圣一样逍遥;在盐城,可以赏黄海浪涛,看鹤舞吉祥;而在南通,则可以赤脚在滩涂上踩文蛤,亲自演绎一段著名的海上迪斯科,然后享受自己的劳动成果,体会收获的喜悦。

加强包装与储运,让美食做到"吃得到,带得走"也是"'筷'意江苏"主题推广的一个重点,因此在美食促销活动中推出了"吃了兜着走"小单元,推进了旅游地对著名特产传播性、可携带性的革新。

"'筷'意江苏"主题宣传活动在促销礼品方面也进行了开拓创新。在日本的推广会上,我们推出了别具匠心的"美食上上签"——一双红木筷子。因为求签是中国民间信仰及民俗中的一个重要活动,人们通过求签占卜吉凶。这双作为赠品的筷子,恰如一双大吉大利的上上签,凝聚着江苏人的祝福和江苏美食的邀约,专意呈送给热爱美食的善男信女。游江苏,可以赏良景,览名胜,更是品尝美食的上上之旅。淮扬菜名播千里,金陵菜、苏锡菜、徐海菜各具风采,历代君王流连江苏,固然是贪恋无双佳境,也是由于舍不得放下这双筷子。这双筷子在所有的促销地大受欢迎,在日本,有的参观者甚至一次一次地排队领取,为了给家中的每一个人都求到一副"美食上上签",这个小礼品也呼应了主题口号中所提到的"筷"意。"'筷'意江苏"还编撰了江苏省的第一幅美食地图,游客可以按图索骥,吃遍江苏。地图将江苏十三个城市依照美食层次进行编排,"合纵连横,游客爱过美食关"。名菜、名点、名宴、名店一览无遗。"美食特产,吃了兜着走",明确到了一个旅游地该买哪些好吃的带回去以飨亲友。地图还将传统名菜、名点会聚成"江苏美食圈",号召"尝遍江苏,超级口福大拼盘"。美食地图自然也要展现特色的美食文化线路,让"舌头信天游"。而盛大的美食节庆,则是"馋猫大赶集"的好机会。

　　炼句——有我之境

　　在旅游促销撰文风格方面,有三种模式。一是教科书式,简洁明了,注重知识性;二是政府传单型,务求全面;三是近年广为流行的 DIY 游式,它以"身临其境"式的文风引导读者游历。三种文风,适用于不同的语境。在旅游愈来愈 DIY 的时候,如同游伴式的亲切文风才是最具吸引力的。比如,用"杯盘碗盏,亦含六朝烟水"来形容美食的南京,别具一番韵味,叫人想起《儒林外史》中所提到的南京人特有的闲情逸趣:菜贩酒保都相约了收工以后喝壶茶,然后去雨花台去看落照。再比如提到徐州,感受是:"一个彭祖,一个高祖,掀起美食的万千风华",因为徐州不只有一个汉高祖,那位长寿的彭祖也是中国烹饪的鼻祖,他曾为上古的尧帝烧过菜,不仅让尧帝胃口大开,还产生了食疗效果,治好了尧帝的厌食症,实在是很大的荣耀呢。"'筷'意江苏"推广活动强调"有我之境",营造出这样的氛围:一个游客,怀揣一张美食地图,到江苏来了个美食打通关,过到一站就遍尝当地美食,赢得了一处处的美食"通关牒文",最终取到了美食的真经——因为美食的真经确实藏在江苏,值得每一位游客或食客前来寻访、求取。

　　资料来源:http://www.do-enjoy.com,2006-07-30

　　【点评】　中华民族有着悠久的历史和灿烂的文化,饮食文化也是中华民族文化的重要组成部分,经过历代传承、丰富和发展,现已形成了菜系齐全、品种繁多的完整体系。餐饮已经成为我国丰富多彩的旅游资源的一个有机组成部分。"中国烹饪王国游",旨在宣传我国光辉灿烂的饮食文化,让旅游者在品尝中国美食的同时,领略中华民族积淀深厚的传统文化。"烹饪王国游"成为我国旅游业新发展的助推器。

　　对"吃"的注重,也表明旅游精品化程度更高,人们更注重休闲和享受。精彩纷呈的美食线路层出不穷,旅行社对"美食"精心经营,在常规线路的安排上,饮食标准更加严格;同时美食的个性化、特色化、时尚化也引领着"美食"旅游有了更深、更广的内涵。

　　"吃",要吃出新意,吃出文化,吃出品味,吃出一种旅游方式。

【案例 3-13】

毕业游广告策划方案

　　一、前言

　　毕业游,又称毕业旅行,古时也称游学。"读万卷书,行万里路"、"读万卷书,不如行万里路",是中国传承至今家喻户晓的教育古训,说明学习和实践相结合的重要性,一个人的视野往往决定了其未来的成就。远有孔子率领众弟子周游列国,增进学识,培养品质,开阔眼界;司马迁二十岁壮游,游历天下。近更有毛泽东和萧子升游学行乞,漫游州县。所以说毕业游是一种在毕业前或毕业时,为开阔视野、了解各地文化、体验生活的游历活动。毕业游不同于一般的旅游,更不是流浪,具有深刻的教育意义,也不同于探险,毕业游不局限于接触自然,更深入民间,用自己的筋骨去体验世界之大。

　　环游旅游公司一直以来都以为顾客提供完美、周到服务为己任,鉴于对学生这一群体的负责,我们公司推出了"回首往昔,共同欢聚"的毕业游,让同学们为三年同窗画上一个开心的句号。

二、市场分析

学生这个庞大的群体从古至今一直存在,"毕业游"这个市场也就诞生了,并随着经济与旅游业的迅速发展,成为旅游业中最不可或缺的市场之一。据报道,7月又是一年毕业时,除了聚会、K歌、餐叙这些往年例行的离别仪式外,毕业游开始走俏,"毕业游"逐渐成为一种新时尚。打开各大高校的BBS论坛,记者发现有关毕业旅游的帖子成为学生关注的热点,有的在讨论旅游地的选择,也有"老驴"在提醒大家出游注意安全,还有的则是赶在第一时间把照片和游记与大家分享。

三、广告目标

我们公司这次组织的是毕业游,是以学生为群体的旅游活动,因此,大、中院校将是我们公司的宣传地区,毕业生则是我们的宣传对象。我们的旅游路线以桂林、清远各县等为主,也可自备线路。

四、广告策略

针对于我们公司所推行的是毕业游,在广告宣传方面,我们的对象是学生,因此,我们公司可以实行如下广告推广。

(一)支持学校公益活动

为更好地在学校树立环游旅游公司的良好形象,我们可以在各院校中举办各种节日、庆祝活动等时,我们公司可以免费提供一些资金或旅游票券等,支持活动的成功举办,达到向学生介绍我们公司的目的,并树立环游良好的品牌效应,以便更好地为毕业游宣传。

(二)网络宣传

广告宣传主要是为大专院校宣传做的准备,各大专院校都有各自的网站,我们公司可以在各大专院校的专网上发帖、发公告等,以达到宣传的目的。

(三)发宣传单

发宣传单这个宣传方案是我们公司最主要的宣传方式,我们公司将会印发大量的"回首往昔,共同欢聚"为主题的毕业游的宣传单,雇用学生在各学校中为我们发传单,并代理宣传活动。

五、广告预算及分配

我们公司在广告宣传上预计花费10万~30万元,在支持学校公益活动、网络宣传、宣传单发放这些广告宣传中,费用按4∶1∶4来分配,剩下的一份用于其他各式宣传。

六、效果评估

从广告的经济效果看,通过以上长期及短期的广告宣传和诱导,自然会吸引一部分游客,获取一定的市场份额,给企业带来利润。更重要的是稳定了大部分未来的、潜在的消费者,从而达到广告的最基本、最重要的效果——经济效果。

从品牌塑造上来看,通过一系列活动与广告宣传,使这一强大的品牌形象深植于广大旅游者的心中,其品牌价值也不断上升。"回首往昔,共同欢聚"为主题的毕业游这一品牌的打造需要一个长期的过程,其广告宣传、活动策划也需要随着时代的发展,不断地作出相应调整。

资料来源:环球旅游,2010-06-09

【案例 3-14】

张家界借势《阿凡达》赢在网络

当詹姆斯·卡梅隆这只螳螂捕捉了全世界影迷的心以后，张家界景区借着《阿凡达》巨大的号召力火爆而起，成了卡梅隆背后的"黄雀"。旅游景点网络推广，幕后推手功不可没，《阿凡达》上映，张家界顺势将著名景点"乾坤柱"更名为"哈利路亚山"，两个外貌三分像、近乎不搭调的地方被联系起来；随后一向风平浪静的张家界出现了老虎，两把火再浇一桶油——天门山索道走钢丝，三管齐下张家界成为 2009 年年末 2010 年年初中国网络和媒体上曝光度最高的景区之一。

张家界在"阿凡达"事件营销方面，进行了多层次深挖，显示悬赏 10 万元找悬浮山的"真迹"，然后开展与黄色的悬浮山原型之争，接着开展山的冠名，将乾坤柱更名为"哈利路亚山"，甚至还有后续的黄龙洞一表演场地命名为"哈利路亚音乐厅"，这次营销影响深远，很多国外游客就是通过《阿凡达》影片顺藤摸瓜在互联网搜狐到张家界的信息，让更多的人更加了解张家界，张家界境外旅游市场得到有力的开拓。清华大学总裁班特聘营销专家刘东明表示，景区挂靠知名影视作品、明星是很好的四两拨千斤的方法。对于国内很多作为影视取景地的景区，应该通过网络放大此事件，以得到高额营销回报。

【点评】　网络营销对于旅游行业来说，已不是选择与不选的问题，而是如何根据自己旅游品牌的特点，进行系统化操作的问题。面对中国互联网人数的暴增，3.84 亿多网络用户，旅游市场前景变得清晰可见，旅游网站以及各大景区的营销理念和营销方法也日趋成熟，新阵地转变为充满营销机会的平台。

【完成任务】

运用所学的知识为你所设计的旅游线路制定一个合理的营销策划方案。

思考与练习

1. 促销方法有哪些？分别有什么特点？
2. 为自己设计的旅游线路设计一段有煽动效果的广告词。
3. 旅行社如何开展网络营销？

项目四

旅行社计调业务

专业能力目标

- 能够根据旅游者的要求正确计价、报价;
- 能够根据旅游计划合理安排行程,熟练掌握各项采购业务的成本;
- 能够熟练掌握函电往来的步骤并进行操作;
- 能够随时掌握团队行程,做好上下站之间的联络工作和协调工作;
- 能够协助导游员灵活处理旅游过程中的突发事件;
- 能够协助旅行社处理各种已发生的事故和遗留问题;
- 能够在团队旅游结束后,将团队资料整理归档。

方法能力目标

- 具有研究问题、分析问题和解决问题的能力;
- 具有采集信息、处理信息及理解信息的能力;
- 具有组织协调与指挥的能力。

社会能力目标

- 具有较强的团队精神和合作意识;
- 具备与人沟通和交流的能力。

任务一 旅行社计调业务

【任务描述】

你到旅行社工作以来,表现优异,随着旅行社业务的发展,经理决定由你来担任旅行社的计调。为此,你必须要了解旅行社计调业务基本内容及计调人员的岗位职责和计调工作的业务流程等内容,以胜任这一新的工作岗位。

【任务分析】

旅行社计调业务对外代表旅行社同旅游服务供应商建立广泛的协作网络,签订采购协议,保证提供游客所需的房、餐、大交通和当地用车、景区讲解等各种服务,并协同处理有关计划变更和突发事件;对内做好联络和统计工作,为旅行社高层进行业务决策和计划管理提供信息服务。

【相关知识与技能】

一、计调业务的概念

计调是旅行社完成地接、落实发团计划的总设计、总调度、总指挥,是旅游行程中的"命脉"。从广义上讲,旅行社计调业务既包括计调部门为业务决策而进行的信息提供、调查研究、统计分析、计划编制等参谋性工作,又包括为实现计划目标而进行的统筹安排、协调联络、组织落实、业务签约、监督检查等业务性工作。从狭义上讲,计调业务主要是指旅行社在接待业务工作中,为旅游团安排各种旅游活动所提供的包括安排食、住、行、游、购、娱等间接性服务,选择合作伙伴和导游,编制和下发旅游接待计划、旅游预算单,以及与其他旅游企业或有关行业、部门建立合作关系等。简言之,计调业务就是要根据外联部门(或销售部门)及各组团社发来的预报进行分类整理、编制接待计划,并根据销售合同的要求落实好旅游者在当地的活动。

二、计调业务的范围

计调业务的基本业务范围如下。

1. 设计行程和报价

(1)地接:向即将来本地旅游的团体和散客提供线路设计及报价,比如南京的某旅行社计调负责设计由山东青岛某旅行社组织的来南京旅游的 20 人团队的行程,并作出报价。

(2)组团:为本地有外出旅游意向并向本旅行社进行旅游咨询的团体和散客,及本地旅游分销商同行设计旅游行程并作出相应报价。比如,大连某旅行社计调负责安排某学校教师暑期去云南昆明、大理、丽江 6 天双飞品质团旅游的一切事宜。

以上的行程设计要以客人的需求为前提,并力求在合理范围内达到旅行社利润最大化。若客人有特殊需求(比如预订演出票、专项访问等),要及时和客人沟通并妥善作出相应的接待方案。

2. 向供应商做相应的采购并监督团队接待情况

若为地接团队,则需根据客户要求提前预订宾馆、车、餐厅、门票、导游,预订大交通(返程火车/机票/船票)等一系列接待事宜;若为组团赴外地旅游,则需提前与游客旅游目的地城市的地接社洽谈和安排接待的一切细节并做好确认,同时与售票处订购好往返程大交通票。

无论地接还是组团都要根据事先安排好的行程和出发时间,做好以下工作安排。

(1) 挑选适合本团队的导游带团。

(2) 向导游详细交代工作计划:应把所带团队各方面具体情况、特殊要求及注意事项分别详细地告知。

(3) 对于此团在外旅游过程中有可能出现的问题要作全方位的考虑和预警,以防出现差错。掌握旅游团取消、更改情况及突发的人为状况或自然灾害,并及时通知有关人员做好调整接待。

(4) 在团队旅游的整个过程当中,监督团队的运行情况,认真听取导游和客人的反馈意见。发生任何问题都要及时处理。

(5) 作出接待计划,并在登记表上及时标出所有接待团队的编号、人数、导游、服务等级、订房情况、抵离日期、航班/船班/车次时间等。

3. 当好管家

在每次旅游团体或散客到达前,催收预付款或订金;旅游即将结束时,收回余款。如协议中允许团队回去后一周或月底结清余款的,要按时催缴余款。导游报账时,严格把关,并与财务部仔细核对每一个账目,确保准确无误。认真阅读游客填写的《意见反馈单》,如有问题通知相关部门注意,下次改进。

4. 报价实时更新

要负责为社里每周的报刊广告提供最新报价并及时更新公司网站上的线路和报价。

5. 设计新产品

对同行旅行社推出的常规、特色的旅游线路经常进行分析,采纳其优点,设计本公司的特色线路,以便在激烈的市场竞争中占据一席之地。

6. 客户回访

为了更好地维系客户,旅游过程中及结束后主动认真听取客户对服务是否满意的反馈信息,如有问题做好安抚及解决问题的工作。对客户反映的社里工作有纰漏的地方,及时调整,以防后患。

7. 信息收集整理

(1) 广泛搜集和了解不断变化着的旅游市场信息及同行业务动向,并及时反馈给旅行社有关部门以供参考;

(2) 向旅行社的决策层及时提供所需信息及资料分析报告;

(3) 定期统计社里操作过的旅游团的接待信息、制作列表并存档;制作全社旅游业务月、季、年报表。

8. 旅行社业务统计

旅行社地接业务要随时做好各方面的统计工作,科学的统计工作可以进一步提高业务技能及水平,计调部门统计工作包括以下两个方面。

(1) 客源统计。对客源情况的统计分析是计调统计工作的重点。在一定时间内,旅行社接待的游客市场构成、流向,淡、旺季分布等等,都应该详细统计,对客源的分析有利于旅行社决策部门开拓新的市场,帮助接待部门安排接待计划,充分调动各部门的积极性,提高旅行社接待能力。

(2)采购统计。对采购旅游服务部门或企业的统计分析,也是计调统计工作的重点。在一定时间内,旅行社在各旅游服务部门或企业购买的服务产品数量越多,就越有利于促进旅行社与供应商之间更好的合作,以量来赢得市场,争取与各供应商之间洽谈更好的合作价格。在购买量与价格上占有一定的优势,以保证旅行社更多产品的设计与销售,从而提高旅行社的接待能力及经济效益。

三、计调业务的特点

1. 具体性

计调工作无论是收集外地区的接待情况向客户预报,还是接受组团社的业务接待要约而编制本地接待计划,都是非常具体的事务性工作,总是在解决和处理采购、联络、安排接待计划等的具体工作中忙碌。

2. 复杂性

首先,计调业务的种类繁杂,涉及采购、接待、票务、交通以及安排旅游者食宿等工作;其次,计调业务的程序繁杂,从接到组团社的报告到旅游团接待工作结束后的结算,无不与计调发生关系;再次,计调业务涉及的关系繁杂,计调几乎与所有的旅游接待部门都有业务上的联系,协调处理这些关系贯穿计调业务的全过程。最后,旅游形势在不断变化,新的旅游目的地不断涌现,客人对旅游舒适性的要求越来越高,住宿餐饮和交通选择的余地越来越大,需要认真分析比较等。

3. 多变性

计调业务的多变性,是由旅游团人数和旅行计划的多变性决定的。旅游团的人数一旦发生变化,几乎影响到计调人员的所有工作,可谓"牵一发而动全身"。此外,交通受不可抗力的影响、旺季有时住宿条件不能保证正常、旅游过程中一些意外情况的发生等,也给计调工作带来许多的不确定性。

4. 灵活性

计调工作的灵活性表现在旅游线路的变更的灵活性上。计调部门在旅游旺季或者春运期间,因火车票或其他交通票据紧张而不得不改变行程线路;有时候为了与其他旅行社竞争而灵活变更旅游线路;有时候则为了满足游客需求,灵活变更所乘交通工具。

四、计调人员的主要职责

计调部门是旅行社工作的核心部门,计调人员的工作质量直接影响和决定着旅行社的正常工作。为提高工作效率,增加工作效益,计调工作人员应本着"尽心、尽职、求实、创新"的工作态度,履行如下岗位职责。

(1)负责对内接待、安排旅游团,对外计划、协调、发团等。

(2)广泛搜集和了解不断变化的旅游市场信息及同行相关信息。对其他旅行社推出的常规、特色旅游线路逐一分析,力推本社特色旅游线路及旅游方案。

（3）修改、制定和完善本社各常规旅游线路的行程及具体安排，及时提出符合客人要求的旅游线路及报价建议。

（4）计调人员在协调、安排市郊及周边地区旅游团旅游时，对有关交通服务、导游服务等方面，要协助本部门经理，尽量做到有备无患，在安排游客的食、住、玩等活动时，尽量考虑周到，在确保团队质量的前提下，力争"低成本、高效益"。

（5）为提高工作效率，在工作中，按季节及时掌握各条线路的成本及报价，以确保对外报价的可靠性、可行性及正确性。

（6）加强同外联人员的联系，及时了解、掌握、分析反馈信息，然后进行消化、吸收、落实，提出合适的线路和价位建议。

（7）按规定整理团队资料，做好归档工作，包括旅游交易会的资料归档，以及日常业务中的传真件和地接社或组团社的宣传资料，以便今后做线路时查找。

五、计调人员的素质要求

在旅行社内部，计调是一个要懂得"瞻前顾后"的人。瞻前，要及时了解市场导向，大批发商计调还要做行业内同领域的风向标；顾后，计调是公司旅游产品的生产者、利润的把关者、具体业务的操作人，旅行社的服务质量从某种程度上是由计调人员的素质决定的。一个优秀的计调人员，需要具备如下基本素质。

1. 具备旅游操作的基本技能

在这个信息化、网络化时代，电子信息技术的熟练运用是每个计调人员必备的技能，否则操作业务寸步难行，也难以有较高的效率和良好的效果。另外，还需要了解旅行社不同旅游产品的区别；掌握不同星级宾馆的软硬件和价位差别、旅游团出入境的基本要求；会看地图；掌握大交通（飞机、火车、轮船）基本信息等。

2. 深厚的综合知识功底

从业者从事任何职业都应具有与其所从事职业相适应的文化水平。旅游计调工作需要掌握的知识比较庞杂，因此要有深厚的知识功底。

首先，接听客人电话，回复客人关于旅游的问询，就要对线路组合、旅游目的地景区景点和当地的风土人情、气候状况有简单的了解。

其次，写行程时，恰当的词语修饰会让枯燥的线路充满生机，引得客人向往。

再次，和客人面谈时，计调人员谈吐中流露出的专业知识和深厚内涵会增强客人对本公司的信心。

最后，应掌握消费者权益保护法、合同法和旅游业相关法律、法规知识等，遵守法律、法规。

3. 心细和办事速度快

并不是所有的行程和报价，从采购商那里采购过来直接复制就能递给客人的。要对客人的要求做全方位的了解，比如大交通（双卧、双飞、单飞等，具体到航班时间、火车车次等）、住宿标准（星级、大堂和会议室及新旧程度）、餐标（多少钱标准，有无风味餐安排），景区景点（哪些是含在行程内，哪些是自费的以及游览顺序安排等），仔细更改设计并在成本价加上利润后，才形成完整的产品报给客人。

计调努力完善细节的同时,也要注意办事速度,并不是每个人都能等,机会往往在等待中错过。心细和速度的结合是最重要的,尤其在旺季报价多时。

4. 具有较强的悟性和准确的语言表达能力

俗话说,"师傅领进门,修行在个人",旅游计调岗位是联系组团社、地接社、导游、司机、票务、宾馆、餐厅、客人之间关系的纽带,随时会遇到一些临时出现的问题,这就要求计调人员有良好的悟性,能灵活处理一些事情。

计调人员主要是通过书面语言来为游客提供服务,掌握规范的语言技巧很关键。这就要求旅游计调师应具有准确的书写、表达、交流能力。

5. 良好的身体和心理素质

计调工作需要复杂的脑力劳动,如果没有健康的身体就很难适应复杂和高度紧张的工作。

同样,健康的心理也非常重要,能够在繁忙的工作中有条不紊,耐心细致,善于调节和运用良好的心态,在高强度工作时自我减压。在遇到计划临时变动时,特别是遇到突发的事情时,快速作出应急决策,协调各部门果断冷静地进行处理。

6. 要有当好管家的能力

旅行社能否赢利,赢利多少,其中的一个关键就在计调人员。

计调要熟知旅行社产品的计价核价及报账方法。具体就每一个团队来说,计调首先得给客人想要的价格,其次还得考虑地接能否承受这个价格,同时还得想着保持社里利润最大化。计调对下掌握着整个服务过程成本采购的大权,对上要达到客人满意。所以既要学会控制成本、在保证质量的前提下巧妙地讨价还价,还要协调客人单位、组团社(或地接社)、航空公司之间的关系,最后还要尽量避免欠账,督促导游按时收回团款。

7. 要有服务意识,还要讲信誉

客人把团费交给旅行社,买的就是服务,所以一定要有服务意识,自始至终抱着为顾客服务到底的精神,认真维护顾客利益。在游客出行前做到"百问不厌",全方位了解游客需求,出行后要把各个环节,事无巨细,安排处理好。

信誉是旅游职业的基本道德要求,也是尊重顾客的表现。良好的信誉能带来更多客户,反之,则会逐渐丧失已有的客源市场。

8. 具有较强的交际能力、自主创新能力及团队精神

计调的社交能力非常关键。除了客人外,内部也有庞大的人际网络,票务、酒店、车队、餐厅及同行之间关系等。比如说计调与票务的关系能直接影响到团队是否在旺季有机位或者火车票出行,计调与酒店销售部的关系直接关系到旺季房源紧张时能否给团队留房。和其他任何行业一样,旅行社计调应不断学习,做到与时俱进,不断创新。另外,计调岗位毕竟只是团队操作中的一个环节,做好每一单业务需要大家共同努力,所以要有团队协作精神。

9. 良好的精神风貌

旅游业是时尚、阳光、令人放松的窗口行业,客户应从旅游从业人员身上看到这些影子。良好的精神风貌和谈吐举止不仅能彰显本人的修养和气质,也能增加客户的认同感,同时也代表一个企业和行业的接待水平和服务质量。

综上所述,成为一个优秀的计调并不是那么简单的事情,需要长期的知识积累和实践磨炼。

六、计调部机构和人员设置

计调部的工作包括采购业务、客流调度平衡和统计等工作。一般中小旅行社设有1～3名计调人员；大的旅行社则根据业务量设置计调人员，按部门来说，有国际部，如欧洲部、美洲部等；国内部，按线路不同来设置计调中心。

图4-1是中小旅行社机构设置图，在总经理下设计调部。一般情况下计调部有1～3个计调，因为比较小的旅行社，计调人员身兼数职。他们既要做业务，又要做计调，还要做导游，有的甚至还要做门市接待。

图 4-1 中小旅行社计调部机构设置

图4-2显示了一些大型旅行社的机构设置情况。在总经理下设计调中心，在计调中心下分设国际部和国内部。国际部比较简单，下设欧洲部、美洲部、亚洲部等，而国内部却比较复杂，国内部的计调业务主要是根据旅游线路来设置的，所以又常常分为省内线和省外线，一个计调人员管几条线路，负责接听电话、报价、签约、问询等。

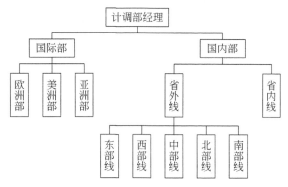

图 4-2 大型旅行社计调部机构设置

相对这两个计调机构的设置而言，大型旅行社机构设置要科学合理一些，由专人负责；而中小旅行社计调机构的设置则要混乱一些，常常会发生衔接不好的现象。例如，一些事情本来就是互相联系的，有时你以为另外一个计调人员做了这件事，而实际上却谁也没做，造成计调部的失误，给旅行社带来不必要的损失。比较理想的计调部机构的设置应该是由专人负责。

【技能训练】

1. 设计一份计调部组织结构图，并说明设计理由。

2. 走访或电话询问本市旅游服务企业或相关部门,对交通、食宿、游览、娱乐等单项服务产品供应情况进行调查,了解行情、发现问题、总结规律,并写出调查报告。

【阅读资料】

旅游计调师在旅游企业中的位置

在旅行社的经营管理中,销售部、计调部、接待部构成了旅行社具体操作的三大块,与财务、人事等后勤部门组成了整个旅行社的运作体系。

旅游计调师既是游客食、住、行、游、购、娱各个环节的采购员,也是把这些组合在一起组装成完整旅游产品的制造者。在旅游企业所有工作岗位中,计调部门是完成接待或组织出行计划的总设计、总调度、总指挥。

如果说旅行社是连接旅游各行业的中心的话,那么计调部则是连接旅行社各部门的中心。计调师是旅行社的基础岗位,也是核心岗位,计调人员的素质直接决定了旅行社的经营管理水平,也决定着旅行社的利润和服务质量。故称计调师是旅行社的中枢人员毫不夸张。旅游计调师担负着如下任务。

一、计划工作

计调部门是旅行社接待任务的计划部门。当客源招徕后,计调部门就是旅游团接待工作的第一站。计调人员根据客户发来的接团要约,收集旅游团的各种资料,进行分析,并按照所需人、财、物以及如何接待等情况,编制科学的接待计划后下发到接待部门做好接待工作。

二、联络工作

计调部门是当地各旅游企业的联络站。当客户发来要约后,计调部门就要预订相关的食宿交通等,将本来松散的旅游企业和其他部门统一协调起来,围绕旅游团运转,从而形成综合接待能力。也可以说,没有计调部门,就没有旅游团的总体服务,当地的旅游企业也形成不了体现综合接待能力的联合体。同时,计调部门又是旅游团整个行程中的联络站。它要保证旅游团在行程中各站之间的衔接,避免延误和脱节的发生,从这个意义上讲,计调部门也是旅游线路上的枢纽。

三、参谋工作

计调部门是旅行社决策层搞好计划管理的参谋部门。旅行社决策层要编制计划,就要掌握全面而科学的统计资料,而这些资料大部分来自于计调部门。计调部门不仅有旅行社接待旅游者的全部资料,而且有与其他旅游企业的交往资料。这些资料的分析和统计的结果,就是旅行社决策层进行计划管理的依据。

四、结算工作

旅行社和饭店、餐厅、交通部门或地接社等接待单位的经济结算是通过接待计划和合同来完成的,而这些接待计划往往会因为导游或其他人为的疏忽而产生差错,或由于交通、天气等因素的影响而发生变化,这就给财务结算带来了麻烦。在这样的情况下,计调部门的旅游团原始资料就成了团队财务结算的凭证。

许多行外人士都有一种误解,认为在有关旅行社的服务质量投诉中,很大部分是由于导游的素质及服务态度造成的。但据有关资料分析,旅行社发生的服务质量问题,大部分是出在导游的大后方——计调部的具体计调师身上。

产生问题通常有以下几种原因。

(1)计调人员与销售人员的沟通有误。没有与销售人员充分沟通,没有充分了解客人的要求,例如团队中客人的组成,客人对行程首站、末站的要求等。在操作中过分地赋予了计调人员个人主观,甚至是想当然的东西,以为这样安排,客人不会有意见。结果菜是做出来了,却不合客人的口味。

(2)计调人员与接待人员沟通不足。没有完整、清晰、准确地向接待部门阐明接待的细则和要求,尤其在常规线路的操作上面,以为已驾轻就熟而导致麻痹大意,认为不用说都明白了,结果,自以为是的主观臆断往往导致意想不到的问题发生。

(3)对行程松紧安排不当。把行程安排得时紧时松,弄得客人时而疲于赶路,以到达某预订的酒店入住,时而又百无聊赖地在某餐厅呆上很长一段时间以便在该指定餐厅用餐。松紧不当的活动安排,容易导致客人的体力分配不均,产生不安情绪,这样容易使客人对旅行社及导游人员的安排产生不信任感。

(4)对交通工具的监控不力。在用车方面向用车单位下订单时,仅就用车时间、接车地点、座位数进行落实,而忽略了车容车貌、车况的了解。在航空票务方面仅对票务中心报了计划,而忽略对机型、航空公司、航班时间等进行跟踪。

(5)对住宿酒店了解不足。预订酒店方面,仅强调酒店的星级选择,而忽略对酒店的位置、服务设施、周边环境、使用年限等进行进一步的了解,或者说过于依赖接待社的安排,缺乏跟进,以至在团队的实际运作中有可能产生不良的效果。

综上所述,很多问题的根源其实在计调操作过程中已经产生,到问题发生时,导游回旋的余地已经很小了,但客人面对的只有导游。可见,计调师的作用在旅行社运作中是举足轻重的,计调人员的素质直接关系到团队运作是否顺利和成功。

【案例 4-1】

做好计调的七字口诀
——山东青岛春秋旅行社总经理温林

计调工作要仔细	丢三落四要不得	延误时机要挨批	报价准确要效益	复杂事情要简单
简单事情要认真	五化五定要做好	重复事情要创新	行程标准要写明	接送时间要搞清
确认传真要打印	叮嘱对方要确认	送票之前要对名	票面内容要看全	交通时刻要认准
交接手续要签字	发现问题要调整	做团质量要保障	团款催收要及时	欠款团队要杜绝
客户要求要汇报	突发事件要速到	调整行程要确认	通信联络要畅通	团队运转要关注
各个细节要搞清	对方疑问要解释	全陪领队要沟通	票据签单要收齐	导游报账要审明
卷宗资料要整理	团队结束要回访	客户生日要记住	重大节日要祝福	主动热情负责任

【完成任务】

设计一份本地地接服务调查表,分别反映本地食、住、行、游、购、娱等服务要素的总体情况。

思考与练习

【案例4-2】

烦恼的计调

计调小李这几天家里来了三位亲戚,到她所在的这个大城市看病。大热天的,不太宽敞的家里一下子多了三个人,下班回家后小李还得赶紧做饭照顾客人,早上也得早起准备早餐免得亲戚挑理,这让小李很不适应。虽然不好说什么,但是心里还是很窝火。于是在下午给一个客户做完报价后,在客人询问具体事宜时,小李的脸始终笑得很勉强,这让客人很不舒服,以为小李嫌弃他们人少不愿意做这笔生意。

问题:作为计调应该怎么处理个人情绪和业务的关系?

【案例4-3】

失约的计调

计调小张通过朋友介绍认识了一位客户秦女士,她在一所大学的基建处工作。这位客户的儿子和儿媳妇去塞班就是找小张安排的。回来后反映安排还不错。秦女士说以后有同学和朋友出去玩时再给小张介绍,小张一高兴,说:那下周有时间我请您吃饭,一起坐坐,加深一下了解。秦女士很高兴地答应了,并且说周三晚上不行,其余时间周一到周五都可以。小张说没问题。

但是三个月过去了,小张每天忙忙碌碌,也没有兑现这个承诺,也没再和秦女士联系。

问题:

(1) 你认为秦女士会在意这件事吗?为什么?

(2) 你认为这件事情对计调小张今后的工作会产生什么影响?

任务二　旅行社计调业务操作规范

【任务描述】

你所在的旅行社准备接待上海一家旅行社的团队,请你根据组团社的要求发布和落实旅游团接待计划通知,按要求安排旅游团的食、住、行、游、购、娱等事项,并负责客房的预订和落实。

【任务分析】

计调业务作为旅行社的核心业务,其作业质量的好坏直接影响到旅游团队的运作效果,进而影响到旅行社的经济效益。作为旅行社的计调人员,在工作中必须严格执行操作规范,注意每一个细节,做到环环相扣,以保证旅游计划的顺利执行。

【相关知识与技能】

一、常用计调业务操作方法

旅行社的计调人员要对每个旅游团的接待计划逐项进行具体落实,要想迅速准确地报价,明白无误地操作,有好多技巧,也需要日积月累的磨炼。另外,每个旅行社都有自己的一套操作流程,只不过大同小异。目前一般常用的操作方法有流水操作法和专人负责法两种。

（一）流水操作法

流水操作法就是几个业务员,每人负责一项工作。其流程线是:接待计划(A 业务员签收)—订车、船票(B 业务员负责)＋订房(C 业务员负责)—市内交通(D 业务员负责)—安排游览活动(E 业务员负责)—订文艺节目(F 业务员负责)—向接待部下达接团通知(G 业务员负责)。

这种操作方法常被接待量较大的旅行社所采用,它一环套一环,不太容易出现差错,即使在某个环节上发生差错,也容易发现。

（二）专人负责法

专人负责法就是将与本社有关系的旅行社(客户)分成几块,让每个业务员负责一块,从客户发来的接待计划起,一直到向本社的接待部发接待通知为止,均有一个业务员负责到底。这也是一种行之有效的操作方法。

二、供应商获知渠道

客户打来电话说明了出游意向,或者销售员刚接完客户电话,这时需要抓紧时间按照客户的要求做行程和报价。而这时你手头可能有好几个报价要做,每个都很急,拖拉不得。这时你快速地找到合适的供应商(如果是团队出游或者散客走自由行,你要找合适的地接社或批发商;客人只是要订机票,你需要找航空售票处或者使用相应的散客机票网;如果是地接,你要尽快向宾馆饭店、车队询价),并且怕报高了客户跑掉,你要在最短的时间内货比三家,然后才能综合起来给客人一个合理的报价。

那么,供应商在哪里? 以下是几种寻找合适供应商的途径。

（一）与旅行社合作过的老关系户

这种老关系户彼此有合作的基础,信誉有保障,因为是老客户,对方也极力想维持住这种关系,价格也不会虚高。并且可能对于彼此的做事风格也有所了解,因而应该是首选。

（二）旅游同业杂志上寻找

现在各省都有免费赠阅的同业杂志,上面有好多旅行社和批发商的广告。基本上是周刊,每周一发送到各旅行社办公室。如果没有,也可以电话索要。可谓一册在手,要报价不愁。

（三）总社供应商一览表

随着新条例的实施,以及各旅行社做大做强的需要,基本上总社都通过招标选定了自己各条线的批发商,然后制成表格统一发放给各门市和各营业部。如果走团,必须跟指定批发商走,否则要受到相应处罚,比如不能开发票,不能走公对公转账,不能签合同,出了问题总社概不负责等等,以此强制各网点必须统一管理,统一跟批发商走。

（四）QQ 群、QQ 和 MSN

现在旅行社有大大小小的 QQ 群,利用各种名目都可以把大家聚拢在一起。比如,北京旅行社联盟一群、二群、三群,大连山东半岛专线群,福建旅游群,韩国任逍遥群等。如果群管理员批准你进入了,只要在线就能看见好些人在群里发布广告。你也可以不说话,遇到对自己有用的信息就记录下来。或者有客人询价,可是你没能找到合适的合作伙伴也就是供应商,你也可以在群里问一下,比如,你可以发布消息:"有做张家界的吗?我有 12 个人想周六走。速联络我。"这样,做张家界的人就会主动单独通过 QQ 找你。

QQ 和 MSN 可以说是现阶段旅行社同行们办公的主要工具。所以大家慨叹:一旦停电,就没事可干了。有人因为加的人太多,有好几个 QQ 和 MSN 号。这里面你可以按照自己意愿分类:欧美同业、澳新、驻京办、北京周边、地接询价、圈外朋友、同事、国内长线外地社、国内短信外地社等。只是大家应用的还不是很好,比如完全可以不打电话,通过 QQ/MSN 的语音来通话是免费的,只是有人的电脑没有音箱和耳机,大部分人也不是很习惯这么做。

（五）同程询价

同程网(www.17u.net),自称是中国领先的旅游企业交易平台。上面有旅游同业批零中心,比如"西安批发城"、"北京批发城"、"浙江批发城"等。上面有五万多家旅行社、一万七千多家宾馆酒店、三千多个旅游景区。你可以以采购商的名义上去询价,就能迅速得到在线的会员的回应。甚至可以做到足不出户,与全国的旅行社同行交流。

（六）朋友介绍

着急时可以向熟悉的朋友打听,比如,民族旅行社的小李要做一个重庆＋长江三峡的行程,但是从来没操作过,也不知该找谁。于是想到北青旅的王姐是旅游业的老前辈了,于是赶紧向她求救:"王姐,你重庆和宜昌有没有好的合作社啊?赶紧给我介绍一个吧,我急用!"

（七）同行交流会

每年旅游界都有两次盛会:全国旅游交易会和北方旅游交易会。除了这两个规模较大的会外,无论旅游淡旺季,还会有好多各种名目的中小型会议。如果通过这些会认识的同行,毕竟有了一面之缘,短暂相处,对人有个基本的直观了解,所以可以询价,合作起来也会放心些。

(八) 各地旅游局网站

如果报价要的不是很急,你也很有时间,就可以上相应的当地旅游局网站。比如,你想找一家南京的合作社,可以上百度搜南京市旅游局网站,上面会登着所有在册的南京旅行社信息。如果是十强或十佳,上面也有显示。

总之,即使找到了要向其询价的供应商,也要从对方计调人员的服务态度、反应速度、业务熟练程度、价格高低等来综合判断最后把团到底交给谁做。

三、计调业务操作流程

(一) 地接计调操作流程

根据我国旅游企业目前的发展状况,旅行社的计调通常分为组团计调和地接计调两大类,然后在两大类基础上再细分。组团计调是指旅行社作为组团社进行的计调工作,地接计调则是指旅行社作为地方接待社进行的计调工作,但是绝大部分旅行社都是组、接团业务都做。一般情况下,地接计调也能操作组团业务,但是有时组团计调却因为缺乏相应的地接资源——如酒店信息等做不了地接计调。图4-3是地接计调的作业流程图。

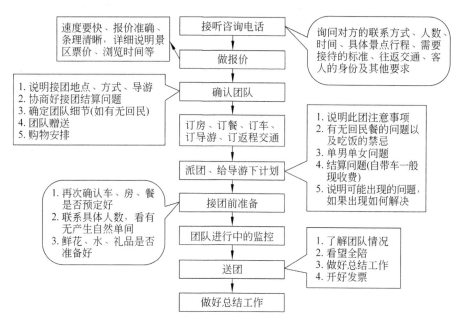

图4-3 地接计调作业流程

如图4-3所示,地接计调的基本作业流程分为以下几个步骤。

1. 报价

根据对方询价编排线路,以《报价单》提供相应价格信息(报价)。

2. 计划登录

接到组团社书面预报计划,将团号、人数、国籍、抵/离机(车)、时间等相关信息登录在当月团队动态表中。如遇对方口头预报,必须请求对方以书面方式补发计划,或在我方确认书上加盖对方业务专用章并由经手人签名,回传作为确认件。

3. 编制团队动态表

编制接待计划,将人数、陪同数、抵/离航班(车)、时间、住宿酒店、餐厅、参观景点、地接旅行社、接团时间及地点、其他特殊要求等逐一登记在《团队动态表》中。

4. 计划发送

向各有关单位发送计划书,逐一落实。

(1)用房:根据团队人数、要求,以传真方式向协议酒店或指定酒店发送《订房计划书》并要求对方书面确认。如遇人数变更,及时做出《更改件》,以传真方式向协议酒店或指定酒店发送,并要求对方书面确认;如遇酒店无法接待,应及时通知组团社,经同意后调整至同级酒店。

(2)用车:根据人数、要求安排用车,以传真方式向协议车队发送《订车计划书》并要求对方书面确认。如遇变更,及时做出《更改件》,以传真方式向协议车队发送,并要求对方书面确认。

(3)用餐:根据团队人数、要求,以传真或电话通知向协议餐厅发送《订餐计划书》。如遇变更,及时做出《更改件》,以传真方式向协议餐厅发送,并要求对方书面确认。

(4)地接社:以传真方式向协议地接社发送《团队接待通知书》并要求对方书面确认。如遇变更,及时做出《更改件》,以传真方式向协议地接社发送,并要求对方书面确认。

(5)返程交通:仔细落实并核对计划,向票务人员下达《订票通知单》,注明团号、人数、航班(车次)、用票时间、票别、票量,并由经手人签字。如遇变更,及时通知票务人员。

5. 计划确认

逐一落实完毕后(或同时),编制接待《确认书》,加盖确认章,以传真方式发送至组团社并确认组团社收到。

6. 编制概算

编制团队《概算单》。注明现付费用、用途。送财务部经理审核,填写《借款单》,与《概算单》一并交部门经理审核签字,报总经理签字后,凭《概算单》、《接待计划》、《借款单》向财务部领取借款。

7. 编制《接待计划》及附件

由计调人员签字并加盖团队计划专用章。通知导游人员领取计划及附件。附件包括:名单表、向协议单位提供的加盖作业章的公司结算单、导游人员填写的《陪同报告书》、游客(全陪)填的《质量反馈单》、需要现付的现金等,票款当面点清并由导游人员签收。

8. 编制结算

填制公司《团队结算单》,经审核后加盖公司财务专用章。于团队抵达前将结算单传真至组团社,催收。

9. 报账

团队行程结束,通知导游员凭《接待计划》、《陪同报告书》、《质量反馈单》、原始票据等及时向部门计调人员报账。计调人员详细审核导游填写的《陪同报告书》,以此为据填制该《团费用小结单》及《决算单》,交部门经理审核签字后,交财务部并由财务部经理审核签字,总经理签字,向财务部报账。

10. 登账

部门将涉及该团的协议单位的相关款项及时登录到《团队费用往来明细表》中,以便核对。

11. 归档

整理该团的原始资料,每月底将该月团队资料登记存档,以备查询。

(二)组团计调操作流程

1. 接受报名

签订《组团旅游合同》,全额收款,交财务部入账,填写交款记录,成团。

2. 编制(预报)计划

向目的地接待社询价的同时编制出团计划《团队接待通知书》;向行程中的各接待社发出预报。

3. 编制结算

(1)编制概算,报财务审核,总经理签字后开始作业;

(2)凭《概算单》、《组团合同》、地接社《确认》件、正式计划——《团队接待通知书》填写《借款单》,经部门经理签字,报财务审核,总经理签字后领取借款。

4. 订票作业

仔细落实并核对计划,向票务人员下达《团队订票单》,注明团号、人数、航班(车次)、用票时间、票别、票量,并由经手人签字。如遇变更,及时通知票务人员。

5. 书面确认

督促接待社在最短的时间内(8~24小时)书面确认。确认重点为:机(车、船)票、用房、用车、结算等。

6. 发出正式计划

早于出发前发出正式计划,要求:正式打印,加盖计划专用章,一式两份(发出、留存各一份)。督促回执。

7. 选派导游

向导游交代接待计划,确定团队接待重点及服务方向。

8. 最终确认

出发前24小时与对方核对计划,要求对方最终确认。向对方催要《结算单》。

9. 付款

确认团队质量无异议,经财务部审核,总经理批准(允许预付),将团款汇入地接社账户。

10. 报账

团队行程结束,一周内清账。填写《决算单》,连同《概算单》一式两份、《组团合同》、地接社《确认》件、地接社《结算单》、《团队接待通知书》原始凭证,交公司财务部报账。

11. 登账

部门将涉及该团的协议单位的相关款项及时登录到《团队费用往来明细表》中,以便核对。

12. 归档

整理该团的原始资料,每月底将该月团队资料登记存档,以备查询。

(三)出境旅游计调标准工作流程

出境组团计调操作方法与国内组团计调操作方法基本相同,不同的是出境旅游操作多了签证、送关、召开行前说明会等工作,比国内游的流程要复杂。

首先,要问清楚客人要去的目的地是哪里,也就是他们要去哪几个地区或国家。根据客人人数、出团时间及其他要求发询价单给计调,给客人报价。

其次,所去的地区和国家不同,对证件的要求是不一样的。例如,去中国香港澳门,要提前办理港澳通行证,出发前再办签注;去中国台湾,要提前填写大陆地区人民出入台湾地区申请书,然后用提供的资料办理入台证;如果去韩国、东南亚,签证资料要求相对简单,要提供护照和照片办理;如果去亚洲其他国家如日本和欧洲、澳洲、美洲的一些国家,也需要护照和其他相应的资料,然后办理签证,但是资料要求就相对多些,也比较严格。并且要保证所需的证件没有过期,是有效的。再比如,同是落地签,巴厘岛、马尔代夫等,需要客人在报名时就把护照有照片那页传真过来,用于出机票,以及给地接社传过去做签证。而新加坡是落地团签,并不是客人到了地方才签,是需客人到达之前就由当地的地接社提前办完的,但要先发占位单过来。

最后,还要根据客人要去的国家和地区,知道准备资料、做签证需要多长时间,以此决定客人什么时间段的团能走。比如,东南亚签证需要三个工作日,日本签证需要五个工作日,欧洲申根签证需要十个工作日等。

以下是出境赴欧洲的单团计调操作标准流程(由竹园国旅提供)。

1. 独立成团团队的前期操作计划和预报

单独成团团队(以下简称单团)是由公司销售或者同行业旅行社招徕的整包团。该团体由一个系统或者一个行业共同组成,团队的客户为一个客户,行程一致,要求一致,销售价格基本相同。此种团队和散拼不同,需要单团单议。

单团包括公务单团和因私单团。公务单团为持公务护照的政府公务员的整包团队,并在行程中安排有公务活动,对于公务护照,旅行社一般情况下无法送签,旅行社能够做到的是发公务护照的邀请以及酒店订单和机位订单。因私单团为各种持因私护照的团队,签证一般都由旅行社送签,所出签证为 ADS 团进团出的签证。

(1)在单团操作前期,销售会根据计调所做的常规报价表格给客户进行报价,一般报价销售自行报价,特殊行程、特殊要求由销售填写询价表由前期计调进行报价。

(2)报价可以根据常规价格表格报价,特殊行程或者需要精确的报价时需要向地接社询价。询价时一定要注明各项要求,比如酒店、车、小费、导游,这些信息将直接影响最终价格,价格询回后立刻计算出成本报价给销售。计调是销售的坚实后盾,速度和价格的精准度会影响团队的成功率。

（3）团队如需预订机位，务必核对清楚航班时间和行程，并且提前预订，交名单。预订机票确认团队出发日期，计算好所做签证的工作日期，准备送签。

（4）如果销售人员销售团队成功，团队价格谈好后，由销售填写流程表，计调在流程表上签字确认，并计算出预算成本，之后销售部经理签字，送签证部送签。如果缺少其中任何一项环节，都必须补齐，否则各部门都不会接受此团队操作计划。

（5）团队成型后，流程表交财务备档，同时送签材料在送签之前计调部需留护照复印件，以备出团前提前填写 ADS 出境表格（ADS 签证是英文"Approved Destination Status"的缩写，意思是"被批准的旅游目的地国家"）。如果签证自理，需要销售提供团队签证复印件以备保险之用。如果团队游客没有护照号码、出生年月日、准确的中英文团队名单，保险公司将无法上保险。

（6）在团队送签之前，前期计调将最终行程传真至各家地接社询价。注意：询价时选择合适的地接社报价是询价的关键。询价时务必写明人数多少，出发日期，详细行程，包含内容为什么标准，例如，报价包含：三四星级酒店、中式午晚餐（五菜一汤、饭后水果）、中文导游（中文导游兼司机）、豪华旅游大巴车、常规景点门票、国际航班、保险、签证、特殊服务项目等各项要求。每个团队至少需要得到 2～3 家以上的地接社的报价。询价时要考虑 ADS 签证邀请的问题，所有地接社都是接到确认后才发出邀请。在定团时要通知签证部发邀请单位。

（7）价格询回后，选择合适的地接社进行操作。首先，将价位与对方谈到相对合适的程度，其次，将谈好的价格确认给地接社，再次，将团队的详细信息如详细名单、最终行程、举牌接机、分房名单、航班时间、特殊服务项目等用书面的形式交给地接方，最后，将所有团队前期档案进行整理，转交给后期操作。

（8）团队需要公司派遣自己的导游，需要提前 10 天安排导游，并第一时间通知导游，以便确认导游是否可以带团。

（9）如行程中有火车票、船票等特殊信息，务必仔细确认时刻和出票日期以及出票地点。

以上为团队前期操作流程，特殊团队特殊处理。

2. 单独成团后期操作

前期操作后进行后期的操作，这部分非常关键，一旦出现错误后果不堪设想。

（1）接到前期操作的团队档案后核实几点关键信息。

① 团队出发名单及行程（电子版），行程中注意出发日期、航班时刻、景点、出签日期、详细的名单。

② 是否有完备的地接社信息、地接确认单、地接社操作人的联系方式、接机信息（举牌接机）、定房数。

③ 核对出签日期，以及出签种类。

④ 流程表是否齐备。

⑤ 和前期计调确认操作成本预算。

⑥ 核对机位订单和行程，如有不同立刻和前期操作人员核对并进行更改，更改时注意机位的取消期限和新的机位更改。

（2）如遇到以上信息不全的，立刻与前期计调或销售核实，如有更改，在流程表备注上更改项目和价格。流程表上没有的服务项目团队不进行该项目操作。

（3）在后期操作过程中如有任何更改，请一定核对销售人员和前期计调，如酒店、航班的更改信息，或者取消期限。

（4）如果签证为 ADS 签证，在签证签出前准备填写 ADS 出境表格，然后让外勤人员盖章，出境名单务必与护照复印件核对。

（5）与航空公司确认最终确认名单，准备出票。

（6）将团队导游联系方式、酒店以及集合时间打入出团通知，及时交给销售人员。

（7）签证签出以后，签证部会核对正确名单、签证有效期、签证生效期、航班时刻和行程，与销售人员确认是否可以出票。出票时核对清楚行程和名单以及票价，并将票价留底。支取机票费用的支票需要提前一天交财务打支出单，交部门领导、财务、总经理签字。

（8）出境名单盖完章后交送团人，并提醒送团人团队回程日期，以便收取护照销签，机票和护照由送团人保管并带到机场，导游机票除外（导游自带）。

（9）将最终出团的名单和订房数交给地接社，并向地接索要团队账单。需要立刻付钱的地接社务必和财务提前预约费用，并在签证签出后打支出单签字，在财务将钱备好。

（10）导游预支款预约需要提前 3～4 天，并在同时打支出单签字，在财务将钱备好。

（11）通知导游交接时要告诉导游提前一天来公司取团队资料，即和导游进行交接工作。交接工作包括以下内容。

① 正确、详细的团队行程和名单。

② 地接社最终行程，包括酒店和车的信息，在行程当中会有标明各地酒店，务必与中文行程核对，无误后留底，复印件交给导游。此行程需要在出团前两天开始向地接社索取。

③ 导游机票交给导游。很多导游为来自中国香港、台湾的导游，英文姓名不同于汉语拼音，需要核对后再出票。

④ 预支款要导游来交接后自行去财务领取，但是计调一定要提前约好钱。导游预支款只预支境外固定产生费用的 50％，其余回国后凭收据报账。详见导游注意事项和导游预支款费用申请表。

⑤ 特殊服务项目在和销售确认价格后，以书面形式通知导游。

⑥ 将各种报账表格交给导游，包括：境外购物一览表、商店联络表、导游报账单、意见反馈表、餐厅一览表、导游注意事项，叮嘱导游严格按照注意事项执行。境外购物一览表中所进商店要给导游划勾，提醒导游务必进店。

⑦ 如需为导游出内陆机票，务必在团队成型后提前出票，交给导游。

⑧ 叮嘱导游团队注意事宜，并通知销售导游来了，让销售和导游也进行沟通。

⑨ 团队出境时提醒导游在境外收客人的护照和机票，并在回国后配合送团人员将登机牌和护照收回消签。

（12）如遇到导游在境外上团，不给导游预支费用，团队回国后 100％报销。交接用传真形式。

（13）发团前期、后期及计调在团队在欧洲时 24 小时开手机以备应急。身边常备 IP 长途电话卡及导游、地接社电话，在团队出现紧急情况时使用。

（14）团队出发之前需要将团队名单、行程盖章后传真至保险公司上保险。

（15）团队出发之前需要将团队进店确认单传真至需要进的每个商店。

（16）团队出发过程中积极和导游配合完成团队计划的行程，并在问题出现后第一时间解决问题。

3．单独成团的收尾工作

（1）在团队回国后叮嘱接团人收取护照和登机牌。

（2）在团队回国后开始根据地接社账单、导游报账单，机票订单存底以及签证数量，开始核算实际成本，即计调部单团成本核算单。做完成本单后交由销售人员本人签字，计调人员签字报备财务核算成本。

（3）在核算成本的同时，将地接社和导游余款的账单做支出单让部门领导审核并签字，财务签字，总经理签字，放财务准备付款。

（4）成本操作完毕后，将所有资料装入专门的信封或口袋并写上团队名称，存放入档案库。并在计算机里备份团队档案。

（5）至此团队操作流程结束，最后需要跟踪团队反馈，记录下团队历史记录中的重要信息，以便今后取长补短。

四、旅行社计调人员的知识储备

要想做一个出色的旅游计调，除了必备专业的旅游产品、旅游线路等基本知识外，还要积累掌握一定相关技能，才能迅速准确地完成操作。

（一）熟悉不同星级宾馆饭店

旅游饭店是一个为游客提供短期住宿的地方。通常在提供住宿之余，亦为住客提供餐饮、健身和娱乐、商务中心、干洗衣物等服务。一些酒店亦提供会议设施，吸引一些单位来这里举行各种会议。所以，饭店是以提供服务为主，兼具综合服务功能以满足宾客不同享受需要的消费场所。

旅游饭店是旅游业发展的重要物质基础，是成本采购中最重要的一项。在旅行社计调负责为游客提供的食、住、行、游、购、娱一条龙服务的六大服务环节中，排在第二位，可见此项服务的重要性。

一些电影电视中的情节让好多人对饭店的豪华和细微服务印象深刻。其实，大部分饭店都没有剧中描述得那么豪华气派，尤其是经常接待普通团队的饭店。

1．饭店的等级

目前世界上的饭店分为一到五星几个等级。也有超星级的，比如，北京奥林匹克公园附近的盘古大观自称"七星级"，在有些房间，晚上坐在宽大的飘窗窗台上就能看到充满迷幻色彩的水立方。阿联酋迪拜的帆船酒店是世界上唯一一座七星级酒店，光装修就用了 27 吨黄金，最低房价 1600 美元，最高 18 000 美元。即使是参观者，也需要支付每人

200 美元的费用,房间的奢华自不必说,餐厅更是让人觉得匪夷所思:酒店内的 AI-Mahara 海鲜餐厅仿佛是在深海里为顾客捕捉最新鲜的海鲜,在这里进膳的确是难忘的经历——要动用潜水艇接送。

无论是经济类还是豪华类饭店,都有其各自的特征,饭店等级是指一家饭店的豪华程度、设施设备、服务范围、服务质量等方面综合起来反映出的级别与水准。要想成为一名优秀的合格的计调,虽然记不住饭店星级评定那些复杂的要求,但一定要多掌握一些饭店的信息和相关知识,以满足不同客人的需求。

2. 饭店的类型

饭店的类型分为:接待旅游团和旅游散客为主的旅游饭店;主要满足商务散客也就是出差或来此地办事的人们需要的商务酒店,在美国纳斯达克上市、目前全国最大的连锁商务型酒店"如家快捷酒店";经济类酒店,满足客人省钱、只要能休息、干净卫生就行的简单需要;还有这几年流行的满足人们休闲放松需要,分布在城市近郊或远郊的度假酒店;以接待会议为主的会议型饭店,比如北京昌平的九华山庄等。

3. 学会看饭店

在实际工作中,除了按照客人要求提供相应等级的饭店外,自己也要通过日积月累的经验来识别饭店,争取达到不用看饭店的挂牌状况,凭自己所见就能做个大概判断的水平,见表 4-1。

表 4-1 如何判断饭店的水平

外观	楼有多少层高,是单体还是复合体,有无延伸出来的外厅,有无身着整齐制服的迎宾人员,停车场大小
周围环境	周围有无方便的商业设施——大型超市、中小商店、水果摊,公交站点,位置是否在市中心、离市中心稍远还是很偏远的郊区等,这些在客人自由活动期间都会派上用场,能够给客人提供便利或带来不便
饭店大厅	大厅面积大小;整体装修气派与否;风格是否新颖;是中通的还是低矮的,低矮的容易让人觉得压抑;供客人免费坐的沙发是否整洁干净,座位多不多;大堂吧里咖啡、茶水等收费标准;前台人员整体形象如何,业务素质高低;团队要用的房间标牌价是多少等
硬件设施	电梯有几部,档次高低,运行快慢;楼道比同级别的酒店宽窄高矮;楼道地毯是否陈旧,有无大片污渍,质地是低廉还是高档;客房门是简易门还是高档门,是否电子门锁;卫生间有无浴缸(内宾一般现在很少用,外宾有的喜欢用),是否是干湿分开的(有无单独的淋浴房),洗漱用品配备的齐全与否;房间面积有多大(标准间一般从 20 平方米到 40 多平方米不等),家具和壁纸新旧;床是 1.2 米还是 1.4 米宽,看二星等低档饭店最好掀开床盖用手压一压床垫,看有无凸凹不平;电视是液晶的还是老式的;有无圈椅或茶几、椅子;是挂在墙上的简易衣架还是质地很好的衣柜,有无网线,有无供客人免费使用的液晶电脑等;房间内有无自费的饮料、水果,电视有无收费频道等
餐厅	一般情况下,客人会至少在饭店用早餐,有的晚餐也会回来用,还有招待宴会更是基本在饭店内;如果是人数较多达一两百甚至更多的会议团,就要注意餐厅最多能摆多少张桌;如果领导要讲话,还要注意有无小舞台;有的饭店不同楼层的多功能厅桌位紧张时也兼做餐厅,那就要注意旁边有无备用的厨房,菜是从楼下厨房运上来还是在旁边备用厨房做,这涉及上菜的速度和饭菜的凉热程度
会议室	共有多少个会议室,各能容纳多少人,设施怎样,门市收费多少,给旅行社优惠价怎样等

4. 价格和房源的掌控

淡旺季都常用的酒店一般会给很好的优惠价,在房源紧张时也会尽量调剂房间。另外平时订房时要讲信誉,客人人数有变化时及时提前通知,团队临时取消如果影响饭店接其他团队要适当赔偿损失,付款及时不拖欠等,都会影响到饭店对你的评价,进而影响到和你合作的态度和价格。另外要注意淘汰一些客人反应硬件设施有问题、软件服务跟不上的饭店,以免影响团队质量。比如,有的二星级酒店卫生搞得不彻底,隔音不好,早餐吃得不好等。

(二)旅游团餐的预订

俗话说"众口难调",要想让所有客人吃得满意并不是那么容易的事情。那么订团餐需要掌握哪些要点呢?

1. 餐标和相应的饮食

旅行社所订的一般基础团餐,早餐是 5 元标准的,大部分订房时含在二星或准三房费里,这个标准只能吃圆桌餐,4～6 个榨菜、卤豆腐、拍黄瓜之类的小菜,有粥和豆浆,一个煮鸡蛋、馒头花卷等,个别饭店的这个标准能提供油条。正餐是 15 元的,每桌 150 元,八菜(标明四荤四素)一汤,主食一般是米饭,但如果是北方人到了南方旅游,因吃不惯那边的米饭,需要提供面食(馒头或面条)。需要提供面食的还有老年团。

如果能住在三星或以上的酒店里,早餐一般就是自助餐了,餐标是 10～128 元/人不等,吃得基本就很舒适了。正餐标准相应的可能也提到 20～40 元/人了。菜的品质提高了,菜的种类也多了,比如上 10 个甚至 14 个菜。主食准备两三样,还有饭后水果等。

还有些团队到了一个新的地方一定要吃当地的风味餐,比如到北京吃烤鸭,到重庆吃火锅,到云南吃过桥米线等,这些风味餐价格一般比较高,是要单独计算的。

所以一定要根据客人的餐标来安排菜的品种、就餐环境。出境旅游一般根据目的地国家的消费水平,餐标比国内要高 50 元以上,但基本是五菜一汤或六菜一汤。但是无论在欧洲还是日韩,都有客人反映个别顿饭吃不饱的问题。

2. 菜单

住三星或三星以上酒店的团队,有时会要求把正餐的菜单提供一份或几份。这个务必注意要让预计去就餐的餐厅提供。因为厨师不同,备的菜不同,不同季节时令蔬菜更会不同。

3. 注意禁忌

要注意客人里面是否有回民,如果有,要问清楚他们是非常严格,必须单独去回民餐厅就餐,还是不太严格可以在汉民餐厅就餐,但要单独用素油做素菜放在一边。

4. 防止食物中毒

暑期卫生不是很讲究的餐厅尽量不安排团队吃凉菜;夏天在海滨旅游要提醒客人注意:海鲜忌与某些水果(如柿子、葡萄、石榴、山楂、青果等)同食;喝啤酒切记不能吃海鲜;吃西瓜,要适量喝点白酒和米醋杀菌等。此外,去高原地区旅游,因为水土不服或脚着凉也容易闹肚子,有时客人会误以为是饮食出了问题。所以要提醒客人保暖,不要喝生水等。

5. 就餐地点

计调要灵活,不要一说团餐就一定得安排在接待团餐的地方。其实好些团餐厅,因为接待的团量大,餐标再提高,也没法保证良好的环境和口味。还有的团餐厅吃人多时卫生一塌糊涂,成堆的碗碟堆在一角,厕所很脏而且是座便等。所以对于一些高档团队或者想吃当地风味的团队,尽量避开团餐厅,可以辛苦一点去当地人常吃饭的饭店订餐。但是一般在入住的饭店内用正餐相对来说是比较贵的,还有的四星酒店低于每桌 800 元不予接待等,所以要尽量避开,除非客人刻意要求在酒店内就餐。

6. 就餐时间

一般旅行社团队都发生过这样的情况:早餐是自助,客人下去餐厅晚了,好些菜品已经被吃光了,可是早餐即将结束,酒店也不会再给客人重新上。正餐有时因为堵车、因为在景点找人等耽搁了就餐时间,大家也饿了,快到酒店时导游就通知餐厅上菜,但是等大家到时菜也凉了。尤其在春秋和冬季,这个问题尤其要注意,处理不好可能让客人抱怨甚至对社里的所有服务都产生不满情绪。

(三) 养成看地图的习惯

一般旅行社墙上都会挂一幅《中华人民共和国行政图》,有的还挂有自己社所在区域的分省市地图。首先,要熟悉我国的基本行政区划和八大旅游区划所分别包含的省份在地图中的位置,哪些省和哪些省相邻。比如,江苏都和哪几个省市接壤。再比如,为什么一般从大连能直接去山东?

旅游景区地图一般标明了各地主要的旅游景点,一目了然。便于计调师合理安排旅游线路,知道哪些景点之间相互组合是可能的,哪些是不可能的,哪些互相之间离得比较远,但是客人非要这样走也是可以安排的。旅游线路地图往往以地区分类,通常是旅游从业人员根据常规旅游连线拼接而成,比如丝绸之路地图、华东地图、东北地图等。对于计调人员而言,参考此类地图,知道哪些相邻的景区景点和城市经常连在一起走,对业务技能提升有很大帮助。

在实际操作中,原来的计调有时需要按着地图比例尺的大小和图上距离来计算两个城市之间的大概里程,在此基础上来计算车费。但在信息非常发达的今天,一般计调会在网上或电话向当地的车队和旅游企业问询求证准确数字,并且在油价不断上涨的今天,尤其是暑期等旺季,自己计算的车费有时是不准确的。

(四) 掌握交通常识

要想成为一名合格的计调,掌握汽车、火车、飞机、轮船等交通工具的基本常识非常重要。

1. 旅游车常识

计调在接待团队时,要根据游客人数来选择和调度车辆,首先必须对于是否是正规旅游车,不同车型的载客人数、正座数、司机座、导游座、行李箱状况有清楚了解。如果用没有旅游车手续的车载客属于用"黑车",如果不小心用了,半路被执法队查车扣住,势必影响客人继续出行,临时换车还要耽搁时间,一旦出了问题在保险等方面也不能得到基本保障。这是旅游局严格禁止使用的。表 4-2 是常用旅游车车型、车况的说明。

表 4-2 常用旅游车车型、车况

类 别	座位(正座＋司机座＋副座)	车 型	备 注
小型车	5＋1	长安、昌河铃木(微型客车类)	小型车是在接待散客或小团队人数时采用的车型,这类车轻巧灵活,除依维柯为前开门外,其他都是中间开门设置。使用这类车作为旅游团队用车有一点需要特别注意,就是没有行李箱,所以计调在安排时接内宾一定要预留好 1～2 个接外宾要预留 3～4 个位置给游客放置行李,避免车厢内过于狭窄拥挤而引起客人不满,造成团队质量投诉
	9＋2	金杯(或奔驰面包、别克商务等)	
	14＋1	奔驰面包	
	15＋1 或 19＋1＋4	依维柯	
	18＋1 或 21＋1＋6 副座	金龙(小)	
	21＋1＋6 副座	考斯特(四川丰田)	
中型车	28＋1 或 31＋1＋1 或 35＋1＋1	金龙、宇通(中)	车门为前开门设置,有行李箱,有车载电视等配置,用途广泛,但座位间距较小

2. 火车常识

(1) 铁路车次的编制与上下行

列车车次的编制和上行下行有关,铁路规定进京方向或是从支线到干线被称为上行,反之离京方向或是从干线到支线被称为下行。上行的列车车次为偶数(双数),下行的列车车次为奇数(单数)。如 T11 次是从北京开往沈阳北方向,为下行,是奇数(单数),它的回程车 T12 次是从沈阳北开往北京方向的,为上行,是偶数(双数)。另外还有的车在运行途中会因为线路上下行的改变而改变车次,例如 K388/K385、K386/K387 次,是运行沈阳北到成都区间内的,从沈阳北始发是开向北京的,所以上行,车次为 K388 次。车经停天津以后开始向离京方向行驶,改为下行,所以车次同时改为 K385 次。同时在改车次前后的区间内,车次自成一对。比如沈阳北到天津区间车次是上行 K388,下行 K387。

(2) 火车车次代码的含义

火车车次的首字代码具体地说是铁路列车车次的一种等级编号,目前常见的有 D、Z、T、K、N、L(A)、Y,还有没有字母的四位车次。D、Z 打头的列车一般在经济发达、人口密度大的区域间开通,K 打头的列车最为普遍。

① "D"字开头的列车即动车组

自身有动力装置的车厢叫"动车",无动力装置的叫"拖车",把这两种车厢编组在一起,就叫"动车组"。运行中,一方面靠机车牵引,自身也有动力,因此,动力加大、速度提高。速度快,其时速通常可达到 200 公里以上;发车间隔小,密度大,非常快捷。比如北京南站发往天津的动车,每隔 20 多分钟一趟。

② "Z"字开头的列车

Z 是"直"字的汉语拼音简写,指的是直达特别快速空调旅客列车。这样的列车大部分在行程中一站不停或者经停必须站但不办理客运业务,但也有一部分是中间停靠也上下客人的。只要中间站标注停靠和发车时间,就是上下人的。所有的直特列车都是跨局(不是在一个铁路局内)运营列车。

③ "T"字开头的列车

"T"字开头指的是特别快速空调旅客列车,简称特快。到目前为止,T 系列的特快列车车次在 300 以前的是跨局运营列车,300 以后的是管内(只在一个铁路局内)运营的列车。

④ "K"字开头的列车

K 是"快"字汉语拼音的简写,指的是快速旅客列车,简称快速。这样的列车在行程中一般只经停地级行政中心或重要的县级行政中心。基本都是空调列车。

(3)策划线路时如何选择火车车次

计调在策划线路时,通行旅游目的地往往有多个车次可供选择,发车时间不同,价格不同,运行时间长短不同,车的整体环境舒适度不同,行程内容松紧不同。所以计调人员在选择时还是要动一番脑筋的。可遵循下表的原则。并且有时在实际单团操作中,客人对火车车次根据时间和舒适度要有充分的选择权,所以在报价时往往要把适合行程时间安排的几个车次都写上供客人选择,见表 4-3。

表 4-3　火车车次的选择原则

交通选择　　团队性质	短线团	中距离团	长距离团
去程车次	上午快车(座)	夕发朝至卧	晚卧晚抵或早卧早抵
返程车次	下午快车(座)	夕发朝至卧	对应车次或午卧早抵

3. 乘坐飞机常识

(1)航班号

航班分为国际航班和国内航班两种。为方便运输和用户,每个航班均编有航班号。

中国国内航班航班号由执行航班任务的航空公司二字代码和四个阿拉伯数字组成,其中第一位数字表示执行该航班任务的航空公司或所属管理局,第二位数字表示该航班终点站所属的管理局,第三、四位数字表示班次,即该航班的具体编号,其中第四位数字若为奇数,则表示该航班为去程航班,若为偶数,则为回程航班。

中国国际航班的编号是由执行该航班任务的航空公司的二字代码和三个阿拉伯数字组成,其中最后一个数字为奇数者,表示去程航班,反之,最后一个数字为偶数者,表示回程航班。CA985 航班,上海浦东——旧金山。但是如果是往返飞中国的其他国家的航班,尾数奇偶是以他们国家作为起始地来算的,如 NH160 是指日本的全日空由首都机场飞往东京的航班。

(2)关于机票预订

① 散客机票预订。一般散客机票可以自己在携程、百拓商旅等网上预订并付款,也可以通过就近的航空售票点来预订。比如,有个散客说要 7 月 12 日由北京首都机场飞昆明,想走中午的航班,你就马上网上查一下或者打电话问一下,中午飞昆明的航班有哪几

班,都是哪个航空公司的。然后是自己通过百拓商旅网预订,是给凯华航空售票处打电话,还是给华夏售票处打电话请他们帮助预订。操作方法如下。

下面是直接点击 http://www.baitour.com 也就是百拓商旅网的网址,输入用户名和密码,进到里面查看到的情况见表4-4。

表 4-4　网上预订机票

MU5702	中国东方航空公司	波音 767-300	里程：2266(元)
起飞 11:55 北京首都(PEK)	降落 15:25 昆明(KMG)	经停地：0	历时：3 小时 30 分钟

票面价	舱位	机建/燃油	总价	剩余座位	舱位规则	预订
1380(元)	M(76 折舱) 可自动出票	50/0(元)	1430(元)	9 个以上	查看	预订

那么点击显示全部舱位,看到经济舱全价是 1810 元＋50 元机建＋70 元燃油,那么网上显示是 76 折,就是 1810 元×0.76＝1376 元,取整就是 1380 元的票面价＋50 元机建费＋70 元燃油附加费＝总价 1500 元。然后给客人打电话说一下,如果客人同意这个价格和时间,让他把票款直接卡卡转账转到银行卡上,收到票款后就可以点击预订,直接输入客人名字和身份证号,然后直接通过网上银行以支付宝或快钱的方式支付。支付成功后,机票已经完成订购。到了 7 月 12 日客人可以凭身份证直接到机场东航柜台办理登机手续。

② 团队机票预订。10 人(含 10 人起)以上的团体机票要拿名单通过航空售票处或直接向相应的航空公司申请。

(五)出入境签证常识

签证,是一个国家的主权机关(一般是大使馆和领事馆)为维护本国主权、尊严、安全和利益而采取的一项措施,是一个主权国家实施出入本国国境管理的一项重要手段。签证即在本国或外国公民所持的护照或其他旅行证件上的签注、盖印,以表示允许其出入本国国境或者经过国境的手续,也可以说是颁发给他们的一项签注式的证明。

1. 签证的种类

签证的分类方法很多,每个国家都有不同,目前大多数国家的签证分为外交签证、公务签证和普通签证三种,即持有外交护照的发给外交签证;持有公务护照的发给公务签证;持有普通护照的发给普通签证。

(1)根据出入境情况划分,可分为出境签证、入境签证、出入境签证、入出境签证、再入境签证和过境签证六种。出境签证,只准许持证人出境,如需入境,须再办入境签证。入境签证,即只准许持证人入境,如需出境,须再申办出境签证。出入境签证,持证人可以出境,也可以再入境。多次入出境签证,持证人在签证有效期内可允许入出境。

(2)根据出入境事由划分,可分为移民签证、非移民签证、外交签证、公务签证、礼遇签证、留学签证、旅游签证、工作签证、商务签证和家属签证等。

(3)根据时间长短划分,可分为长期签证和短期签证。长期签证的概念是在前往国停留 3 个月以上。申请长期签证不论其访问目的如何,一般都需要较长的申请时间。在前往国停留 3 个月以内的签证称为短期签证,申请短期签证所需时间相对较短。

(4) 按人数划分,可分为单个签证和团队签证,单个签证就是指对单个护照持有人有效的签证。团队签证是对两个以上的护照持有人有效的签证。

(5) 按签证样式划分,又分为以下三种。

① 戳记,签证章直接盖在护照上。

② 贴纸,签证印在不干胶纸上,然后再粘贴在护照的签证页上。

③ 另纸,签证做在另纸,成为一个单独的文件,但必须同护照配合使用才有效。

除以上的签证种类外,还有一种是落地签证。落地签证是在抵达另一个国家入境口岸后现场发给的签证。落地签证属于一种优惠待遇。

我国现行的签证有外交签证、礼遇签证、公务签证和普通签证等四种。普通签证又分为探亲签证、求学签证、商务签证、个人旅游签证、团体旅游签证等,所需资料随着经济形势和两国之间的关系在不断变化着。

2. ADS 签证和“676”签证

ADS 签证是英文“Approved Destination Status”的缩写,意思是“被批准的旅游目的地国家”。加注 ADS 签证后仅限于被批准的旅游目的地国家的一地旅游,持因私护照的申请者可通过任何一家有相应资质的旅行社来申请,行业内俗称“团签”。旅行社向使(领)馆申请这种签证时必须同时报上行程、人员名单,里面有具体的出发和归国时间,并且归国后领队要将护照交回使领馆销签。一般情况下签证批下来后使馆会在你护照上贴一片小纸,上面注明你的名字、出发地和允许停留时间等。加注 ADS 签证后仅限于在被批准的旅游目的地国家旅游,不可签转,不可延期。持有这种签证的人必须团进团出,途中不允许脱团。

676 是个人旅游签证,也就是常说的客人要以个人名义送使馆的签证,有很高的拒签率,有些是去往签署了《旅游目的地国地位谅解备忘录》的国家,有些是前往没有签署《旅游目的地国地位谅解备忘录》的国家。

3. 发放签证的部门

政府授权发放签证的部门有两个,一个是政府移民局,另一个是驻外使领馆。在我国,行使移民局职能的是公安部边防局和出入境管理局。

4. 领区划分

申请签证一般应在其居住地所属的大使馆或领事馆申请。跨领区通常不允许。注意,居住地和户口所在地是有区别的,外国人一般没有户口的概念,只有常驻地的概念。一个持有上海户口的人,长期居住在北京,如申请美国签证,应该在北京申请。但申请人必须出示在北京长期居住的证据,如暂住证、工作单位证明等。

申请韩国旅游签证

以韩国为例,韩国签证领区划分如下。

北京领区:北京市/天津市/河北省/河南省/湖北省/湖南省/江西省/陕西省/青海省/甘肃省/山西省/内蒙古自治区/新疆维吾尔族自治区/西藏自治区/宁夏回族自治区

青岛领区:山东省

上海领区:上海市/安徽省/江苏省/浙江省

广州领区：广东省/广西壮族自治区/海南省/福建省

沈阳领区：辽宁省/黑龙江省/吉林省

成都领区：重庆市/四川省/云南省/贵州省

香港领区：中国香港/澳门

5. 申请签证所需材料

各个国家对于申请旅游签证所提供资料的要求是不一样的，有的简单，比如东南亚，只需提供护照照片和护照；有的复杂，比如在职人员必须提供单位营业执照(或组织机构代码证)复印件并加盖公章、在职证明原件等。有的国家不要求和申请人会面，比如日本、韩国、东南亚、澳洲；有的国家在递交护照等材料的同时必须和申请人会面，如美国；有的只选择部分申请人会面，如加拿大。情况不尽相同，申请人需根据使(领)馆的要求和安排，准时应邀会见。各使(领)馆的权限不同，受理和审批签证的程序各异，所以从受理申请人的签证申请到正式颁发有效签证的时间长短也不同。时间长的要三五个月，甚至超过半年，或一年以上；时间短的，只需几天，如日本是5个工作日，或者当即可获得签证，如美国。这里起决定作用的不是使馆的工作效率，而是由各国颁发签证的权限和程序决定的。

不同目的的签证，资料要求的重点不同。比如，商务签证比较注重的是对方发来的邀请函，如果是对口单位发来的最好，发邀请函单位的知名度和信誉越高越好。而对于个人旅游签证，则对资产稳定的要求比较严格，比如是否结婚了、工作是否稳定、年薪高低等。再比如，对于探亲签证的成功与否，国外亲属的情况就比较重要了。

以下提示(如表4-5所示)基本适用于所有国家的签证。

表 4-5 签证提示

1. 护照要在6个月有效期以上；
2. 曾被任何国家拒签过的客人，请提供拒签说明，请申请人写英文说明；
3. 部分使馆有权在受理签证时抽取申请人到使馆面试，以及回国后销签；
4. 使馆对户口职业为农民的申请人审查较为严格，拒签率高；
5. 每张签证需占据对开的两张护照空白页，如做多国签证请注意；
6. 请客人在背面签名，如果有旧护照的一定要提供以前所有的旧护照原件，或旧护照丢失的证明，出具公安部门的证明；
7. 2寸白底近照2～4张(有的使馆需要扫描照片到签证上)；
8. 照片尺寸35mm×45mm(个别国家如美国除外)；
9. 照片一定是2寸的白底彩照，相面要清晰，不能磨损；眼镜反光或脸部有油光的都不能用，有的具体到露出耳朵，不许露牙等；一定要使用正规相纸；
10. 请客人在照片背面签名；
11. 资产证明有存款证明原件(或存单/存折复印件，车本、房本等辅助性的证明)；
12. 在职证明一般要用正规的公司抬头纸打印并加盖公章；中英文对照或者纯英文，要写明单位名称、申请人姓名、出生日期、护照号码、职务及年薪、旅行时间、负责人职务、签字及电话，并注明申请人按时回国，以及遵守国外法律；
13. 如父母一方或亲属带孩子去，未成年人需提供亲属关系公证，委托公证；一般不接受未成年人单独出行；
14. 如有面试，面试时需提供资产原件(房产证、户口本、车证等)，及使馆要求的证明文件；
15. 提供资料确保真实性，如因个人提供虚假资料被拒签，旅行社概不负责此费用。

五、对电子信息技术的应用

（一）旅游电子商务的概念

电子商务，英文是 Electronic Commerce，简称 EC，有广义的和狭义之分。狭义电子商务定义为，主要利用 Internet 从事商务或活动。通常是指是在全球各地广泛的商业贸易活动中，在互联网开放的网络环境下，基于浏览器服务器应用方式，买卖双方不谋面地进行各种商贸活动，实现消费者的网上购物、商户之间的网上交易和在线电子支付以及各种商务活动、交易活动、金融活动和相关的综合服务活动的一种新型的商业运营模式。简言之，就是系统化地运用电子工具，高效率、低成本地从事以商品交换为中心的各种活动。目前电子商务模式共有以下 7 种。

（1）B2B——Business to Business：是指进行电子商务交易的供需双方都是商家（或企业、公司）。

（2）B2C——Business to Customer：是我国最早产生的电子商务模式，即企业通过互联网为消费者提供一个新型的购物环境——网上商店，消费者通过网络在网上购物、在网上支付。B2C 的典型有卡当网、当当网、卓越网等。

（3）C2C——Consumer to Consumer：通过为买卖双方提供一个在线交易平台，使卖方可以主动提供商品上网拍卖，而买方可以自行选择商品进行竞价。

此外还有 B2M、M2C、B2A（即 B2G）、C2A（即 C2G）电子商务模式。

互联网是个开放的网络，存在不安全的因素，严格来说，网上交易必须有国家级的、对第三方的认证才构成电子商务，以此来控制商户收到款不给客户发货或者客户交完钱因为某种原因退订了但是收不到退款的现象，来控制客户网上银行账号和密码被盗的现象。目前，作为电子商务的核心环节，基于互联网的支付系统在世界范围内得到了充分的发展，而银行卡网上支付由于其实时性、便捷性，成为网上 B2C 业务的一种主要支付手段。

（二）旅行社网站

我国旅行社电子信息应用方面起步晚、发展慢，加快这方面的应用步伐也是最近三四年的事情，真正发展起来还需要几年时间。以前旅行社主要靠传统的营销方式——群发传真、抱着黄页号码本打电话、报纸杂志广告轰炸、销售员上楼发传单。

旅行社网站要经常维护和更新，否则就成了聋子的耳朵——摆设了。旅行社计调在网站维护方面要做的主要工作就是定期把新的行程和报价通过后台及时登录上去让客户看到。对于希望通过互联网获得收益的旅游企业来说，多尝试一些网络推广渠道。也可以和饭店、旅游局合作，直接上他们网站的推荐榜，发别致的论坛帖子，上当地一些与人们生活息息相关的小网站，以及同业网站等。要经常关注自己网站的日访问量是多少，每月拉来多少个订单。如果效果不太好，要分析原因。

负责回复在线咨询的人要经过严格训练，才能及时抓住有意向的客户，不要擅离岗位，避免有人来浏览了想联络一下却没人理，给客人造成了名不副实的印象。浏览网站的客户如果询团队价格，负责在线咨询的人要及时向计调汇报，请计调抓紧核价、报价给客人。客户在你的网站上下完订单后,并不知道你什么时候给回复。计调师电话再确认一下,给客户一个确切答复,同时防止消息不实或客户变化。同城的你可以去给他签合同;异地没法见面签合同,也可以传真签,但要提前交一部分订金。

另外,还可以在知名网站上建立网店,网店相当于一个窗口门市,企业形象宣传的好与坏,就看你自己的装修水平了。

同时,写博客也是个不错的选择。

(三)常用的办公软件

在现代社会,办公软件已经成为人们不可缺少的办公助手。常用的办公软件包括:Office 系列,包括 Word 文档、Outlook 电子邮箱(收费和不收费的)、PowerPoint(幻灯片)、FrontPage(做简单网页的小文件)、Excel(表格)、Access(数据库)、Photoshop(绘图软件)、Publisher 等。这些办公软件结合在一起使用,除了可以创建适用于不同场合的专业的、生动的、直观的电子文档外,还可以最大限度地实现科学化的管理。以往,旅行社内部管理太依赖于纸质化和手工操作,比如口述,笔录,引起的问题是:①效率低下;②一人一个操作方法,可变性较大,不易管理,缺乏标准流程;③造成信息浪费:其中的任何一个环节只有少数人知道看到,不能让大家都看到。

新的电子商务管理能实现以下功能。

(1)依据科学管理软件和与之相符的管理制度,实现内部的科学化管理。把旧的弊端去掉,完全按照标准化流程来工作。

(2)办公管理软件是在原有的软件基础上经过相应的调整改进而产生的。基本实现客户管理、对外宣传、销售、内部操作的信息闭环。从第一个客户打电话进来咨询→客户报名→计调操作订房、订票→签证部门送签→财务部门收款,整个流程都在网上实现,各环节一目了然。

(3)各个部门都参与进来。信息更加公开,信息共享更加方便。

(4)电子商务管理是旅行社业务拓展的工具,能借此展开广泛的、强有力的宣传。产品的供给完全有赖于网络的展现。分销商到批发商搭建的平台,输入用户名和密码,实时地 24 小时随时可以登录查看。

(5)信息更新更快、更及时。代理商可直接通过端口录入游客信息。

(6)有利于公司做产品企业品牌的推广。端口开放得多了,甚至可以做到公司上市、融资、跨国并购。

目前,我国一些中小旅行社用的是 ERP(Enterprise Resource Planning,企业资源计划)软件。它是一种企业内部管理所需的业务应用系统,ERP 的核心管理思想就是实现对整个供应链的有效管理,比如把旅行社的客户、销售部、计调部、财务部、供应商、管理层都纳入一个体系之中,摆脱了纸质化办公的弊端,提高了工作效率。最关键的是 ERP 系统通过定义事务处理(Transaction)相关的会计核算科目与核算方式,在事务处理发生的同时自动生成了会计核算分录,保证了资金流与团队业务进程的同步记录和数据的一致性,从而实现了根据财务资金现状,可以追溯资金的来龙去脉,并进一步追溯所发生的相关业务活动,改变了资金信息滞后于物料信息的状况,便于实现事中控制和实时作出决策。

（四）和同行以及客户交流的主要渠道

QQ、MSN、电子邮箱等常用在线工具已经成为旅游同行们、旅游计调师和客户间交流的主要工具。QQ短信群发、邮件群发也可以用最短的时间做到最大的宣传。

【技能训练】

2009年3月23日两位客人打电话，说4月中旬蜜月期间想参加日本六日游，如果正好是你接到这个电话，你怎么回答签证所需要的资料？

【阅读资料】

【案例4-4】

旅行社计调标准工作流程

以下是一个以直客为服务对象，面向外地旅行社同行采购接待服务和成本的案例。

北京中青旅外联小王通过一个朋友介绍认识了一个新客户鑫海公司。虽然和这个鑫海公司负责旅游事宜的办公室负责人张主任见过面，但是还没有合作过。有一天上午十点半，张主任突然打来电话：

"我们公司在这个月中旬计划利用周五、周六、周日这三天时间去周边转转，你给我出几个参考方案，我向我们老总去汇报。钱不要花太多，因为公司预算有限。你什么时间能把方案给我？"

小王一听生意上门非常高兴，赶紧回复说："好的，我争取下午下班前给你行吗？但是你得告诉我大概多少人去，住三星还是四星，餐标是吃最普通的15元的还是吃高一点的？还有没有其他要求？"

"暂定41人吧，人数最终肯定有变化。住三星的就行了。餐每人吃15元有点低，不行就吃30元的吧，怎么也得吃好住好啊。其他要求就是周六晚上有个晚宴，具体要求要有卡拉OK设施，有个小舞台，看看当地有没有'草台班子'，请过来表演一个多小时的节目，并和我们搞些互动助助兴！"

"好的，我明白了。麻烦您把您的电子信箱发个短信给我好吗？做完后我马上给您发过去！"

"好！没问题，那我就等那你的消息了。"

小王放下电话就按习惯在自己的笔记本上把客人的要求简单做了记录，然后去找计调李姐，并把基本情况向她做了说明。李姐自己也做了相应记录。然后立刻根据自己积累的操作经验做了简单的分析：

第一，周末时间有限，只能安排无论火车或者汽车行程覆盖在三天之内的，如果有夕发朝至的火车，安排三晚四天也可以。那么按照距离，只能有兴城笔架山汽车三日游、承德汽车三日游、五台山/平遥古城/常家庄园/乔家大院汽车三日游、焦作云台山双卧四日或卧去动回三日游这四条线路可以入选。

第二，按客人的吃住要求，不属于普通的经济团而是属于豪华团。这种客人档次较高，基本属于享受休闲型，对接待水平要求相对较高。

第三，当地"草台班子"这事，不是旅行社常规服务范围，但既然客人提出了，就要努力去做。需要请求当地旅行社发动关系帮忙协助。

接着，李姐就赶紧在网上分别找了这几个地方的驻京批发商，把要求都跟那边的专线计调讲了。并要求她们务必抓紧时间。同时又找到郑州华夏旅行社和北戴河旅行社这两家当地社的计调分别发了计调做比较。目前客人的最终目的地还没确定下来，不需要特别的细节，比如"草台班子"一事李姐就没有要求，计划等客人定下来去哪里再说。但是报价一定要准确，起码只许高不许低，否则最后客人定下来要去这条线路了，你突然发现少加一顿餐费，再跟客人谈加钱，客人可能就认为你不是专业干这个的了，怎么可能落下呢？也许就会怀疑你的动机了。一旦产生了不信任，接下去的工作就不好办了。

到下午两点四十左右，这几家的报价已经陆陆续续都过来了。李姐把其中的线路、报价和服务内容部分粘贴过来，分别放到有自己公司表头的文件里，把报价加上自己的利润做了修改（如果是整体报价的，很简单，周边三日游一般每人加80元的利润就可以了。如果是分解报价，也就是吃、住、用车、餐、门票分着报过来了，就得把利润也分别加到这几项里面去报给客人。当然有时对于一些大公司，需要明示给客人接待底价，然后按总营业额的10%～15%收取服务费即可。）这个加价的过程有以下三点需要注意。

（1）当地社或驻京批发商报过来的都是只含当地地接导游，要加上社里派出的全陪的费用。特别是火车团，涉及全部的往返车费。

（2）要加上旅行社意外险的内容，一般在保险一栏里注明：含旅行社责任险，旅游人身意外险保费5元自理（但必须上）。

（3）对方一般报的都是45～49座旅游车，李特意在用车一栏上做了提醒：随人数变化调整车辆，车费也会相应变化。然后李姐在网上通过QQ传给销售员小王。

小王认真看过后，做了充分的理解并对客人可能提出的问题做了准备，然后按照张主任给的E-mail地址把文件逐一发送过去，并给张主任发了短信。

接到张主任表示收到的短信后，小王就放下心来去做其他的事了。

过了一个小时，小王给张主任打了电话："张主任，您看内容清楚吗？有什么问题吗？"

"很清楚，我打印出来一会给领导送去，具体情况明天开会研究完后我通知你吧。"

"好的，等您的好消息！谢谢您！"

第二天下午两点半，张主任来了电话："我们商量过了，头儿的意见是去云台山。你看明天上午你带合同过来签一下。"

"好的，没问题。那我赶紧落实一下各方面，包括'草台班子'表演的问题。还有，张主任，去程我们坐从北京到新乡的硬卧，这个提前十天出票。您看今天已经是倒数第九天了，昨天已经开始放票了。我们赶紧通知票务去看看票的情况吧。这么多人，一般又要求坐在一起,票是很紧张的。"

放下电话,小王赶紧找出昨天给客人云台山的报价(见表4-6)。

表　4-6

北京青年旅行社股份有限公司
BEIJINGYOUTH TRAVEL SERVICE CO. LTD.

地址:北京朝阳区劲松三区甲302华腾大厦
电话:010-87380811　87026836　传真:010-58857118
联系人:王飞　133×××××××

日　期	行　程	用餐	住　宿
第一天周四	公司门口集合上车,赴北京西站,乘坐22:16 K507/K510列车或22:38 K179次列车硬卧赴新乡	///	火车上
第二天周五	5:30或6:10抵达新乡,赴云台山(70公里)。早餐后赴世界地质公园、国家4A级旅游区、国家森林公园——云台山。游览有"潭瀑苑"之称的小寨沟,小寨沟五步一瀑,十步一潭,似跳动的音乐,流动的画卷;游览落差居亚洲之冠的云台天瀑"泉瀑峡"(老谭沟);云台天瀑垂直落差314.34米,(季节性)堪称华夏第一高瀑。下午乘车下山游览"子房湖"风光,步行水库大坝上返回,游农家小院,小溪边自由散步,亲密接触自然	早中晚	
第三天周六	早餐后游览有"峡谷极品"之称的红石峡(又名温盘峪),穿过温盘峪谷底,体验一线天、相吻石、九龙潭、逍遥石、温盘峪、集秀、幽、伟、险为一体。泉、瀑、溪、潭为一谷,素来享有"盆景峡谷"的美誉。午餐后登海拔1308米的茱萸峰——有"会当凌绝顶,一览众山小的"的豪迈气概,可游览叠彩洞、体验暗十八盘的公路隧道,观小象攀山,天狗夺门、军舰巡山等。 晚赴郑州,18:06乘D132次动车赴北京,22:57抵达北京西站,车接回公司(途中可顺路下车,但不能送几个地点),结束愉快旅程	早中晚	

云台山一地单卧单座三日(去空调硬卧回动车)

报价:1090元/人。

包含服务项目:

(1)交通:去空调硬卧火车,回动车二等座,及往返订票手续费。

(2)住宿:焦作挂牌四星酒店。

(3)用餐:2早3正餐;早餐自助早餐;正餐十人一桌,300元/桌。

(4)门票:景点首道大门票及景区内环保车。

(5)保险:旅行社责任险、旅游人身意外险。

(6)用车:当地空调45座正规旅游车。

(7)导游:地接导游服务、全程陪同服务。

不含服务项目:

(1)第二天晚宴,如订四星酒店凯莱,时间是晚6点到12点,包场收费1500元,酒水和加菜另计,如订酒店外面更好些。

(2)火车上用餐(自由活动时间不含餐)。

(3)单人房差及领导商务套房590元/间(市价880元/间)。

（4）个人消费及行程中自费项目。

接着小王去找李姐。李姐立刻给票务小朱打了电话。小朱说："K179 是北京到郑州的直达车，新乡是在郑州的前一站，所以火车站售票只给团队留上铺到新乡，中、下铺全买到郑州的。新乡到郑州硬卧票价要差 21 元左右。还有 22:16 发车的 K507 和 22:38 的 K510 次是过路车，到新乡属于短途，不是提前十天而是提前四天才能出票。"

"K507 到站 4:30，时间太早，客人是一夜睡不好觉了。K507 提前四天才能出票也没有把握啊，到时候搞不到票怎么办？就集中精力搞 K179 吧。但都出上铺肯定不行，那还不得炸了啊。你就出到郑州的 15 张下铺 15 张中铺。差价我去跟客人谈。其余的出到新乡的上铺。你先想办法把票订上，最迟明天上午出票。"

然后，李姐经过各个方面的仔细比较，决定找郑州华夏旅行社接这个团，又进行了个别地方的讨价还价。尤其强调费心找当地的戏班子，如果实在没有再说。并且告诉他们等明天和客人签完合同就给他们确认。让他们先操作着。然后给小王准备去签合同时使用的附件、行程单和注意事项（见表 4-7）等。

表 4-7

北京青年旅行社股份有限公司
BEIJINGYOUTH TRAVEL SERVICE CO. LTD.
云台山一地单卧单座三日

客人单位	鑫鑫有限公司		
团号		人数：41（暂定）	
出团时间及地点：2009-5-14（星期四）20:50 鑫元大厦			
返回时间及地点：2009-5-16（星期六）23:30 鑫元大厦			
全陪：待定 导游证编号			
往返交通	去程	K179 次到新乡	硬卧
	回程	D132 次到北京	二等座
住宿	焦作凯莱大酒店	双人标准间 20 间	1 间商务套房
当地用车	45 座旅游车	景点	云台山一地
地接社	郑州××旅行社	0371-65××××××	
地接导游			
备注：所列行程没有把不可预期的堵车、进郑州市拥堵等时间算在内。所以时间只能说是大约			

云台山 2 晚 3 天品质团

日 期	行　程	早	中	晚	住　宿
5/14	20:50 鑫元大厦楼下集合上车 21:00 准时出发赴西客站 22:38 乘 K179 次列车硬卧赴河南				火车上
5/15	6:08 新乡火车站接团 6:08～6:20 出站、集合上车，赴新乡九州宾馆用早餐 6:30 火车上没来得及洗漱的客人可以在九州宾馆内公用卫生间内洗漱；也可以在附近走走，稍事休息，呼吸早晨清新空气 7:00～7:30 早餐				

云台山 2 晚 3 天品质团

日　期	行　程	早	中	晚	住　宿
5/15	7:30 新乡出发赴云台山,巍巍太行山一路南下至此戛然而止,形成南北断裂,构成了云台山雄险奇艳的自然风光 9:00 抵达云台山。下车,导游买票,换景区车 9:30 游览因水似九寨沟而得名的小寨沟(游览时间1.5 小时左右)。小寨沟相传为隋末农民起义英雄刘武周和唐太宗李世民安营扎寨之地,总长 2 公里,高山对峙,中为峡谷。谷底巨石矗立,溪流涓涓;素有"三步一泉,五步一瀑"之称,有时间可以前往老潭沟欣赏落差高达 314 米的云台天瀑(季节性瀑布) 12:40 景区服务去用中餐 14:00 游览"盆景峡谷"红石峡,此处丹山碧水,千仞壁立,仿佛到了张家界,又有人说像丹霞山,据查此处为与张家界地貌、丹霞山地貌并称为中国三大砂岩地貌的嶂石岩地貌,以延续不断的丹崖长墙为主要特色 16:30 集合,乘车去焦作 17:30 入住酒店,稍事休息后赴晚宴 19:00 用晚宴	√	√	√	凯莱
5/16	7:00 叫早,起床,同时收拾好行李,拎出房间放在车上或餐厅,把钥匙交给导游,已备吃早餐时间酒店查房。 7:30 用早餐 8:00 出发,二次进山 9:30 游览茱萸峰景区,茱萸峰俗名小北顶,海拔 1308 米,峰顶有真武大帝庙、天桥、云梯。相传,王维名诗《九月九日忆山东兄弟》"独在异乡为异客,每逢佳节倍思亲,遥知兄弟登高处,遍插茱萸少一人",即于此峰有感而作。登上峰顶,极目远眺,可见黄河入银带;俯视脚下,群峰形似海浪涌 11:30 集合出发 12:00~12:40 禁区附近或修武县用中餐 13:00 出发赴河南省会——郑州 15:30 抵达郑州,超市选购回程火车上需用食物、水等物品 16:30 集合出发赴火车站(市内堵车) 18:00 乘 D132 次火车返回北京 22:57 抵达西客站,汽车接回公司(中途可以下几次车)	√	√		

赴云台山旅游注意事项

- 出发前请您和家人必须携带有效身份证件(如身份证、护照等)。
- 安全第一,登山前不宜穿皮鞋、凉鞋和塑料鞋,以防滑跌。
- 登山观景要牢记。
- 走路不看景,看景不走路,大景不放过,小景不留连,拍照不用慌,先对身后望。

- 患有高血压、心脏病等患者,应在亲友陪伴下出游并随身携带好必备药品。
- 在不减少旅游景点的条件下,导游有时会根据实际情况调整顺序请大家谅解。
- 为了您的路途安全和旅游愉悦,建议您不要理睬车上车下的拉客者;不要让陌生人上车。
- 云台山出行提示:
  - ◆ 七八月是云台山的雨季,五月虽不是雨季但有时也会赶上下雨,最好备好雨具,但雨中登山不存在危险,可以放心登山游。
  - ◆ 河南的温度比北京高,但夏季的云台山比山下或是城市的温度要低一些,感觉比较凉快。为了应付早晚的气温变化,可以带件稍厚点的长袖衫和长裤。
  - ◆ 山上参观的人数较多,请注意排队,不要拥挤,拍照时注意安全。
  - ◆ 旅游旺季尤其是周末,餐厅吃饭可能会偶尔拥挤,请有心理准备。
  - ◆ 新乡、焦作都是小城市,某些服务设施条件没法和首都相比。
- 进酒店查看有无自费物品,有无其他物品已经损坏或缺少,若有,及时与前台联系。酒店内的纸拖鞋遇水有时会很滑,请加小心。
- 火车上、酒店内、旅行中、用餐时、退房时,都要注意妥善保管好自己的贵重物品。免得一旦丢失影响心情。大家也跟着着急。入住酒店或离开酒店时可把贵重物品放在前台保管。不要把行李交给别人代为保管。
- 俗话说:"在家千日好,出门事事难。"尽管单位和旅行社想尽心尽力把旅程中的各项服务安排好,但总难免有不周之处。有意见请及时反映给全陪和地接导游,大家尽量解决,不要影响得来不易的游兴。

第二天上午,小王顺利和客人签了合同。并拿到了80%的首付款支票。接下来李姐和郑州华夏做了传真确认,又给车队打了电话,调了49座大金龙安排接送站。通知票务小朱可以出票了,先按加上全陪42张票出。如果人数有变化再多退少补。因为新的《旅行社条例》已经开始执行,要求不但是地接导游持证上岗,组团出游即使是周边游也必须由正规导游持证上岗,如果在以往,这个团由王飞自己带就行了,还能在带团的过程中加深和游客之间的互相了解。但现在不行,李姐又找了常用的一个导游周扬,说好由他带团去焦作。

10日,豫剧班子演出团体费尽周折终于找到了,因为在那么小的舞台上要求化妆、穿戏服、带乐队这些都有难度,几次交涉,谈妥只有两个演员穿戏服化淡妆,带五个人的现场伴奏人员,演出两个小时费用2000元,总共7个演出人员。

14日到了,导游周扬上午过来领计划,李姐把相关事项交代清楚了。并让他把向地接导游要来的当地天气预报发给张主任,按天气预报说是中雨,但是山里一般自有小气候,跟大家讲不必沮丧。另外交代了到达后总经理的套房要买点水果,装上果盘放进去。还有,为了吃得好点,早餐安排在九州宾馆的自助餐。客人6:20就到宾馆,但是早餐7:00才开始。所以客人要在那里等半个多小时,正好早晨没有来得及在火车上洗漱的客人可以在宾馆洗漱一下,这点务必跟客人交代一下,客人团队按时出发了。

15日早晨到了后云台山一直在下雨,尽管是周末,李姐也一直开着手机,与几个带团在外的导游保持联络。后来雨虽没有停,也没那么大,周日上午登顶时天晴了。客人对各个方面都挺满意。尤其晚宴演员在演出过程中与客人互动,让他们学走台步,学唱腔,演员走了后客人又唱歌跳舞,玩到 11 点多,非常尽兴。

周二,导游回来报账。周三客人电话通知小王去取 20% 余款的支票,并交代了开发票的内容,李姐去财务那里报了账并把相关的成本发票给了财务,然后把这个团相关的资料整理成一份完整档案放进档案柜。

这个团的所有操作基本结束了。

综合以上这个北京周边游实际操作例子,可以看出计调的标准工作流程。当然在实际工作中还有散拼团的批发商,设计调工作是提前做好了多种线路产品,打包后由销售人员去招徕客人。达到成团人数后,再统一安排给地接社。最大的区别可能就是直客还是同业批发;成本采购是直接面向宾馆、饭店、车队,还是间接向当地社和同行批发采购了。

【案例 4-5】

工作疏忽延误航班

2009 年 9 月 18 日,22 名北京游客参加云南双飞六日游,原计划 9 月 23 日 19:30 乘飞机返回北京,由于接待社计调给导游派团单时,只是在上一团派团单上略为修改,忘记了更改此团的航班时间,因此导游按照派团单上 20:20 的航班送团,当到达机场时原计划 19:30 的航班已经截止办登记手续,此时游客们这时把心中的愤怒向导游发泄。

【点评】 这明显是接待社计调的全部责任,发现错误后,首先计调向组团社或游客解释出错原因并道歉,计调让导游安抚游客,同时联系航空公司看是否可做改签手续,明确可改签后计调让游客领队签字同意此解决方案,在登机前为每位游客赠送一包云南普洱茶以表歉意。

【案例 4-6】

住宿条件与合同不符谁之错

2008 年 10 月是北京游最红火的季节,住宿、用车、导游都是令地接社计调最头疼的事情,因此忙中难免出现疏忽大意造成错误。20 名上海客人于 10 月 14 日上午抵达北京参加京城五日游,住宿要求三环内干净卫生、独立卫浴、明亮大堂不挂牌三星酒店,但是由于该计调工作多,订房时没有前去酒店实地考察,只是听从其他同事的推荐便匆匆订了酒店,当第一天行程游玩结束回酒店准备入住时,游客发现酒店条件完全不符合上海组团社的许诺,既没有明亮大厅,甚至个别房间还没有窗户,所有游客纷纷把矛头指向导游并且拒绝入住。

【点评】 计调在做这个团的过程中出错,有以下两点原因:第一,没有了解上海游客的生活标准及习惯;第二,盲目信从同事的推荐,没有亲自考察酒店的环境及设施。这个错误应完全由地接社计调来负责。计调在了解情况后,需立即联系符合游客要求的酒店,重新订酒店的过程中可让司机、导游带领大家参观附近夜景,或临时增加费用较低的景点,既要做好安抚游客工作,也要降低公司的损失,待重新安排好酒店后,与司机、导游联系告知新酒店的名称及具体位置。这样游客既为游客增加旅游景点,又把公司损失降到最低。

【完成任务】

2009 年 7 月 25 日大连旅行社组团 33 人(一名 1.2 米以下 4 岁儿童,两名 70 岁老人)参加北京双卧三晚五天品质游(全程 4 个购物店),7 月 26 日早 8:00 到达北京火车站,7 月 28 日晚上北京站送团,请你替大连组团社给北京地接社发一份确认单,列出几大要素及注意事项。

思考与练习

1. 什么是 ADS 签证和"676"签证? 二者有什么区别?
2. 如何选择和制定标准团餐?

任务三　旅游服务采购业务

【任务描述】

假如你是旅行社的计调,旅行社经理将谈好的一个昆明、大理、丽江双飞 12 日游的50 人的团队交给你,由你来进行下一步的操作。你将怎样来完成这一任务呢?

【任务分析】

在旅行社的产品和服务中,除了像导游服务这种少数服务项目是由旅行社自身提供的以外,其余像交通、游览、住宿、餐饮、娱乐等大多数服务项目都是由其他旅游服务部门或行业提供的,这就产生了旅行社业务中的采购行为。当旅行社与旅游者签订了旅游合同以后,下一步就是要按照旅游合同的要求,进行各种旅游服务的采购了。因此,旅行社计调人员要尽量争取以最低的成本和最低的价格从旅游服务供应商那里,通过合同或协议等形式采购到各种旅游服务,以保证旅行社向旅游者提供所需的旅游产品。旅游活动涉及食、宿、行、游、购、娱等方面,因此,航空公司、铁路、轮船公司、酒店、餐厅、景点以及娱乐场所等也就成为旅行社的采购对象,对于组团社而言,还要采购接待社的产品。最终旅游服务质量的好坏,前期的采购起到很大作用。

【相关知识与技能】

一、旅行社旅游服务采购的内涵与原则

(一)旅行社旅游服务采购的内涵

旅行社的旅游服务采购,是指旅行社为满足旅游过程中的需要,通过合同或协议的形

式,以一定的价格向其他旅游服务部门或者行业购买相关旅游服务项目的行为,旅行社购买的服务项目是旅游产品的重要组成部分。旅行社作为以营利为目的的旅游企业,必然要维护本企业的经济利益,在采购活动中,应当根据具体情况,采用不同的采购策略,设法以最少的成本和最低的价格从供应商那里获得所需的各种旅游服务项目。

旅行社实现的是承诺销售,旅游者购买的是预约产品。旅行社能否兑现销售时承诺的数量和质量,旅游者对消费是否满意,很大程度上取决于旅行社计调的作业质量。计调的对外采购和协调业务是保证旅游活动顺利进行的前提条件,而计调对内及时传递有关信息又是旅行社做好销售工作和业务决策的保障。因此,旅行社的旅游服务采购是计调部门对外的主要工作。

（二）旅行社旅游服务采购的原则

旅行社的采购也像其他企业的采购部门一样,只有采购到原材料,才能保证产品生产的顺利进行。而购进原材料的价格则决定着产品的成本及投放市场的销售价格,所以旅游服务的采购对旅行社的产、供、销各环节影响很大。因此要从旅游者的需求出发,根据旅游线路的设计,科学合理地进行采购。

旅行社的旅游服务采购主要有两大任务,即保证供应和降低成本。在采购过程中应遵循以下原则。

1. 保证旅游者所需的各种服务

这是旅行社在其采购业务中必须遵循的首要原则,也是其进行采购的根本任务。当然,旅行社在采购各项旅游服务时,不仅要保证能够从数量上买到产品所需的旅游服务项目,还要保证其所购买的旅游服务全都具备产品所规定的质量。如果旅行社只是关心其所购买的旅游服务项目的数量,而忽视这些项目的质量,同样会招致旅游者的不满和投诉。由此可见,只有旅行社的采购工作得力,使旅游者所需的旅游服务项目在数量和质量上能够保证供应,旅行社的声誉、生存和发展才有保障。

2. 降低旅游产品的成本

在旅行社的旅游产品中,直接成本占大部分,因此旅行社降低成本的主要着眼点应放在决定直接成本高低的关键性因素——采购价格上。旅游产品的成本通常表现为为各旅游供应商提供的机(车)位、客房、餐饮、门票等的价格,计调部门在对外进行相应采购时,应尽量争取获得最优惠的价格,以降低旅游产品总的成本,这也就意味着旅行社利润的增加。另一方面,旅游产品成本的降低,保证了旅行社在激烈的市场竞争中获得更多的市场份额。

降低旅行社产品的采购成本,受以下两个重要因素的影响。

（1）旅游协作单位价格的调整,如景点门票、交通票价、客房房价的上浮或下调,都对旅行社采购成本影响重大。

（2）旅行社产品销售时间与旅游者成行之间的时间差。因为旅行社产品是事先预约购买的,价格是提前定好的,到旅游者成行的一段时间内,可能会遇到价格的调整。如果是价格上扬,就会给旅行社带来风险,如经济上的损失、旅游者或协作单位的不满等。因此,如何尽可能保持产品成本的稳定是采购工作的一项重要任务。

3. 互惠互利原则

旅行社的产品质量和价格在很大程度上取决于所采购的旅游服务产品的质量和价格。相关企业的价值链和旅行社的价值链之间的各种关系为旅行社增强竞争优势提供了机会。旅行社和相关企业之间应是一种互惠互利的合作关系,因此,在旅行社采购活动中,应该坚持互惠互利的原则,建立起与相关企业和部门之间的互惠互利的合作关系。

二、旅行社采购方式

旅行社作为以营利为目的的企业,毫无疑问要千方百计维护自己的经济利益,在其采购活动中,必须设法以最低的价格和最小的成本从其他旅游服务的供应部门或企业那里获得所需的各种旅游服务。所以旅行社的计调人员必须随时关注和研究分析市场供需,熟悉市场上各种旅游服务的价格及市场波动规律,有针对性地采取策略和方式,以获得最大的经济效益。

目前旅行社采购的方式主要有集中采购、分散采购和建立采购协作网络三种。

(一)集中采购

"集中"在这里包含了两方面的含义:①指旅行社将本社内各部门的采购活动全部集中起来,统一对外采购;②旅行社将其在一个时期内,如一个星期、一个月、半年甚至一年营业中所需的旅游服务项目相对集中,全部或大部分投向精心挑选的某一个或少数几个旅游服务供应部门或企业,以最大的购买量获得最优惠的价格和供应条件。

集中采购的优点是通过扩大采购量、减少采购批次,让卖方"薄利多销",从而降低采购价格和采购成本;缺点是采购提交量较大,预订量往往超过实际使用量而造成退订损失,所以需要认真作好采购预测和适时的调整工作。

(二)分散采购

分散采购,即采取一团一购甚至一团多购的分散式采购方法。它使用的第一种情况是旅游市场上出现严重的供过于求的现象,旅行社可采用近期分散采购的策略,在旅游团队或旅游者即将抵达本地时,利用旅游服务供应部门或企业无法在近期内通过其他渠道获得的大量购买者,近期需要将大量既不能储存,又不能转移的服务产品出售的处境,便尽量压低采购价格,以最低成本获得所需旅游服务。第二种是在旅游旺季到来、旅游服务供不应求的情况下,旅行社无法从一定或少数服务企业处获得大量旅游服务供应,需要采购人员广开渠道,设法从若干家同类型旅游服务供应部门或企业获得所需旅游服务。

(三)建立采购协作网络

建立采购协作网络即通过与其他旅游服务供应部门或企业洽谈合作内容与合作方式,签订经济合同或协议,明确双方权利义务及违约责任,建立起广泛而且相对稳定的旅游服务供应系统,从而保证旅行社所需旅游服务的供给。

三、旅行社协作网络与旅游服务采购

旅行社产品的高度综合性和强烈季节性决定了建立旅行社协作网络的必要性。协作网络的建立,是旅游服务采购的基础工作。它是指旅行社通过与其他旅游企业及相关的各个行业、部门洽谈合作内容和合作方式,签订经济合同或协议书,明确双方的权利、义务及违约责任,从而能够从法律的角度约束与保证旅行社所需服务的供给。不仅如此,旅行社协作网络的质量还将直接决定旅游服务采购的质量,并由此对旅行社的产品质量产生直接的影响。

旅行社协作网络的建立应从以下几个方面进行。

(一)旅行社与交通部门的合作

现代旅游者外出旅游首先关心的就是交通,在整个旅行过程中,旅游者很大一部分乐趣来自旅游交通工具所担负的旅游过程。因此,提供迅速、方便、安全、舒适、准时的交通服务是一个旅行社产品不可或缺的组成部分。原计划的航班或车次的任何变更都将会影响旅行日程上、下站旅游活动的安排,从而破坏旅游者的情绪并损坏旅行社的声誉。因此,一个旅行社必须与交通部门(航空公司、铁路局、水上客运公司和旅游汽车公司等)建立密切的合作关系,并争取与有关的交通部门建立代理关系,经营联网代售业务。尤其是在我国目前的交通运输状况下,这是旅行社计调业务的首要工作。

1. 具体业务

(1) 根据旅行社业务工作量成立票务组(科)或确定票务员。

(2) 向交通部门申请建立合同关系,签订正式合同书,确定合同量,领取合同证。

(3) 随时与交通部门保持联系,及时领取最新价格表和时刻表。

(4) 将有关票务的各种规定(如提前预订的时间限制,应交预订金的百分比,改票、退票的损失比例等)了解清楚,整理、打印、分发给外联部门并报审计、财务备案。

(5) 设计、印制"机/车票报账单"、"机/车票预订金报账单"、"机/车票变更取消报账单",与财务部门协商后,明确其使用方法。

(6) 设计、印制"飞机票预订单"(见表 4-8)、"火车票预订单"(见表 4-9)及变更、取消通知单,与外联部门协商后,明确其使用方法。

表 4-8　飞机票预订单　　　　　　　×××××旅行社

乘机日期				航班		去向	
项目	成人	儿童		要求	头等舱、经济舱	数量	
		未满两周岁	2~12周岁				
自费预交款	外汇			余款		手续费	
	人民币			超款			
订票日期				订票人			
旅行社代办人				民航接受人			
备注							

表 4-9 火车票预订单　　　　　　　　　××××旅行社

乘机日期				车次		去向			
项目	成人	儿童		要求	软卧、硬卧、软座、硬座			数量	
		未满两周岁	2～12周岁						
自费预交款	外汇			余款		手续费			
	人民币			超款					
订票日期				订票人					
旅行社代办人				车站接受人					
备注									

（7）根据接待或订票单，实施订票、购票。

（8）明确交接票手续和交通票务员的报账程序。

2. 注意事项

（1）在订票时，注意季节、路线的不同价格和儿童票价优惠百分比。

（2）在取机票时或再确认机票时，应带齐有关证件（个人护照、团体签证、单位介绍信、保函等）。

一个旅行社应尽量争取与交通部门建立代理关系，进行联网代售业务。此外，如经常遇到所接待的外国旅游团在火车旅途中用餐，还应争取与铁道部门签订有关使用"外宾在列车上用餐专用结算单"的合同，以方便陪同工作。

（二）旅行社与住宿部门的合作

饭店是旅游业的三大支柱之一，是旅行社产品的重要组成部分，并在一定程度上已经成为评价一个国家旅游业接待能力的重要标志。因此旅行社必须与饭店建立长久、稳定的合作关系，这是旅行社计调业务工作中非常重要的组成部分。

1. 具体业务

（1）根据外联部门预报的年客流量、客源来源、层次和住宿要求与本地及外地的各类饭店洽谈业务，实地考察饭店的各种设施及服务，正式签订协议书（其中包括系列团协议书和特殊要求的单团协议书）。

（2）将有关订房的各种规定（有无预订要求，提前多少时间预订）和与各饭店所签协议书的主要内容，如各个饭店不同旅游季节（旺、平、淡）的月份划分，客房的不同种类（单、双、三人间，大、中、小套间，豪华、总统套等）及其不同旅游季节里各种价格（客房门市价即散客价、旅行社合同价即团队价、特殊优惠价），各式（中、西式等）早餐的价格以及加床费，陪同床，司机、陪同用餐等项目了解清楚，整理列表、打印，分发给各外联部门并报审计、财务备案。

（3）随时与各饭店保持联系，掌握最新旅游客房行情，争取更优惠的房价。与此同时，加强与饭店的合作，及时将所接待客人的反映转达给饭店。

（4）设计、印制"住房预订单"（见表 4-10）、"变更住房预订单"（见表 4-11），与外联部门协商后，明确其使用方法。

表 4-10　住房预订单　　　　　　　　　　×××××旅行社

团号		人数		抵达	
团名		间数		离开	
酒店名称		星级		要求	
费用	（　）间×（　）元×（　）天＝（　）元		大写		
旅行社经办人			酒店接受人		
预订日期					
联系电话	酒店				
	旅行社				
备注					

表 4-11　变更住房预订单　　　　　　　　　　×××××旅行社

团号		人数		抵达	
团名		间数		离开	
酒店名称		星级		要求	
费用	（　）间×（　）元×（　）天＝（　）元		大写		
旅行社经办人			酒店接受人		
预订日期					
以上变更为					
变更损失费					
变更日期			变更人		
备注					

（5）根据接待计划或订房单，实施订房并将饭店销售部或营业部所给的预订单转告接待部或陪同。

（6）明确报账程序。

2. 注意事项

（1）在选择饭店时，应注意高、中、低各种档次饭店的合理分布。

（2）在订房时，如有重点团或旅行社代理人团或团中有 VIP 客人，应事先通知饭店销售部或营业部在客房里摆放鲜花或水果等。

（3）如举行小型欢迎仪式（小型冷饮会或锣鼓队等）或挂欢迎横幅，应事先征得饭店同意，并应在指定地点举行，避免影响饭店的正常营业。

（三）旅行社与餐饮部门的合作

餐饮服务是旅游供给必不可少的一部分，是旅游接待工作中极为敏感的一个因素。对现代旅游者来说，用餐既是需要又是旅游中的莫大的享受。餐馆的环境、卫生，饭菜的色、味、形，服务人员的举止与装束，餐饮的品种以及符合客人口味的程度等，都会影响旅游者对旅行社产品的最终评价。一个旅行社必须与餐饮行业（定点的餐馆、餐厅、酒家、饭庄等）建立合作关系，这是一个旅行社计调业务中选择余地较大、须严格把关的一项工作，同时也是工作量最大的一项业务。

1. 具体业务

(1) 草拟"用餐协议书"并打印,印制专用"餐饮费结算单"。

(2) 根据国家旅游行政管理部门规定的用餐收费标准,与各餐馆或饭店的餐厅洽谈旅游团(旅游者)用餐事宜,对旅游团(旅游者)便餐和风味用餐标准、餐饮范围和各种饮料单价、各餐馆的退餐规定等内容进行协商并签订正式协议书。同时,交给签约单位两个印制好的"餐费饮料结算单"样本备案。实地察看餐馆的地点、环境、停车场、卫生设备、单间雅座、便餐和风味菜单等。

(3) 将签约单位的名称、电话、联系人姓名、风味特色、旅游团(旅游者)不同等级(标准等、豪华等)、便餐和风味的最低用餐标准、饮料单价等整理列表,附有关规定或说明打印后分发给接待部,并报审计、财务备案。

(4) 设计、印制"用餐预订单"、"用餐变更/取消通知单"与业务部协商后明确其使用方法。

(5) 根据接待计划或订餐单,实施订餐并将具体联系人姓名和餐馆内的厅或间的名称转告接待部或陪同人员。

(6) 制定"餐饮费结算单"(见表 4-12)制度,由财务部定期统一向签约餐馆结账付款。

表 4-12　餐饮费结算单　　　　　　　　××××× 旅行社

团号		团名		用餐人数		
饭店名称		用餐时间		类别		早　中　晚
餐标					饭店公章	
餐费						
陪同签字						
备注						

2. 注意事项

(1) 在选择餐馆时,应注意地理位置分布合理,尽可能靠近机场、车站、游览点、剧院等,避免因用餐而多花汽车交通费。餐馆不宜过多,而应少而精。

(2) 在订餐时,应特别注意旅游团(旅游者)的国别、宗教信仰以及个别客人的特殊要求并及时转告餐馆。

(3) 提醒餐厅,结算用"餐饮费结算单",结算单上须有陪同签字和餐饮费单餐费总额。

(四) 旅行社与出租汽车公司的合作

旅游用车是旅游供给中极为重要的直接服务。旅游用车是旅游交通中自由灵活、富有独立性、可随时停留、任意选择旅游路线的一种交通工具,主要用于市内游览和短途旅行。这一因素是旅游接待工作安全、准时、便利的象征。汽车的外观、性能,车内的卫生,车窗的明净,司机的技术,行车的速度、路线、准时和安全,停车的地点及公路路况,代表着一个国家或地区旅游服务最起码的水平。一旦发生车祸或误机等事故,必将影响和损害旅游服务的最终效果。一个旅行社必须与出租汽车公司(定点的旅游车队)等建立合作关系。

1. 具体业务

（1）草拟"用车协议书"并打印。

（2）根据国家行政管理部门规定的用车收费标准，与各旅游出租汽车公司洽谈旅游团（旅游者）用车事宜，对大、小客车、行李车、道具车等，按实走公里（出租车形式计价或按日拨交通费）、包车形式计价等内容进行协商并签订正式协议书。明确有关误接、误送（机、车）和行李损坏、丢失、赔款等责任以及冷、暖气空调的给气日期并实地看车。

（3）将签约汽车公司名称、日夜值班电话、调度联系人姓名整理列表，附有关规定或说明打印后，分发给各接待部门。

（4）将用车协议书副本报审计、财务备案。

（5）设计、印制"用车预订单"（见表 4-13）、"用车变更/取消通知单"与外联部协商后，明确其使用方法。

表 4-13　用车预订单　　　　　　　　×××××旅行社

汽车公司		团号	
联系电话		人数	
车型		用车时间	
车号		费用	
用车数量		预订时间	
司机姓名		旅行社经办人	
联系方式		联系方式	
备注			

（6）根据接待计划或订车单实施订车，并将车号、车型、司机姓名和报到时间、地点转告接待部或陪同。

（7）明确核账程序，由财务部门按期统一向签约单位结账付款。

2. 注意事项

（1）在订车时，注意准确计算距离与时间，尤其是交通高峰时间，要留有必要余地，以防万一（交通堵塞、事故等）。

（2）在订车时，还应注意在旅游团实际人数上留有必要余座，尤其是欧美旅游团的游客，身高体宽。

（3）如按实走公里计价，需注意超标用车，特别是小车。如按日拨交通计价，需注意提醒车队或司机满足客人的合理要求，避免不合理的节约。

（4）提醒车队或司机，结算用的行车单上应注明团名、行车路线及陪同签名。

（五）旅行社与参观游览部门的合作

旅游资源是旅游活动的客体，是一个国家或地区发展旅游业的物质基础。参观游览是旅游者活动最基本和最重要的内容。现在旅游者的时间非常宝贵，为避免让旅游团（旅游者）排队或等候的现象，以使其有更充分的时间进行旅游活动，同时也为使导游服务工作更方便和正规化,旅行社必须与旅游资源管理部门(园林局、文物局等)或各游览单位(名胜古迹、风景区点、公园、溶洞、动植物园、博物馆等)建立合作关系。

1. 具体业务

(1) 草拟"参观游览门票记账协议书"并打印,印制专用"参观游览券"。

(2) 与旅游资源管理部门或主要游览单位洽谈旅游团(旅游者)门票记账事宜,对门票单价、殿堂厅园单价、车进园单价、结账期限等内容进行协商,并签订正式协议书,同时交给签约单位两份印制好的"参观游览券"样本备案。

(3) 将签约单位的名称、电话、联系人、带团进门方向、交票张数、进车路线、停车地点等整理列表,附有关规定或说明打印后,分发给接待部并报审计、财务备案。

(4) 制定"参观游览券"(见表 4-14)管理、使用、复核制度,由财务部门统一向签约单位结账付款。

表 4-14　参观游览券　　　　　××××× 旅行社

参观游览卷景点存根		旅行社××××××游览券	
旅行社		旅行社	
时间		时间	
团号		团号	
人数		人数	
景点		景点	
费用		费用	
陪同		陪同	
备注			

注:虚线处加盖景点公章。

2. 注意事项

(1) 提醒游览单位,结算用的"参观游览券"上须有陪同签字。

(2) 旅行社还应与游览单位附属的服务部门(如游湖船队、缆车组等)以及独立于游览单位的相关服务部门(如直升机游览公司、旅游车船公司、游船公司等)建立合作关系,签订合作协议书以便旅游团(旅游者)的游览和导游的服务工作。

(3) 旅行社也应与游览单位内的饮料供应点建立合作关系,以提供旅游团(旅游者)参观游览过程中的冷热饮供给服务。

(六) 旅行社与购物商店的合作

旅游购物属于旅游者的非基本需求,但在现代旅游过程中,没有购物的旅游是极少的,所购物品不仅可以成为旅游者旅游的美好纪念,而且还可以成为商品贸易的样品。为使购物活动成为旅游活动中丰富多彩、不可或缺的一部分,为方便旅游团(旅游者)节省时间、免遭坑骗,旅行社须与有关商店(定点的商店、文物古董店、珠宝店、书画印章店、厂商展销部等)建立相对稳定的合作关系。具体业务如下:

(1) 根据国家及地方旅游行政管理机构的有关规定,与定点商店洽谈合作事宜,对带团购物或参加股份或投资合营等内容进行协商并签订正式协议书,明确本社应尽的义务及在经济收益上所占的比例。

（2）在与各定点商店所签协议书的基础上，本着国家、集体、个人三方利益兼顾、又注意鼓励多劳多得的原则，制定内部分配政策和奖励措施。

（3）将所签约的商店名称、带团购物手续并附有关规定或说明打印后，分发给接待部。

（4）将正式协议书副本报审计、财务备案。

（5）设计、印制"购物结算单"与财务部和接待部协商后，明确其使用方法。

（6）将购物统计统一报财务，由财务部按所签协议书上的规定从签约单位领取劳务费或按股分红，并根据社内分配政策对各方实行奖励。

（七）旅行社与保险公司的合作

旅游保险是使旅游活动得到可靠保障的不可忽视的重要因素，是指对旅游者（团）在旅游过程中因发生各种意外事故造成经济损失或人身伤害时给予经济补偿的一种制度。旅游保险有利于保护旅游者和旅行社的合法权益，有利于旅行社减少因灾害、事故造成的损失，它对旅行社的发展具有重要意义，并为旅行社和保险公司提供了合作的前提和基础。具体业务如下：

（1）从保险公司营业部领取《旅行社旅客意外保险条款》、《旅行社旅客旅游意外保险实施细则》等有关文件并认真阅读、熟悉其各条款。

（2）与保险公司就旅行社旅客旅游意外保险事宜签订正式协议书。

（3）将协议书上的有关内容（投保的费额、赔偿限额、投保手续等）整理打印、分发给外联部门，并通知外联部门对外收取保险费。

（4）将每一个投保的旅游团（旅游者）的接待通知（含名单）按时送达保险公司作为投保依据，并注意接收和保存好保险公司的"承保确认书"。

（5）按投保的准确人数每季向保险公司缴纳保险费。

（6）一旦发生意外事故或遇到自然灾害，须及时向第一线的陪同了解清楚当时的情况，必要时应亲临出事现场考察，并用最快速度于事故当天通知保险公司或当地分公司、分支机构。三日之内向保险公司呈报书面报告——"旅行社旅客旅游意外保险事故通知书"、"旅行社旅客旅游意外保险索赔申请书"。

（7）索赔时，须向保险公司提供由医院或有关当局出具的证明（如经司法机关公证的"死亡诊断证明书"、由民航或铁路部门开具的"行李丢失证明单"、由饭店或餐厅保卫部门开具的"被盗证明信"等）以及各种费用单据（如临时购买衣服等物品的收据等）。

（八）旅行社与娱乐部门的合作

虽然娱乐属于旅游者的非基本需求，但是在现代旅游中，增长知识、了解旅游目的国（地区）文化艺术已成为旅游者日益普遍的需求。具体业务要求如下：

（1）与娱乐单位洽谈合作事宜，如对电话预订票、旅游包场、上门专场演出等内容进行协商，如果需要，签订正式协议书。

（2）将签约单位的名称、电话、联系人和演出节目的种类、演出开始的时间、每张票的价格等整理列表,打印后,分发给接待部并报审计、财务备案。

(3) 随时与娱乐单位保持联系,有新节目上演时,主动联系询价,了解节目内容,索取节目简介并通报给接待部。

(4) 设计、印制"文艺票预订单"、"文艺票变更/取消单"与外联部门协商后,明确其使用方法。

(5) 根据接待计划或订票单实施订票,并将结果转告接待部或陪同。

(6) 明确报账程序(签协议书的,由财务部按协议统一结账;未签协议书的,一次一报)。

旅行社还应与娱乐单位内的饮料供应点建立合作关系,以解决旅游团(旅游者)观看文艺节目过程中的冷热饮供给问题。

(九) 旅行社与参观部门的合作

旅游既是一种经济现象,又是一种社会文化现象;既是各国人民之间相互交往的重要途径,又是官方外交的补充和先导;既是无形贸易收入方面赚取外汇的重要渠道,又是引进外资和开展有形贸易的良好机会。应特别注意的是,现代旅游是一种大规模的社会文化交流、社会技术交流、学术思想交流、信息情报交流。常常有一些国际旅游者,他们在旅行中一边参观游览名胜古迹、领略异国风情,一边根据各自的专业、各自的愿望,进行各自的考察和交流;或要求接见、会见,或进行专题讲座,或举行学术报告会,或与同行交流经验,或与外贸部门洽谈业务等。这种交流已成为现代旅游中一项最有积极意义的内容。在这种交流中,旅行社担负着穿针引线的"红娘"角色,旅行社不应仅仅以经济效益为其最终目标,还应为实现全社会的综合效益起到应有的作用。为旅游团(旅游者)提供各种咨询服务、联络服务是旅行社计调业务中最能说明工作能力和服务水平的工作。具体业务程序如下:

(1) 与旅游团(旅游者)经常要求参观的单位(大、中、小学校,少年宫,幼儿园,研究所,医院,工厂,街道,农村等)进行初步联系,了解旅游团(旅游者)来访参观或进行专业交流座谈的收费标准以及参观单位的有关规定和要求(接待时间、最少人数限制等)。

(2) 将参观单位、上级批准单位的名称、电话、联系人或科室、对外开放的项目和专业、收费标准等整理列表,打印后分发给各部门,并报审计、财务备案。

(3) 通过外联部(团入境前)或陪同(团入境后)了解旅游团(旅游者)的参观要求、访问对象、交流项目等。

(4) 按旅游团(旅游者)的要求,与参观单位的外事部门进行联系,将所接待的旅游团(旅游者)团名、人数和所了解的上述情况通报给参观单位,确定会见、参观或交流的时间、地点及翻译问题。

(5) 如有宴请、互赠礼品、宴会致词等要求,视规格高低按国际惯例安排。

(6) 按照参观单位的要求,在参观后付给参观费。

(十) 旅行社与公安、海关的合作

强制性的法律管理、健全的旅游行政管理部门以及强有力的行政管理是一个国家或地区旅游业顺利协调发展的保证。旅游行政管理部门根据职责范围的不同,可分为专门的旅游行政管理部门(如国家旅游局与各省、市旅游局)和辅助的旅游行政管理部门——既管理与旅游有关的事务,同时又管理与旅游无关的其他行政事务的行政管理机构(如公安、海关、宗教、园林、文物等部门)。旅游者在旅行过程中,除与旅游行业(饭店、餐馆、交通部门等)发生一定的社会关系外,还要与辅助的旅游行政管理部门发生一定的社会关系(如旅游者出境,须在本国办理护照、签证等;到旅游目的国入境,须通过边防、海关、安全和卫生检查等)。尤其是在一些特殊情况下——旅游团(旅游者)去非开放城市或地区旅行;旅游者因故中止旅行离团或旅行后延长停留时间;办理特殊旅游团(旅游者)免检手续;旅行摄影器材(3/4英寸以上的电视录像机和16毫米以上的电影摄影机)以及演出道具过海关手续等。因此,旅行社必须与辅助的旅游行政管理部门(公安、海关部门等)建立合作关系。具体业务程序如下:

(1)邀请公安和海关的专家进行专题讲座,清楚了解有关旅游的法律规定和具体办理手续,并认真阅读有关旅游的法律条文(旅游行业法规选编等)。

(2)走访公安、海关的有关科或处,具体了解其对外办公地点、时间,各种手续的收费标准,办理各种手续须提前的时间和所需证件、证明信,审批部门和印章级别等。

(3)根据上述情况,建立和完善内部请示、审批、报告制度。

(4)将上述情况整理列表,附有关规定或说明打印后,分发给接待部并报办公室备案。

(十一)旅行社与相关旅行社的合作

组团旅行社为安排旅游团(旅游者)在各地的旅程,需要各地接团旅行社提供接待服务,而这对于组团社来说,也属于旅游服务采购的范围。组团社应根据旅游团(旅游者)的特点,发挥各接团社的特长,有针对性地选择接团社。而接团社在接待服务中其自身不能供给的部分,则同样可以通过采购方式来解决。

总之,产品的特点决定了旅行社业务合作的广泛性,而在社会主义市场经济条件下,旅行社与旅游业其他部门和行业之间关系的核心是互利基础上的经济合作关系。只有这种在法律制约下的合作关系,才是旅行社协作网络稳定、健康发展的基础。

四、旅行社旅游服务采购的管理

(一)正确处理保证供应与降低成本的关系

保证供应和降低成本是旅行社采购工作中同等重要的两大任务,两者兼顾当然最佳。但是,在实际工作中,这两者常常是矛盾的。除了个别旅游目的地外,绝大多数地区的旅游市场都存在着比较明显的销售旺季和销售淡季。由于旅游市场的供需状况经常变化,旅行社同其他旅游服务供应部门或企业之间的关系也处在不断地变化中。因此,旅行社要根据旅游市场上旅游服务供需状况的变化,灵活处理保证供应和降低成本的关系。

处理的原则是:在供应紧张时,旅行社的采购工作应该以保证供应作为主要的采购策略;在供应充足时,应该以降低成本为主要的采购策略。

（二）正确处理集中采购和分散采购的关系

旅行社是旅游中间商而不是旅游消费者，它把旅游者的需求集中起来向旅游服务供应企业采购，这种采购是批量采购而不是零购，也就是集中采购。按照商业惯例，特别是在买方市场的条件下，批发价格应该低于零售价格，而且批发量越大，价格也就越低。因此，旅行社应该集中自己的购买力以增强自己在采购方面的还价能力。通常有以下两种方式。

（1）把本旅行社各部门和全体销售人员接到的订单集中起来，统一通过同一个渠道对外采购。

（2）把集中起来的订单尽可能集中地投向一家或最少数量的供应商进行采购，用最大的购买量获得最优惠的价格。

另外，在供过于求十分严重的情况下，分散采购往往能够得到便宜的价格。究其原因，集中采购虽然数量大，但是远期预订较多，具有很大的不确定性。因为在较长的预订期内，可能由于种种原因实际采购量比计划采购量减少很多，卖方也会因计划量虽大，其中含的水分也高，从而对买方计划的可靠性缺乏足够的信心，因此不愿意将价格定得很低。反之，分散采购因为多是近期预订，预订时一般都有确定的客源，采购的可能性远高于远期预订，卖方迫于供过于求的压力，愿意以低价出售。

（三）正确处理预订与退订的关系

旅行社产品的销售是一种预约性的交易，旅行社一般在年底根据其计划采购量和旅游服务供应企业洽谈来年的业务合作事宜。由于临时性的增订或退订往往会给提供这种服务的部门或企业带来一定的压力或经济损失，所以这些部门往往要求提高临时增订的旅游服务价格或收取一定比例的退订损失费用。

一般来说，一方面，供过于求的市场状况有利于旅行社获得优惠的交易条件；另一方面，双方协商的结果还取决于旅行社的采购信誉，如果在过去几年中旅行社的采购量一直处于稳步增长状态，其计划采购量与实际采购量之间的差距较小，卖方就愿意提供较为优惠的条件。

（四）加强对采购合同的管理

旅行社与客户经过谈判后，双方都有了建立业务的诚意，愿意在互谅互让、互通有无的基础上开始商务合作。此时，就要以签订合同书或其他形式的书面协议，在不同程度上明确双方之间的关系，从而进行业务合作。由此可见，谈判协议（一般指正式合同）就是经济契约，它是当事人之间为实现一定的经济目的、明确相互权利义务的契约。这种协议的基本特征是等价、平等与有偿。旅游经济合同也称"旅游经济契约"，是用来调整旅游经济关系的一种法律形式。合同的基本内容有以下五个方面。

1. 合同标的

合同标的是指合同双方当事人权利、义务指向的事物，即合同的客体。旅游采购合同的标的，就是旅行社购买和旅游服务供应企业出售的旅游服务，如客房、餐饮、汽车运输等服务。

　　2. 数量与质量

　　由于旅游采购合同是预约契约,不可能规定确切的购买数量,而只能由买卖双方商定一个计划采购量,或者规定一个采购和供应幅度。关于质量要求可由双方商量一个最低限度。

　　3. 价格和付款办法

　　合同中应规定拟采购的服务价格。由于价格常常随着采购量的大小而变动,而合同中又没有确定的采购量,因此可商定一个随采购量变动的定价办法;还要规定在合同期内价格可否变动及其条件;在国际旅游业中还要规定交易所用的货币以及汇率变动时价格的变动办法;此外,还要规定优惠折扣条件、结算方式及付款时间等。

　　4. 合同期限

　　合同期限是指签订合同后开始与终止买卖的行为的时间。旅游采购合同一般是一年一签,也有的旅行社每年按淡、旺季签两个合同。

　　5. 违约责任

　　违约责任是指当事人不履行或不完全履行所列条款时应负的责任。按照我国《合同法》规定,违约方要承担支付违约金和赔偿金的义务。

【技能训练】

　　1. 你所在的旅行社开辟了一个新的生态旅游项目,作为旅行社的计调,请你草拟一份与地接社合作的合同。

　　2. 设计旅游采购合同。

【阅读资料】

北京市国内旅游合同

专 用 条 款

　　根据《中华人民共和国合同法》等有关法律、法规、规章的规定,旅游者和旅行社双方在平等、自愿的基础上就国内组团旅游的有关事宜协商达成协议如下。

　　第一条　旅游者状况

　　旅游者人数为　30　人,具体情况为(表格不够可以另附,但需双方签字确认)。

姓名	性别	年龄	健康状况	备注

　　1. 如为飞机团,另外必须提供与身份证相对应的姓名和身份证号。

　　2. 如为特殊线路(如西藏)或高危险人群(如老年人),需要旅游者提供健康证明,以免发生意外。

　　旅游者代表应当保证其在合同中的签章能够代表表格中列明的所有旅游者对合同约

定的认可。表格中列明的任一位旅游者均应按照合同约定维护权益并履行义务。

第二条　旅游手续

由旅游者自行办理的旅游手续：（　）航空客票（　）其他：如火车票、住宿　等（备注：如没有不用填写）。

第三条　旅游内容及安排

（一）成团人数为＿＿30＿＿人。

（二）成行团号：通常为旅行社首字母，年、月、日，线路首字母：如北方旅行社 2009 年 12 月 9 日云南团——BF090909YN（或在行前说明会告知）。

（三）行程时间共计＿6＿天＿5＿夜（含在途时间）。

（四）出发地点及时间：＿首都机场 2009＿年＿12＿月＿9＿日。

（五）返回地点及时间：＿首都机场 2009＿年＿12＿月＿14＿日。

（六）旅途地及旅游线路：（主要景点应当注明保证旅游者实际游览的最少时间）＿昆明大理丽江双飞六天＿（行程请见详细旅游行程单，需盖公司确认章）。

（七）成人旅游费用为＿＿＿＿＿＿元（人民币）/人，儿童（不满 12 周岁）旅游费用为＿＿＿＿＿＿元（人民币）/人，总计：大写＿＿＿＿＿＿元（人民币），小写＿＿＿＿＿＿元（人民币）。

（八）遇单人房间时住宿差价的解决办法为：入住三人间或与他人拼住或补交单房差价，共计＿300＿元/人。

（九）关于旅游费用的特别约定：＿游客自费项目及行程中不包含内容由客人自理＿。

（十）旅游费用的支付方式和时间：以汇款到达我单位账户，本合同方可生效；旅游者已于＿＿＿年＿＿月＿＿日支付了＿＿＿＿＿＿元旅游费，余款＿＿＿＿＿＿元，在回京后三个工作日内我社送发票时付清。备注：收订金时需给客人提供公司收据。

（十一）交通标准：北京—昆明往返飞机（含机建税、燃油税），当地空调旅游车。

（十二）住宿标准：不挂牌三星级酒店双人间，独立卫浴。

（十三）餐饮标准：5 正餐 8 早餐，十人一桌，八菜一汤，酒水自理，用餐无特殊要求＿20＿元/人。

（十四）购物安排：购物次数不超过平均每天＿＿2＿＿次，购物场所名称、主要经营品种和停留时间是茶叶、玉器、土特产等，每个店约40分钟。

（十五）自费项目和价格：以出发前所付详细行程单为准。

（十六）自由活动次数和时间：以出发前所付详细行程单为准。

（十七）接待社名称、地址、联系人、联系电话：北方旅行社 海淀××路××大厦××室 李×× 010-×××××××

（上述横线空间不够，可以在《旅游行程表》中详细注明。）

第四条　不成团安排

（一）实际报团人数未达到成团人数标准的，属于因客观原因导致的不成团，组团社不承担责任。但组团社应当提前三日（不含本日）将不成团情况通知旅游者，双方按照下列＿2＿种方式解决：

1. 组团社为旅游者办理延期出团或更改旅游线路，费用如有增减，由组团社退还或由旅游者补足。

2. 解除合同,旅行社一次性退还已收取的全部旅游费用。

3. 经旅游者同意,组团社将旅游者转团;旅游者应当与受让旅行社重新签订合同,并由受让旅行社对旅游者承担责任。旅游者不同意所转让的旅游团队的,按照第<u>2</u>种方式解决。

4. 旅游者同意,组团社将旅游者转团,提供受让旅行社盖章的《旅游行程表》《行程须知》等关于旅游内容和安排的资料,以及受让旅行社的名称、联系方式等基本情况,由旅游者签收确认,并仍由组团社对旅游者承担责任。旅游者不同意所转的旅游团队的,按照第<u>2</u>方式解决。

（二）争议解决方式

本合同项下发生的争议,由双方协商解决,或向有管辖权的旅游质监所、消费者协会等有关部门投诉;协商、投诉解决不成的,向　<u>海淀区</u>　人民法院起诉,或按照另行达成的仲裁条款或仲裁协议申请仲裁。

第五条　其他约定

1. 旅行社为游客代购旅游意外险,保费 10 元/人,保额 20 万/人,如旅游者在本次旅游过程中出现旅游意外事故,均由所投保的保险公司进行赔付,赔付标准以所投保的旅游意外险的赔付标准作为最终赔偿标准,旅行社不承担任何经济与法律责任。

2. 旅行社不建议在本次旅游活动中旅游者参加任何带有危险性的活动。如果旅游者及使用的旅游设施出现旅游意外伤害事故,均由旅游者自行承担一切后果,旅行社不承担任何经济与法律责任。

3. 本人（团）在本次旅游行程中,无其他特殊要求、特殊情况。

4. 备注:

如散客应声明:此团为北京散客拼团,由多家旅行社共同收客,统一接待、同一标准、同一服务。

旅游者或其代表（签章）:

团队:将开发票名头及相对应公章

组团旅行社（盖章）

1:总公司合同专用章	2:营业部章
住所:公司现办公位置	旅行社业务经营许可证号:
电话:公司固定电话	住所:组团社现办公位置
证件号码:	电话:公司固定电话
邮件地址:可不填写	经办人及电话:签合同人及手机号
传真:公司传真	传真:公司传真
签订时间:	签订时间:
签订地点:签合同的详细地址	签订地点:签合同的详细地址

【案例 4-7】

黄金周出游没有住处成问题

2010 年 10 月 1 日 19 时许,当 40 名前往 H 省 W 市旅游景区游览的 B 市游客赶到预订宾馆时,却被告知所有房间都已住满,他们不得不临时寻找住处。这批游客参加的是 B 市 A 旅行社组织的 W 风景区二日游,按照日程安排,10 月 2 日将住在 W 旅游景区迎宾旅馆。但是,旅游车到了迎宾旅馆后只停留了两分钟,导游员小魏就再次上车,称要继续赶路。此间,小魏没有向旅游者解释原因,只说要改住另一家旅馆。经过一个小时左右的颠簸,旅游车终于在一处地处荒郊的"野火人家"门口停了车。然而,游客发现此处并非正式旅馆,更像是农家院,住宿环境和旅馆相差很多,而且房间有限,住不下 40 人。游客纷纷回到车内,强烈要求返回迎宾旅馆。僵持了将近 2 个小时后,小魏与旅行社负责人联系,终于开车把游客带回了市区。导游员小魏说,旅行社领导指示,让游客自己找旅馆住宿,待返回 B 市后,旅行社将酌情退还住宿费用。可是,对于人生地不熟的游客来说,在黄金周找到旅馆并非易事,因此,大家更加不满。直到 22 时 50 分左右,导游员小魏才将游客分散安排到几个不同的旅馆住宿。

A 旅行社一直不重视与旅游服务供应部门签订采购合同,只是以口头协议作为采购的承诺。过去,该旅行社曾经因组团人数不足,临时取消住宿预订,并没有及时通知旅馆,导致旅馆方面蒙受经济损失,所以,该旅行社在一些旅游景区和旅游城市的住宿业中口碑较差。此次,迎宾旅馆将该旅行社口头预订的房间全部租给了散客,造成该社的旅游团在黄金周期间出现了游客无房住的窘境。

资料来源:根据互联网资料改编

【点评】 本案例中 A 旅行社的这种遭遇既让人同情,又让人气愤,旅行社与旅游服务提供商之间应该建立什么样的关系,旅行社的采购部门要怎样建立和维持好这种关系,这是值得我们深思的问题。当旅行社若面对诸如案例中的采购问题时,必须清醒地看到除了要遵守行业内职业道德以外,还要重视采购合同的签订,这对于双方来讲既能互利共赢,同时又彼此约束,保证都能获得利益,共享合作的成果。若不能遵守这样的行业规则,最后吃亏的是旅行社,难受的是导游员,受苦的是游客。另外,旅行社制定有效的预订策略和退订策略也是其诚信经营和正常运转的一个关键环节。

【完成任务】

1. 设计几条常规旅游线路,自己进行食、宿、行、游、购、娱等方面的采购,并归纳总结。

2. 你如何理解旅游服务采购的重要性?

思考与练习

1. 旅行社旅游服务采购的内涵与任务是什么?

2. 为保证供给旅行社需要建立哪些采购服务网络?怎样才能建立良好的采购服务网络?

3. 如何加强对采购合同的管理?

项目五

旅行社门市业务

学习目标

专业能力目标

• 能够熟练掌握旅行社门市部接待流程；

• 能够熟练地掌握迎宾礼仪，并能够主动、具体、翔实地介绍相应的旅行日程；

• 能够根据游客需求帮助游客选择、组织和安排旅游产品。

方法能力目标

• 能够掌握良好的谈判技巧，善于沟通，增强语言表达能力；

• 能够掌握一定的推销技巧；

• 熟悉旅游线路，掌握丰富的旅游知识。

社会能力目标

• 具有较强的团队精神和合作意识；

• 具有较强的责任感和严谨的工作作风；

• 具备与人沟通和交流能力。

任务一 旅行社门市部的设立

【任务描述】

某旅行社开业以来效益很好，在当地已经有一定的影响力，因此打算增设门市部以扩大经营，假如你受命负责该项目，请问：

(1) 你认为新增设的门市部应设在什么地方比较合适？

(2) 门市部应如何进行装潢和设计才能更吸引潜在旅游者？

【任务分析】

旅行社门市部是旅行社的窗口,是旅游业的神经末梢,是旅游体验的前沿。试想一下,一家旅行社的门市部设计大方活泼,装潢新颖别致,门市环境亲切宜人,门市工作人员训练有素,当旅游者跨入这样的门市,会有一种怎样的消费心理呢?更何况,旅游产品是一种无形的服务产品,服务产品购买风险难以把握,使得旅游者总是本能地去寻找、判断购买风险高低的外在因素。于是,门市部的选址、门市的名誉匾额、设计装潢、宣传资料等有形展示以及门市工作人员的微笑、礼仪礼貌、产品介绍、信息沟通等无形服务就成了这种判断的重要依据。门市销售可以使旅行社通过营业场所的布局、宣传品的陈列与内部装饰等向旅游者传播旅游产品信息,增强旅游者购买信心,促成购买行为的发生,旅行社门市销售是目前旅游业销售的一种趋势。

【相关知识与技能】

一、旅行社门市部的设立

(一)旅行社门市的概念

旅行社门市是指旅行社在注册地或离开注册地在本行政区域内设立的不具备独立法人资格,为设立社招徕游客并提供咨询、宣传、接待,销售旅游产品等服务的收客网点。对这个定义应从以下三个方面进行理解:首先明确了旅行社的门市部必须是"在注册地或离开注册地在本行政区域内设立";其次"门市部主要是为设立社招徕游客并提供咨询、宣传、接待,销售旅游产品"等服务;最后门市部是"不具备独立法人资格"的"收客网点"。

(二)旅行社门市部的设立

根据《旅行社条例实施细则(2009)》,旅行社门市部的设立必须具备相应的资格:
(1)依法成立,足额缴纳质量保证金。
(2)通过上一年年度旅行社年检,未发生重大事故、违规违法及因服务质量问题引起的重大旅游投诉。
(3)具有一定的接待能力和经营规模。

目前,我国由于各地旅游资源分布及地域特色等原因,为方便管理,当地旅游行政管理部门在《旅行社条例》的基础上会有更具体的规定。旅行社具备以上资格,并有设立旅行社门市部的需求,在依法提供规定的有关申请资料后,通过旅游行政管理部门的审核便可以到工商部门办理注册登记手续,取得工商营业执照后在当地旅游局备案,方可开展营业活动。

旅行社门市部设立一般需要提交以下资料:
(1)旅行社设立门市部预先备案登记申请。
(2)门市部经营场所租赁合同或自有产权证明。

（3）《旅行社业务经营许可证》副本和旅行社营业执照副本复印件。

（4）门市部负责人履历表和《旅行社经理岗位职务培训证》及门市部工作人员的有效的身份证明，与旅行社签订的劳动合同，社保公司出具的社会保险证明。

（5）上一年度旅行社组织接待人数证明。

（6）旅行社制定的门市部管理规章制度。

（7）其他需要提交的文件。

设立社向门市部所在地工商行政管理部门办理门市部设立登记后，应当在 3 个工作日内，持下列文件向门市部所在地与工商登记同级的旅游行政管理部门备案：

（1）设立社的旅行社业务经营许可证副本和企业法人营业执照副本；

（2）服务网点的营业执照；

（3）服务网点经理的履历表和身份证明。

没有同级的旅游行政管理部门的，向上一级旅游行政管理部门备案。

门市部备案后，受理备案的旅游行政管理部门应当向旅行社颁发《旅行社服务网点备案登记证明》。登记证明内容主要包括证书名称、设立社，门市部名称、负责人、地址和业务范围、同意设立文号、证书颁发时间、颁发机关印章和有效期等。

设立社应当加强对门市部的管理，实行统一管理、统一财务、统一招徕和统一咨询服务规范。

二、旅行社门市部的选址与装潢

旅行社门市的选址和装潢是旅行社门市设立过程中的关键一环，一个破旧简陋的没有经过规划的门市很难吸引高端客户，一个美观豪华的有独特风格的接待场所能给人耳目一新的感觉，并使人对其经营的产品产生信任感。

（一）旅行社门市选址的要求

"好酒不怕巷子深"的年代早已过去，现在旅行社行业竞争非常激烈，推广和宣传的形式花样百出，门市部作为旅行社重要的销售窗口和形象广告，必须有一个好的地理位置，才能做到有效推广和有效销售。

中旅总社总裁助理万一伟认为："旅行社门市部最重要的是位置布局，门市部应该遍布全城，而且每个门市都应该设在明显处，处在闹市区、居民区或者商务区，如商场。让消费者感受到你是无处不在的。"

上海航空国旅出境游总经理王彦也表示："旅行社门市部应该设立在人多的地方，这样才能接触到更多的散客，更好地宣传自己，同时也让游客更好地识别旅行社，方便他们上门。"

据调查显示：门市部地段选择策略主要有两种倾向，一种是传统旅行社比较倾向的在闹市区设立门市部，其目的是为了让产品接触到更为广泛的消费者；另一种是批发商比较倾向的在写字楼内设立门市部，他们一般都不依靠门市部带来利润，只是希望通过门市这一窗口让更多的目标客户接触到自己的产品。

门市选址作为旅行社可以自我控制的因素之一，主要包括两个方面：一是指旅行社门市是否拥有法律规定的营业场所;二是旅行社能否以理想的租金租到理想的营业场所。

1. 四大原则

门市选址必须符合以下四大原则。

(1) 旅行社或门市的经营战略;

(2) 旅行社或门市的市场定位;

(3) 旅行社或门市业务经营的要求;

(4) 旅行社或门市的经济性原则。

2. "三小"原则

门市选址还必须考虑以下"三小"原则。

(1) 便利原则。便利原则就是指门市选址要根据旅行社市场定位需要,为本旅行社目标顾客的咨询、预订、购买提供最大便利。从这个原则出发,门市选址要注意以下几个方面。

① 人口密度大、商务场所集中的地区。由于这类地段人口密度大,并且距离较近,对顾客来说,省时、省力,比较方便。门市如果选择在这类地段,会对顾客有较大的吸引力,比较容易培养忠诚的顾客群。

② 交通方便。公交车、地铁站附近,人群流动性强,是过往人流的集中地段。如果是交通枢纽,则该地段的商业价值更高。

③ 符合客流规律和流向的人群集散地段。这类地段适应顾客的生活习惯,自然形成"市场",所以进入门市的顾客人数多,客流量大。

④ 有"聚集效应"。方便顾客随机购物、进入的人群聚集场所,如商业街、影剧院、娱乐场所、公园名胜等,这些地方人气很旺,能使顾客享受到多种服务便利,是门市开业的最佳地点。但是这些地段往往地价高、费用大、竞争性强。尽管商业效应好,但一般只适用于非常有实力的大社门市或者有鲜明个性的门市发展,并非适应所有旅行社开店经营。

(2) 最大效益原则。衡量门市选址优劣的最重要标准时门市经营能否取得好的经济效益。因此,门市选址一定要有利于经营,保证取得较好的经济效益。

(3) 发展原则。门市选址的最终目的还是为了争取经营成功。因此,必须考虑以下两点。

① 有利于特色经营。这就要求门市选址必须综合考虑目标市场的消费心理、消费者行为以及行业特点等因素。

② 提高市场占有率。门市在选址时不仅要分析当前的市场形势,而且要从长远的角度考虑是否有利于扩大市场规模,是否有利于提高市场占有率和市场覆盖率。

(二) 门市设计和装潢

旅行社的门市设计和装潢应该力求给旅游咨询者一种亲切的感觉,营造一种渴望旅游的氛围,并具有鲜明的品牌标志。

门市就好像一个舞台,是门市服务人员展示自己的地方。但它又和我们普通意义上的舞台的作用有一定的区别:普通意义上的舞台主要是供演员用的,观众则坐在台下观赏。而门市是让旅游咨询者也走上"舞台",走进情景中去,它是旅游咨询者和门市工作人员共同的舞台。因此,门市要塑造一种氛围,一种旅游的场景,让旅游咨询者情不自禁地走到旅游中去。

1. 门市设计

门市设计作为旅行社 CIS 系统中重要组成部分——VI(视觉识别系统),它体现着旅行社的文化特色和经营理念,极具直观性。

门市设计要遵循以下三个主要原则。

第一,体现旅行社的企业文化;

第二,有鲜明的个性;

第三,为门市服务人员与潜在旅游咨询者沟通创造便利。

2. 门市装潢

门市装潢的一个重要环节就是色彩的应用,现就色彩运用提供相应的参考意见。

(1) 不同的色彩体现着不同的形象

高级感——金、银、白;

低级感——红、绿、紫;

华丽感——橙、黄、红紫;

寂寞感——灰、绿灰;

快乐感——黄、橙、水色。

(2) 色彩组合的效果

温暖感——暖色和红与黄橙的配色;

重量感——明亮度低的色彩组合;

摩登感——灰色和最鲜艳的颜色;

积极感——红与黄、黄与黑的配色;

稳重感——茶色与橘色的搭配;

年轻感——白与艳色的搭配;

华丽感——色彩度高、色环距离较远的色彩组合;

朴素感——色彩度低、色环距离较远的色彩组合;

清凉感——冷色;

轻量感——明亮度高的色彩组合;

庸俗感——以肤色为主题的组合;

理智感——白与青绿的配色;

开朗感——黄与亮绿的组合;

平凡感——绿与橙的组合。

(3) 突出色与后退色

有些色彩有突出感,仿佛很接近人,比如红色、橙色、黄色;

有些色彩又后退感,仿佛离人很远,比如青色、紫色。

(三)门市物品陈列、宣传张贴

1. 门市物品陈列

合理的陈列物品,可以起到展示产品、刺激销售、方便选择、节约空间、美化环境、增进信用等作用。根据统计,门市如果能够正确运用物品的配置和陈列技巧,销售额可以再原有基础上提高 10%。

下面介绍几种实用的物品陈列的基本方法。

(1) 分类明确。分类陈列的方式有多种,如按价格体系陈列、按产品形态陈列、以长短线分开陈列等。这样陈列,既方便旅游咨询者选择,又便于管理,同时给人以专业的感觉。

(2) 伸手可取。充分考虑陈列的高度,以方便旅游咨询者随手可取。

(3) 陈列架要放满。陈列架上放满旅游产品,可以给旅游咨询者产品丰富的好印象,也可以提高门市空间的利用率。因为大多数门市所在地段都是寸土寸金,门市产品丰富,才能产生更大的经济效益。

(4) 相关性产品要陈列在一处。把相关性产品陈列在一起,既能方便旅游咨询者咨询选择,又能刺激旅游咨询者的购买欲望:这么多线路,总有一条适合我。

2. 门市宣传张贴

门市宣传张贴是"不说话"的广告:鲜明的主题、精美的图片、新颖的文字、亮丽的色彩,都能吸引潜在旅游者进门欣赏,激发潜在旅游者的旅游需求。

门市宣传张贴应注意以下几个方面。

(1) 符合所在城市或地区潜在旅游者的偏好;

(2) 主题突出、鲜明;

(3) 符合市场营销学原理;

(4) 符合美学原则,符合广告学原理;

(5) 强调时令性;

(6) 与门市装潢设计风格协调;

(7) 注意更新。

(四) 对门市布置的几点建议

(1) 旅行社门市宣传栏应定时进行整理,避免杂乱无章,客户不易取阅(有些门市宣传册子胡乱摆放,很不雅观)。

(2) 影像和照片放置于门市供客户观阅,让客户对自己的出行目的地形成一定的概念(影像不是指旅游目的地所给的旅游宣传片,是旅行社自行拍摄的展示真实状况的影像或照片)。

(3) 对门市进行装饰时可选取旅游目的地(旅行社推出的旅游新产品)代表性的小物件,达到促销的效果。

(4) 资料分类摆放。把资料按照不同的类别来进行分类,归类放置,让客人能够按照自己的旅游目的地需求来进行自主的选择。

(5) 会议洽谈处。对一些想出去旅游但又犹豫不决的客人,可将其带到会议洽谈处进行进一步的推销,让客人更深一层地了解到旅游目的地的详细情况,达成旅游协议,促进销售成果。

【技能训练】

1. 考察本市旅行社门市部,根据已学过的知识从门市的选址、装潢设计、物品陈列及门市的宣传张贴等方面进行综合评价,并写出考察报告。

2. 根据模拟旅行社的特点为拟设立的门市部选址。

【阅读资料】

最初的选址是今天春秋"航母"成功的第一步

上海春秋旅行社(简称春秋国旅)成立于1981年,在中山公园2平方米的铁皮棚子起家,历经23年发展,目前拥有2000余名员工导游,营业收入逾30亿元,业务涉及旅游、航空、酒店预订、机票、会议、展览、商务、因私出入境、体育赛事等行业,是国际会议协会(ICCA)在中国旅行社中最早的会员,是第53届、第54届世界小姐大赛组委会指定接待单位,是世界顶级赛事F1赛车中国站的境内外门票代理商,被授予上海市旅行社中唯一一著名商标企业。自1994年至今,连年获国家旅游局排名的国内旅游全国第一,是国内连锁经营、最多全资公司、最具规模的旅游批发商和包机批发商。在上海有50个连锁店,在江浙地区有400余个、全国有近2000个网络成员,在北京、广州、西安、沈阳和三亚等30余个国内大中城市设有全资公司,每个全资公司大都有2~10个连锁店,此外有美国、泰国、中国香港等7个全资公司。

如此辉煌的事业,是怎么开始的呢?从1981年创立开始,25年以来上海春秋旅行社一直着眼于学习国际大旅行社的运行规律,紧贴市场,依靠创新超越自我。其中,最重要的经验之一就是:不眷恋团体市场而定位散客;20世纪80年代,上海春秋旅行社创社后组成的第一个旅游团就是由散客构成的苏州一日游。

为什么散客愿意到春秋报名?

春秋人很明白:散客成团会有顾虑、要承担风险,因此,春秋一开始就选择紧靠南京路步行街的、有"十里南京路,一个新世界"之称的新世界旁,设立了第一个门市——西藏路门市,旨在通过在旺市地段建立自己的门市,打消或者减少消费者的顾虑。25年的发展成就,证明了这是一个英明的战略选择。因为,迄今为止,西藏路营业部是春秋众多门市中接待人数最多、营业收入最高的。

海尔集团总裁张瑞敏说过一句话,"一个企业,可以承受得起战术上的失误,但是承受不起战略上的失败"。对春秋来说,将自己市场定位于"不眷恋团体市场而定位散客";为散客旅游者着想,当初选择西藏路建造旅行社第一个门市部,不但是一个重大的战略决策,而且是一个成功的战略决策,短短25年,春秋发展成了14 000家国内旅行社的"龙头"、"航母"就是明证。由此可见,门市选址地段举足径重:第一重要的是地段;第二重要的是地段;第三重要的还是地段。

【案例 5-1】

杭城旅行社尝试"超市奶茶店"模式

报名参加过旅游团的消费者都知道，一些旅行社门市"藏"在写字楼里，找到并不容易。今后，消费者在超市也可以报名旅游了。旅游业的"超市奶茶店"模式，在杭州已崭露头角。

旅游业所谓的"超市奶茶店"模式，就是旅行社在超市开设旅游门店。门面不大，有的统一装修，色彩亮丽醒目，就如开在超市的一家奶茶店。"走过路过就能看到"，订旅游团就像买杯奶茶一样方便。

这种模式在北京先行一步。北京的爱嘉途公司在门市布点时，就专门跟着大型超市走，作为旅行社在超市开门店的尝鲜者，他们提出了"旅游超市"这个全新的概念，现在已经在北京拥有 5 家门店，主要在家乐福超市、欧尚超市开设门店。该公司的超市门店都有相近的装修风格，色彩明快、时尚抢眼，看上去挺像一家时尚的连锁奶茶店，颇能吸引消费者眼光。

这种模式很快就会在杭州铺开。爱嘉途公司表示，目前正在向全国拓展，也会考虑在杭州的超市开设门店。杭州也已有旅行社尝试在大型超市布点。昨天，记者在庆春路世纪联华超市看到，浙江省中旅已在该超市布点，虽然规模不大，但也是旅游业进军超市的一种尝试。该公司相关负责人介绍说，目前已在世纪联华、好又多、华润万家这几家大型超市布点了 5 处旅游门市。

超市里的旅游门店不仅仅是个咨询台，它能产生实在的销售。"主要是看中超市稳定而密集的客流量，能带来相当大的咨询量，进而带动实实在在的订单"，据省中旅相关负责人介绍。该公司在世纪联华古翠店的第一家超市旅游门店，是目前最成熟的一家，一年能产生的销售量，已能与一家销售较好的传统街边店相媲美，并已超过传统街边店平均的销售量。省中旅相关负责人表示，下一步想为超市门店统一装修风格和标志，以期吸引更多目光。"许多消费者在逛超市的时候就会逛逛旅行社的门店，许多人选购完日常用品后，能顺带着把周末出游的线路确定下来。"

将旅游公司开进超市，除了可以获得较大的客流量外，还在传递一个信息：旅行已日渐成为人们日常生活的需要。

资料来源：王昉.钱江晚报.2010-07-20

【案例 5-2】

莫干山——每一个季节都新鲜

浙江莫干山以清凉世界闻名遐迩，山上百余座别墅楼阁，翠竹遍野，林木葱笼，泉瀑满谷，云雾变幻，环境清幽，气温一般比杭州、上海等地低 6~7℃，夏季特别凉爽宜人，与北戴河、庐山、河南鸡公山并称为中国四大著名避暑胜地。但这么好的旅游目的地，却有先天性缺陷——"季节性"强：给旅游者的感觉是，夏天去莫干山避暑不错，但是其他季节去则不合时宜。为了改变莫干山在人们头脑中这种传统、根深蒂固的印象，更为了引导消费创造市场，杭州市某旅行社经过策划，在门市打出醒目的宣传口号"莫干山——每一个季节都新鲜"。为配合宣传,该社又根据不同季节拟定不同旅游主题,用不同主色调的宣传图片:春天以"踏青"为主题,用新绿色,代表生命的气息;夏天以传统的"避暑"为主题,用水蓝色,给旅游者以清凉;秋天以"登高"为主题,用深红色,象征着丰收的喜悦;冬天以"浪漫赏雪"为主题,用银白色,给旅游者一个冰清玉洁的童话世界。明确的主题定位、市场细分、鲜明的宣传色彩,加上媒体配合等因素,该旅行社门市的收客效果非常好。

资料来源:徐云松,左红丽.门市操作实务.北京:中国旅游出版社,2008

【点评】 杭州是一个具有休闲文化底蕴的城市,有"东方休闲之都"之称;又是园林城市;杭州市民旅游消费的特点之一是对自然景色既挑剔,又具有较高审美素养。这个特点决定了杭州的旅行社只有不断地推出新的旅游产品,才能引导旅游者"喜新不厌旧",也才能培养出忠诚顾客。无疑,该旅行社根据市场特点高度提炼莫干山的旅游资源,打出"莫干山——每一个季节都新鲜"的宣传口号,并辅以色彩鲜明的宣传图片,对于调整认识、引导消费、创造市场是一个大胆而成功的探索。值得借鉴的有以下几点。

第一,"天天好日子,时时美景色",一反常态,突出了莫干山一年四季的旅游吸引力,即"每个季节都新鲜"的主题;

第二,聚焦莫干山的宁静、安逸,再加上一年四季的美景,这切中了杭州旅游市场需求;而一季一主题,常去常新,也与市场多变的消费特征吻合;

第三,春天用"新绿色"、夏天用"水蓝色"、秋天用"深红色"、冬天用"银白色",季节性的色彩变化再一次强化了主题——"莫干山——每一个季节都新鲜";

第四,系列化、不断更新的宣传图片更强化了莫干山在旅游者心中的印象——名副其实的旅游胜地。

这则"莫干山——每一个季节都新鲜"的广告也让人们联想到益达口香糖的户外广告。广告的主题是:"益达洁白·笑出彩色人生";广告宣传语分别是:"我的希望是绿色的——我的笑容是洁白的"、"我的热情是橙色的,我的笑容是洁白的"、"我的梦想是蓝色的,我的笑容是洁白的"、"我的浪漫是红色的,我的笑容是洁白的"。产品不一样,但是广告宣传方式相似,都通过色彩变化使产品丰富立体化,使顾客记住产品,强化顾客忠诚。

【完成任务】

1. 以模拟旅行社为单位设立门市部。要求:按照《旅行社条例实施细则》的要求,准备有关资料。做到资料齐全,选址合理。

2. 对门市部内部装潢设计列出计划或画出草图。

思考与练习

1. 旅行社门市是不是独立的法人?

2. 为什么说门市可以为旅游产品增值?

3. 旅行社设立门市部应征得谁的同意?

4. 什么是《旅行社门市登记证》?

任务二 旅行社门市服务人员

【任务描述】

在任务一中你已经完成了门市部的选址、设计和装潢工作。你的工作能力得到了旅行社总经理的赏识,旅行社经研究决定将门市部交给你去管理,门市接待人员的选择和培训也交给你去负责。请问:你将如何完成这项任务?

【任务分析】

门市温馨的服务氛围是由两方面构成的,即硬环境和软环境。所谓硬环境,是指和物有关的因素,如门市所在的周边环境和门市本身的设计、装潢、物品陈列和摆放等;所谓软环境是指和人有关的因素,如门市服务人员的仪容仪表、态度、待人接物等。

旅行社门市业务主要是通过门市柜台这一重要窗口,直接向旅游者提供门市接待和票务服务。在某种程度上旅行社门市业务既是旅行社产品的一个重要的销售渠道,也是旅行社整体形象的代表,它直接面向社会公众群体,这就要求门市接待人员要具有较高的素质。因此,旅行社门市接待人员的选择,礼貌、礼仪和专业知识的培训,对提高门市接待人员销售能力将起到重要作用。

【相关知识与技能】

一、旅行社门市人员应具备的基本素质

(一)门市接待员应具备的基本素质

门市接待员是旅行社的形象与实力的综合展示,一个前台接待员的素质高低、能力大小对于旅行社的经营很重要,所以一个合格的门市接待员应具备以下基本素质。

(1)具备过硬的专业知识,熟知旅游线路及价格。

(2)具备良好的思想道德品质。

(3)具备良好的语言沟通能力,组织协调能强。

(4)仪表大方,具有亲和力。

(5)具备积极的工作态度,积极热情,有较强的口语表达能力。

(二)如何提高门市接待人员素质

1. 加强学习,优化知识结构

当一名素未谋面的咨询者迈入门市起,门市接待的形象、水平和能力就成为他是否选择签约的一个重要因素。作为一名优秀的门市接待员应具有良好的学习能力,第一是对

各种常规线路与报价的熟悉,做到张口即来,准确无误;第二是对旅游行程及景区的了解,要像刘兰芳说评书一样,绘声绘色,打动游客的心;第三是准确分析游客的意图,对于一家三口、两人情侣、老人、小团体等游客要进行有重点的述说;第四是要多读点市场营销、顾客心理学、游记小说等方面的知识,运用多学科的知识来优化自己的知识结构。

2. 热情服务,视游客为亲人

旅行社接待员要具备强烈的服务意识,对于每一位进店的咨询者,无论男女老幼都要热情接待,对于咨询者提出的挑衅性问话,既要据理力争又要忍耐谦让,让游客高兴而来,满意而归。

【案例 5-3】

一次,某旅行社的门市服务人员正在回答一个旅游咨询者的问题时,店堂里突然从外面闯进来一男一女,服务人员询问其有什么需要,他们不耐烦地说,要退北京某个景点的门票。门市服务人员请他们坐下来,经过了解,才知道他们是本社北京六日游的游客,刚刚旅游回来,原定某个景点的门票全包,结果却收了门票。他们对北京之行大加抱怨,说许多景点没有去,下次再也不来你们社了,等等。怎么办?门市接待人员拿来行程单,一一对照,一共是 27 个包门票、自费、免费景点,实际去了 24 个,还有中华世纪坛、王府井购物等 3 个自理、免费景点未去,门市服务人员耐心进行了解释,退完门票钱,游客高兴而归。

3. 诚实守信,降低游客期望值

出门游玩是一件高兴事,但是目前旅游市场大打价格战,利润率太低,相应的配套服务如餐饭、住房等跟不上,接待员一定要在签约前反复向游客说明,绝对不能向游客保证如何如何好之类的大话,有一说一,让游客做到充分吃苦的心理准备,加上全陪地接的多次提醒,相信游客会对一些不太令人满意的事情给予宽容,从而让游客对旅行社产生信任。

4. 全面锻炼,提高业务能力

一名好的门市接待员要在导游、计调、外联等岗位全面锻炼,从而达到以一人抵三人的效果。他们绝不是商场里面的营业员,而应是全方面发展的人才,旅行社管理者要为他们提供合适的晋职加薪激励,让他们安心工作,专心工作,人不在多,贵在精。一个门市与其摆五六个一般水平的接待员,不如用两三个优秀的高水平接待员,以确保门市营运任务的完成。

二、旅行社门市人员的礼仪

礼仪的本质是通过一些规范的行为表示人际间的互相尊重、友好和理解。旅行社加强门市服务人员的文化素质、礼仪素养有助于热情细致地接待顾客,有助于成功地宣传门市旅游产品,有助于妥善解决顾客不满和投诉,有助于门市、旅行社树立良好的口碑和品牌形象。

对门市服务人员来说,充分理解和掌握门市商务礼仪常识,并用于实际工作,对改进服务态度、提高服务质量、吸引回头客往往能起到良好作用。

1. 迎宾礼

通常理解,迎宾就是例行性地说"您好,欢迎光临"。而在门市商务礼仪中,迎宾礼还要注意以下几点。

(1)说"欢迎光临"的时候,要融入感情,眼神要流露出欣喜。态度要亲切、热忱带人。

(2)做到"五步目迎、三步问候"。目迎就是行注目礼。门市服务人员眼神要专注,看到旅游咨询者进来了,就要转向旅游咨询者,用眼神来表达关注和欢迎,注目礼的距离以五步为宜。在距离三步的时候就要面带微笑,热情地问候"您好,欢迎光临",并用手势语言敬请旅游咨询者坐下。

(3)要言行一致,千万不能心口不一。比如嘴上说"您好,欢迎光临",手里还拿着零食在吃,就是很失礼的行为。

(4)不论旅游咨询者是何种身份,都要视为贵宾而诚挚款待,不可厚此薄彼,更不可用怀疑的眼光和仅凭外观穿着来判断顾客,并作为是否隆重接待的依据。让每个上门的旅游咨询者都感受到尊重与重视,才是接待的最高艺术。

2. 送客礼

"笑到最后的人,笑得最好。"送客礼仪是门市服务人员给旅游咨询者,也是给自己的"最后微笑"。需要注意以下几点。

(1)"出迎三步,身送七步"是送客礼仪的基本要求。每次与旅游咨询者交谈结束,都要以再次见面的心情恭送旅游咨询者。

(2)当旅游咨询者提出要告辞时,门市服务人员要等旅游咨询者起身后再站起来相送,切忌在旅游咨询者起身前,自己先于旅游咨询者起立相送。

(3)若旅游咨询者已经起身,门市服务人员仍端坐在办公桌前,嘴里说再见,而手中却还忙着自己的事情,甚至连眼神也没有转到旅游咨询者身上,更是不礼貌的行为。

(4)通常当旅游咨询者起身告辞时,门市服务人员应马上站起来,与旅游咨询者握手告别,同时选择最合适的言辞送别,比如"预祝旅途愉快"、"欢迎下次光临"等礼貌用语。尤其对初次上门的旅游咨询者更应热情、周到、细致。

(5)当旅游咨询者带有较多或较重的物品,送别时应主动帮旅游咨询者提重物,送出门市。

(6)与旅游咨询者在门口、电梯口或汽车旁告别时,要与旅游咨询者握手,目送旅游咨询者上车或离开,要以恭敬真诚的态度依依不舍地送客,不要急于返回,应挥手致意,待旅游咨询者移出视线后,才可结束送别仪式。

3. 点头礼

点头礼,一般用于旅游咨询者进门时表示欢迎,或用于对旅游咨询者的观点表示认可等情境下。点头礼的基本姿势为:双眼平时对方,面带微笑,点头一两下,以向旅游咨询者表示友好、致意或者赞同。

4. 握手礼

握手礼,用于表示对旅游咨询者的欢迎、热情友好等。门市服务人员应从标准的握手姿势、握手礼规、握手禁忌三个方面全面掌握。

（1）标准的握手姿势

伸出右手，以手指稍用力握对方的手掌（手掌由于地面垂直）；时间一般控制在 2 秒以内（如果是老顾客或是老朋友时间可以长一些）；双目注视对方，面带微笑，上身略向前倾，头要略低。

（2）握手礼规

① 握手必须基于双方的自然意愿，不可强求。

② 原则上上级、长辈、主人应先伸出手表示有善，另一方才可以伸手互握。

③ 女士先伸手，男士再伸手与之相握。

④ 若有贵宾在场，应遵照贵宾在先的原则，等贵宾伸手后，其他人伸手与之相握，以示尊重。

⑤ 握手力量适中，过重让人不舒服，太轻又有应付之嫌。

⑥ 男士若戴手套应先将要握手的那只手上的手套取下，待握完手后再戴上才合礼；女士则不在此限，但女性门市服务人员最好先摘下手套，再与旅游咨询者握手。

（3）握手禁忌

① 施握手礼时切忌左顾右盼、心不在焉。

② 右手与人握手，左手应自然下垂，切忌插在口袋里。

③ 忌用左手与他人握手。

④ 忌用双手去握他人的单手，会让人感觉怪异（就一般情况而言）。

⑤ 忌坐着握手和交叉握手。

⑥ 忌一直握着对方的手不放。

5．鞠躬礼

鞠躬，即弯身行礼，是表示对他人恭敬的一种较隆重的礼节。鞠躬礼在东亚、东南亚一些国家较为盛行，如日本、韩国等。所以在接待这些国家的旅游者时，可行鞠躬礼。

（1）鞠躬礼基本方法

① 立正站好，保持身体端正，双手放在身体两侧或身体前搭好，面带微笑。

② 鞠躬时，以腰部为轴，头、肩、上身向前倾 15～30 度，目光也应向下，同时问候"您好"、"早上好"、"欢迎光临"、"欢迎惠顾"、"欢迎您再来"、"谢谢惠顾"等。

③ 迎接客人时，女士双手交叉与腹前，男士双手在背后交叉，视线均落在对方鞋尖部位。礼后起身迅速还原。

（2）行礼时的三项礼仪准则

① 受鞠躬者应以鞠躬还礼。

② 地位较低的人要先鞠躬。

③ 地位较低的人鞠躬要深一些。

6．电话礼仪

在服务的过程中有效的沟通特别重要，其中需要很多服务技巧。

门市使用电话非常频繁。门市服务人员电话礼仪的具体要求有：打电话时语气要热忱，口音清晰，语速平缓，电话语言要准确、简洁、得体，音调适中，说话的态度要自然。

（1）去电话时的注意事项

① 时间必须合适。往对方家里打电话，应避开早晨 8 点钟以前，晚上 10 点钟以后。往单位打电话，最好避开临下班前 10 分钟；尤其是需要查询后方可回复的电话、处理各种业务问题的电话，最好在早晨上班的时候打，此时人们的头脑最清楚，办事效率最高。

② 先通报自己的单位或姓名。开口就问自己要了解的事情，咄咄逼人的态度会令人反感。

③ 礼貌地询问对方是否方便之后，再开始交谈。比如，"您好，我是××旅行社门市，我想占用您 5 分钟时间，可以吗？"

④ 假如要找的人不在，对方又问是否有什么话要转告时，你千万不要一声"没有"就挂断电话，一般做法是留下姓名和电话号码，如果真的没事可转告，也应客气地道谢。

⑤ 电话内容应言简意赅，切忌长时间占用电话。

⑥ 当拨错电话后，应及时向对方道歉："对不起，我打错电话了。"

⑦ 打完后，挂电话时要轻，赌气地把电话筒一扔，是没有礼貌的做法。一般应由年长者或接电话的一方先挂电话。

（2）接电话时的注意事项

① 电话铃响三声之内，应接起电话。

② 接电话也要首先报出单位名称或部门。

③ 接听时要谦和，语调要清新明快。重要的电话要作详细的电话记录，包括来电时间、对方单位及联系人、通话主要内容等。

④ 接电话时，如果嘴里正吃着东西，要尽快把东西吞下去再接，免得对方听不清并有失礼之嫌。

⑤ 一般来说，让他人代接电话是不礼貌的。

⑥ 接电话找人是常有的事，不要一声"不在"就不容分说把电话挂上了，也不能过分追问对方情况，例如，"你找他有什么事"、"你是他什么人"等，这都是非常失礼的表现。应说"请稍等"，如果对方要找的人恰巧不在，要立即告知："对不起，本人不在，需要我转告什么吗？"

⑦ 拨错号码是常有的事，接到拨错号码的电话，不能一声"错了"，然后重重挂上电话。要语气温和地告诉对方"对不起，你打错了，这里是××旅行社门市"。

⑧ 挂电话时需要轻放，这一点非常重要。

7. 传真礼仪

传真机是门市不可或缺的办公设备。传真机的主要优点是：操作简便，传送速度快，而且可以把包括一切复杂图案在内的真迹传送过去。发送传真时，要注意以下礼仪。

（1）本人或本单位所用的传真机号码，应正确无误地告知重要的交往对象。

（2）为了保证万无一失，在向对方发传真前，最好先向对方电话通报一下。这样既提醒了对方又不至于发错传真。

（3）未经别人允许不要发传真,那样会浪费别人的纸张,占用别人的线路。

（4）传真应当包括联系信息、日期和页数;一般必要的问候语与致谢语不可缺少,传真内容必须简明扼要,以节省费用。

（5）发传真时,必须按规定操作,并以提高清晰度为要旨。

（6）人们使用传真设备,最为看重的是它的时效性。因此在收到传真后,应当在第一时间内采用适当的方式告知对方。需要办理或转交、转送他人发来的传真时,千万不可拖延时间,以免耽误对方的事情。

8. 电子邮件礼仪

发送电子邮件时应注意以下几点。

（1）电子邮件作为职业信件不应有不严肃的内容。

（2）要小心撰写在 E-mail 里的每一个字,每一句话。因为法律规定 E-mail 也可以作为法律证据。

（3）邮件内容不能太冗长。

（4）不要在邮件的末端列出对方的地址。

（5）发送附件时要考虑对方能否阅读该文件。

（6）邮件不要太公式化,可以与门市、旅行社的企业文化一致,即显出了个性又宣传了门市。

【技能训练】

1. 考察本市旅行社门市部的接待流程并写出报告。

2. 门市服务人员如何接过顾客的旅游费或报名费?

3. 门市服务人员正在与旅游咨询者交谈,自己的手机响了起来,怎么办?

【阅读资料】

齐心:推销员变身旅行社老总

齐心,49 岁,武汉人,武汉春秋国际旅行社总经理。他身高 1.78 米,走路步子迈得特别大,经常被人笑称像"螃蟹"。

1991 年,齐心从效益不错的国营旅行社辞职,家人、同行都说他疯了,但他说:"市场经济下,我不做生意完全是浪费。"

辞职后,齐心做推销,1992 年冬,他不仅把老婆攒的两万多元钱全赔光了,还有 5 个员工等着钱过年。走投无路的他到皇经堂菜场帮人推了两个月的三轮车,才给每个员工发了 100 元的过年费。

1993 年 7 月,齐心决定做回老本行,办一家旅行社。那时武汉只有 10 多家国营旅行社,生意非常好。他的旅行社也成为武汉第一批民营旅行社之一。

齐心也是"狂妄自大"之人。"武汉的旅行社,我看得上的没几个。"但熟悉他的人都知道,他蔑视敌人,但绝不轻视任何一个对手。

第一桶金:一年 3 万元变 30 万元

1993 年 7 月,齐心多方筹到 3 万多元,其中 3 万元交了部分质保金,剩下几百元就在惠济路租了间办公室。

1994 年 2 月,5 个人、一张桌子的远东旅游公司开张了。办公室在一家招待所 4 楼,70 平方米左右,非常破。

说起当时的穷,齐心仰头大笑,"冬天太冷了,屋子里没暖气,大家就一起在雪地里跑步。没钱买传真机,就步行到附近的电信局去发传真。"

大社"吃肉",小社"喝汤"。齐心跟在大旅行社后面,硬是"捡"了不少三峡游的业务。

当时,旅行社最怕的是买不到三峡船票。齐心说,他经常蹲守在船务公司负责人家门口,就为买票,"为了套近乎,我帮别人家煨过排骨汤,还帮他们照顾过病人"。

功夫不负有心人,一年内齐心竟然弄到超过 1 万张船票。年底,他一看报表乐坏了:纯赚 30 万元!

114 万元买教训

1998 年,春秋(1995 年远东更名为春秋)赔了最大一笔业务——114 万元。当时,三峡游正火暴,大家都疯抢船票,得提前 4 个月预订。腰杆刚硬起来的齐心一口气包了 3 条游船,每条游船租金 48 万元。

但经历了 1997 年疯狂的三峡游,1998 年三峡客源开始减少。再加上涨水的传言,境外旅行商根本就不进来。

6 月,齐心面临两难抉择:退掉游船只能回收 30 万元;坚持到七八月,如果发大水,船务公司全额返还订金,但如果不发大水,144 万元将颗粒无收。

思索了几天,齐心退掉了包船,净损失 114 万元。而结果却是真的发大水了!

这次教训让他永生难忘:投资不要跟风。

齐心的四个经典故事

——赔本买卖:先游后收钱

1995 年,齐心带着员工去北京、上海求客源。他们没钱开推介会,就提着一摞摞传单逐家旅行社去分发。为了打动组团社,他甚至许诺,游客先游玩,游完后都说好再收钱。

这一招吸引了许多客人,旅行社生意越来越好。

1995 年到 1997 年,他的旅行社以每年过百万元的速度赚钱。

1997 年,春秋旅行社升级为国际旅行社。

——死守海南游

1997 年,春秋国旅推出了海南游。第一个大动作就是花 2 万元做海南游广告。这在 7 年前可是个创举,不少同行都说他疯了,公司内部也有人反对。齐心说,旅游产品一定要借助广告,因为散客会越来越多。

当年,春秋国旅营业额达到 300 万元,其中海南游占了 1/10。海南游从此成为春秋的黄金线路。

——炒作"诺日朗之吻"

齐心反对发现商机的说法,"做旅游就像炒股,每天得研究股市行情,才能研究出商机,说偶然发现商机那是鬼话!"

今年7月份,春秋国旅推出九寨沟"诺日朗之吻",改飞重庆到九寨沟(一般都是飞成都)。因为飞重庆比飞成都便宜200元左右,但行程多一天,多坐4小时车。齐心说,多住一天报价便宜100元,再增加两个景点绝对有吸引力。

三个月下来,这条线为他拉了近1500人,纯利超过10万元。

——上电台演讲"大漠驼铃"

今年6月,齐心推出了"驼铃声声大漠行",即新疆、敦煌11日游。每周六、周日的上午,齐心都要去电台开讲4小时,整整讲了一个月的大漠行。结束时热线都快被打爆了。

一个暑假里,春秋国旅带900多名武汉人走完了大漠,赚了9万多元。

【案例5-4】

杭州大厦旅行社开"流动门市"

提起"流动门市",人们想到的是商家带着货品直接销售给市民,但是如今的"流动门市"可能有了更宽泛的意思了。2004年12月12日,杭州大厦旅行社的工作人员进入杭州采荷社区为市民出游做起了现场咨询服务,这次的现场服务被业内称为是"流动门市",也是旅行社尝试的一种全新的服务举措。来到现场报名的顾客纷纷表示:"这才是真正的为游客着想的举措。"

杭州大厦旅行社总经理张玲中表示,几年前,旅游往往被视为是奢侈行为。消费者在旅游之前,往往要货比三家,还要为旅游服务质量提心吊胆。可是现在,旅游消费已经成为了普通市民经常性消费行为,而且出游都会选择有品牌的旅行社。他觉得一家好的旅行社更应该像是一家大的超市,有质优价廉的产品,也该有更具体的人性化服务。10年的旅行社工作使他看到了传统门市服务的缺陷,它提供的是"守株待兔"式的服务。有许多希望出游的市民工作很忙,有时去门市报名找停车位相当麻烦;还有一些老人,出门比较辛苦,去门市的确不方便,而开设"流动门市"就是主动把产品、服务送上门。

杭州大厦旅行社的管理者认为做好每一个团队的服务工作应该从咨询、报名开始,旅游本应是件轻松的事,游客应该最大限度地享受旅游的乐趣,想去旅游的欲望同样应当能轻轻松松实现。因此,2004年暑期杭州大厦旅行社就开始酝酿流动门市的组建事宜。用了近2个月时间,完成了流动门市的规章制度建设、员工培训、车辆审批等工作,借临近新年之际郑重推出。流动门市通过上门服务,深入社区,更好地执行了旅行社品牌的纵深发展战略。

流动门市,没有固定的营业地点。那么,如何去打品牌,使之深入游客心中呢?杭州大厦旅行社"流动门市"通过以下一系列的措施来达成这一目标。

第一,视觉冲击。"流动门市"车辆固定;白色的车体印有醒目标志;三统一:着装统一,文件夹统一,公文包统一;车身上有流动门市电话××××××××、旅游咨询电话××××××××。

第二,规范语言、行为。从接受咨询到签订旅游协议,整个过程的接待用语和服务行为都力求标准化。

第三,配备专业旅游信息读物。自办《旅游速递》,介绍本社旅游产品及相关旅游知识,免费提供给旅游咨询者。

资料来源:徐云松,左红丽.门市操作实务.北京:中国旅游出版社,2008

【点评】　买鲜花有免费送花服务,订蛋糕有送货上门服务,连吃饭也可以叫外卖,那么,购买旅游产品能不能也享受一回上门服务呢?"流动门市"就是这种崭新的尝试。

第一,"流动门市"的出现,打破了传统门市"守株待兔"、"画地为牢"式的经营理念。门市开始"动"起来了,"流动门市"变被动"等待"、"守候"旅游者为主动"走出去"、把服务送上门,主动寻找旅游者。它提供的是一种更个性化、更人性化的服务:从供给角度,"流动门市"是旅行社行业竞争日益激烈的结果;从需求角度,"流动门市"是旅游大众化的必然趋势。

第二,"流动门市"的出现,淡化了门市选址的重要性,使门市选址不再是旅行社的核心竞争力之一,取而代之的是门市或者旅行社的品牌变得举足轻重,品牌成为竞争的关键。

第三,"流动门市"改变了传统旅行社门市的成本、收益等会计核算方法,需要一套更灵活、更科学的财务管理制度。

第四,"流动门市"改变了传统的员工管理制度和方法,因此对员工的工作时间、工作业绩考核、工资、奖金、激励等需要一套更合理、更科学的制度。

【案例 5-5】

冷淡游客,丢了生意

李先生进入某旅行社门市,发现门市服务人员在电脑前忙碌,过了 5 分钟都没人理睬他。李先生就自己拿了一些宣传资料看,当拿起一份"梦江南——云南昆明大理豪华 9 日游"产品宣传活页时,门市服务人员冷不丁地说了一句:"这条线路很贵的!"听了这句话,李先生顿时如吃了一只苍蝇一样,马上逃出了该旅行社的门市。

【点评】

(1) 门市服务人员在李先生进入门市 5 分钟后,都仍惜语如金,没有一句问候,让顾客感到被冷落,不受欢迎,不受重视。

(2) "这条线路很贵的",门市服务人员是"此地无银三百两"的体现,首先,暗示这条线路利润很高,性价比不合理;其次,这是一句挑衅语言,暗示顾客穷,买不起,极容易伤害顾客自尊,惹恼顾客。

旅行社门市服务人员的口语表达要注意掌握以下技巧:狠话柔说、坏话好说,使顾客心情愉快,化解矛盾,衬托渲染,善意幽默,成功推销。

【完成任务】

1. 以模拟旅行社为单位,进行礼仪训练。熟练掌握迎宾礼、送客礼、点头礼、握手礼、鞠躬礼、电话礼仪、传真礼仪、电子邮件礼仪。

2. 掌握门市促销技巧,正确解答相关疑问。

1. 门市服务人员怎样微笑才算是专业的微笑?
2. 门市服务人员应什么时候微笑?
3. 门市服务人员与顾客月光接触时,应该看顾客面部什么区域?
4. 门市服务人员与顾客目光接触应该从哪个方向看?

任务三　旅行社门市业务与服务流程

【任务描述】

旅行社门市部的创建工作已经完成,旅行社老总要求你尽快熟悉门市业务,制定出门市部的工作流程并开展业务。

【任务分析】

门市业务在某种程度上是旅行社产品一个重要的销售渠道,通过门市销售产品是我国和世界上许多旅行社常采用的销售方式。门市部主要是通过提供旅游咨询服务、宣传旅行社产品、接待服务、销售旅游产品等开展业务活动。标准化、规范化的对客服务是对旅行社形象的良好展示,所以制定标准的门市部工作流程尤为重要。

一、门市业务

(一)门市主要工作内容

(1)《旅行社条例实施细则(2009)》规定,旅行社服务网点是指旅行社设立的,为旅行社招徕旅游者,并以旅行社的名义与旅游者签订旅游合同的门市部等机构。服务网点应当在设立社的经营范围内,招徕旅游者、提供旅游咨询服务。

(2)《旅行社国内旅游服务质量标准》明确指出,旅行社门市部主要从事"宣传、招徕和接待国内旅游者"的活动,对门市服务工作有明确的规定:

① 遵守旅游职业道德和岗位规范;
② 佩戴胸卡,服饰整洁,精神饱满,端庄大方;
③ 用普通话和民族语言,态度热情、礼貌、认真、耐心;
④ 主动、具体、翔实地介绍相应的旅行日程;
⑤ 满足旅游者的需求,帮助选择、组织和安排旅游产品;
⑥ 计价收费手续完备,账款清楚。

旅游产品销售成交后,门市服务人员应向旅游者:

① 开具正式发票;按标准签订组团合同;

② 发放旅行日程、参团须知、赔偿细则等；

③ 交代出发的时间和地点；

④ 对无全陪的团体和散客须告知旅游目的地的具体接洽办法和应急措施；

⑤ 提醒其他注意事项。

（3）《旅行社出境旅游服务质量标准》，强调旅行社组团社门市主要从事"提供旅游咨询和销售旅游产品"的活动，并明确要求营业销售人员应该做到以下几点。

① 遵守旅游职业道德的岗位规范；

② 佩戴服务标识，服饰整洁；

③ 熟悉所推销的旅游产品和业务操作程序；

④ 向旅游者提供有效的旅游产品资料，并为其选择旅游产品提供咨询；

⑤ 对旅游者提出的参团要求进行评价与审查，以确保所接纳的旅游者要求均在组团社服务提供能力范围之内；

⑥ 向旅游者/客户说明所报价格的限制条件，如报价的有效时段或人数限制等；

⑦ 计价收费手续完备，账款清楚。

营业销售人员在销售成交后，应完成以下工作。

① 告知旅游者填写出境旅游有关申请表格的须知和出境旅游兑换外汇有关事宜；

② 认真审验旅游者提交的资料物品，对不适用或不符合要求的及时向旅游者退换；

③ 妥善保管旅游者在报名时提交的各种资料物品，交接时手续清楚；

④ 与旅游者签订出境旅游服务合同；

⑤ 收取旅游费用后开具发票；

⑥ 提醒旅游者有关注意事项，并向旅游者推荐旅游意外保险；

⑦ 将经评审的旅游者要求和所作的承诺及时准确地传递到有关工序。

（二）旅行社门市业务

根据《旅行社条例实施细则（2009）》，旅行社门市主要从事"为旅行社招徕游客并提供旅游宣传、接待、销售旅游产品"等服务。

1. 招徕游客

招徕游客，就是旅游机构通过各种渠道和手段吸引游客到旅游目的地参观游览。

2. 提供旅游咨询服务

旅游咨询业务的范围很广，主要涉及旅游交通、饭店住宿、餐饮设施、旅游景点、各种旅游产品的价格、旅行社产品种类等方面。虽然旅行社在提供旅游咨询服务时并不向游客收取费用，但是，通过咨询服务，可以引导游客购买本旅行社的产品。因此，旅游咨询服务是增加产品销售和经营收入的一条重要途径。

3. 接待服务

门市的接待服务一般是选择性旅游接待服务，主要包括受理散客来本地旅游的委托、代办散客赴外地旅游的委托和受理散客在本地旅游的委托三种情况。在受理委托时，其工作流程如下：

（1）要认真记录有关内容，包括委托人（散客的姓名或委托旅行社的名称）、国籍、人数、性别、行程安排、交通工具、需要该服务的项目和付款方式等。

（2）认真填写任务通知书，并及时送达有关部门及个人。

（3）如果旅行社无法提供委托服务项目，应尽快（一般在 24 小时内）通知委托人。

4．宣传活动

门市宣传活动的主要内容包括宣传旅游产品、宣传门市形象、宣传旅行社品牌等几个方面。门市的宣传活动可以使旅游者的决策行为发生改变，促使旅游者提前进行旅游决策。门市宣传活动也可以对旅游者的出游时间行为产生影响，主要表现为出游时间由个人闲暇决定转向集体闲暇决定；门市的宣传活动也可能使旅游者的微观空间行为发生改变，主要表现在对目的地的选择级别多样化，住宿地选择不规则化；当这些时间与空间行为规律的改变能够给旅游者增加旅游附加值（超过旅游者预期效果）时，旅游者的满意度就会增加，但是当这些改变给旅游者带来不满（低于旅游者预期效果）时，旅游者的满意度就会下降。门市宣传活动会对旅游者的消费行为产生影响，当门市服务人员赢得旅游者的信任时，旅游者消费行为可能会增多；反之，可能会减少。门市的宣传活动也会对旅游者的心理行为产生影响，主要表现在门市服务人员合理的建议、专业安排、规范的操作增加了旅游者的心理安全感，但门市服务人员的不专业，甚至欺诈行为等可能会增加旅游者的不安全感。

旅行社门市在做宣传活动时，应该清楚地认识到自身宣传活动等行为可能对旅游者产生的一些影响，加强对旅游目的地的宣传，强化潜在旅游者对目的地的感知印象、旅游者的出游愿望，促使旅游者提前决策；应加强对潜在旅游者闲暇时间规律的调查，使出游时间更科学、合理；加强对旅游线路中景点的筛选，尽量保证旅游线路每一个景点的质量，以增加旅游的满意度；应加强对门市服务人员的培训与管理，让门市服务人员以良好的形象出现在旅游者面前，获得旅游者的信任，增加旅游者的消费行为；加强门市服务人员等旅行社工作人员的规范管理，增强旅游者的安全感等。

二、门市服务九大步骤

从经营角度来讲，标准化、规范化的对客服务是基本要求。一般对于门市来说，标准化、规范化的对客服务是其成熟的标志；对于企业来说，是其形象的良好展示。只有标准化、规范化的对客服务工作做好了，门市才有可能进一步追求个性化的服务；前者是基础、前提，后者是升华。标准的、规范的旅游门市对客服务应该包括进门问候等方面，旅行社门市对客服务流程由以下九个步骤组成。

（一）进门问候

旅游咨询者走进门市以后，门市服务人员就要转向旅游咨询者，用眼神表达关注和欢迎，注目礼的距离以五步为宜；在距离三步的时候就要面带微笑，热情地问候"您好，欢迎光临"，并用手势语言敬请旅游咨询者坐下。

（二）接触搭话

1. 搭话的机会

以下情景是搭话的合适机会。

（1）旅游咨询者较长时间凝视某条宣传线路时；

（2）旅游咨询者把头从青睐的线路上抬起来时；

（3）旅游咨询者临近资料架停步用眼睛看某条线路的图片时；

（4）旅游咨询者拿起某条线路的资料时；

（5）旅游咨询者在资料架旁边寻找某条线路时；

（6）旅游咨询者把脸转向门市服务人员时。

这六大表现意味着旅游咨询者已注意到某项旅游产品，或者希望得到门市服务人员的帮助，门市服务人员可以通过接触搭话使旅游咨询者从无意注意转向有意注意，或者从对旅游产品的注意发展到对该产品的兴趣。

2. 接触搭话的方法

接触搭话的方法可采用打招呼法、介绍旅游产品法和服务性接近法。

（1）打招呼法

打招呼法适用于随意浏览的旅游咨询者，或者因门市服务人员正忙于接待别的旅游咨询者而无暇顾及的旅游咨询者，避免这类旅游咨询者产生被冷落的感觉而离去。

（2）介绍旅游产品法

介绍旅游产品法适用于正注意观察某条线路的旅游咨询者。实际操作过程中，运用介绍旅游产品法应该注意以下两个要点。

① 门市服务人员应该扼要地介绍该旅游产品的亮点，以引起旅游咨询者的兴趣，这时旅游咨询者一般不会说"我只随便看看"，而门市服务人员却获得推销线路的机会。

② 介绍线路时需要直接、快速切入正题，不需要多余的礼貌。常见的方法中错误的如："需要不需要我帮您介绍一下？"、"能不能耽误您五分钟时间？"正确的方法应该是："请允许我来帮您介绍一下。"

（3）服务性接近法

服务性接近法适用于对那些明确表明想要购买的旅游咨询者，特别是那些非常渴望旅游的咨询者。

（三）出示旅游产品

出示旅游产品就是在旅游咨询者表明对某种旅游产品产生兴趣时，门市服务人员要立即取出该产品的宣传资料递给旅游咨询者，以促使其产生联想，刺激其购买欲望。在出示旅游产品时，有以下三种方法可以选择运用。

1. 示范法

示范法就是对旅游产品的展示。例如，可以让旅游咨询者欣赏他中意的旅游产品的精美图片。这是激发旅游兴趣，打消旅游咨询者疑虑的好方法。

2. 感知法

感知法就是尽可能地让旅游咨询者想象、感受、体验旅游产品，比如说通过网络信息、旅游者论坛中的评论,让旅游咨询者实际感受旅游产品的优点,以消除旅游咨询者的疑虑。根据从众心理,绝大部分游客说好的、美丽的、值得去的,一般来说,旅游咨询者也会认为是好的、美丽的、值得去的。

3. 多种类出示法

多种类出示法适用于旅游咨询者对具体购买何种旅游产品还不确定时,门市服务人员可出示几种行程相似或价格相近的旅游产品供其选择,但并不是说出示的旅游产品越多越好。

(四)旅游产品说明

旅游产品说明是指在出示旅游产品的同时提供影响旅游咨询者选择旅游产品的有用信息。一般做法是门市服务人员相对客观地说明和介绍,并列举旅游产品的一些卖点或者亮点。

(五)参谋推荐

参谋推荐就是根据旅游咨询者的情况,在旅游咨询者比较判断的阶段刺激旅游咨询者的购物欲望,促成购买。参谋推荐一般需要以下三个步骤。

(1)列举旅游产品的一些卖点或者亮点。

(2)确定所列举旅游产品能满足旅游咨询者的需要。

(3)向旅游咨询者说明购买此项旅游产品所能获得的利益。

参谋推荐的实质就是将旅游产品的一般特征转化为旅游咨询者所向往、所理解、所需要的个性化特征(即旅游咨询者利益)的过程。其转化公式为:

$$旅游产品特征功能＝旅游咨询者利益$$

(六)促进信任

促进信任是促进旅游咨询者对旅游产品的信任,坚定旅游咨询者的购买信心。

1. 促进信任的机会

以下情形是促进信任的良好机会。

(1)旅游咨询者提完关于旅游产品的问题时;

(2)旅游咨询者默默无言独立思考时;

(3)旅游咨询者反复询问某个问题时;

(4)旅游咨询者的谈话涉及旅游产品的售后服务时。

门市服务人员在把握这四个机会时不应在一旁默默等待,而是应坚定旅游咨询者的决心,消除其疑虑,建议其购买。值得注意的是,门市服务人员建议旅游咨询者购买绝对不等同于催促旅游咨询者购买。若门市服务人员不断地催促旅游咨询者购买,会使旅游咨询者反感。但是一味地等待也会失去销售的机会,因而门市服务人员只能在实践中不断的观察、摸索中得到经验,并以平缓的语调建议旅游咨询者购买。

2. 提供建议的方法

(1)直接建议法

旅游咨询者对旅游产品没有疑问时就可以直接建议旅游咨询者购买。例如,"国庆节后玩九寨沟,最合适不过了:秋天的九寨沟色彩最丰富、最美丽;现在的价格也最合适,比国庆节便宜了760多元钱呢!您看我现在帮您报名怎么样?"

（2）选择旅游产品法

选择旅游产品法是采用含蓄的方式参谋推荐,促使旅游咨询者作出购买决定的方法。选择旅游产品法是询问旅游咨询者要购买哪种旅游产品,而不是让旅游咨询者在买与不买之间进行选择。在选择范围上,一般不超过两种,否则旅游咨询者难以作出决定。例如,可以让旅游咨询者在诸如云南的"昆大丽"和四川的"九寨沟黄龙"两条线路之间进行选择,或者是在去四川的"九寨沟黄龙"双飞还是四飞之间进行选择。

（3）化短为长法

旅游咨询者对旅游产品的缺憾犹豫不决时,门市服务人员应该将旅游产品的优点、好处全部列举出来,使旅游咨询者感到长处多于短处,提升旅游咨询者对旅游产品的信心。

（4）机不可失法

机不可失法是让旅游咨询者感到错过机会就很难再买到,从而坚定旅游咨询者购买决心的方法,如特价、折扣、淡季促销、会员优惠等。运用"机不可失法"要使旅游咨询者感到:若现在不下决心购买,以后不是买不到,就是价格上涨。但这种方法只有确认旅游咨询者确实喜欢该项旅游产品时才可使用,否则事与愿违。

（5）印证法

旅游咨询者对旅游产品的个别问题持有疑虑,迟迟不愿做购买决定时,可介绍其他旅游咨询者购买此项旅游产品后的满意度来印证门市服务人员所做的介绍,或淡化旅游产品的问题,消除旅游咨询者的疑虑。但所介绍的事例要让旅游咨询者感到门市服务人员是真诚的,而不是强行推销。

【案例 5-6】

海南,怎么去更经济

海南旅游中的加点、加餐、进店等现象,让旅游者对团队游望而却步。但是,旅行社优惠的机票、酒店价格又吸引着旅游者通过旅行社去海南。某门市部服务人员向一位拒绝海南游常规旅游产品,也不相信海南纯玩团,但又有海南旅游意向的旅游咨询者 A 介绍如下:

"除了团队旅游之外,你还可以选择我们旅行社的海南自助游产品,我们只为您提供机票和酒店服务。这是最能满足您海南旅游心愿,享受自由自在的休闲度假,同时又是最经济实惠的一项产品。"

旅游咨询者 A 听过后,还有些将信将疑。

于是,门市服务人员接着说:"上一周我们的客人刘先生一家三口去海南度假,由于参加了我们旅行社的自助游,在酒店和机票上都享受了旅行社提供的团队价格,其中机票一项就打到了 4.5 折,而如果自己预订机票这段时间最低也只能打到 6 折。结果一趟海南双飞、住四星级酒店的五日游,刘先生一个人就节约了 690 元,一家人总共节省了 2070 元,比原来的预算便宜了很多。刘先生前天回来后还特意给我打电话,说一家人玩得既开心又经济,比团队旅游感觉好多了,很感谢我们旅行社的这条海南自助游产品呢!"

听完门市服务人员讲的刘先生的实例后,旅游咨询者 A 很爽快地签订了"海南自助游"的旅游合同。

【点评】 该案例中门市部服务人员针对旅游咨询者的具体情况——"既想去海南旅游,又不愿意参加常规旅游,哪怕是纯玩团",成功地运用印证法,通过刘先生具体案例获得了旅游咨询者的信任。

(6)奖励法

奖励法是一种向旅游咨询者提供奖励、鼓励旅游咨询者购买旅游产品的方法。这种方法与用削价出售旅游产品的方法相比,不会让旅游咨询者产生旅游产品本身价值就低,或认为该项旅游产品有缺憾或者卖不出去的错觉,反而使旅游咨询者感觉到意外的惊喜。采用向旅游咨询者提供奖励的方法,可以使旅游咨询者更乐于购买,使得购买之旅也非常快乐。

(七)签订合同

旅游咨询者作出购买决定后,门市服务人员下一步的工作就是与其签订书面旅游合同。签订合同的目的是维护旅游者和旅游经营者双方的合法权益。门市服务人员在与旅游者签订旅游合同时,要注意以下几点。

(1)掌握合同的全部详细条款,并具备深入浅出地解释相应法律、法规知识的能力;

(2)明确合同关系中有关双方权利与义务的条款,特别要注意:哪些是旅行社要承担的义务、旅行社享有哪些权利、旅游者要承担哪些义务并享有哪些具体权利等细节;

(3)注意与旅游者的特殊约定,一定要写入补充条款或者协议条款中,并且表述明确、翔实;

(4)注意签约时加盖公司印章及签上经办人姓名、旅游咨询者姓名及有效证件号码和联系方式;

(5)旅游合同签订好后,如需更改合同内容,一定要有文字记录和旅游者签名;

(6)熟悉国家旅游局规定的合同文本、当地旅游管理部门和工商管理部门制定的地方性旅游合同文本,因为个别地方旅游合同文本与国家旅游局规范的旅游合同文本稍有不同。

(八)收取费用

签好旅游合同后,门市服务人员的工作是收取费用,并为旅游咨询者开好发票。

收取费用时,一定要做到"三唱一复"。"三唱"即"唱价"(确认旅游咨询者所购旅游产品的价格)、"唱收"(确认所收旅游咨询者现款金额)、"唱付"(确认找给旅游咨询者余款金额)、"一复"即"复核"(确认所付旅游产品与收进费用相符)。

(九)收尾工作

门市服务人员在为旅游者开好发票、结束销售时,还要询问旅游者是否还有亲人或朋友一起去旅游,旅游出发前要注意哪些事项,在什么时间、地点与导游或者全陪导游联系,并告知旅游途中要注意的事项。这将使旅游者体验到门市是真心实意地为他们服务的,从而对门市留下美好的回忆,并起到良好的口碑宣传效果。

门市对客服务,不仅仅是在推销门市新产品,也是在推销门市,更是在推销整个旅行社的品牌。因此,门市服务人员要在实际工作过程中不断学习、实践、体会和总结。只有这样才能将自己打造成一名"金牌"的门市经营者,才能为旅行社带来更大效益。

三、促成交易的技巧

在促成交易的过程中,旅行社门市服务人员被旅游咨询者拒绝是很正常的,成功的销售人员并不介意销售的成功与否。

(一)促成交易的一般技巧

1. 做一个名副其实的"旅游专家",帮助旅游咨询者做决定

(1)人们害怕作出错误的决定

遇到顾客犹豫不定时,旅行社门市服务人员要切记不能失去耐心。帮助旅游咨询者做决定是很好的一种促成技巧。门市服务人员首先要明确,顾客很乐意付出金钱购买到满意的产品。但是顾客在决定的时候,往往会害怕作出错误的决定。有可能在交款时,表现出犹豫,以"再考虑考虑"或者"回家和先生或者太太商量商量"为借口。这样的话语对销售过程极具破坏性,因为顾客离开我们的门市后,其购买欲望会慢慢减弱,很有可能一去不回——永远不再进入旅行社的门市。

(2)"二选一"法则

"二选一"法则,就是指门市服务人员以顾客购买为前提作假设,再次询问顾客所需要的是什么特色或者什么细节的旅游产品,这样,顾客就不会将考虑的重点放在是否需要购买的选择上,从而促成交易的成功实现。例如,许先生国庆期间打算去黄山,他打电话去旅行社门市咨询,得到的回答可能是下面几种。

门市1:没有,黄山国庆节旅游特别旺,房子很难拿到!

门市2:有的,您要不要去?

门市3:先生对黄山很喜欢啊!但是国庆期间,黄山人满为患,去年我们旅行社回来的游客都抱怨:哪里是看山头啊?简直是在看人头嘛!所以今年国庆,我们特别设计了黄山的姊妹山——三清山3日游,有豪华等的金假期游,有舒适等的三星级酒店,有经济等的二星级酒店等,看看您喜欢哪种产品设计?

这里门市3就是运用了"二选一"法则。它的销售技巧显然比门市1要高明。

2. 有限数量或者期限——数量有限或时间有限

旅行社门市人员一定要明确产品数量的有限性、时间的期限性的意义。顾客知道产品数量有限或者时间有限之后,会担心"错过",进而产生此时不买,更待何时的急切心理,这时,门市服务人员通过煽情的语言加强促销力度,就会进一步拉升顾客的购买急迫感,从而有助于交易的促成。

3. 推销"今天买、现在买"

门市服务人员一定要有这样的意识:促成顾客今天买,不要相信"考虑考虑"。在门市实践工作中,我们注意到,当旅游咨询者说"我再考虑考虑"时,门市服务人员的回答通

常有以下几种。

门市 1："那您再考虑考虑,考虑通了来电话。"

门市 2："我给您一张名片,随时可以打电话给我。"

门市 3："这么又好又便宜的线路还要考虑啊?"

门市 4："我相信您对这次旅游很慎重,但是我很想清楚地知道您所考虑的是什么,因为我怕我有解释和服务不周到的地方。您考虑的是我们公司的服务还是……"

不同的回答,旅游咨询者的反应是不一样的。前面的三种,旅游咨询者和你说声"拜拜"就离开了。而唯有最后一种,客人还会坐在门市,和你进一步的沟通,也只有这一种,成功的希望更大。

4. 假设式结束法

假设式结束法是门市服务人员直接假定旅游咨询者已经购买了本公司的产品,所做的只是帮助旅游咨询者对产品使用进行介绍。例如,针对一位想去庐山避暑的旅游咨询者,门市服务人员说,"这个季节去庐山最凉爽了! 我们这里 38℃、39℃是见'热'不怪,白天晚上没有空调没法过日子。但庐山的白天也只有 21℃、22℃;您必须要带一件长袖衫! 还有,带个轻便的雨伞,玩三叠泉瀑布就不怕水了……"

这样的谈话,轻松愉快,似乎不是在做交易,而是朋友间在谈一种感受,相互之间的距离一下就拉近了。

5. 邀请式结束法

邀请式结束法是指门市服务人员不停地询问旅游咨询者关于旅行社旅游产品的意见,并使得旅游咨询者不断地赞同门市服务人员的意见,从而将对旅行社以及产品的认可强化到旅游咨询者的潜意识中。通用最简单的表述是:

邀请式结束法＝问句＋沉默的力量

以下的语句都属于邀请式结束法。

(1) 这条线路真的非常适合您,您觉得呢?

(2) 这条线路真的非常有特色,您觉得呢?

(3) 这条线路现在去景色最美,您觉得呢?

(4) 这条线路的性价比是最高的,您的观点呢?

【案例 5-7】

少一分钱也不行

某旅行社面向散客市场推出的"北京包机双飞送天津"产品,一投放市场,就因为价格便宜,且有"送"天津而引起了众多旅游者的青睐。在启程的前一天,门市还有 6 个头等舱的机位。这天上午有顾客来电话咨询。以下是该旅行社门市员工和旅游咨询者的对话:

员工:您好! ××旅行社。

顾客:请问"北京包机双飞送天津"的机票还有没有?

员工:有的,还有 6 个头等舱。但价格比普通舱每人要高 200 元,1998 元。

顾客:你们在广告上不是说是 1798 元吗? 没有说头等舱要高出 200 元呀?

员工:是的,我们在广告上是没有做说明。

顾客：我们刚好有 6 个人，但 1998 元的价格不行。如果 1798 元可以的话，我们过来办手续。

员工：对不起，这不行。

顾客：（沉默片刻）没有别的办法吗？

员工：没有。

顾客：（再次沉默）。

员工：再见。

资料来源：徐云松，左红丽.门市操作实务.北京：中国旅游出版社，2008

【点评】 旅行社产品是一种不可储存性的服务产品。如果说，在次日该包机的 6 个头等舱依然未能销售出去，则给旅行社带来的损失无疑是巨大的。我们可以粗粗地算这样一笔账：假设"北京包机双飞送天津"单位产品的毛利润是 2000 元，这 6 个头等舱的总营业利润则为 1200 元。假设未能销售出去，则不但没有利润可言，连成本也不能收回，其损失是 10 788 元（6×1998－1200＝10 788）。显然，门市服务人员简单地回绝顾客的做法是错误的。在这里，我们也可以看出该门市服务人员推销技能的欠缺，比如说，在没有对头等舱做包装推销之前，在没有激发顾客对头等舱的兴趣之前，就先谈价格；缺乏对广告上的普通舱 1798 元与现在的头等舱 1998 元之间的说明，容易让顾客对旅行社的信誉产生怀疑；对顾客轻易地说"不行"、"没有"；在顾客没有挂机之前，就先挂机；缺乏推销热情等。

正确的做法是怎样的呢？门市服务人员应该从以下方面来考虑问题的处理：首先，设法挽留住顾客；其次，请示旅行社决策者（可以等到在最后的时刻给顾客答复）；最后，如果因为其他原因只能由门市服务人员作出决定，则可以考虑上、中、下三策：上策，采用精湛的差异推销术原价销售，为旅行社争取最大经济效益；中策，适当降价；下策，按照广告以 1798 元的价格销售给顾客。

（二）针对不同个性旅游咨询者的促成技巧

门市服务人员面对的旅游咨询者往往具有很强的个性和鲜明的性格特征，如何采取灵活的态度来接待这些旅游咨询者呢？表 5-1 的建议将会对你有所帮助。

表 5-1 针对不同个性的旅游咨询者的促成技巧

类 型	表 现 特 征	应 对 策 略
健谈型	夸夸其谈	要抓住一切机会将谈话引入正题
内向型	少言寡语	不要失去耐心，提出一些不能仅仅用"是"或"否"问题，直至旅游咨询者开口
因循守旧型	似乎认真聆听但不做购买决定	如果不及时采取行动将会失掉这部分旅游咨询者，例如可以向他透露旅游产品价格将上涨或者供给不足的信息
不同意见型	永远有异议	尽量不要与其争论，保持冷静，听他把话说完，同时面带微笑
胆怯型	畏缩	提供引导、保证和支持；帮助旅游咨询者克服购买恐惧心理，鼓励旅游咨询者，慢慢使其放松

续表

类　型	表　现　特　征	应　对　策　略
自我中心型	具有自我优越感	仔细聆听并且恭维他的自我主义,有合适的时候向他征求意见
果断型	很自信,有主见	不要给这新旅游咨询者太长的销售解释,只给必要的细节,要严格忠于事实
精明型	可能曾经是业内人士	应用巧妙的恭维来表达对他的判断和讨价还价能力的赞赏
怀疑型	一直抱有怀疑,担心落入圈套	对他的反对作出反应,但不要和他争论,要和他谈话,承认缺点,应用逻辑和已证明的事实
牢骚型	满腹牢骚,但起因并不一定是因为你	要特别快乐,不要被他的心情所影响,力图找到困惑他的麻烦是什么
条理型	做事缓慢,对每句话都要权衡	调整你的步伐和他保持一致,放慢速度尽量向细节上扩展
依赖型	做决定时犹豫不决,需要有人帮助	可以问他一些问题,然后说明你的旅游产品正好能满足他的需要
挑剔型	从来不会同意你的报价	强调质量和服务来表明你的旅游产品值这个价钱
冲动型	很容易下结论	要直接步入正题,不要绕圈子,可以提出建议但不要告诉他怎么做
分析型	富有条理性,细化数据、事实、详细情况	给他们的信息越多越好,让他们自己得出正确结论
感情型	重视个人感情	应该和这类旅游咨询者逐渐熟悉,全身心投入谈话并保持自己的个性
固执型	总是装出很重要的样子	向旅游咨询者表明你认同这种重要感,抬高旅游咨询者,同时也抬高你自己

【技能训练】

1. 掌握旅行社门市业务范围。
2. 熟悉旅行社门市服务的九大步骤。
3. 熟练掌握门市销售的技巧。

【阅读资料】

行程可以模仿,品质绝不相同

2003 年 12 月 27 日,美国旧金山神州假日旅行社推出"全新行程"系列旅游产品。宣传口号是:"行程可以模仿,品质绝不相同。"门市服务人员的"旅游产品说明"具体做法如下。

1. 神州假期旅行社向旅行者推出"六大品质保证"

六项品质保证内容如下。

(1) 保证出发:确保旅行品质,每团限定参加人数

(2) 住宿中国各地最佳旅馆(或最佳之一),并且在市中心,便于客人探亲及商务活动。

（3）保证餐饮品质，每地提供当地风味名菜一次，并有丰富的娱乐节目。

（4）具有专业的导游全程随团服务，严格执行不可强行索取小费制度。

（5）严格控制各地购物活动，杜绝假冒伪劣商品，执行先观光后购物，每地一点，每点一小时为限。

（6）为客人购买旅行意外保险及国际航段的飞行意外保险。

2. 神州假期提供个性化的旅游产品

根据旅游者的需求，神州假期提供5组"全新行程"系列旅游产品，18条线路供旅游者选择。

第一组线路：

17天丝绸之路（S17），2799美元起，畅游北京、乌鲁木齐、吐鲁番、敦煌、莫高窟、兰州、西宁、青海湖、华山、西安、上海。

15天云南、香格里拉、西藏之旅（T15），2799美元起，畅游昆明、大理、丽江、长江第一湾、虎跳峡、香格里拉、泽当、雅鲁藏布江、羊卓雍错湖、拉萨、成都。

15天内蒙古、宁夏大漠风情游（K15），2599美元起，畅游北京、山海关、北戴河、秦皇岛、呼和浩特、包头、银川、中卫、上海。

15天长江三峡新貌游（V15），2499美元起，畅游北京、成都、大足、重庆、长江三峡、武汉、上海。

第二组线路：

17天闯关东，觅三宝怀旧游（N17），2499美元起，畅游北京、哈尔滨、吉林、长春、沈阳、大连、烟台、威海、蓬莱、青岛、济南、泰山、曲阜、上海。

15天神州精华三峡新貌游（D15），2599美元起，畅游北京、西安、桂林、重庆三峡新貌、武汉、上海。

15天长江三峡世纪之旅——重庆三峡新貌（R15），2299美元起，畅游上海、黄山、武汉、三峡新貌、重庆大足石刻。

15天东南名山秀水游（M15），2199美元起，畅游上海、武夷山、厦门、温州、雁荡山、宁波、普陀山、绍兴、杭州、千岛湖。

15天华中名山秀水瓷都游（H15），2099美元起，畅游上海、黄山新景观、景德镇、南昌、武汉、武当山、九江。

第三组线路：

15天张家界、九寨沟探险之旅（A15）2399美元起，畅游广州、长沙、张家界、成都、九寨沟、黄龙风景区、熊猫保护区、都江堰、自贡恐龙化石、大足石刻、重庆。

15天云南、香格里拉、贵州少数民族风情游（L15），2099美元起，畅游昆明、石林、大理、香格里拉、丽江、贵阳、安顺、广州。

15天古文化之旅（C15），2229美元起，畅游北京（金山岭长城）、承德、青岛、济南、泰山、曲阜、菏泽、开封、郑州、上海。

第四组线路：

11天云南香格里拉风情游（L11），1499美元起，畅游昆明、石林、大理、香格里拉、丽江。

12 天神州精华游(G12),1799 美元起,畅游北京、西安、桂林、上海、杭州、苏州。

第五组线路:

10 天江南美食天堂游(GR10),1299 美元起,畅游上海、杭州、苏州、扬州、南京、镇江、无锡。

9 天神州精华游(G9),1399 美元起,畅游北京、西安、上海。

3. 神州假期提供人性化服务方式

神州假期旅行社还承诺,旅游者 10 人以上可以自组旅行团,享受与亲友自成团队的乐趣。

4. 神州假期价格优惠

神州假期旅行社门市服务人员向旅游者说明,2004 年 2 月 28 日前付定金最高优惠可达 400 美元。不同行程有不同优惠:"全新行程"系列旅游产品共分五组,第一组行程优惠 400 美元,第二组行程优惠 300 美元,第三组行程优惠 200 美元,第四组行程优惠 100 美元。第一组、第二组、第三组、第四组不同出发日期有不同团价。第五组不同出发日期有不同优惠。

5. 神州假期提供灵活服务

机票＋酒店自助团 598 美元起。

机票＋北京/上海酒店 2 晚(上海华庭饭店五星、新锦江饭店五星、王宝和饭店四星;北京国宾饭店五星)。两人同房,不同饭店、不同日期、不同价钱。

资料来源:中国旅游报,2004-01-05

【点评】　旅行社产品的开发是一个逐步更新、充实的过程;新中有旧、旧中有新。"全新行程"尽管只是广告用语,但是神州假日旅行社在旅游产品说明方面的创新对于国内旅行社应该有一些启发。从"六大品质保证"、"个性化服务"、"人性化的服务方式"、"优惠的价格"到"灵活的服务",层层深入,加深了旅游者对"全新行程"系列旅游产品的影响,并加强了旅行社、门市"行程可以模仿,品质绝不相同"的品牌形象。

同时,从"六大品质保证"中也可以推想到美国旅游者(尤其是华人)对于消费和购物有一定担心,门市服务人员用"保证"来赢得旅游者的信任;门市服务人员也注意到购买旅游保险的重要性,以及安排品尝地方风味的旅游吸引力(特别是对中国人)。

【案例 5-8】

旅游行程与合同约定不符

连云港市民王某投诉连云港某旅行社旅游行程与合同约定不符,希望旅行社能承担责任,赔偿差价。

2010 年 8 月,王某一家三口到连云港某旅行社报名参加上海世博三日游,在旅游合同中明确指出:星期五早上出发,星期六和星期日两个白天进世博园,并有午餐,星期日下午 4 点半返回。可他们在旅行后发现,旅游线路与合同上的约定有很大差别:变成星期五下午和星期六晚上进世博园,星期日下午 1 点就返回,而且也没有午餐。由于白天进园和晚上进园的价格不一样,所以王鹏投诉旅行社,希望能赔偿差价。

王某说:"当时和旅行社签的合同与实际行程有差别,回来以后我和旅行社协商解决,请他们退还我的差价,旅行社当时没同意,我就投诉到市旅游质监所执法大队,执法大队让我们和旅行社协商解决,但我们还是没达成一致。"

旅游行程与合同约定不符,旅行社该不该赔偿?根据《旅游合同法》规定:当事人一方不履行合同义务或者履行合同义务不符合约定的,应当承担继续履行、采取补救措施或者赔偿损失。由于连云港某旅行社在履行合同义务时与约定的内容不符,所以应该承担责任,退还白场和晚场的差价,并补偿午餐费用。

旅行社总经理表示:"我认为我们公司管理不善,计调工作做得不细,出错了行程单,让客户造成误会,带来了一些不必要的麻烦,我们旅行社还是有一定的责任的。我们会退回差价,按旅游法规自罚 20% 的违约金,赔偿消费者。"

资料来源:连云港传媒网,2010-09-12

【点评】 国家新颁布的《旅行社条例》和《旅行社条例实施细则》,对旅游合同方面都有不少详细的规定,建议游客在出行前,先看看这两个相关"条例",做到心中有数,再认真仔细地签好旅游合同,充分保障自己的权益。签旅游合同要看清细节广告行程不是正式内容。一定要看清旅行社资质,并对合同细节进行仔细推敲,以充分保障自己的合法权益。

签旅游合同时要确定合同主体合法一致。

在游客报名参团签订旅游合同时,一定要确认旅行社的相关资质。关键要看"三证一险",即旅行社经营许可证、税务登记证、工商营业执照和旅行社责任险。对于准备出国旅游的游客,还要看自己报名的旅行社是否具有经营出境游资格。

签订合同后,要看清合同上是否加盖旅行社的合同专用章,合同专用章的旅行社名称与合同抬头的旅行社名称是否相符,经办人是否签署真实姓名等,以避免因合同主体不合法导致合同无效,使自己的合法权益得不到保障。

一般旅游合同都是一式两份,如果合同上有需要修改的地方,游客一定要把两份合同都修改,并且在修改的地方让旅行社签字确认,这样才能避免日后的纠纷隐患。

签合同一定要审清细节。

游客在和旅行社签署旅游合同时,一定要对合同的细节予以仔细推敲。有关部门提醒,需要注意的几个细节包括:游客应在合同中对所要求的服务项目及标准作出明确约定,比如乘坐的交通工具、住宿标准、有无房差、每日的具体行程、儿童占床需不需要额外收费等项目,都要一一问清楚,在合同中明确。

"自费"或"自选"项目的内容和价格也必须在旅游合同中予以明示,对于未在合同上明示,旅行社或导游在行程之外擅自增加的购物或游览活动,游客有权拒绝参加。

另外,需要提醒游客注意的是,旅行社在各种媒体上发布的广告行程,不能作为合同的正式内容。对于旅游合同中双方的违约责任、争议解决办法等,游客一定要认真阅读,发现疑问务必在出发前与旅行社协商约定解决办法。

【案例 5-9】

旅行社非法经营招麻烦

张先生所在的居民区内有一家国内旅行社,张先生全家准备在黄金周期间前往国外旅游。在黄金周之前,张先生到该国内旅行社咨询如何办理出国旅游手续。该旅行社的营业部接待人员向张先生介绍,他们可以直接在该社报名,并可为张先生办理出国旅游的各种手续。第三天,张先生再次来到该旅行社门市部,要求接待人员为他办理出国旅游手续。接待人员收取了张先生的旅游团款,并以该国内旅行社的名义与张先生签订了书面的旅游合同。签订书面旅游合同后的第九天,张先生偶然从当地的报纸上看到旅游管理部门的一则公告,其中刊登了当地能够经营出境游资格的旅行社名单,但未见到该国内旅行社。张先生来到旅行社,要求旅行社全额退还旅游团款;旅行社一再做张先生的思想工作,消除张先生的顾虑,在张先生一再坚持下,旅行社同意张先生的退团要求,但要求张先生按照合同约定,支付全额旅游团款 20% 的违约金。请问:

(1) 旅行社是否应当全额退还旅游者旅游团款? 或者说,旅行社要张先生支付违约金的要求是否合理? 为什么?

(2) 旅游管理部门应当如何处罚旅行社?

【点评】　该国内旅行社的经营行为已经触犯了《旅行社管理条例》和《中国公民出国旅游管理办法》的有关规定。因此:

(1) 旅行社应当全额退还旅游者的旅游团款。根据合同法的规定,违反法律、行政法规强制性规定的合同属于无效合同,而无效合同从订立时起就没有法律效力。既然如此,旅行社就不能要求张先生支付任何违约金。

(2) 旅游管理部门应责令该国内旅行社停止非法经营,限期改正;逾期不改正的,责令停业整顿 15 天至 30 天,可以处人民币 5000 元以上 2 万元以下的罚款;情节严重的,并可以吊销《旅行社业务经营许可证》。

【完成任务】

1. 走访本市几家旅行社门市,感受旅行社门市销售过程,并写出报告。

2. 以模拟旅行社为单位,根据不同旅游咨询者的要求、动机和行为,提供旅游咨询服务,采取不同的解说和介绍方法,促成旅游消费者购买,完成旅游产品的销售。

思考与练习

1. 2009 年新颁布的《旅行社条例实施细则》规定,旅行社门市部从事哪些业务?

2. 举例说明什么是"旅游产品"的卖点?

3. 门市服务人员提醒旅游者外出旅游之前应注意哪些事情?

4. 签订旅游合同后,旅游者临时不能参加旅游,应如何处理?

5. 门市服务人员介绍旅游产品时的"特优例证"法则包括什么内容?

旅行社接待业务

任务一　制订旅游接待计划

【任务描述】

请分析旅游团接待计划应包含哪些内容,尝试拟订旅游团接待计划。

【任务分析】

接待计划是组团社委托各地方接待社组织落实旅游团活动的契约性安排,是导游员了解该团基本情况和安排活动日程的主要依据。制订接待计划的重点应放在接待人员的安排、餐厅用餐、饭店住宿、景点游览、交通行程、娱乐节目的安排、安全保障等问题上。

【相关知识与技能】

一、准备阶段

接待的准备工作是顺利完成接待工作的前提和保证。旅行社要从以下几个方面做好接待的准备工作。

（一）接团计划管理

1. 制订旅游接待计划

旅游接待计划是旅行社落实各项旅游服务的文本，是组团社与地接社的结算依据。当接团社接到组团社发来的预报计划传真，或者是接待部从外联部得到预报后，首先要核实以下内容。

（1）团号、团名、组团社名称；

（2）旅游团人数及要求的旅游服务等级和方式；

（3）入出境口岸、日期、航班、车次或船次时间；

（4）旅游线路及游览城市；

（5）住房及早餐安排；

（6）城市间交通工具安排要求；

（7）旅游团名单，最后确认人数、国籍及成员的年龄、职业、证件号码；

（8）特殊要求。

以上事项得到确认后，就可以拟写旅游接待计划了。

旅游接待计划操作程序和标准是：

（1）首先书写标题和编号。标题应按规定格式写清旅游团组团客户所在国名、客户简称，旅游团号、编号，应注明编发部门和编发号码。

（2）文件书写发送单位，即委托接待单位名称。要按旅游线路经过城市时间的先后，排列出各地的接待单位，接待单位名称书写准确，发送单位与文内委托接待事项吻合，不出现漏发、重发、错发等现象。注明印发的份数（每发送一个单位一式三份）。

（3）文件正文首先要书写接待标准与接待服务要求。接待服务一般分为综合服务、小包价、零星委托接待、选择旅游、组合团旅游等几类。接待标准通常有豪华、标准、经济三种。淡季价销售应予特别注明；若游客还要求其他服务内容或超常规标准服务，文中应尽可能予以详述。

（4）正文包括旅游团游客名单、人数和基本情况。人数应有男、女人数和总人数，名单按序号注明游客身份、身份证件号码、是否夫妻关系、性别、职业、民族、国籍、住房要求等。

（5）正文还包括预订要求。根据客户要求办理委托预订，如委托接待社代订饭店、城市间交通工具、文娱节目等,都应予以注明。若是属于客户或组团社预订内容,且已经进行了预订和确认,应将其有关情况在文中加以备注,以便使接待社全面了解接待安排情况。

(6)正文主体是旅游日程安排。书写时,要求写明团队抵离城市、航班、日期和时间,市内游览应注明参观项目、就餐和风味安排等。如果以上内容尚有不明确之处,应在文中注明"待告",并在得到确切消息时,及时补发通知有关接待单位。

(7)文件要签写联系人姓名、单位、电话、编发日期等,以备遇到特殊情况进行联系,或变更有关委托事项等。

将制作完毕的接待计划经过认真核对后,向有关部门和有关接待社发送并督促回执。

当接待计划变更时,在对原接待计划内容进行调整及修改、补充后应及时通知有关接待社、酒店等合作单位,然后用文字形式补发更改通知,并追加因临时变更而发生的特殊费用。

2. 合理安排旅游日程

接待部门注意进行合理的日程安排,导游人员在具体接团过程中,也可以做适当变更。安排日程时要注意以下几点。

(1)日程安排留有余地,有张有弛。

(2)根据每个旅游团自身的特点安排游览活动。

(3)适当为旅游者留出一些自由活动的时间。

3. 做好预订工作

按照计划要求向订票人员下达订票通知单;按计划要求预订团队住房,并与饭店核对订房计划;按团队抵离时间安排市内游览用车;按计划要求合理安排团队的订餐、购物和活动;按团队要求安排文艺节目及其他娱乐活动。最后将所有经过落实的计划汇总,向有关接待部门下达计划通知,接待计划表格式如表6-1所示。

表6-1 旅游团队接待计划单

____(团号)团一行____大____小共计____人,此团地陪____人、全陪____人、领队____人

序号	组团社					全陪姓名	
	团号					电话	
人数	大 小	宾馆用餐	早		机票确认		地陪名称	
宾馆			午		下站机票		电话	
标准			晚		下站机票		司机姓名	
酒水			合 计		演艺门票		电话/车牌	
日期	星 期	早餐地点	上午活动	午餐地点	下午活动	晚餐地点	晚上活动	购物安排
飞机或火车班次			到达时间			接团发车时间		
飞机或火车班次			到达时间			接团发车时间		
备注								

计调员(签名): 　　　　审批(签名):

（二）安排合适的接待人员

接待计划制订好后，应根据计划中对旅游团情况的介绍和所提出的要求，精心挑选最适合担任该旅游团接待工作的导游员。为了能够做到这一点，接待部门负责人应在平时对该部门导游员的性格、能力、知识水平、身体条件、家庭情况、思想状况等进行全面了解，做到心中有数。

当接待任务下来时，接待部门经理便能够根据旅游团的特点，比较顺利地选择适当的导游员承担接待任务。例如，在接待专业旅游团时，接待部经理应选择在该专业领域具有一定知识的导游员担任接待人员，以便在接待过程中他能够以其较为丰富的专业知识使旅游者感到熟悉和亲切，增加相互之间的共同语言，有利于导游员更好地为旅游者提供接待服务。又如，在接待主要由中年妇女组成的旅游团时，接待部经理则应为她们挑选一位年龄相仿，对商店购物比较在行的女导游员。这位导游员比较理解旅游者的心理，能够提供具有针对性的服务，使旅游者感到满意。表 6-2 为旅行社导游接待通知单。

表 6-2　旅行社导游接团通知单

编号_____

团号		接团日期		送团日期	
接团地点		接团人数		送团车次	
司机姓名		车型		车牌号	
团队人数		地陪姓名		全陪姓名	
行　程			用　餐		住宿
日期	上　午	下　午	早	中	晚
D1					
D2					
D3					
D4					
D5					
各有关单位联系方式及联系人					

备注：地陪应严格按照以上行程执行，如有变动应及时与旅行社联系。

计调：　　　　　　　　　　　　联系电话：

（三）检查接待工作的准备情况

接待部门经理应在准备接待阶段注意检查承担接待任务的导游员准备工作的进展情况和活动日程的具体内容。对于进展较慢的导游员，应加以督促。对于活动日程中的某些不适当安排，应提出改进意见。对于重点旅游团的接待计划和活动日程，应予以特别关照。对于经验较少的新导游员，则应给予具体的指导。总之，接待部经理应通过对接待工作的准备情况进行检查,及时发现和堵塞漏洞,防患于未然。

二、接团阶段

(一)建立请示汇报制度

旅游团队接待工作是一项既有很强的独立性又需要由旅行社加以严格控制的业务工作。一方面,担任旅游团接待工作的导游人员应具有较强的组织能力、独立工作能力和应变能力,以保证旅游活动顺利进行。另一方面,凡事不请示,不汇报,特别是遇到旅游接待计划需发生重大变化的情况也不请示,擅作主张,甚至出了事故隐匿不报的做法也是极端错误的。为了加强对旅游团接待过程的管理,旅行社应根据本旅行社和本地区的具体情况,制定出适当的请示汇报制度。这种制度既要允许接待人员在一定范围内和一定程度上拥有随机处置的权力,以保证接待工作的高效率,又要求接待人员在遇到旅游活动过程中的一些重大变化或发生事故时及时请示旅行社相关管理部门,以取得必要的指导和帮助。只有建立和坚持这种适当的请示汇报制度,才能保证旅游团的接待顺利进行。

(二)抽查与监督接待计划落实情况

除了建立适当的请示汇报制度以保证接待人员能够将接待过程中发生的重大情况及时准确地传达到旅行社接待部门,使接待部经理和旅行社总经理等有关的管理人员能够随时掌握各旅游团接待工作的进展情况外,旅行社还应建立旅游团接待现场抽查和监督的制度,由接待部经理或总经理等人在事先未打招呼的情况下,亲自到旅游景点、旅游团下榻的饭店、旅馆、就餐的餐馆等旅游团活动的场所,直接考察导游人员的接待工作情况并向旅游者了解对接待工作及各项相关安排的意见,以获取有关接待方面的各种信息。旅行社接待管理人员通过现场抽查和监督,可以迅速、直接地了解接待服务质量和旅游者的评价,为旅行社改进服务质量提供有用的信息。

(三)及时处理出现的问题和事故

接团过程中,由于种种原因,常会出现一些责任性或非责任性事故,如漏接,错接,误机,旅游者丢失证件、财物,走失或患病、死亡等。旅行社一方面要制定标准化服务规定,避免事故发生;另一方面,事故发生后要帮助接团人员处理这些问题,涉及计划变更的,旅行社要做好退订,办理分离签证等手续,并及时通知下一站接待社,以维护旅游者利益,尽可能减少损失。

三、总结阶段

(一)建立、健全接待总结制度

为了达到提高旅游团接待工作效率和服务质量的目的,旅行社应建立、健全接待总结制度,要求每一名接待人员在接待工作完成后对接待过程中发生的各种问题和事故、处理的方法及其结果、旅游者的反映等进行认真总结,必要时应写出书面总结报告,交给接待部经理。接待部经理应认真仔细地阅读这些总结报告,将其中的成功经验加以宣传,使其他接待人员能够学习借鉴,并将接待中出现的失误加以总结,提醒其他人员在今后的接待工作中尽量避免犯同样的错误。通过总结,达到教育员工,提高接待水平的目的。

此外,接待部经理还可以采用其他方式对旅游团接待过程进行总结。例如,听取接待人员当面汇报、要求接待人员就接待过程中发生的重大事故写出书面总结报告、抽查接待人员填写的《陪同日志》、《全陪日志》、《领队日志》、《游客意见表》等接待记录的方式来进行总结。通过这些总结方式,旅行社接待管理人员能够更好地了解旅游者接待情况和相关服务部门协作情况,及时发现问题,采取补救措施。陪同记录表见表 6-3,导游服务情况调查表见表 6-4。

表 6-3　×××旅行社旅游团陪同记录表

编号_____

城市	旅游团名称		总编号		客源地	
旅游团人数	成人　　　　儿童		2 周岁以下		2～11 周岁	
住宿情况	间数　　　其中		双人　　　单人		三人　　　其他	
用餐情况	餐标					
交通情况	月　日　时　分	用餐,		乘坐	次机/车/船抵达	
	月　日　时　分	用餐,		乘坐	次机/车/船抵达	
主要活动项目						
行程变更情况	原计划　　人数		时间	饭店	变更	
全陪情况	所属社		人数		住房	
地陪	全陪			年　　月　　日		

表 6-4　×××旅行社地接导游服务情况调查表

团号		地接导游	
组团社		全陪(含电话)	
客人用餐过程中,是否时常看餐(至少超过两次)?			是　否
客人入住酒店后,导游是否查看所有房间?			是　否
客人是否能与导游取得直接联系?			是　否
您与您的团队游览过程中是否增加了其他景点(海鲜餐)?			是　否
导游是否全程讲解?			是　否
导游是否能做到微笑服务?			是　否
导游与您的沟通情况是否良好?			是　否
您的团队参加自费景点的具体人数?			
备注:			

(二) 处理旅游者的表扬和投诉

处理旅游者对导游员接待工作的表扬和投诉是总结阶段中旅行社接待管理的另一项重要内容。一方面,旅行社通过对优秀工作人员及其事迹的宣扬,可以在接待人员中树立良好的榜样,激励旅行社接待人员不断提高自身素质;另一方面,接待管理人员通过对旅游者提出针对导游员接待工作投诉的处理,既教育了受批评的导游员本人,也对其他接待人员进行了鞭策,使大家在今后的接待工作中不再犯类似的错误。

【技能训练】

【案例 6-1】

失败的"双飞团"

我国南方 S 市旅行社组织当地居民 35 人,前往华东某著名旅游景区两日游。该景区距离 S 市较近,如坐汽车只需 5 小时,但该旅行社为了满足一些市民没有坐过飞机想坐飞机的愿望,将该旅游团设计成"双飞团"。

到预订出发的当天清晨,该旅行社导游员小赵准时带领旅行团成员到达机场,并顺利办理了登机手续,进入候机大厅等候登机,但由于飞机当天未能抵达 S 机场,造成当天该航班取消,改成第二天上午 9:45 起飞,期间,机场方面在下午 1 点左右送来矿泉水和盒饭,并告诉乘客,飞机可能在下午到达机场,并计划在晚饭前从机场起飞。

听到这个信息,有游客担心万一飞机不能向机场许诺的那样在当天晚饭前起飞,旅游计划会大大缩水,因此他们建议小赵向航空公司提出退票要求,改乘火车或汽车前往目的地。然而,小赵担心退票手续复杂,又寄希望于机场方面能履行承诺,安排飞机在当天晚饭前起飞,于是,他没有听从这些游客的建议,也没有及时向旅行社汇报,自行决定让游客在候机大厅继续等待。当小赵在下午 5:30 听到航班取消的消息后,不禁大吃一惊,游客们也非常失望。此时小赵只好打电话给旅行社的领导请示,旅行社总经理听到这一消息,立刻指示小赵将旅游团带回旅行社,至此,游客在机场浪费了整整一个白天的时间,感到疲惫不堪,心情十分沮丧。

尽管旅行社总经理向游客表示了诚恳的道歉,有些游客还是向旅行社领导抱怨了导游员没有听取他们的意见,不仅浪费了大家的时间,还使这次旅游活动无法进行。个别游客情绪十分激动,提出让旅行社双倍赔偿旅游费用并给每位游客 2000 元作为精神损失的补偿,还威胁到质监所和市消费协会投诉,甚至媒体曝光。旅行社领导再次向游客道歉,并承诺退还全部旅游费用并赔偿每人 1000 元,但游客坚持要求更多的赔偿。最后经过旅行社领导的反复道歉和劝说,游客才和旅行社达成和解协议,该旅行社退还全部旅游费,赔偿每位游客 1200 元精神损失费和经济损失费,并向每位游客呈交一份由旅行社总经理签字的道歉信。该旅行社因为这次活动蒙受了 5 万元的经济损失。

资料来源:梁智.旅行社经营管理精选案例解析.北京旅游教育出版社,2007

问题:

1. 请分析该旅行社的接待计划存在的问题。
2. 导游员在此案中应承担哪些责任?

【阅读资料】

北京某旅行社组织的一个苏杭六日游的旅游团队发往杭州某旅行社。发团过程中的各种传真、表格见表 6-5～表 6-7。

表 6-5 ××旅行社预报计划表

杭州××旅行社业务部×经理：

我社组织的 CITS-HDH06B-2F0930-50+1(中宾)，于 2010 年 9 月 30 日赴贵地旅行游览，具体行程如下：

日期	行　程	住宿	备　注
D1	下午乘 T33 次 23：00 前往杭州	火车上	酒店：请在当地选择二星级标准酒店，25 间两张床的标准间、一私陪房
D2	早上 9：00 抵杭州，游西湖(三潭印月、苏堤春晓、平湖秋月、断桥残雪)、岳王庙、杭州城	杭州	用餐：安排第二天至第四天全天用餐，10 人桌、八菜一汤、送水果、饮料
D3	游灵隐寺、一线天、黄龙洞、庆俗园、龙井问茶，车往苏州	苏州	接送：和旅游团在一起时，负责行程中所有车站到酒店的接送，游客抵、离的非旅游车次由自己负责
D4	游虎丘、留园、拙政园、寒山寺	苏州	观光：配备国产豪华空调车，中文导游 2 名(如果是用 2 台车)
D5	车往上海，游上海世博园、东方明珠电视塔、外滩、晚上 10：00 乘 T32 次返京	火车上	车票：请预订 10 月 4 日 T32 次硬卧火车票
D6	早上 7：10 抵京		

请速确认行程和价格。谢谢！

中国国际旅行社××分社　　　　　　经办人：×××

联系电话：010-761×××××　　　手机：139010×××××　　　传真：010-761×××××

2010 年 9 月 20 日

表 6-6 杭州××旅行社确认书

中国国际旅行社××分社×先生：

贵社发来的 CITS-HDH06B-2F0930-50+1(中宾)，于 2010 年 9 月 30 日赴贵地旅行游览，具体行程如下：

日期	行　程	住宿	备　注
D1	下午乘 T33 次火车 23：00 前往杭州	火车上	酒店：请在当地选择二星级标准酒店，25 间两张床的标准间、以私陪房
D2	早上 9：00 抵杭州，游西湖(三潭印月、苏堤春晓、平湖秋月、断桥残雪)、岳王庙、杭州城	杭州	用餐：安排第二天至第四天全天用餐，10 人桌、八菜一汤、送水果、饮料
D3	游灵隐寺、一线天、黄龙洞、庆俗园、龙井问茶，车往苏州	苏州	接送：和旅游团在一起时，负责行程中所有车站到酒店的接送，游客抵、离的非旅游车次由自己负责
D4	游虎丘、留园、拙政园、寒山寺	苏州	观光：配备国产豪华空调车，中文导游 2 名(如果是用 2 台车)
D5	车往上海，游上海世博园、东方明珠电视塔、外滩、晚上 10：00 乘 T32 次返京	火车上	车票：请预订 10 月 4 日 T 32 次硬卧火车票
D6	早上 7：10 抵京		

请速确认行程和价格。谢谢！

杭州××旅行社　　　　　　　　　经办人：×××

联系电话：0571-761××××　　　手机：1390571××××　　　传真：0571-761××××

2010 年 9 月 20 日

紧急更改

杭州××旅行社业务部×经理：

　　您好！我社组织的 CITS-HDH06B-2F0930-50＋1（中宾），原乘 T33 次火车 10 月 1 日早 9：00 抵杭，有误，现改为应于 10 月 1 日 8：00 到达，请予更改，并准时接车。

　　不便之处请原谅，收到后请予回复确认！谢谢！

中国国际旅行社××分社

业务部：×××

2010 年 9 月 20 日

表 6-7　旅行团正式计划书（委托协议书）

发团社（甲方）：中国国际旅行社××分社　　　　日期 2010 年 9 月 20 日
接团社（乙方）：杭州××旅行社　　　　　　　　联系电话13××××××××××
甲、乙双方经过友好协商，同意就甲方组织的 CITS-HDH06B-2F0930-50＋1（中宾），达成以下协议：

一、行程

第一天：9 月 30 日（星期二）北京—杭州。宿火车上。

第二天：10 月 1 日（星期三）早上 9：00 抵杭州，游西湖（三潭印月）、苏堤春晓、平湖秋月、断桥残雪、岳王庙、杭州城。宿杭州大饭店。

第三天：10 月 2 日（星期四）游灵隐寺、一线天、黄龙洞、庆俗园、龙井问茶，车往苏州。宿苏州假日酒店。

第四天：10 月 3 日（星期五）游虎丘、留园、拙政园、寒山寺。宿苏州假日酒店。

第五天：10 月 4 日（星期六）车往上海，游上海世博园、东方明珠电视塔、外滩、晚上 10：00 乘 T32 次返京。宿火车上。

第六天：10 月 5 日（星期日）早上 7：10 抵京。

二、服务项目及团费参见前确认书

三、备注

1. 甲方要求乙方接团时间是 2010 年 10 月 1 日 9：00，地点是杭州火车站，返程乙方按确认人数为甲方代办返程火车卧铺票 51 张，时间为 10 月 4 日 10：00 的 T32 次火车，杭州—北京，双方确认后，因甲方人数增减所造成的责任和损失由甲方负责。

2. 结算方法：甲方在发团前预付 30%团款，全陪随团付给乙方 50%团款，余款团队旅游结束后由甲方付清。

3. 游客旅游保险手续由甲方办理。

4. 甲、乙双方确认后，开始操作，若有变动，应提前 72 小时通知对方，否则造成的损失由违约方负责。

5. 若遇交通、气候等不可抗力因素所造成的损失由游客负责。

6. 若在旅游目的地游览期间的食、住、行、游、购、娱各方面出现问题与协议有不符之处，造成的损失及责任由乙方负责。

7. 甲、乙双方应按《境内旅客须知》和旅游有关的法律、条例，本着友好协商的精神解决未尽事宜。

8. 甲、乙双方签字后，协议生效。

附：游客名单

姓　名	性　别	年　龄	身份证号码

甲方：中国国际旅行社××分社　　　　　　乙方：杭州××旅行社

经办人：×××　　　　　　　　　　　　　经办人：×××

联系电话：010-761×××××　　　　　　　联系电话：0571-761×××××

手机：139010×××××　　　　　　　　　手机：1390571××××

传真：010-761×××××　　　　　　　　　传真：0571-761××××

2010 年 9 月 20 日

【案例 6-2】

南京某旅行社低于成本接待和服务案

2010 年 7 月 18 日,南京杨某等 12 名游客报名参团港澳五日游,在港澳游玩结束返回珠海逗留期间,珠海地接导游擅自将游览百货公司行程变更为珠宝店购物,并极力向游客推销香烟和珠宝,但游客都不愿意购买,为此双方发生激烈争吵,导游威胁并将所有游客赶下大巴车,双方对峙 1 小时之后,司机自愿将游客送到广州白云机场,导游一度阻拦。事后,游客将导游骂人的视频上传网络,并向南京市旅游质量监督管理所投诉南京市某旅行社未经旅游者同意擅自将旅游业务委托给其他旅行社,以及向深圳地接社支付的费用低于接待和服务成本。

处理:在历时 40 余天的案件查处中,南京质监所与中国香港旅游业议会、深圳市文体旅游局密切合作,实地在南京、深圳、珠海、广州等地调查取证,取得了案件的一手证据。

经调查,该旅行社组织"港澳精品五日游"旅游活动,未事先征得游客同意即委托给深圳某旅行社,且没有将旅游目的地受委托旅行社的名称、地址、联系人和联系电话告知游客;该旅行社与深圳某旅行社的团费确认书标明地接费用为 450 元/人,同时深圳的旅行社承认南京的旅行社向其支付的费用低于接待和服务成本,且同时期南京的"港澳五日游"地接社费用报价在每人 1300～1800 元之间,深圳和广州的"港澳 4～5 天游"的成本价在 1218～1500 人/元之间,表明该旅行社付给深圳某旅行社的费用低于"港澳五日游"的接待和服务成本。

依据《旅行社条例》,南京市旅游园林局对该旅行社作出责令改正、罚款 3 万元、停业整顿 1 个月的行政处罚。停业整顿期间正值旅游报名旺季,该社 51 家门店,1 个月不能营业,经营损失可见一斑。处罚该社后,南京"港澳游"不约而同"涨价",过去在广告中常见到的"千元港澳游"已经被"品质旅游,伴你远行"取代。

【点评】 本案是由于导游变更行程,强迫游客购物所引发的纠纷,这是本案的核心问题。从案情事实中可以看出旅行社存在如下过错:一是未取得旅游者同意,将旅游业务委托给其他旅行社;二是导游擅自变更行程,将行程中的百货公司变更为珠宝店;三是导游胁迫旅游者参与购物活动,并以拒绝提供服务相威胁;四是南京组团社向深圳地接社支付的费用低于接待成本。从当地旅游部门作出的处理结果看,由于旅游者只对第一项和第四项提出投诉,因此我们认为,当地旅游部门仅对第一项和第四项过错作出处理是合理的。具体分析如下:

第一,关于认定"未取得旅游者同意,将旅游业务委托给其他旅行社"的行为,只要提取组团社与旅游者签订的旅游合同就可以一目了然。如果在旅游合同中,没有注明地接社的名称、地址、联系人和联系电话,就可以认定组团社未经旅游者同意将旅游业务委托给其他旅行社。根据《旅行社条例》第 55 条第(三)款规定,未取得旅游者同意,将旅游业务委托给其他旅行社的,当地旅游部门应责令旅行社改正,并处以 2 万元以上 10 万元以下的罚款,情节严重的,责令停业整顿 1 个月至 3 个月。

第二,关于"南京组团社向深圳地接社支付的费用低于接待成本"的行为,这是最难以认定的。当地旅游部门花费大量时间和精力与中国香港旅游业议会、深圳市文体旅游局密切合作,在南京、深圳、珠海、广州等地调查取证。根据《旅行社条例》第62条第(二)款规定,旅行社向接受委托的旅行社支付的费用低于接待和服务成本的,旅游部门责令改正,停业整顿1个月至3个月,情节严重的,吊销旅行社业务经营许可证。

根据以上分析,由于南京组团社在本案中存在的过错行为,按照最低的处罚标准,当地旅游部门应责令南京组团社改正错误,处以2万元罚款,停业整顿1个月。因此,当地旅游部门作出责令改正,处以3万元罚款和停业整顿1个月的处罚是合适的。

(点评人:刘卫,系北京市观韬律师事务所高级合伙人,中国旅行社协会常年法律顾问,北京市律师协会旅游专业委员会主任。)

【案例6-3】

旅行社擅自并团惹争议

A旅行社和王先生签订了去内蒙古一地旅游的合同,王先生交纳了全额团费。在旅游合同中,双方明确约定了住宿的标准是:住蒙古包一晚,住三星级酒店三晚。旅游合同签订后的第六天出团。由于A旅行社只招徕到5名游客,而B旅行社也只招徕到9名游客,A旅行社和B旅行社达成协议,住宿变为蒙古包二晚,住三星级酒店二晚,由B旅行社组团并派全陪。王先生到了出发的机场,好不容易找到B旅行社的全陪,了解了组团变化的情况。王先生对A旅行社事先未征求他本人意见感到生气,尤其是对住宿饭店的变化难以接受,要求B旅行社仍然按照A旅行社的计划安排住宿,王先生的要求遭到了B旅行社的拒绝,王先生提出退团和取回全额旅游团款的要求;旅行社声称,如果王先生退团,必须按照旅游合同的约定,支付旅行社实际已经发生的费用,并承担违约金。王先生与旅行社争执不下,最后只能勉强参加了旅游团,返程后王先生向旅游管理部门投诉,要求旅行社承担违约责任。

【点评】 王先生在出游之前,已经与A旅行社签订了旅游合同,并交纳了团费。而A旅行社由于游客人数不够与B旅行社并团时应征得王先生的同意,在未征得游客同意的情况下,A旅行社擅自并团属违约行为。按照《旅行社条例实施细则》的有关规定,当旅行社将已经组织的旅游者转让给其他旅行社时,必须事先征得旅游者的书面同意。A旅行社事先未征得王先生的同意擅自转让,A旅行社擅自并团的做法属于违法行为。应当由A旅行社承担违约责任,对王先生进行赔偿。

【案例6-4】

订房马虎出差错,旅行社和宾馆谁之过

某地接旅游公司和组团旅行社约定,负责接待旅游团来当地度假。地接旅行社立即着手开始准备,向当地一家三星级宾馆发出订房传真,要求预订5月1日至4日期间47人共24间房间,房价、标准按照原来的协议。宾馆当天传真回复,每天只能安排15间左右客房。5月1日,47位旅游者如期来到宾馆,宾馆以该旅游公司未确认为由,只为旅行社提供了15间客房。由于正值黄金周期间,当时该市宾馆爆满,一直到晚上10时,17位旅游者依旧不能入住,旅游者对此表示了强烈的不满。为了稳定旅游者的情绪,旅游公司临时让旅游者入住当地一家五星级宾馆的总统套房和普通套房。虽然旅游公司为此多支出

8000 元,尚有部分旅游者在饭店住地铺。为了安慰旅游者的情绪,旅行社通过加餐、免费增加景点等办法对客户进行弥补,额外共支出 1 万多元。该公司向有关管理部门投诉,要求宾馆赔偿该公司所遭受的全部损失。

【点评】

(1)该旅行社与宾馆的合同属无效合同。因为合同的成立,必须经过要约和承诺两个阶段。该旅游租赁合同成立与否,是看旅行社发出租赁客房的要约,宾馆的承诺是否符合法律规定。按照合同法的规定,承诺生效的条件之一,是承诺必须与要约的内容相一致。在该案例中,旅行社要求租赁 24 间客房,而宾馆只能提供 15 间客房,宾馆的回复和旅行社的要约不一致,宾馆的回复不属于承诺,所以该合同不成立。

(2)既然旅行社与宾馆之间的租赁合同关系不成立,宾馆就没有为旅行社提供客房的义务。旅行社的损失与宾馆不提供客房没有因果关系,旅行社的损失只能由自己承担。

【完成任务】

你所在的旅行社准备接待一个 30 人标准团,其中 60 以上老年人 3 人、12 岁以下儿童 2 人、全陪 1 人,成员特殊要求:回民餐 2 人。请拟定一份本地三日游接待计划单。

思考与练习

1. 旅游接待计划包括哪些方面的内容?
2. 接团前的准备阶段应做好哪些工作?
3. 旅游接待计划操作流程是什么?

任务二　旅行社接待业务程序和方法

【任务描述】

熟悉旅行社的接待服务程序和方法。

【任务分析】

在旅行社计调部门落实好各个环节后,旅游者按照计划的约定如期到达旅游目的地。旅行社将依据接待计划从多方面为旅游者提供服务,旅游者与旅行社的接触也随之增加。在这个阶段导游员的作用非常关键,他们是计划的执行者,直接为旅游者提供服务。旅游者将根据其所提供服务的质量,对旅行社作出评价。所以导游员在接待过程中必须按照旅行社的接待服务程序,完成接待任务。由于旅游者的类型和特点不同,旅行社的接待服务程序也有所不同。旅行社接待服务程序分为团体旅游接待服务程序、散客旅游接待服务程序及大型团和特种接待服务程序。

【相关知识与技能】

一、团体旅游接待业务程序和方法

（一）团体旅游接待业务的分类和特点

团体旅游接待，是指旅行社根据销售合同规定的内容，对旅游团在整个旅游过程中的交通、住宿、餐饮、游览参观、娱乐和购物等项活动提供具体组织和安排落实提供服务的过程。团体旅游的类型和各自的特点如下。

1. 团体旅游的分类

（1）入境团体旅游

入境团体旅游是指由旅游目的地国家的旅行社到其他国家或地区招徕旅游者，或者委托境外的旅行社等机构进行招徕，并将他们组织成 10 人以上（含 10 人）的团体，前来旅游目的地国家的旅游活动。入境旅游团体由境外启程，在旅游目的地国家的口岸入境，并在境内进行一段时间的游览参观活动，最后从入境的口岸或另外的开放口岸出境返回原出发地。

（2）出境团体旅游

出境团体旅游是指旅游客源国或地区的旅行社招徕本国公民并将他们组织成 10 人以上（含 10 人）的旅游团队，前往其他国家或地区进行的旅游活动。出境旅游团体由本国或本地区启程，在旅游目的地国家的口岸入境，并在境内进行一段时间的游览参观活动，最后从入境的口岸或另外的开放口岸出境返回本国或本地区。

（3）国内团体旅游

国内团体旅游是指一个国家的旅行社招徕本国公民，并将他们组织成 10 人以上（含 10 人）的旅游团队，前往国内的某个或某些旅游目的地进行的旅游活动。国内团体旅游包括旅游团队前往附近的旅游目的地进行的短途旅游和前往其他省（直辖市、自治区）旅游目的地进行的省际旅游。

2. 团体旅游的特点

（1）入境团体旅游的特点

① 停留时间长。以中国的旅游市场为例，除了少数港澳同胞来内地旅游的团队外，多数入境旅游团队在中国内地旅游时，通常在几个甚至十几个城市或旅游景点所在地停留。因此，入境旅游团队的停留时间少则一周，多则十几天，少数入境旅游团队曾经创下在华旅游时间长达 40 多天的纪录。

② 外籍人员多。入境旅游团队多以外国旅游者为主体，其使用语言、宗教信仰、生活习惯、文化传统、价值观念、审美情趣等均与旅游目的地国家有较大差异。即使在由海外侨民或本国血统的外籍人所组成的旅游团队中，多数旅游者由于长期居住在旅游客源国，其生活习惯、使用语言、价值观念等方面也发生了重大变化。

③ 预订期长。入境团体旅游的预订期一般比较长，从旅游中间商开始向旅游目的地的接待旅行社提出接团要求起，到旅游团队实际抵达旅游目的地时止，旅行社同旅游中间

商之间需要进行多次的通信联系,不断地对旅游团队的活动日程、人员构成、旅游者的特殊要求等事项进行磋商和调整。另外,旅游中间商还要为旅游团队办理前往旅游目的地的交通票预订、申请和领取护照和签证等手续,组织散在各地的旅游者在事先规定的时间到指定地点集合,组成旅游团队并搭乘预订的交通工具前往旅游目的地。

④ 落实环节多。入境旅游团在旅游目的地停留的时间和地点比较多,其旅游活动往往涉及旅游目的地的各种有关的旅游服务供应部门和企业。为了安排好入境旅游团的生活和参观游览,接待旅行社必须认真研究旅游接待计划,制订出缜密的活动日程,并逐项落实整个旅行过程中的每一个环节,避免在接待中出现重大人为事故。

⑤ 活动日程变化多。入境团体旅游的活动日程变化比较多,如出发时间的变化、旅游团人数的变化、乘坐交通工具的变化等。

(2)出境团体旅游的特点

① 活动日程稳定。出境旅游团的活动日程一般比较稳定,除非发生极其特殊的情况,否则它的活动日程很少发生变化。无论是组织出境旅游团的旅行社还是负责在旅游目的地接待的旅行社,都必须严格按照事先同旅游者达成的旅游协议,安排旅游团在境外及境内的各项活动。

② 消费水平高。出境旅游团的消费水平比较高,他们一般要求在旅游期间乘坐飞机或豪华客车,下榻在档次比较高的饭店,并往往要求在就餐环境比较好的餐厅用餐。此外,出境旅游团的购物欲望比较强烈,采购量和采购商品的价值均较大。据一些担任过出境旅游团领队的导游员和旅行社经理们的反映,我国出境旅游团在旅游目的地的购物消费甚至超过来自某些发达国家的旅游者,深受当地商店的欢迎。

③ 文化差异比较大。出境旅游团队的成员中,有许多人从未到过旅游目的地国家或地区,缺乏对那里的历史、文化、风俗习惯等的了解,与当地居民之间存在着文化上的较大差异。特别是在像我国这样的自身文化传统悠久、出境旅游发展时间较短的国家,旅游者除了在文化上与旅游目的地国家有较大的差别外,在语言方面也存在着一定的差异。目前,我国参加出境旅游的旅游者,除个别人外,外语水平一般比较低,许多人根本不懂外语。到达境外后,同当地人交流成为一个严重的问题。

(3)国内团体旅游的特点

① 准备时间短。国内旅游团的预订期一般比较短,而且由于不需要办理护照、签证等手续,所以国内旅游团的成团时间较短。

② 日程变化小。国内旅游者一般对于前往的旅游目的地具有一定程度的了解,并能够在报名参加旅游团时对旅游活动日程作出比较理智的选择,因此他们很少在旅游过程中提出改变活动日程的要求。

③ 消费水平差别大。参加国内旅游团的旅游者生活水平参差不齐,不同生活水平的旅游者在旅游消费水平方面的差异很大。旅行社在接待不同的国内旅游团时,应根据他们的消费水平和消费特点,在征得旅游团全体成员或绝大多数成员同意的前提下,对活动日程做适当的修改,以满足不同旅游者的需要。

④ 讲解难度小。国内旅游团在游览各地旅游景点时,一般对这些景点事先有所了解。另外,除了少数年龄较大的旅游者外,多数国内旅游者具有一定的文化水平,能够听

懂导游员的普通话讲解,对于导游员在讲解过程中所使用的历史典故、成语、谚语、歇后语等比较熟悉,容易产生共鸣。

（二）团体旅游接待程序和方法

在旅行社计调部门落实好各个环节后,旅游团体接待活动一般由领队、全陪、地陪来完成,根据不同的团队形式接待流程有所不同。

1. 领队接待服务程序和方法

领队既是旅游团的领导和代言人,又是旅游团雇用的服务人员,起着沟通派出方旅行社和接待方旅行社、旅游者和导游员之间的桥梁作用;他监督接待方旅行社执行旅游计划,在旅游过程中要积极协助各地导游员落实食、住、行、游、购、娱等各项服务,共同完成旅游接待任务。

（1）准备阶段

① 熟悉情况,一般来说领队需要了解以下几个方面的情况。

旅游团成员的阶层、职业、年龄、性别、身体状况、旅游团内的夫妇人数、随行的年龄和人数、旅游团的重点人物、旅游团在生活和参观方面的特殊要求和需特殊照顾的对象。

旅游团成员的血型,以及如果在旅途中遇到意外需要通知的家属姓名和地址。

旅游线路和旅游计划。发现问题及时汇报,让组团社向接待方旅行社及时通报;若要求修改部分旅游计划,旅游团人数有变动,旅游者提出新的特殊要求等应尽可能事先通报接待方旅行社。

② 做好物质准备。准备好集体签证,核实各类票证,特别是交通票证;带领中国公民出国旅游,领队须事先代客人填好各种表格;向旅行社领取必要的钱款,准备好随身带的日用物品。

③ 介绍旅游目的国（目的地）。领队在旅游团启程前往旅游目的地之前,应向旅游团成员介绍有关旅游目的地情况和注意事项。可向旅游团成员分发一些有关于旅游目的地的资料,并提醒旅游者遵守客源国海关、动植物检疫部门的有关规定。

（2）实际接待阶段

① 第一天的工作

a. 在旅游团预订启程的当天,领队需根据旅游计划提前到达预订的交通集散地,并向有关部门询问交通工具离开的时间有无变化。

b. 向旅游者作自我介绍。

c. 帮助他们办理乘机或乘船手续和行李托运手续。

d. 与旅游团一起核实旅游计划上的各项内容,并宣布旅游团全体成员在旅游期间应该共同遵守的一些规定。

e. 领队在此期间应向团员表示愿意为他们服务,并将尽力维护他们的正当权益,随时为他们解决各种旅途中的困难。

f. 掌管证件。旅游期间,领队要保管好旅游团的集体签证并在需要时收取旅游者的护照等证件,用毕归还;中国出境团的领队要集中保管护照;中国出境旅游团的领队应在离境前收取旅游者的护照等证件,集中保管,便于工作,努力避免旅游者在国外滞留不归。

② 日常工作

除了第一天和最后一天的工作外,领队在旅途中其他时间的工作基本相同。这些工作包括:

a. 每天向旅游团通报当天的活动日程。

b. 在旅游团抵达旅游景点下车游览时,提醒返回汽车的准确时间和地点。

c. 在旅游者返回后清点人数,并通报下面的活动内容。

d. 在前往下一个旅游景点途中,如果时间较长,可以组织一些娱乐活动,以活跃车内的气氛。

e. 同全程导游员或地方导游员核实下一项或第二天的活动内容。

f. 向旅游团通报第二天的活动内容。

g. 当旅游者全部下车后,对车内进行细致检查,妥善处理旅游者遗忘在车内的物品。

③ 最后一天的工作

a. 调动旅游者情绪。

b. 帮助旅游者整理行装,提醒旅游者不要将行李或物品遗忘在所乘坐的交通工具上。

c. 主动征求旅游者对旅游活动的意见和建议。

d. 与旅游者互赠联系地址和电话,以便继续保持联系。

e. 代表旅行社举办告别宴会,致欢送辞,感谢旅游者在一路上给予的支持与合作。

④ 总结阶段

a. 处理旅游团接待过程中的各种遗留问题,如旅游者委托事项、可能的投诉等。

b. 向旅行社结清账目,归还启程前向旅行社借到的物品。

c. 填写领队日志,总结旅游团的接待经过,如旅游者的表现和反映。

d. 总结旅游目的地组团社和各地接待社执行旅游计划的情况。

e. 总结全程导游员和地方导游员的服务态度、知识水平、语言表达能力、处理问题的能力及与领队合作情况等。

2. 全程导游员(全陪)接待团体旅游游客的服务程序和方法

(1) 准备阶段

① 熟悉情况

a. 研究旅游团的接待计划。

b. 熟悉旅游团的情况和旅游路线的情况。

c. 了解各地承担接待任务的旅行社情况。

d. 确定接待计划的重点和服务方向。

② 物质准备

全程导游员所需准备的物品基本上同领队相同。

③ 联系地陪

a. 在旅游团抵达前一天,全程导游员应主动设法与负责接待的地方导游员进行联系。

b. 了解第一站接待工作的详细安排情况,并确定集合的地点和时间,以便在第二天准时前往旅游团抵达的地点迎接。

c. 如果由全程导游员兼任地方导游员,则应亲自同旅游汽车公司调度人员联系,落实接站事宜。

（2）迎接服务阶段

① 入境旅游团的迎接服务

a. 迎接到旅游团后,主动与该旅游团的领队联系,了解并核实旅游团的实际到达人数、旅游团有无特殊要求和需要给予特殊关照的旅游者。

b. 与领队、地方导游员和接待旅行社的行李员一起清点和交接行李。

c. 代表旅游目的地组团旅行社和个人向旅游团致欢迎辞,做自我介绍,表达向全体旅游者提供服务的真诚愿望并预祝旅行顺利愉快。

d. 协助地方导游员带领旅游团乘车前往预订下榻的饭店。在旅游团进入饭店后,全程导游员的工作主要是:协助旅游团领队处理入住过程中可能出现的各种问题、与领队核对并商定旅游团的活动日程、掌握领队所住的房间号和电话号码以便随时进行联系、掌握旅游团的住房分配名单、掌握饭店总服务台电话号码、同地方导游员确定在紧急情况下联系的方法。

② 国内旅游团的迎接服务

a. 进行自我介绍,并代表组团旅行社向旅游者表示欢迎。

b. 介绍旅游线路及线路上的主要旅游景点概况。

c. 介绍旅游目的地的风土人情。

d. 介绍旅游线路沿途各城市或地区的接待条件。

e. 介绍旅游目的地居民对外来旅游者的态度。

f. 介绍旅游者应注意的其他有关事项。

g. 向旅游团成员分发一些有关旅游目的地的资料。

h. 为旅游团分配在饭店或旅馆的住房。

i. 介绍地方导游员,并请他向旅游团介绍当地的活动日程。

j. 协助地方导游员办理旅游团入住饭店或旅馆的手续。

（3）途中服务阶段

① 做好旅游线路上各站之间的联络,通报旅游团旅游情况和旅游者在参观游览和生活上的特殊要求。

② 协助各站地方导游员的工作,提醒他们认真落实旅游团在当地的抵、离交通工具、饭店或旅馆的入住与离店手续、旅游景点的导游讲解服务等。

③ 照顾旅游者的旅途生活,并解答旅游者提出的各种问题。

④ 注意保护旅游者的人身和财物安全,提醒旅游者保管好自己的随身物品及行李,并在旅游活动中远离危险地区和物品。

⑤ 征求旅游者对整个旅游接待工作的意见和建议。

⑥ 在旅游团预订的离境口岸为入境旅游团送别,或带领国内旅游团返回原出发地,代表组团旅行社对旅游者在旅途中的合作致以谢意,并欢迎他们再度光临。

（4）结束阶段

① 结清账目。全程导游员在回到旅行社后,应立即到账务部门结清各种账目,退还在准备接待阶段所借的款项,上交在各地旅游期间向当地旅行社提交的旅游费用结算单副本,并解释在途中所发生费用的具体情况。

② 处理遗留问题。全程导游员应协助旅行社领导处理好旅游过程中发生事故的遗留问题,认真办好旅游者的委托事项。

③ 填写《全陪日志》。全程导游员应认真、按时填写《全陪日志》,实事求是地总结接待过程中的经验和教训,详细、真实地反映旅游者的意见和建议。

④ 归还所借物品。全程导游员在返回旅行社后应及时向有关部门归还因接待旅游团所借的各种物品,如行李箱、话筒、标志牌(旗)等。

3. 地方导游员接待服务程序和方法

地方导游员接待服务程序和方法与全陪导游员接待程序和方法基本相同,分为准备阶段、迎接服务阶段、导游讲解及生活服务阶段、结束阶段。

二、大型团和特种团的接待业务

我国旅行社接待的大型团和特种旅游团主要有国际会议团、企业奖励旅游团、友好城市访问团、宗教朝圣团、海洋游船团、豪华列车团及体育、探险、狩猎、钓鱼、观鸟等专业专项团。这些旅游团的特点是:人数较多,时间短,活动项目多,专业性强,服务要求高,常要求一些特殊的节目或待遇,接待工作政治性强,安全保卫工作的任务重。所以接待这些团队必须注意解决以下问题:第一,要有充分的准备时间;第二,要有周密的组织准备工作和有力的临场指挥调度;第三,要根据旅游团的特点安排接待工作。

总之,接待大型团和特种旅游团的难度大,准备时间长,多数是一次性的,很少有系列团,费时费事,但这类团的利润一般比较高,而且对旅行社提高知名度有极大帮助

（一）大型旅游团接待服务的操作程序和方法

1. 大型旅游团的操作要点

（1）编制接待体制图,明确各部门接待工作要点,包括一般事故及紧急事故的对策。

（2）制定与各相关单位的联络事项、要求、时间以及配合细则。

（3）了解详尽的相关资料或对方信息。

（4）准备整个团队的行程示意图。

（5）准备各旅游区简介,了解特色资源、风土人情等。

2. 团队抵达前的组织和准备工作

（1）检查接待计划的落实情况。

（2）挑选、配备适量的导游员,要求每个导游员根据日程计划,准备有针对性的导游词。

（3）要求统一服装、标牌、胸卡,准备好导游旗、话筒、对讲机(或手机)等途中用品。

（4）配备随团医生,准备好各种药品。

（5）仔细确认游览点所需时间及车辆出入,统一指挥调度,使之运行畅通。

(6) 确定客人用餐时的桌号及桌上放置的标志,重点客人及我方领导应有桌签。

【案例 6-5】

接 待 交 响 乐 团

2006 年秋,北京的导游员杜先生接受了接待美国一个 300 人的大型交响乐团的任务。负责接待的还有旅行社的领导、其他导游员、全陪导游员、司机和保卫人员等共 20 几个人。接待前,旅行社开了会,明确各部门接待工作要点,要求大家思想上重视,熟悉计划,听从指挥,统一行动。按照旅行社统一着装的要求,到机场接客人那天,杜先生穿上了笔挺的西服,打上鲜艳的领带,显得格外精神。接到客人后,旅行社领导与交响乐团团长兼领队进行了简短的交谈。办好行李手续后,游客们分坐 6 辆大型旅游车到饭店吃饭。杜先生的车上有 50 人。为了尽快熟悉客人,与他们很好的交流,他简单地做了自我介绍,对大家到北京来旅游和演出表示热烈的欢迎,并希望该车的领队、全陪和所有客人支持他的工作,预祝这次活动顺利和圆满。大家对他的祝愿报以热烈的掌声。接着,他请客人做自我介绍,以便熟悉客人。顿时,车内的气氛活跃起来。这辆车内主要是一些乐手,有小提琴手、大提琴手、管弦吹奏手,也有部分合唱演员。由于他们是美国人,又是搞艺术的,所以大家都很随和、大方。大部分人都不让杜先生叫他们先生、女士,而称呼其名字和昵称,有人甚至开玩笑地把其他人的外号也告诉了杜先生。大家你一言我一语,好不热闹。

在活动中,为了保证时间和接待规格,旅行社为全团联系了警车开道。一路上大小车辆浩浩荡荡,显得十分壮观,大家心情也很好。因为是统一指挥、统一行动,所以人数虽然很多,但是游览、购物、用餐等活动还是有条不紊。只是在时间上有拖延的现象,每天集合出发和游览结束集合时都要等人,用餐时间也常延长。即使在临走去机场那天,杜先生车上的一位钢琴演奏家也没有按时上车,结果全团都在等他。杜先生和领队都很着急,找了他半天,最后才见他急匆匆地赶了过来。原来,他为了一件旅游纪念品而耽误了 15 分钟。在演出那天,旅游车很早就将他们送到了音乐厅。杜先生等人观看了大家的精彩演出。节目受到了所有观众的欢迎,不时报以热烈的掌声。演出结束后,杜先生代表旅行社向车内的客人献了花,并衷心向他们表示祝贺,客人十分兴奋。整个接待活动是比较紧张的。杜先生既要按照旅行社的要求统一行动,又要照顾客人的个别要求,几乎一天到晚都要站在车前认真讲解和回答客人的提问。游览时,杜先生还要随时清点人数,并掌握游览的时间,带大家按时上车;用餐时,因为团内有人要吃素菜,杜先生要事先通知餐厅;购物后,有的客人对商品质量不满意,但又没时间更换,就要求杜先生代为办理。杜先生不辞劳苦的工作,客人看在眼里,记在心里,在送别的路上,领队代表全车的客人向他表示了感谢。

(二) 特种旅游团接待服务的操作程序与方法

特种旅游团是指该团成员具有统一体质特征或同一旅游目的的旅游团。

1. 老年团

团员体力弱、怕寂寞、爱听讲解、少走多看、饮食清淡。老人怀旧、盼尊重。因而对其接待管理以安全与劳逸结合为重点,要指派责任心强、有耐心的导游带团。

2. 残疾人旅游团

成员行走不便,自尊心特强。对其接待要事先踩点,弄清是否有障碍通道,要选派身强力壮、慎言、责任心强的导游员接待。

3. 宗教旅游团

有许多禁忌,对一些问题较敏感。应选派立场坚定、宗教知识丰富的导游接团。

4. 入境探险旅游团

成员往往见识多、胆子大,不易听从劝告与指挥。探险必然存在风险,接待过程中要重点抓好合同中有关安全责任、风险、事故处理的文本措辞及接待过程中的安全预防措施;要派责任心强、体力好、外语过硬的导游上团。

三、散客旅游接待业务

近年来散客旅游迅速发展,已成为国际旅游业的主要形式。有资料表明,发达国家70%以上的旅游产品是散客旅游产品,美国更高达90%以上,随着社会、经济的发展,人们的旅游需求趋向个性化,而且随着交通事业的迅速发展、交通工具越来越舒适,速度越来越快,加上预订制度的发展和完善,世界上的个人旅游者越来越多,各国也越来越重视散客旅游的接待工作。散客旅游并不意味着全部旅游事务都由游客自己办理而完全不依靠旅行社。实际上,不少散客的旅游活动均借助旅行社的帮助,如出游前的旅游咨询、交通票据与饭店客房的代订。旅行社派遣人员代为途中接送、参加旅游组织的菜单式旅游等。

(一)散客及散客旅游

散客旅游是一种自助或半自助的旅游形式。它是由游客自行安排旅游行程,零星现付各项旅游费用的旅游形式。散客分为自助旅游散客和旅行社接待的散客团。

散客团是指组团旅行社委托地接社接待的10人以下的计划旅游团。一般是全包价,也有小包价和半包价。

散客旅游与团体旅游的不同点如下:

(1)散客一般在出发前只订购少量服务项目,如代订机票或酒店等,其他服务项目是到达目的地后视情况现购;

(2)散客在目的地的现购服务项目是分散进行的;

(3)散客购买的预订期一般比较短。

针对散客旅游批量小、批次多、预订期短、要求多、变化多等特点,为了做好散客接待工作,旅行社应做好下列工作。

(1)在客源地设立销售点,为上门的散客提供服务;

(2)与其他城市的旅行社或饭店建立互为代理关系,代销对方的服务项目;

(3)与客源地的交通、饭店、景点、文娱场所等建立代理关系,代销他们的产品;

(4)针对散客市场情况设计多种"选择性旅游项目";

(5)备有翻译导游对散客提供服务。

旅行社的散客旅游业务主要包括单项委托业务、旅游咨询业务和选择性旅游业务三种类型。

【案例 6-6】

一场失误，旅行社受损

某地国际旅行社派兼职英语导游翻译员周先生与按常规包价规格接待了一个由一对意大利夫妇组成的小型散客团。周先生与司机接火车后，陪同这两位意大利人游览了三天，于第四天送机。半年后，旅行社派人找到周先生了解当时意大利夫妇是否付了团费给周先生。周先生说这不可能，因为该社从没有由翻译代向外宾收费的惯例。旅行社派来的工作人员说："没有就算了。我们也知道不可能，但来问一下放心些——万一那对意大利夫妇良心发现给了钱呢？"原来半年后某地国际旅行社与意方旅行社结算时发现那对夫妇本是一个小包价旅游团。由于外联或计调其中一方的工作失误，而导游员又只是照单接待，未向旅行社及客人去核实该团包价性质，结果中方旅行社蒙受了经济损失。

【点评】

(1) 以上案例说明当缺少法语、德语、西班牙语等欧洲小语种翻译时，流行的处理办法是派一位英语翻译代替。

(2) 以上案例还说明旅行社散客团不一定是全包价的，旅行社经理对于操作惯了全包价标准团的旅行社外联、计调工作人员一定要加强责任心教育，还必须建立外联与计调工作的记录与复核制度，以杜绝此类责任事故的发生。

(3) 此事故应环环追查，并由查出的责任人负责该团的经济损失赔偿。

(4) 此事故地陪与司机理论上均无责任，但如果地陪与司机中的任何人接团前或接待中核对一下散客团的服务项目也可能不会出现此次损失。故而旅行社管理人员应鼓励导游人员多管、多关心此类"闲事"。

(二) 散客旅游业务类型

旅行社的散客旅游业务主要包括单项委托业务、旅游咨询业务和选择性旅游业务三种类型。

1. 单项委托业务

单项委托业务主要包括散客来本地旅游的委托、散客赴外地旅游的委托和散客在本地的单项委托三种情况。

(1) 受理散客来本地旅游的委托

受理散客来本地旅游的委托是指外地散客委托当地旅行社办理来目的地旅游时所需要的各种服务。旅行社的接待部门在接到外地旅行社的委托通知后，要及时记录有关散客的情况、具体的服务项目和服务要求，填写任务通知书，一份备查、一份送交经办人办理。办理好预订后，要通知有关接待人员做好接待服务。若旅行社无法提供散客所委托的服务项目，应在 24 小时之内通知外地委托旅行社。

(2) 办理散客赴外地旅游的委托

多数旅行社规定，散客应在离开前 3 天到旅行社办理赴外地旅游的委托手续。旅行社散客部门在接到游客提出的委托申请后，必须耐心询问游客的委托要求，认真检查游客的身份证件。旅行社散客部工作人员在为游客办理赴外地旅游的委托手续时,应根据游客的具体要求,逐项填写"旅游委托书"(见表6-8)。根据客人的委托项目逐项计价,现场收取委托服务费用,然后填写"委托代办支付券"(见表6-9),将第一联和第二联交给旅游者,第三联和第四联留存。

表 6-8　旅行社旅游委托书

委托编号:

姓名		国籍	
职业		电话	
本市地址		人数	共(　男　女　孩)
离开本市时间		所乘交通工具	
目的地		代订房间	
何种译员接送		代订交通票据	日期　　数量
随身行李件数		旅游要求	
付款方式		备注	
委托单位		委托人签章	

_____旅行社　　　　　经手人:　　　　日期:

表 6-9　旅行社委托代办券

致_____旅行社　　　　　　　　编号　　　　　第一联交旅游者

姓名		性别		国籍	
预订　　年　月　日　乘			航班/火车/轮船　　赴		
成人　　　　儿童				金额	手续费
机/车/船票　　　张					
住房　　　　标间					
接送　　　　机场/车站/码头					
备注					
经办人		电话			

出售日期:　　　　　　　　　承办旅行社(盖章):

（3）办理散客在本地的单项委托

有些散客在到达本地前并未办理任何旅游委托手续,在到达本地后,由于某种需要也会到旅行社申请办理在本地的单项旅游委托手续。旅行社在接待这类游客时,应首先问清游客的要求,说明旅行社所能提供的服务项目和收费标准,并根据游客的要求向游客提供服务。

2. 旅游咨询业务

旅游咨询业务的范围很广,主要涉及旅游交通、饭店住宿、餐饮设施、旅游景点、各种旅游产品的价格、旅行社产品种类等方面。虽然旅行社在提供旅游咨询服务时并不向游客收取费用,但是,通过咨询服务,可以引导游客购买本旅行社的产品。因此,旅游咨询服务是增加产品销售和经营收入的一条重要途径。

旅游咨询业务可分为电话咨询服务、信函咨询服务和人员咨询服务三大类。

(1) 电话咨询服务

电话咨询服务是指旅行社散客业务人员通过电话回答旅游者关于旅行社产品及其他旅游服务方面的问题,并向其提供购买本旅行社有关产品的建议。散客业务人员在提供电话咨询服务时应做到以下两点。

① 尊重顾客。旅行社的散客业务人员在接到旅游者打来的咨询电话时,应该表现出对顾客的尊重,要认真倾听他们提出的问题,并耐心地予以恰当的回答。回答时声调要友好和气,语音应礼貌规范。

② 积极主动。散客业务人员在提供电话咨询服务时应积极主动,反应迅速。在圆满地回答顾客问题的同时应主动向旅游者提出各种合理的建议,抓住时机向他们大力推出本旅行社的各种产品。

(2) 信函咨询服务

信函咨询服务是指旅行社散客业务人员以书信形式答复旅游者提出关于旅游方面和旅行社产品方面的各种问题,并提供各种旅游建议的服务方式。目前,旅行社散客部的信函咨询服务主要利用传真设备进行。信函咨询的书面答复应做到语言明确、简练规范、字迹清楚。

(3) 人员咨询服务

人员咨询服务是指旅行社散客业务人员接待前来旅行社门市柜台进行咨询的旅游者,回答他们提出的有关旅游方面的问题,向他们介绍旅行社散客旅游产品,提供旅游建议。在提供人员咨询服务过程中,散客业务人员应做到以下两点。

① 热情友好。在咨询过程中,散客业务人员应热情友好,面带微笑,主动进行自我介绍,仔细认真地倾听旅游者的询问,并耐心地进行回答。与此同时,还应该有条不紊地将旅游者的问题和要求记录下来。此外,还应向旅游者提供有关的产品宣传资料,让旅游者带回去阅读,以便加深旅游者对本旅行社及其产品的印象,为旅行社争取客源。

② 礼貌待客。旅行社散客业务人员必须坚持礼待客,给旅游者一种宾至如归的感觉。礼貌待客显示了旅行社人员的良好素质和对顾客的尊重,会给旅游者留下一个良好的第一印象。

3. 选择性旅游业务

(1) 选择性旅游的内容

选择性旅游是指由旅行社为散客旅游者所组织的短期旅游活动,如小包价旅游的可选择散客的市内游览,晚间文娱活动,风味品尝,到近郊及邻近城市旅游景点的"一日游"、"半日游"、"多日游"等项目。根据国际旅游市场的发展趋势和周末远足旅游热潮,不少旅行社已将目光转移到散客旅游这一大有潜力的新市场,纷纷推出各种各样的散客旅游产品。我国有些地区甚至出现了专营散客旅游产品的旅行社。

(2) 选择性旅游的销售

旅行社销售选择性旅游产品的主要渠道是旅行社的门市柜台。此外,旅行社还有国内其他地方的旅行社、饭店、旅游交通部门、海外经营出境散客旅游业务的旅行社等渠道。

(3) 选择性旅游的接待

接待购买选择性旅游产品的游客,是散客旅游业务的另一重要环节。由于选择型旅游具有品种多、范围广、订购时间短等特点,所以选择型旅游的接待工作比团体旅游的接待更为复杂和琐碎。

（三）散客旅游接待程序

1. 接站服务

（1）服务准备。地陪人员接到迎接散客的任务后,应认真做好迎接的准备工作,这是接待好游客的前提。主要包括认真阅读接待计划、做好出发的准备,联系交通工具。

（2）接站服务。接站时要使散客受到热情友好的接待,有宾至如归之感。若地陪人员迎接的是乘飞机而来的散客,应提前 20 分钟到达机场,在国内或国际进港隔离区等候;若是迎接乘火车而来的散客,应提前 30 分钟进车站站台等候。

（3）沿途导游服务。从机场（车站）至下榻饭店的途中,地陪人员应同接待团体旅游团一样进行沿途导游,介绍所在城市的情况、下榻饭店的地理位置和设施,以及沿途景物和注意事项等。

（4）入住饭店服务。主要包括:帮助办理入住手续,确认日程安排,确认机票,推销旅游服务项目。

（5）后续工作。迎接游客完毕后,地陪人员应及时将与接待计划有出入的信息及游客的特殊要求反馈给接待部门。

2. 导游服务

（1）出发前的准备。出发前应提前与司机联系确认集合的时间、地点,督促司机做好有关准备工作。导游应提前 5 分钟到达集合地点引导游客上车。

（2）沿途导游服务。如地陪人员接待的是临时组合起来的散客小包价旅游团,初次与游客见面时,应代表旅行社和司机对游客表示热烈的欢迎。

（3）现场导游讲解。抵达旅游景点后,地陪应对景点的历史背景特色等进行讲解,语言要生动、有声有色,引导游客欣赏。

（4）其他服务。由于散客自由活动时间多,回到饭店后,地陪应当好他们的顾问。

（5）后续工作。接待任务完成后,地陪应及时将接待中的有关情况反馈给散客部计调部门,或填写"零散旅游者登记表"。

3. 送站服务

游客在结束本地参观活动后,地陪应使游客顺利、安全离站。

（1）服务准备

① 详细阅读送站计划。明确所送散客姓名或散客小包价旅游团的人数,离开本地的日期、所乘航班（火车、轮船）及下榻的饭店;有无航班（火车、轮船）的变更;是否与其他散客或散客小包价旅游团同乘一辆车去机场（车站、码头）。

② 做好送站准备。地陪必须在送站前 24 小时与散客或散客小包价旅游团确认送站时间和地点。如果游客乘国内航班离站,地陪应掌握好时间,使游客提前 1.5 小时到达机场;如果游客乘国际航班离站,游客必须提前 2 小时到达机场;如果游客乘火车离站,应使游客提前 45 分钟到达车站。

（2）到饭店接运游客。按照与游客约定的时间,地陪必须提前 20 分钟到达游客下榻的饭店,协助游客办理离店手续,交还房间钥匙,付清账款,清点行李,提醒游客带齐随身物品,然后照顾游客上车离店。

（3）到站送客。在运送游客到机场或火车站途中,应向游客征求在本地停留期间或旅游中的感受、意见和建议,并代表旅行社向游客表示感谢。地陪人员在向游客告别前,应向机场人员确认航班是否准时起飞。若航班延时起飞,应主动向游客提供力所能及的帮助。若确定航班准时起飞,地陪人员应将游客送至隔离区入口处同其告别,热情欢迎其下次再来。送游客去火车站时,地陪人员要安排游客从贵宾候车室上车入座,协助游客安顿好行李后,将车票交给游客,然后同其道别,欢迎其再来。

（4）结束工作。由于散客经常有临时增加旅游项目或其他变化的情况,而需要导游员向旅游者收取各项费用,因此,在完成接待任务后,应及时结清所有账目,并及时将有关情况反映给接待部门或计调部门。

（四）散客旅游接待服务程序与团体旅游接待服务程序的区别

1. 服务项目方面

由于散客团的行程及包价程度与标准团不同,导游特别要弄清楚其购买的是哪些服务项目,要核实是否已付费。

2. 接站、用车方面

导游员应在接站牌上写上客人姓名。在许多城市,旅行社对 9 人以下的入境散客团与内宾团一样,大多不派行李车,行李全由旅游者随手携带。因此,地陪在准备阶段应提醒旅行社租派较宽松的旅游车。

3. 服务难度方面

散客团一般均无领队、全陪。旅游者之间也互不相识。接待 3 人以下小型散客团,导游讲解宜采用对话形式进行。导游应特别重视与游客商定日程,如有变动应及时通知旅行社相关部门。

4. 并团接待

如旅行社安排并团,导游要安排好开车到不同宾馆饭店接客人的顺序与时间,并及时通知客人与司机。

【技能训练】

【案例 6-7】

"宰客"风波

某地山川国际旅行社国内分社旅游六部的承包者刘大姐接待一个广东旅游团,人数为 46 人加 1 全陪。刘大姐租了两辆 23 座的中巴让地陪小张带领他们做三晚四天游。由于是零利润报价,刘大姐要导游千方百计多进店购物,结果到第三天为止总共进了大大小小 7 个店。按计划,第四天早上要游览三星洞,下午 4:30 送机。刘大姐让导游将三星洞的游览提前放到第三天晚上进行,因为晚上游览三星洞要比白天每人便宜 15 元。

当导游将团队于第三天黄昏带到三星公园内的三星餐馆吃晚餐,并宣布饭后游览三星洞时,团队哗然,坚决反对。客人们认为:晚上登山老人小孩不便、观景不畅,何况第四天尚有一天,没有必要将三星洞的游览提前。导游坚持执行刘大姐的安排,声称地陪有权变更景点游览的先后顺序,双方发生激烈争执。

刘大姐闻讯赶到餐馆,游客拿出广东组团社发给游客的行程表,指责地接社擅自变动行程,刘大姐在气头上冒出一句:"你们哪里偷来的行程表?"游客对"偷"字极其反感,双方大吵起来。游客欲投诉又不知道电话,就拨打110。警车赶到后,认为不属于自己的工作范畴,不予处理。游客情绪更加失控,认为该市欺负外地人宰客,结果罢游,要求司机将车开到市政府去找市长投诉,最后引起了一场游客在市政府门前静坐的风波,影响极其恶劣。

问题:

(1) 山川国际旅行社将旅游六部承包给刘大姐的做法对吗?

(2) 该团46人加上全陪、地陪、司机乘坐2辆23座中巴是否合适?为什么?

(3) 该团的报价有问题吗?为什么?

(4) 导游调整游览顺序是否合理?为什么?

(5) 刘大姐在处理游客与地陪的纠纷时存在哪些不当?如果是你,应该怎样处理?

【案例 6-8】

暴风雪带来的违约

洪先生等30名旅游者和某国际旅行社签订了北京五日游的旅游合同。当旅游团上午8时按时到达机场时,由于突遇暴风雪,机场被迫关闭,飞机无法按计划起飞。大部分旅游者愿意等候。洪先生等5名旅游者愿意解除旅游合同,但要求旅行社赔偿全部团费的50%的违约金,理由是旅行社违约;旅行社愿意退还全额团费,但拒绝赔偿,洪先生向旅游管理部门投诉。其他旅游者在机场等候了5个小时后前往北京。这些旅游者返程后也向旅游管理部门投诉提出赔偿500元的要求,理由是旅游行程比原计划匆忙了许多,缩短了在景点逗留的时间,无形中损害了旅游者权益,旅行社仍然存在违约的事实。

问题:

(1) 在此案中旅行社和旅游者哪一方是过错一方?

(2) 洪先生等5人提出的赔偿理由是否正当?旅行社应如何进行处理?

(3) 继续参加旅游的旅游者因为游览时间缩短而提出的赔偿要求是否正当?旅行社应如何进行处理?

(4) 如果你是导游,面对这种情况应如何进行处理?

【阅读资料】

2006年6月底,张某(82岁)向甲旅行社报名参加了某名山二日游,7月16日,张某依约参加旅游团前往该景区旅游。由于受到台风"碧利斯"的影响,景区虽然没有闭门谢客,但景区内索道停止运营,张某等游客只能徒步登山。导游带领张某等26名游客于当日下午2时左右开始登山,下午5时许,张某在登山过程中突然摔倒在地,不省人事,导游立即拨打求救电话。张某经抢救无效死亡。张某家属向旅游管理部门投诉,要求旅行社承担责任。

旅游管理部门经核实认定,甲旅行社在组团和经营中存在漏洞:旅行社不能提供证据证明在组团时已向张某推荐了意外保险;导游在登山前没有履行相关劝阻和告知义务,也没有向张某推荐购买景点保险。由于双方对于张某的死因看法截然不同、赔偿数额差距过大,旅游行政管理部门从中多次协商未果,张某家属向当地法院提起民事诉讼,要求甲旅行社承担36万余元经济赔偿。

一审法院经过审理后判令甲旅行社承担20%的赔偿责任,家属不服上诉至二审法院。二审法院认为,甲旅行社无证据证明其服务周到细致或采取防范应急措施,旅行社的疏忽大意与张某的死亡存在相当因果关系,依法应当承担相应的责任;同时,法院也认为,张某年逾八旬,独自参团旅游,未能采取必要的自我保护措施,也应当承担一定的责任。二审法院认定,张某的人身伤害事件,给张某家属造成共计32万元损失,甲旅行社应承担70%的赔偿责任,共计22万余元。纠纷得到了解决。

【点评】 在旅游服务纠纷中,因安全引发的纠纷占比例不高,但其对旅游者、旅行社造成的影响都较大。如何预防和处置旅游安全事故,是旅游行政管理部门、旅行社、旅游服务供应商、游客等旅游安全参与者必须共同面对的难题。为此,《旅行社条例》结合旅行社行业的特点和实际,对旅行社的经营行为作出了相应的规定,其内容与《消费者权益保护法》一脉相承。对照案例,我们不难发现,甲旅行社存在的问题显而易见。

第一,甲旅行社在台风期间组团,是安全意识松懈的突出表现。在台风多发季节,旅行社必须时刻关注气象变化,一旦气象部门发布预警,旅行社必须毫不迟疑地停止组团和发团,以确保游客人身财产的安全。而甲旅行社对于即将到来的台风缺乏警觉性,为了企业的经济利益,在特殊天气条件下,仍然组织游客前往景区旅游,为日后纠纷埋下了隐患。

第二,导游未能劝阻张某继续登山旅游,其行为和相关规定不符。景区当时气候条件较为恶劣,山势较高,路远陡滑,张某年逾古稀,在此情况下,导游的义务不仅仅是提醒,而是应当根据张某的身体条件,劝阻张某不要继续登山。尽管事后导游声称,在准备登山时,他曾经征求过张某的意见,希望他们几位老年游客放弃登山,但被张某等拒绝。

第三,按照《旅行社投保旅行社责任保险规定》,旅行社在与游客订立旅游合同时,应当推荐游客购买相关的个人保险。虽然旅行社声称,他们已经为张某办理了责任保险,也已经向张某推荐了旅游意外保险;张某家属则强调,旅行社并没有推荐意外保险。同时,景区也为游客提供人身意外伤害险,由游客自行决定是否购买,张某享受免门票优惠,按照景区的规定,也可以单独购买人身意外伤害险,甲旅行社也不能证明,导游已经向张某进行了提醒。

张某年事已高,孤身参加旅游团,且旅游目的地是地势较高的山岳,其个人疏忽大意,过于自信,也是酿成该事件不可忽视的因素。据张某家属介绍,在此之前,张某报名参加了另外一个旅游团,由于受台风影响,该旅行社取消了行程,张某转而向甲旅行社报名参团。这也说明,即将到来的台风并没有引起张某本人及其家属的重视。

只要旅行社经营管理人员树立强烈的安全意识,把安全意识落实到组接团的各个环节,就能最大限度减少旅游安全事故发生。

第一,确保旅游服务的安全。旅游服务的安全,取决于组团旅行社对相关服务的采购是否规范、旅行社开发设计的旅游线路是否安全。旅游服务的采购,通过传统意义上组团旅行社的"踩线"得以实现,旅行社管理层和计调等一线操作人员,应以游客的视角实地考察和体验旅游服务全过程,重点对旅游车辆的安全及保险、餐饮卫生条件、饭店住宿条件、景点的可进入性等详加考察,从中发现服务质量和安全隐患,提出改进方案和意见。旅游线路的开发设计,首先必须以安全为首要条件,即使开发的是所谓探险旅游线路,也必须在确保游客人身财产安全的同时,满足游客求新求变心理。

第二,认真履行告知义务。只要旅行社不履行告知义务,或者履行告知义务不完全,造成游客人身或者财产的损害,旅行社都要承担相应的法律责任。履行告知义务必须落实在签订旅游合同和履行旅游合同全过程,其总体要求是:履行告知义务内容必须具体明确;必须看具体对象,即针对游客不同的文化背景、身体状况、生活环境,履行相关的告知义务;必须针对不同的产品,常规线路有常规线路的提示和说明,非常规线路有非常规线路警示和提醒,不能千篇一律;以书面形式为好。

第三,采取有效的预防和处置措施。预防措施包括旅行社的应急预案、导游(领队)防范措施。旅行社应制作切实可行的应急预案,针对可能发生的旅游安全事故,做好严密的部署,从制度上保障预防和处置旅游安全事故的科学性、实用性和及时性。导游(领队)在带团过程中,一方面,要注意观察,及时发现问题和解决问题;另一方面,导游(领队)要养成保存相关票据的习惯,如保留好就餐菜谱、发票等,为将来可能发生的旅游安全事故提供证据。处置措施主要是指发生旅游安全事故后,导游(领队)应及时报告组接团旅行社,向相关部门求救,保存好事故证据,协助有关部门进行抢救、侦查。旅行社要及时详细地向旅游管理部门报,相关负责人要及时赶赴现场处理善后事宜。

一方面,旅游必须消耗较之平常更多的能量;另一方面,老年游客的身体素质相对较弱,两者叠加,老年游客发生人身伤害事件的概率就较高。面对庞大的"银发一族"客源市场,旅行社要尤其重视确保老年游客的安全,防范经营中的风险。

(点评人:黄恢月,男,硕士,现任浙江省旅游质量监督管理所副所长。)

资料来源:中国旅游研究院,2010-03-25

【案例6-9】

安排活动应"因人而异"

某年5月,北京的导游员姜小姐接待了一个15人的法国旅游团。该团在京日程安排得很紧凑:

第一天,晚上入境后,到饭店休息;第二天上午参观天安门、故宫,下午去颐和园、动物园,晚上吃风味餐、看京戏;第三天上午去八达岭长城,下午去定陵,晚上去王府井购物;第四天上午去天坛、雍和宫,午餐后乘下午的航班去西安。

第二天,游览过程中游客们兴致很高,每到一处他们都拍照留念,听导游员的讲解也十分认真。只是在景点的步行距离太长,团里大部分人是老年人,有些人就感到很劳累。晚上吃烤鸭的时候,气氛达到了高潮,因而京戏开演了30分钟他们才赶到剧场。回饭店的路上大家对当天的旅游安排非常满意,赞不绝口。

第三天,一些人的疲态便显露出来了,在长城有人只是登上一个敌楼,照了几张相便返回旅游车休息。在定陵有两位老年游客更是不愿下那么多台阶去参观地下宫殿,姜小姐只好将疲劳的游客先安顿好,再去为其他人导游。回去的路上,有些游客要求先回饭店休息一下,再去吃饭、购物,结果再次集合时,只有 6 个人去吃饭,其他人都想洗澡、休息了。晚饭后只有两个人要求到王府井购物,其他 4 人自愿坐出租车回饭店。在送购物客人回饭店的路上,姜小姐心里有一种说不出来的滋味。

第四天,上午参观过天坛,由于游客行动过于缓慢而使得时间不够,无法再去雍和宫参观。大家匆匆到指定的餐厅用过餐后便赶去机场了。一路上姜小姐征求了游客们对此次在京旅游的意见,有人反映,刚开始时感觉不错,但越到后来越感到活动单调,并且有些劳累。对于姜小姐的服务和讲解大家还是感到很满意,但希望根据老年人多的特点,多留出一些放松的时间。

【案例 6-10】

漏接机客人被晾在机场

呼和浩特某旅行社组织了一个单位去云南旅游。因为是昆明/大理/丽江/西双版纳四飞双卧八天团,机票比较贵,旅行社跟客人说明,如果派全陪随团就要增加费用,客人同意旅行社不派全陪,但要保证衔接好。

销售员小李每天和客人发短信联络,一切顺利。第五天,22:10,领队电话突然打到了小李的手机上,明显带着怒火:"我们出了西双版纳机场十多分钟了,到处找也没有看到接机的导游和司机!这么多人都在这站着呢。"啊,小李非常着急,怎么会出现这种情况呢?他赶紧给计调李琴打电话,李琴一听头都大了,赶紧给昆明某旅行社负责云南全线操作的计调打电话看怎么回事。不到五分钟,那边计调说车去机场过程中和别的车发生刮蹭,接受交警调查和调节耽搁了时间,忙乱中导游没顾上和客人联络。再过十分钟就到机场了,已经给领队打过电话了。

小李赶紧给领队打电话道歉并解释了情况。让他们再耐心等待几分钟。

当天晚上,导游给每个房间买了点水果送上去表示歉意。第二天,西双版纳地接社计调经理出面请客人吃了顿野生菌特色餐,并挨桌敬了酒给客人,客人才满意。

客人回到呼和浩特,小李去接机,问领队还有不满意的地方吗?领队笑着说:"如果不按时接机就可以请我们吃蘑菇菌锅,下次你们还可以这样做!"大家哄堂大笑。

【完成任务】

1. 结合本地实际,设计一个旅游观光团队的接待程序。
2. 设计一个以"婚庆旅游"为主题的组团计划。

思考与练习

1. 旅行社接待业务的特点有哪些?
2. 旅行社团队接待过程中需要注意哪些问题?散客旅游与团队旅游在接待方面有

什么区别?

　　3. 作为一名合格的接待人员需要具备哪些知识?

任务三　旅游安全事故的处理与预防

【任务描述】

　　旅行社接待了一个来自南京某旅行社的 20 人团队,由于接待计划安排的非常合理,游客很满意,明天团队就要返程了,在游客的要求下今天中午安排了一次风味餐。下午两点,突然接到导游电话说午餐后 1 小时有 10 名游客出现胃痛并伴有腹泻症状,作为接待社经理你如何处理这个事故。

【任务分析】

　　旅游事故一般带有突发性,往往使旅行社和旅游者始料不及,猝不及防。一旦发生,如果处理不当,不但会影响旅行社信誉还会给旅行社带来经济损失。因此旅行社要本着"安全第一,预防为主"的原则,制定旅游事故应急处理预案,以便在事故发生时能更好地、及时地处理旅游中的突发事故,维护旅游者和旅行社利益。

【相关知识与技能】

一、旅游事故应急处理预案

　　(1) 加强旅游安全工作的领导,成立旅游安全工作领导小组,由企业法人代表或总经理任组长,明确各部门职责及团队运作每个环节上的具体责任。

　　(2) 建立、健全旅游安全管理规章制度。明确安全责任,将安全管理的责任落实到每个部门、每个岗位以及每个员工。

　　(3) 办理旅行社责任保险。组团时建议旅游者投保人身意外保险。为带团导游员办理人身意外保险。

　　(4) 制定旅游安全事故预防及处理应急措施。应包含:消防安全预防及处理应急措施、治安案件预防及处理措施、交通事故预防及处理措施、食物中毒预防及处理措施、突发公共卫生事故处理措施。

　　(5) 加强对员工的旅游安全知识的教育和培训。普及安全常识,提高安全技能,对新招聘的员工,必须经过安全培训,合格后才能上岗。

　　(6) 保证旅行社经营场所的消防疏散通道通畅,设施设备完好、有效,符合有关规定。坚持定期安全检查工作,及时消除安全隐患。

（7）旅行社组织旅游活动,租用和使用的交通工具必须有合法营运手续,签订规范的租赁合同,不得雇用"黑车"。在安排旅游者的游览活动时,要认真考虑可能影响安全的诸项因素,制订周密的行程计划,并注意避免司机处于疲劳状态。

（8）组织旅游者旅游期间,导游员要切实负起责任,出团前要对游客进行必要的安全知识和防范措施的提示,提醒游客注意自身安全和自我防护。在容易发生安全事故的场所,及时提示旅游者注意,并不得擅自离团。牢记求助及应急电话。

（9）对旅游者的行李要有完备的交接手续,明确责任,防止损坏和丢失。

（10）事故处理措施如下：

① 凡涉及旅游者人身、财物安全的事故均为旅游安全事故。旅游安全事故分为轻微、一般、重大和特大事故四个等级。

a. 轻微事故是指一次事故造成旅游者轻伤或经济损失在1万元以下者。

b. 一般事故是指一次事故造成旅游者重伤或经济损失在1万元至10万元(含1万元)者。

c. 重大事故是指一次事故造成旅游者死亡或旅游者重伤致残,或经济损失在10万元至100万元(含10万元)者。

d. 特大事故是指一次事故造成旅游者死亡多名或经济损失在100万元以上,或性质特别严重,产生重大影响者。

② 一旦发生安全事故,现场有关人员应立即向本单位和当地旅游行政主管部门报告。旅行社应坚持救援第一的原则,立即派人赶赴现场,组织抢救工作,保护事故现场,将游客的生命财产损失降到最小；市旅游局在接到一般、重大、特大安全事故报告后,会尽快向市人民政府报告,并在接到报告2小时内报省旅游局。

③ 在事故处理部门人员未进入事故现场前,如因现场抢救工作需移动物证时,应作出标记,尽量保护事故现场的客观完整。

④ 有伤亡情况的,应立即组织医护人员进行抢救,并及时报告当地卫生部门。

⑤ 伤亡事故发生后,旅行社应在及时组织救护的同时,核查伤亡人员的团队名称、国籍、姓名、性别、年龄、护照号码以及在国内外的保险情况,并进行登记。有死亡事故的应注意保护好遇难者的遗骸、遗体。对事故现场的行李和物品,要认真清理和保护,并逐项登记造册。

⑥ 伤亡人员中有海外游客的,旅行社在对伤亡人员核查清楚后,要及时报告市旅游局和外事部门,并及时通知海外旅行社。

⑦ 在伤亡事故的处理过程中,旅行社要会同相关部门认真做好伤亡家属的接待、遇难者的遗体和遗物的处理以及其他善后工作,并负责联系有关部门为伤残者或伤亡者家属提供相关证明文件。

⑧ 旅行社应协同相关部门妥善处理好对伤亡人员的赔偿问题。

⑨ 事故处理结束后,旅行社要认真总结经验教训,建立事故档案,进一步改进和加强安全管理措施,防止类似事故的再次发生。

二、常见旅游事故及其处理

（一）安全事故

国家旅游局在《旅游安全管理暂行办法实施细则》中规定：凡涉及旅游者人身、财产安全的事故均为旅游安全事故。旅行社接待过程中可能发生的旅游安全事故，主要包括交通事故、治安事故、火灾事故、食物中毒等。

1. 交通事故

交通事故在旅游活动中时有发生，不是导游人员所能预料、控制的。遇有交通事故发生，只要导游人员没负重伤，神智还清楚，就应立即采取措施，冷静、果断地处理，并做好善后工作。由于交通事故类型不同，处理方法也很难统一，但一般情况下，导游人员应采取如下措施。

（1）立即组织抢救。发生交通事故出现伤亡时，导游人员应立即组织现场人员迅速抢救受伤的游客，特别是抢救重伤员。如不能就地抢救，应立即将伤员送往距出事地点最近的医院抢救。

（2）保护现场，立即报案。事故发生后，不要在忙乱中破坏现场，应指定专人保护现场，并尽快通知交通、公安部门（交通事故报警台电话是122），请求派人来现场调查处理。

（3）迅速向旅行社汇报。将受伤者送往医院后，导游人员应迅速向接待社领导报告交通事故的发生及旅游者伤亡的情况，听取领导对下一步工作的指示。

（4）做好全团旅游者的安抚工作。交通事故发生后，导游人员应做好团内其他旅游者的安抚工作，继续组织安排好参观游览活动。事故原因查清后，要向全团旅游者说明情况。

（5）写出书面报告。交通事故处理结束后，导游人员要写出事故报告。内容包括：事故的原因和经过；抢救经过、治疗情况；事故责任及对责任者的处理；旅游者的情绪及对处理的反映等。报告力求详细、准确、清楚（最好和领队联署报告）。

2. 治安事故

导游人员在陪同旅游团（者）参观游览过程中遇到此类治安事故，必须挺身而出保护旅游者，决不能置身事外，更不得临阵脱逃。发生治安事故，导游人员应做好如下工作。

（1）保护旅游者的人身、财产安全。若歹徒向旅游者行凶、抢劫财物，在场的导游人员应毫不犹豫地挺身而出，勇敢地保护旅游者。立即将旅游者转移到安全地点，力争与在场群众、当地公安人员缉拿罪犯，追回钱物；如有旅游者受伤，应立即组织抢救。

（2）立即报警。治安事故发生，导游人员应立即向当地公安部门报案并积极协助破案。报案时要实事求是地介绍事故发生的时间、地点、案情和经过，提供作案者的特征，受害者的姓名、性别、国籍、伤势及损失物品的名称、数量、型号、特征等。

（3）及时向领导报告。导游人员要及时向旅行社领导报告治安事故发生的情况并请求指示，情况严重时请领导前来指挥、处理。

（4）安定旅游者的情绪。治安事故发生后，导游人员应采取必要措施安定旅游者的情绪，努力使旅游活动顺利地进行下去。

（5）写出书面报告。导游人员应写出详细、准确的书面报告，报告除上述内容外，还应写明案件的性质、采取的应急措施、侦破情况、受害者和旅游团其他成员的情绪及有何反映、要求等。

（6）协助领导做好善后工作。导游人员应在领导指挥下，准备好必要的证明、资料，处理好善后事宜。

3. 火灾事故

在旅游活动中，为了防止火灾事故的发生，导游人员应提醒旅游者不携带易燃、易爆物品，不乱扔烟头和火种。向旅游者讲明交通运输部门的有关规定，不得将不准作为行李运输的物品夹带在行李中。为了保证旅游者在火灾发生时能够尽快疏散，导游人员应熟悉饭店楼层的太平门、安全出口、安全楼梯的位置及安全转移的路线，并向旅游者介绍。另外，导游人员应牢记火警电话（119），掌握领队和旅游者所住房间的号码。万一发生了火灾，导游人员应做到以下三点。

（1）立即报警，并迅速通知领队及全团旅游者，配合工作人员，听从统一指挥，迅速通过安全出口疏散旅游者。

（2）引导大家自救。如果情况紧急，千万不要搭乘电梯或随意跳楼，导游人员要镇定地判断火情，引导大家自救：

① 若身上着火，可就地打滚，或用厚重衣物压灭火苗；

② 必须穿过浓烟时，用浸湿的衣物披裹身体，捂着口鼻，贴近地面顺墙爬行；

③ 大火封门无法逃出时，可用浸湿的衣物、被褥堵塞门缝或泼水降温，等待救援。

（3）摇动色彩鲜艳的衣物呼唤救援人员。

旅游者得救后，导游人员应立即组织抢救受伤者；若有重伤者应迅速送医院，有人死亡，按有关规定处理；采取各种措施安定旅游者的情绪，解决因火灾造成的生活方面的困难，设法使旅游活动继续进行；协助领导处理好善后事宜；写出翔实的书面报告。

4. 食物中毒

旅游者常会因食用变质或不干净的食物发生食物中毒。其特点是：潜伏期短，发病快，且常常集体发病，若抢救不及时会有生命危险。发现旅游者食物中毒，导游人员应：设法催吐，让食物中毒者多喝水以加速排泄，缓解毒性；立即将患者送医院抢救，请医生开具诊断证明；迅速报告旅行社并追究供餐单位的责任。

（二）业务事故

1. 旅游活动计划和日期变更的处理

（1）旅游团（者）要求变更计划或日程。旅游过程中，旅游团提出变更计划或活动日程的要求时，导游人员原则上应按合同执行，特殊情况应上报组团社。

（2）客观原因需要变更计划和日程：

① 需要延长旅游时间。与旅行社的有关部门联系，重新落实该团用餐、用房、用车的安排；调整活动日程，酌情增加游览景点；适当延长在主要景点的游览时间；晚上安排文体活动，努力使活动内容充实；如系推迟离开本站，要及时通知下一站。

② 需要缩短在一地的游览时间。遇到这种情况导游员要尽量抓紧时间，将计划内的

参观游览安排完成;若确有困难,要有应变计划;突出本地最有代表性、最具特色的旅游景点,以求游客对本地旅游景观有基本的了解;如系提前离开,要及时通知下一站;向旅行社领导及有关部门报告,与饭店、车队联系,及时办理退餐、退房、退车等事宜。

③ 被迫改变部分旅游计划。如果是减少(超过半天)或取消一地的游览时间,全陪应报告组团社,由组团社作出决定并通知有关地方接待旅行社。如果是被迫取消当地的某一活动由另一活动代替,地陪要以精彩的介绍、新奇的内容和最佳的安排激起游客的游兴,使新的安排得到游客认可。

2. 漏接的原因及处理

(1) 由于主观原因造成的漏接。导游员应实事求是地向游客说明情况,诚恳地赔礼道歉;用自己的实际行动取得旅游者的谅解;另外,还可以采取各种弥补措施高质量地完成计划内的全部活动内容。

(2) 由于客观原因造成的漏接。发现这种意外后导游员要立即与接待社有关部门联系查明原因,并向游客进行耐心细致的解释,以防引起误解;同时要尽量采取弥补措施努力完成计划,使游客的损失减少到最低程度;必要时可请旅行社的领导出面赔礼道歉或酌情给游客一定的物质补偿。

【案例 6-11】

导游迟到时如何处理

由于北京奥运会的成功举办,北京的鸟巢、水立方、故宫、颐和园、长城等景点吸引了众多海内外游客的眼球,大量的游客纷纷来此游玩,因此发生一些意想不到的事情。20 名南京游客原计划于 2009 年 10 月 16 日 8:25 抵达北京,由于来京火车票紧张,南京旅行社临时改变车次于 7:25 抵达,因接待社计调与接团导游交接的疏忽,造成导游与司机迟到 40 分钟,游客见到导游便开始抱怨、发火,弄得大家不开心。

处理方法:导游带领游客上车后,向全体游客深深鞠躬以表歉意,并说明迟到原因,导游在参观第一个景点的空闲时间给接待社计调打电话说明情况,当该计调发现自己的疏忽而造成迟到后,便立刻和经理商议解决办法,最终决定当天晚饭时看望大家亲自赔礼道歉,并答应额外给大家赠送景山公园游,接下来的四天里导游以更加热情周到的服务让所有游客非常满意,在签写游客意见单时大家填写满意。

3. 空接的处理(一般原因)

如果导游员按照原计划约定的航班(车次、船次)接站而没有接到旅游团时,应采取以下措施。

(1) 立即与本社有关部门联系查明原因。

(2) 如推迟抵达的时间不长,可留在原接站地点继续等候,迎接旅游团的到来;如推迟时间较长,要按本社有关部门的安排重新落实接团事宜。

(3) 若没接到旅游团,经有关旅行社领导同意后返回,返回后导游一定要到下榻饭店询问团队是否已经自行进住饭店。

4. 错接处理(责任事故)

当导游发现所接旅游团并非计划要求所接旅游团时,应及时采取以下措施。

（1）若错接发生在同一家旅行社接待的两个旅游团,地陪应立即向领导汇报,经领导同意,地陪可不再交换旅游团;若全陪接待的是入境旅游团,则应交换旅游团并向游客道歉。

（2）若错接的是另外一家旅行社的旅游团,地陪应立即向接待社领导汇报,设法尽快交换旅游团,并向游客实事求是地说明情况并诚恳地道歉。

5. 误机（车、船）事故的处理

（1）立即向旅行社领导及有关部门报告并请求协助。

（2）地陪和旅行社尽快与机场（车站、码头）联系,争取让游客尽快改乘后续班次离开本站;或采取包机（车厢、船）或改乘其他交通工具前往下一站。

（3）稳定游客的情绪,安排好滞留期间的食宿、游览等事宜。

（4）及时通知下一站,对日程作相应的调整并向游客赔礼道歉。

（5）写出事故报告,查清事故的原因和责任,责任者应承担经济损失并受政纪处分。

6. 游客证件、钱物、行李遗失

（1）证件遗失的处理

① 丢失外国护照和签证。当发现入境游客将护照丢失时导游应及时采取措施：由旅行社出具证明,由失主准备照片;失主本人持证明立即向当地公安局（外国人出入境管理处）报失由公安局出具证明;然后持公安局的证明去所在国驻华使、领馆申请补办新护照;领到新护照后,再去公安局办理签证手续;补办团体签证,需有签证副本和团队护照,并重新打印全体成员名单,填写有关申请表,然后到公安局（外国人出入境管理处）进行补办。

② 华侨丢失中国护照和签证。应由当地接待社开具证明;由失主持遗失证明到省、自治区、直辖市公安局（厅）或授权的公安机关报失并申请办理新护照;持新护照去其侨居国驻华使、领馆办理入境签证手续。

③ 中国公民出境旅游时丢失护照、签证。

a. 遗失"港澳同胞回乡证"（通行证）,应向遗失地的市、县或者交通运输部门的公安机关报失,经公安机关调查属实后出具证明,或由接待社开具遗失证明;由公安机关出入境管理部门签发一次有效的入出境通行证,凭证返回中国香港、澳门。

b. 中国台湾游客遗失来祖国大陆的旅行证件。在祖国大陆旅游期间丢失,应当向当地的市、县公安机关报失;经调查属实的,可重新申请领取相应的旅行社证件,或者发给一次有效的出境通行证。

c. 中国公民丢失中华人民共和国身份证。由当地接待社核实后开具证明,失主持证明到当地公安局报失,经核实后开具身份证明,机场安检人员核准放行。

（2）钱物遗失的处理

证件、财物特别是贵重物品被盗是治安事故,导游人员须立即向公安部门和保险公司报案,协助有关人员查清线索,力争破案,找回被窃证件、物品,挽回不良影响。若找不回被盗物品,导游人员要协助失主持接待社的证明到当地公安局开具失窃证明书,以便出关时查验或向保险公司索赔,同时要提供热情周到的服务,安慰失主,缓解其不快情绪。

（3）行李遗失的处理

① 来华途中丢失行李。导游人员带失主到机场失物登记处办理行李丢失和认领手续。游客在当地游览期间,导游人员要不时打电话询问寻找行李的情况,一时找不回行

李,要协助失主购置必要的生活用品。若离开本地前行李还没有找到,导游人员应帮助失主将接待社的名称、全程旅游线路以及各地可能下榻的饭店名称转告有关航空公司,以便行李找到后及时运往最适宜的地点交还失主。如行李确系丢失,失主可向有关航空公司索赔。

② 行李在中国境内丢失。

a. 如果游客在出站前领取行李时找不到托运的行李,就有可能是在上一站交接行李或托运过程中出现了差错。此种情况发生时导游人员可采取以下措施:带领失主到失物登记处办理行李丢失和认领手续;立即向接待社领导汇报,请求协助。

b. 如果旅游团抵达饭店,游客没拿到自己的行李,问题则可能出在饭店内或本地交接或运送行李的过程中。此时地陪应和全陪、领队一起先在本旅游团所住房间寻找,查看是行李误送还是本团游客错拿。如找不到,则应与饭店行李部取得联系,请其设法寻找。如饭店行李部门仍找不到,地陪应报告接待社有关部门。

c. 主动做好失主的工作,就丢失行李事故向失主表示歉意,并帮助其解决因行李丢失而带来的生活方面的困难。

d. 经常与有关方面联系,询问查找进展情况。若确实丢失应帮助失主根据惯例向有关部门索赔。

e. 事后写出书面报告。

7. 游客走失的处理

(1) 在游览活动中游客走失的处理:发现游客走失后,应及时了解情况,迅速寻找(领队、全陪分头去找,地陪继续游览)。如果没有找到,争取有关部门的协助,及时与饭店联系看游客有无自行回到饭店,向旅行社报告。如采取了上述措施仍找不到,应及时报告并请求帮助,必要时请示领导向公安部门报案。

(2) 游客在自由活动中走失的处理。发现后立即报告旅行社(请求指示和帮助,通过其他部门,提供走失者可辨认的特征,请求沿途寻找);做好善后工作(走失者回饭店,导游员应表示高兴;问清情况,必要时提出善意的批评,提醒走失者引以为戒,避免再次发生)。

如果旅游者走失后出现其他情况,应视具体情况作为治安事故或其他事故处理。

8. 游客患病的处理

(1) 游客患一般疾病的处理

a. 关心游客的病情,劝其及早就医并多休息(劝其尽早去看病并留饭店休息,如有需要应陪同患者前去)。

b. 向游客讲清看病费用自理。

c. 严禁导游人员擅自给患者用药。

(2) 游客突患重病的处理

旅行途中游客突然患病,导游人员应采取措施就地抢救,请求机组人员、列车员或船员在飞机、火车、轮船上寻找医生,并通知下一站急救中心和旅行社准备抢救。若乘旅游车前往景点途中游客患重病,必须立即将其送往就近的医院,或拦车将其送往医院,必要时暂时中止旅行,让旅游车先开到医院。应及早通知旅行社,请求指示和派人协助。游客在饭店患重病时,先由饭店医务人员抢救,然后送医院。

游客病危时,导游人员应立即协同领队和患者亲属送病人去急救中心或医院抢救,或请医生前来抢救。患者如系国际急救组织的投保者,导游人员还应提醒领队及时与该组织的代理机构联系。

在抢救过程中,导游人员应要求领队或患者亲属在场,并详细记录患者患病后的症状及治疗情况。需要签字时,导游人员应请患病游客的亲属或领队签字。导游人员还应随时向当地接待社反映情况。若找不到亲属,一切按使、领馆的书面意见处理。

导游人员这时应按排好旅游团其他游客的活动,全陪应继续随团旅游。

患病旅客转危为安,但仍需住院治疗不能随团离境时,接待社领导和导游人员要不时去医院探望,帮助患病游客办理分离签证、延期签证以及出院、回国手续和交通票证等善后事宜。

患病游客住院及医疗费用自理,离团住院时未享受的综合服务费由旅行社之间结算,按规定退还本人;患病游客的亲属在华期间的一切费用自理。

三、旅游投诉的处理

旅游投诉在旅游活动中常有发生,当旅游产品和服务质量同旅游者的期望值不符时,游客常以投诉表示不满。如果投诉得不到及时处理,将会影响旅游活动正常进行,甚至会产生更为严重的后果。因此,在接待服务中旅行社的接待人员对于游客的投诉,一定要认真对待,及时、妥善的处理。

（一）旅游投诉产生的原因

1. 工作人员主观上的问题

主要表现在旅行社工作人员服务态度差、对游客不尊重、不热情、讲解不好、态度生硬,或工作不负责任,不能及时满足客人的合理要求等。

2. 客观原因

住宿、餐饮、交通条件、旅游商品质量等条件不理想等引起投诉。

（二）旅游投诉的处理程序

1. 高度重视

游客需要导游人员对他表现出关心,而不是不理不睬或应付。游客希望自己受到重视或善待。他们希望他们接触的人是真正关心他们的要求或能替他们解决问题的人,所以接到投诉后,要迅速处理,绝不拖延,尽量缩短投诉人等待的时间。

2. 认真倾听

聆听是一门艺术,从中你可以发现游客的真正需求,从而获得处理投诉的重要信息。因此,要倾听游客的投诉,对其遭遇表示同情,绝不争辩。

3. 调查了解

引导游客说出问题的重点,有的放矢。

4. 迅速答复

游客需要迅速、彻底的反应,而不是拖延或沉默。游客希望听到"我会优先考虑处理你的问题"或"如果我无法立刻解决你的问题,我会告诉你处理的步骤和时间"。

5. 记录在案

好记性不如烂笔头,把客户反映的重点问题记录下来,不会耽误多少时间。对于客户提出的投诉,做好详细记录表明会尽快去调查并给予处理,给客户一个满意的答复。

6. 积极改进

探询客户希望解决的办法,一旦你找到方法,还应征得客户的同意,如果客户不接受你的办法,请问他有什么提议或希望解决的方法,不论你是否有权决定,让客户随时清楚地了解你的进程,如果你无法解除,可推荐其他合适的人,但要主动地代为联络。

【技能训练】

压缩行程导致投诉

谢小姐及同事共 16 人参加省中旅组织的五天四晚三亚游,因觉得旅行社提供的 1880 元的行程太紧,经协商修改了部分行程,变得较为宽松休闲。最终双方签订了合同定价 2050 元。其中报价单上自费项目标价"南山佛教文化苑 150 元+素斋 48 元+电瓶车 25 元"。在注意事项中还有"如遇天气、航空公司及酒店调价等不可抗力因素,旅行社保留解释权"

到了三亚以后,客人发现组团社与地接社沟通不足,未能把客人行程宽松的要求转达给地接社,当地地陪以旅游景点同方向为由,未征求客人意见,把前两天的行程压缩为一天,使得客人疲于奔命,休闲的目的仍然无法实现,最后整整一天则没有安排,在住处无事可做。

客人还发现旅行社发给他们的门票中,南山文化苑的面额为 138 元,而电瓶车为 25 元,明显高出合同报价。

回杭后,客人向旅行社交涉,旅行社只答应退还多收的门票费用,以行程上附有"旅行社在不降低服务标准及不减少景点的前提下,有根据实际情况对线路作合理调整的权利"为由,不承认压缩行程为违约行为,只同意补偿客人每人 50 元。最终导致客人向省质监所投诉。

如果你是旅游质量监督所工作人员,接到此投诉应当如何处理?

【阅读资料】

旅行社接待通用安全操作规程

1. 适用范围

本规程提出了旅行社接待国内旅游活动安全操作的基本规范要求。

本规程适用于旅行社所接待旅游团队的安全操作控制。

2. 引用标准

下列标准所包含的条文,通过在本标准中引用而构成为本标准的条文。在标准出版时,所示版本均为有效,所有标准都会被修订,使用本标准的各方应探讨、使用下列标准最新版本的可能性。

GB/T 15971—1995《导游服务质量》

LB/T 002—1995《旅游汽车服务质量》

LB/T 004—1997《旅行社国内旅游服务质量要求》

GB 16153—1996《饭店(餐厅)卫生标准》

3. 术语和定义

下列术语和定义适用于本标准。

3.1　旅行社 travel service

依法设立并具有法人资格,从事招徕、接待旅行者,组织旅游活动,实行独立核算的企业。

3.2　导游人员 tour guide

持有中华人民共和国导游资格证书、受旅行社委派、按照接待计划,从事陪同旅游团(者)游览等工作的人员。导游人员包括全程陪同导游人员(全陪)和地方陪同导游人员(地陪)。

4. 总则

4.1　旅行社接待安全操作规程贯彻"预防为主,安全第一"的方针。

4.2　领导者责任　旅行社总经理对接待安全管理工作全面负责。

4.3　旅行社接待安全工作的主要任务是:

4.3.1　预防危害国家安全的破坏活动;

4.3.2　预防刑事案件和治安案件;

4.3.3　预防交通安全事故;

4.3.4　预防食物中毒事故;

4.3.5　及时处置危及旅游者人身和财物安全的事故和突发事件;

4.3.6　预防接待过程中的其他违法犯罪活动。

5. 安全事故报告及处理

5.1　事故发生单位在事故发生后,应按下列程序处理:

5.1.1　陪同人员应当立即上报主管部门,主管部门应当及时报告归口管理部门;

5.1.2　会同事故发生地的有关单位严格保护现场;

5.1.3　协助有关部门进行抢救、侦查;

5.1.4　有关单位负责人应及时赶赴现场处理;

5.1.5　对特别重大事故,应当严格按照国务院《特别重大事故调查程序暂行规定》进行处理。

5.2　处理外国旅游者重大伤亡事故时,应当注意下列事项:

5.2.1　立即通过外事管理部门通知有关国家驻华使领馆和组团单位;

5.2.2　为前来了解、处理事故的外国使领馆人员的组团单位及伤亡者家属提供方便;

5.2.3　与有关部门协调,为国际急救组织前来参与对在国外投保的旅游者(团)的伤亡处理提供方便;

5.2.4　对在华死亡的外国旅游者严格按照外交部《外国人在华死亡后的处理程序》进行处理。

5.3　对于重大安全事故,报告人或报告单位除向当地消防、公安、交通、卫生等有关部门报告外,要同时向当地旅游局报告,有组织接待的旅游团队还到向组团旅行社报告。

5.4　事故处理后,应立即写出事故调查报告,其内容包括:

5.4.1　事故经过及处理;

5.4.2　事故原因及责任;

5.4.3　事故教训;

5.4.4　今后的防范措施。

5.5　重大旅游安全事故的报告内容主要包括:

5.5.1　事故发生后的首次报告内容:

5.5.1.1　事故发生的时间、地点;

5.5.1.2　事故发生的初步情况;

5.5.1.3　事故接待单位及与事故有关的其他单位;

5.5.1.4　报告人的姓名、单位和联系电话。

5.5.2　事故处理过程中的报告内容:

5.5.2.1　伤亡情况及伤亡人员姓名、性别、年龄、国籍、团名、护照号码;

5.5.2.2　事故处理的进展情况;

5.5.2.3　对事故原因的分析;

5.5.2.4　有关方面的反映和要求;

5.5.2.5　其他需要请示或报告的事项。

5.5.3　事故处理结束后,报告单位需认真总结事故发生和处理的情况,并作出书面报告,内容包括:

5.5.3.1　事故经过及处理;

5.5.3.2　事故原因及责任;

5.5.3.3　事故教训及今后防范措施;

5.5.3.4　善后处理过程及赔偿情况;

5.5.3.5　有关方面及事故家属的反映;

5.5.3.6　事故遗留问题及其他。

6. 旅游者人身安全

6.1　乘车

6.1.1　司机在接团出发前必须做好一切准备工作,当车停稳后,导游员在车下照顾游客上车,然后清点人数,游客到齐坐稳后再示意司机开车。

6.1.2　汽车在行驶途中,不得停车让无关人员乘车,遇有不明身份人员拦阻车辆时,不得停车。

6.1.3　导游员有权阻止非司机开车。因本车司机身体欠佳,经请示同意可调换司机。

6.1.4　当感到车速过快时,导游员有权加以制止,尤其是窄路、坡路、雨雪雾天等路况不佳时更应注意。

6.1.5 当行车路线较长时,导游员应定时与驾驶员交谈,提醒驾驶员以免打盹造成安全事故。

6.1.6 当车辆出现车祸时,导游员和司机要尽全力立即将游客从车内救出,迅速拦截过往车辆将危重病人送往医院。如临时无过往车辆,应以最快速度用电话报告旅行社和本地急救中心、医院请求火速求援。

6.1.7 当发现其他车辆发生车祸时,在条件允许时要立即停车全力相救(在条件不允许时,要事后报告、讲明情况)。

6.1.8 在汽车停稳之前,导游员应向游客说明下次乘车时间和地点,待汽车停稳后,导游员应在车下照顾游客下车。

6.1.9 每天第一次见面,导游员要向司机讲明当日的详细活动日程,并协商出最佳行车路线。

6.1.10 严禁汽车司机在行驶中抢时间、赶日程,严禁酒后开车或疲劳驾驶、开英雄车、斗气车,以及拼命鸣喇叭。

6.1.11 司机、导游员必须于每日团队出发前至少提前10分钟抵达现场。

6.2 住宿

6.2.1 领队、全陪、地陪和客人都要掌握对方所住的房间号和位置。

6.2.2 导游员要弄清楚一旦发生地震或火灾时迅速离开饭店的安全通道。

6.2.3 全陪必须同客人住在同一饭店,如有事离开,必须通知地陪、团长或领队。

6.2.4 导游员要提醒游客锁好门,尤其是晚间,切不可贸然开门,让不明身份的人进入房间。

6.2.5 如游客发生意外伤亡,全陪和地陪应立即同饭店保卫部门及值班经理取得联系,保护好现场,并立即将危重病人送往医院。

6.2.6 旅行社自行选择旅游团队住宿饭店,应审查资格,明确责任,索取有效的卫生许可证、营业执照备案,并与饭店签订团队住宿协议,饭店名称、地址、电话应以传真形式报市旅游质量监督管理所、市卫生局卫生监督所和市公安局备案,并对饭店情况进行检查,发现问题应及时取消该店的供方资格。每次应与饭店签订具体住宿协议,注明住宿时间、标准、人数及注意事项等,并由双方盖章确认。

6.3 景点

6.3.1 在客人抵达景点之前,导游员要提醒游客如在景点附近摊点购物,要严守日程和时间,避免掉队,影响参观。

6.3.2 在参观过程中,全陪和地陪要始终和客人一起活动,要维持好参观秩序,防止坏人伤害游客,要经常清点人数,避免游客走失。

6.3.3 全陪和地陪要注意观察旅游景点或通向旅游景点的通道是否安全。如不安全,除必须停止游客参观外,事后一定要向公司书面反映,以便公司对下一次的旅游作出新的更加安全的安排。因天气原因,如下雨、下雪、刮风等,确实给游客参观游览能带来危险时,可劝阻客人改期参观。

6.4　就餐

6.4.1　全陪和地陪如发现餐厅和楼道滑腻、地毯卷起、台阶破损等情况，除提醒客人注意外，要通知餐厅服务中立即清除或修复。

6.4.2　全陪和地陪在带领客人就餐中如发现饭菜、饮料或水果不卫生、有异味或发霉、腐烂变质时，要主动与餐厅负责人交涉，要求其按标准重新提供并向客人道歉。

6.4.3　如发现游客就餐后出现了头疼、头晕、恶心、呕吐等不适症状时，全陪和地陪要呼吁游客立即停止进食，迅速将不适症状者送往医院，并报告检疫部门检查、化验，如确属食物中毒，导游员应立即向公司报告，并责成有关部门处理。

6.4.4　旅行社不得安排团队到无卫生许可证、无营业执照、卫生条件差的饭店就餐。

6.4.5　旅行社自行选择旅游团队就餐饭店，应审查资格，明确责任，索取有效的卫生许可证、营业执照备案，并与饭店签订团队就餐协议，饭店名称、地址、电话应以传真形式报市旅游质量监督管理所和市卫生局卫生监督所备案，并对饭店厨房卫生进行检查，发现问题应及时取消该店的供餐资格。每次应与饭店签订具体用餐协议，注明用餐时间、标准、人数及注意事项等，并由双方盖章确认。

6.4.6　加强对导游员的食品卫生知识培训，掌握游客身体状况，并对就餐饭店的菜单进行审查，原则上不吃或少吃凉拌菜、小海货及冰啤、扎啤等易引起食物中毒或胃肠道疾病的食品。引导游客不喝生泉水，不吃景区或街头摊点供应的凉粉、小海货等食品。

6.4.7　发现游客有中毒或疑似食物中毒症状时，应及时送医院就医，妥善安置病人，并立即向市、区卫生监督所报告，不得提前私自通知供餐饭店，防止破坏加工现场，影响食物中毒调查采样及其定案。

6.4.8　接待旅游团超过50人以上集体就餐要及时向发放卫生许可证的市、区卫生监督所报告。

6.4.9　旅行社应监督餐饮接待单位实行分餐制，可用服务员分餐或用公筷、公勺方式分餐。

6.4.10　团队外出需订购携带食品或盒饭时，应对集体订购配送餐单位严格执行索证制度，严禁订购食用无配送卫生许可证单位配送的食品。

6.5　购物

6.5.1　如客人提出购物，导游中应当带领游客到诚信购物商店购物。

6.5.2　带领游客到诚信购物商店购物，因购物出现的一切问题均由商店负责处理。

6.6　观赏文艺节目

6.6.1　全陪和地陪至少有一个必须陪游客一起观赏文艺节目。

6.6.2　全陪和地陪要留意，一旦发生意外，如何带游客从演出场地迅速撤出的安全通道。

6.7　其他

6.7.1　导游员应每天向游客公布当日和次日的天气预报，并提醒游客增减衣服，照顾好游客的人身安全，特别是对老、弱、病、残者要特别注意。

6.7.2　如游客有病，要热情关心。对危重病人要立即送医院救治。

6.7.3　如游客发生重大意外伤亡事故，除按《旅游安全事故报告控制程序》执行外，还应按本程序的有关要求,迅速向公司和有关单位报告。

7. 接待过程财物安全规程

7.1　旅游者进入本地

7.1.1　导游员接到旅游者后,要告诉游客把托运行李和手提行李分开,并提醒客人不要将护照(身份证)和贵重物品(如首饰、现金、支票、证券等)放入托运行李中。手提行李由客人自己保管,将托运行李集中起来后要检查是否上锁或破损。凡不上锁或破损到上锁无价值者不予托运,应提醒客人不要将香烟、打火机、胶卷、电动剃须刀等放入托运行李两侧的无锁袋内。

7.1.2　当旅游者进入时,全陪要将行李托单交给地陪或客人提取行李,清点行李后,在行李上挂上旅行社行李标志牌,办好手续运走。

7.2　旅游者进入饭店

7.2.1　导游员在游客离开机场、车站前,要提醒游客检查托运行李物品是否完整无缺。如有丢失,立即报告。

7.2.2　客人托运行李送到饭店后必须填写交接单,由双方签字。

7.2.3　饭店行李员必须在客人进入房间后及时把游客行李送进房间。

7.3　离开饭店

当游客离开饭店前将托运行李交出后,导游员要与饭店行李员交接,填写交接单,由双方签字。

7.4　离开本地

7.4.1　导游员负责将游客行李送到离站交通运输部门时,要办理好托运手续,将有关领取单据交给全陪妥善保管。

7.4.2　当旅游者离开本站时,导游员应将行李先于旅游者送到出境地点,然后将行李交给游客,办理托运手续等。

7.5　其他

游客在旅游期间,包括在机场、火车站、汽车、轮船、饭店、餐厅、旅游景点、观赏文艺节目、购物、自由活动时,全陪和地陪都必须做到:时时刻刻提醒游客保管好自己的护照和钱物,不要将其忘在别处,如发生此类情况,要积极协助有关单位查找。

8. 旅游汽车安全

8.1　坚持一日三检,确保车况完好

8.1.1　出车前的检查:汽车发动机机油、燃油、冷却水、电解液加足适量;手脚制动器、转向机灵敏有效,各部管路完好,轮胎气压符合规定;车灯、喇叭、雨刷机及仪表工作正常;电瓶搭线清洁牢固;四轮制动鼓轮胎螺丝紧固,轴碗不松动。

8.1.2　行驶中的检查:行车中要随时注意发动机及底盘各部件的声响,如有异响,及时修复。长途行驶时,应中途检查各部位有无漏油、漏气、漏水情况及轮胎气压是否正常,并随时观察仪表工作是否正常。

8.1.3　收车后的检查:任务执行完毕后,装有电源总闸的车辆,应关闭总电闸,拉紧手制动器。气压制动车辆应放掉水分离器及储气罐内的污水,并拧紧堵塞。清洁烟缸内的脏物,检查车内是否有未熄灭的烟蒂,防止起火。注意补充燃油、机油。关好车门,锁好门窗及后备箱。

8.2　坚持安全操作,确保行车安全

8.2.1　车辆发动:拉紧手制动器,将变速杆放在空挡位置上。用启动机启动发动机时,每次不超过5秒钟,连续三次使用启动机而发动机仍不发动时,应查明原因再启动。发动机发动后,禁止猛轰油门,各种仪表指示灯必须正常,读数符合规定。

8.2.2　平稳起步:起步时必须先观察车辆周围情况,应用标准挡起步,松开手制动器,打开方向灯,通过后视镜察看后方有无来车,轻抬离合器,适量加油。坡路起步时,如发生熄火,必须立即停车,必要时在轮胎后部打掩。

8.2.3　驾姿端正:司机执行任务时必须精力充沛;不准将胳膊挎在车门上或斜坐驾驶;行驶中做到:起步平稳,转弯不晃,刹车不点头;不准吸烟、吃东西或做有碍安全行车的动作。

8.2.4　车辆行驶:要根据车速顺序换挡,不得跳换,不得低速拉车和勉强行驶。行驶中要经常注意仪表和车辆的工作情况,发现异常立即停车检查,及时排除。严格遵守会车、让车、超车、跟车的规定,不超速行驶,禁止高速滑行、间歇滑行或熄火滑行。冰雪天气或雨雾天气时,必须在落实了各种安全措施后方得出车;驾驶中要根据特殊天气的特点,坚持"一慢二看三通过"。

8.2.5　车辆停放时,必须挂好挡,拉紧手制动器。在坡道上临时停车时,司机不准离车,防止溜车滑坡事故的发生。

8.3　签订规范用车合同

旅行社在租用旅游车辆时,要按照旅游局公布的《旅行社旅游团队接待用车合同范本》与出租方签订正式合同,明确双方的权利和义务。每次用车,应与出租方签订具体用车协议,双方盖章确认,并提供给司机具体的团队计划。

8.4　租用车辆应具备相应资质

租用的旅游车辆应经公安等部门检验年审合格,并符合行业标准与合同约定标准。驾驶员应是公安等部门登记在册的技能熟练人员,足额办理了乘员险、第三者责任险等保险手续,符合交通部门认定的旅游目的地经营范围的旅游客车。

8.5　用车前需索取相应资料

车辆使用前索取使用车辆及驾驶员的相关资料复印件备查:①机动车驾驶证;②机动车辆保险单;③车辆购置税完税证明;④道路运输证;⑤道路运输规费缴讫证;⑥山东省营运车辆驾驶人员上岗证书;⑦其他有关资质证明。

8.6　用车当中注意事项

出车前,要认真检查车辆性能,确保车况良好,保持车辆内外清洁卫生。驾驶员应有良好的服务态度、礼节礼貌和仪容仪表。司乘、导游等人员要密切协作,共同搞好行车安全工作。驾驶员要严格按照交通规则驾驶车辆,在行车过程中要严格遵守有关规定。对单程行程400公里(高速公路600公里)以上的客运车辆,乙方必须配备两名驾驶员,每名驾驶员连续驾车不得超过3小时,24小时内驾驶时间累计不得超过8小时。在高速公路上行车时要严格遵守小型客车最高时速不超过110公里,大型客车、货运(行李)汽车不得超过90公里的限速规定。

8.7　乘客意见卡

8.7.1　旅游汽车上必须放置"乘客意见卡",在接待旅游团时,司机应主动将卡发放到乘客手中。

8.7.2　车队要及时收回"乘客意见卡",对乘客提出的意见及时作出反应,并将各类意见汇总报告公司业务和质量管理部门。

8.7.3　旅游汽车公司业务和质量管理部门要定期对"乘客意见卡"作出统计和汇总,并对各类意见进行分析,报告公司领导,提出改进服务质量的办法。

9.　特殊情况处理

9.1　基本处理原则

9.1.1　旅行社对游客在旅游过程出现的特殊情况,如事故伤亡、行程受阻、财物丢失、被抢被盗、疾病救护等,应积极协助处理。

9.1.2　旅行社应建立、健全应急处理系统制度。

9.1.3　旅行社在处理特殊情况时,应维护旅游者的合法权益,不推卸责任,不草率应付,积极排除险情,妥善解决问题。

9.2　路线或日程变更

9.2.1　旅游团(者)要求变更计划行程

旅游过程中,旅游团(者)提出变更路线或日程的要求时,导游人员原则上应按合同执行,特殊情况报组团社。

9.2.2　客观原因需要变更计划行程

旅游过程中,因客观原因需要变更路线或日程时,导游人员应向旅游团(者)做好解释工作,及时将旅游团(者)的意见反馈给组团社和接待社,并根据组团社或接待社的安排做好工作。

9.2.3　丢失证件或物品

当旅游者丢失证件或物品时,导游人员应详细了解丢失情况,尽力协助寻找,同时报告组团社或接待社,根据组团社或接待社的安排协助旅游者向有关部门报案,补办必要的手续。

9.2.4　丢失或损坏行李

当旅游者的行李丢失或损坏时,导游人员应详细了解丢失或损坏情况,积极协助查找责任者。当难以找出责任者时,导游人员应尽量协助当事人开具有关证明,以便向投保公司索赔,并视情况向有关部门报告。

9.3　旅游者伤病、病危或死亡

9.3.1　旅游者伤病

旅游者意外受伤或患病时,导游人员应及时探视,如有需要,导游人员应陪同患者前往医院就诊。严禁导游人员擅自给患者用药。

9.3.2　旅游者病危

旅游者病危时,导游人员应立即协同领队或亲友送病人去急救中心或医院抢救,或请医生前来抢救。患者如系某国际急救组织的投保者,导游人员还应提醒领队及时与该组织的代理机构联系。

在抢救过程中,导游人员应要求旅游团的领队或患者亲友在场,并详细地记录患者患病前后的症状及治疗情况。

在抢救过程中,导游人员应随时向当地接待社反映情况;还应提醒领队及时通知患者亲属,如患者系外籍人士,导游人员应提醒领队通知患者所在国驻华使(领)馆;同时妥善安排好旅游团其他旅游者的活动。全陪应继续随团旅行。

9.3.3　旅游者死亡

出现旅游者死亡的情况时,导游人员应立即向当地接待社报告,由当地接待社按照国家有关规定做好善后工作,同时导游人员应稳定其他旅游者的情绪,并继续做好旅游团的接待工作。

如系非正常死亡,导游人员应注意保护现场,并及时报告当地有关部门。

9.4　其他

如遇上述之外的其他问题,导游人员应在合理与可能的前提下,积极协助有关人员予以妥善处理。

10.　导游服务

10.1　旅行社应为每辆旅游车上的旅游者配备至少1名导游人员。

10.2　导游人员的基本素质及其服务应符合 GB/T 15971 的规定。

10.3　导游人员应具有一定的安全知识和防范技能,以保障旅游者的人身安全。

【案例 6-13】

旅行社善后处理不当引起投诉

2005 年 11 月 11 日至 11 月 17 日,杭州陈先生等 19 人参加了杭州某旅行社组织的云南七日游。按照旅行社事先和客人约定,旅行社不派全陪,但为客人安排"当地优秀导游服务"。11 月 13 日晚上,当旅游车行至距丽江 35 公里处发生车祸。由于当时旅游车上既没有全陪也没有地陪,陈先生等人只能和组团社及地接社联系。当地交警部门对事故作出认定:肇事摩托车负全部责任。

在旅游车驾驶员的协助下,陈先生等客人乘坐另外一辆空车抵达丽江住宿的饭店。地接社不但没有及时安抚客人,反而要求客人按行程继续旅游,遭到客人的强烈抗议,旅行社这才协助客人到医院就医。由于旅游行程受到了一定的影响,陈先生等客人要求推迟回程时间,经过协商,陈先生等客人和云南地接社达成延后两天行程,客人放弃追究组团社和地接社的任何责任的协议。

客人返回杭州时,由于航空保险已经过期,旅行社要求客人自己购买意外保险。旅行社专门派车到机场迎接客人,旅行社代表表示将向公司领导汇报客人提出的相关要求,但从此没有下文,客人对此很不满意。

【点评】

首先,旅行社没有履行告知义务。鉴于云南旅游的特殊性,从一个旅游目的地前往另一个旅游目的地的途中,基本不派导游陪同前往,旅行社在行程却明确约定,"当地优秀导游服务",就容易给客人造成误会,进而引发投诉。

其次,旅行社相关服务不规范。地接社向客人收取了 130 元自费项目,但不给客人提供服务收据；由旅行社代买航空保险后，旅行社没有及时向客人提供航空保险的原始凭证；在出车祸的当晚，本应当由旅行社提供餐饮服务，而地接社并没有按照约定为客人提供餐饮服务；当旅游行程延后两天时，地接社并没有将航空保险将被作废的消息告知客人，成为客人投诉的导火索。

最后，旅行社善后处理工作不当，包括车祸发生地接社的处理不当，接机人员承诺向领导汇报，但不给客人答复、没有给客人消费凭证等行为。只要旅行社妥善处理，根本不会导致投诉。

【案例 6-14】

行 程 变 化 旅 行 社 如 何 扣 除 损 失

杭州徐女士和她丈夫与杭州某出境游组团旅行社签订合同，于 2005 年 11 月 28 日至 12 月 9 日赴澳大利亚、新西兰旅游。出团前三天，由于身体不适，徐女士向旅行社提出取消行程，并提供了医院的证明。

由于旅行社已经为徐女士购买了旅游团队机票，无法办理退票手续，实际发生的费用包括签证费、杭州至中国香港、澳大利亚、新西兰的双程机票等，将近 14 000 元。团队结束后，徐女士向旅行社交涉，要求退还旅游团款时，当旅行社提出按照实际发生费用扣除旅游团款，徐女士觉得自己尚未成行就要被扣除高昂的费用，而且也不是自己的主观原因导致行程被取消，觉得十分冤枉，不愿意接受旅行社的扣款方案。

【点评】 按照航空公司售票规则，凡是享受折扣优惠的机票，一经售出，就不得转签，也不得退票，旅行社向航空公司购买的机票均为优惠机票。虽然客人可以取消行程，但是旅行社却难以从航空公司退回机票款，由此给客人造成较大的经济损失。

由于旅行社业务操作的特殊性，一旦出现上述纠纷，旅行社往往难以提供原始凭证，对快速处理纠纷造成影响；同时，由于客人不能完成既定旅游行程，已经给本人的情绪带来了影响，而旅行社又要扣除较大额度的损失，面对如此现状，客人接受旅行社处理方案也在情理之中。因此，尽管旅行社有充分的理由扣除客人的团款，但必须对客人进行耐心细致的说明和解释工作，并提供相应的原始凭证，而不能以简单的方式处理此类纠纷。

【完成任务】

对本任务中的事故进行分析，提出解决方案。

思考与练习

1. 对旅游投诉的处理应注意哪些问题？
2. 简述旅游投诉处理的意义。

项目七

旅行社财会业务

学习目标

专业能力目标
- 熟练掌握各项采购业务的成本核算；
- 能够进行旅行社组团业务和接团的会计核算；
- 熟悉特殊情况的结算业务。

方法能力目标
- 具有运用财务知识进行旅行社组团、接团会计核算的能力；
- 具有研究问题、分析问题和解决问题的能力。

社会能力目标
- 具有良好的职业道德和敬业精神；
- 具有较强的责任感和严谨的工作作风；
- 具备良好的心理素质和克服困难的能力。

任务一　认识旅行社财务管理

【任务描述】

从总体上了解旅行社财会业务的相关知识，包括旅行社财务基础知识、财务管理的任务、旅行社财务管理的要求等财会基础知识。

【任务分析】

财务管理是一种价值管理，是企业管理的重要组成部分，财务管理贯穿于旅行社经营活动的全过程。它利用货币形式通过预测、计划、核算、分析、监督与控制，对旅行社的资金运作和业务收支进行综合管理,使旅行社遵循国家法律、行政法规与规章制度,改善经营管理,加强经济核算,提高旅行社的经济效益。它不仅是财务人员的职责,也是旅行社各级管理人员的职责。

【相关知识与技能】

一、旅行社财务管理概述

旅行社财务管理就是利用货币形式对企业各项活动进行管理是一项以货币为特征的综合性管理工作。财务管理区别于其他管理的特点,在于它是一种价值管理。

（一）旅行社财务管理的概念和主要内容

1. 旅行社财务管理的概念

旅行社财务是指旅行社经营过程中所发生的资金运作及体现的经济关系。

旅行社财务管理是指旅行社为保证其业务经营活动的顺利进行,按照国家方针、政策和企业决策要求,合理组织企业资金运作,正确处理企业同其他各方面经济关系的活动。

2. 旅行社财务管理的主要内容

（1）筹资和投资管理。主要是从各种渠道筹集资金,尽快用于经营,以便盈利。但任何投资决策都带有一定的风险性,因此要科学的进行可行性研究,认真分析影响投资决策的各种因素。

（2）各项资产管理。包括对旅行社的流动资产、固定资产、无形资产、递延资产和其他资产的管理。由于企业的经营活动无不涉及运营资金的范围,因此,对流动资产的管理就显得相当重要。

（3）成本与费用管理。是对旅行社成本与费用的开支项目、开支标准、开支范围的管理。由于成本与费用耗费是旅行社业务经营活动中发生的各种资金耗费,因此对成本与费用的管理也就是对资金耗费的管理。

（4）营业收入、税金和利润管理。主要是旅行社对收入的实现及分配进行的管理。旅行社从经营中获得营业收入,收回货币资金,补偿其经营中各种耗费,并进行利润的分配,也就是对旅行社资金的回收、补偿、分配和积累的管理。

（5）财务评价。主要是通过各类财务报表对旅行社的业务经营活动及其所取得的财务成果进行考核、分析与评价。

（二）旅行社财务管理的目标

旅行社财务管理的目标通常是指旅行社财务管理的总体目标。从目前我国旅行社业的现实情况看,不同的旅行社有不同的财务管理目标。

1. 利润最大化

作为一个企业,追求利润最大化本无可厚非,但如果这种行为并未考虑到决策风险、货币的时间价值及企业的长期利润,则会给企业的财务决策带来不利的影响,如企业的短期行为加剧,不顾经营风险追求利润等。作为旅游市场竞争主体的旅行社要想在市场竞争中处于不败之地,就必须进行经济核算,加强资金、成本、利润的管理,降低各种耗费,并结合市场营销策略获取经营利润的最大化。

2. 资本利润最大化或每股利润最大化

针对利润最大化对企业行为和绩效评价的局限性,人们提出了以资本利润或每股利润作为考查财务效果的重要指标,并由此得出企业的目标就是使这一指标最大化。通常,在非股份制旅行社企业中多使用前一指标;而在股份制旅行社(如上海国旅集团等)中则往往同时使用这两个指标。这两个指标的特点是将企业实现的利润同投入的自有资本或股本股数进行对比,可以更好地说明企业的盈利水平(在一个企业中这两个指标的增减变动趋势是一致的)。因此利用它进行财务分析和财务预测有着重要的作用。但是这两个指标的最大化目标的实现,尚不能避免诸如企业行为短期化及不考虑经营风险和资金时间价值等问题。

3. 企业价值最大化或股东财富最大化

企业价值最大化也就是股东财富或所有者权益最大化,这一目标考虑了上述最大化目标实现中无法避免的资金时间价值和风险问题。在一般情况下,企业所得的收益越多,实现收益的时间越近,应得的报酬越确定,则企业的价值或股东的财富就越大。

在股份制经济条件下,投资者持有公司的股票并成为公司的股东。股票的市场价格,即股票市价体现了市场(股民)对公司价值所作的客观评价。所以,人们通常用股票的市场价格来体现公司价值或股东财富。一般来说,股票的市场价格可以全面地反映公司目前和将来的盈利能力、预期收益、时间价值和风险价值等方面的因素及其变化。因而,企业价值最大化或股东财富最大化的目标,在一定条件下也就演变成股票价格最大化这一目标。

需要指出的是,不论企业的财务管理目标是什么,企业必须要正确处理提高经济效益与履行社会责任的关系。旅行社在谋求自身的经济效益的同时,必须尽自己的社会责任:一是遵守商业道德,保证质量服务,不搞欺骗性促销,不以不正当手段追求企业利润;二是维护社会公共利益,不以破坏资源和污染环境为代价谋求企业效益;三是积极资助公益事业。

(三)旅行社财务管理的任务

旅行社财务管理的任务是财务管理总体目标的具体化。旅行社应认真执行国家经济政策,遵守国家财经制度和财经纪律,建立、健全企业财务管理制度,并围绕企业财务管理的总体目标,从价值管理的特点出发,结合财务管理的具体内容,完成各项基本任务。

1. 积极筹集资金、组织资金供应

旅行社经营活动的正常开展,必须以一定量的资金投入为前提。因此,财务管理的首要任务,就是要通过各种渠道积极筹集经营所需的资金,及时组织资金供应,并努力降低资金成本,在保证旅行社经营活动的顺利进行的同时,提高资金的利用效益。

2. 合理使用资金、增加企业盈利

在一定条件下,一定的资金投入必须获得相应的经济效益,这是企业财务管理的基本要求。因此,旅行社财务管理必须将筹集的资金进行合理分配,并努力挖掘潜力,降低各种耗费,力争以尽可能少的消耗实现尽可能多的经营成果,以增加旅行社的盈利。

3. 妥善分配利润、协调各方关系

利润是企业经营的最终成果,它与国家、企业和职工的切身利益有着直接的关系。因此,在对旅行社利润进行分配时,必须注意协调好企业与各方面的关系。旅行社应按照国家有关规定,正确核算经营损耗,及时上缴各种税金,然后依据规定程序对旅行社利润进行合理、妥善的分配,以更好地协调旅行社与各方的利益关系。

4. 实现财务监督、提供经济信息

在正常情况下,企业的各项经营活动都会反映在企业的财务收支上。财务监督对财务收入支出进行控制,并用财务指标对之进行分析核算。旅行社必须建立财务核算制度和财务报表,正确实行财务监督,发挥财务综合管理的作用,以便为旅行社经营决策的制定和正常业务的开展提供准确的数据及有效的经济信息。

(四)旅行社财务管理的要求

1. 遵循会计核算的基本前提

为了保证企业会计工作的正常进行,旅行社会计人员必须以遵循会计核算的基本前提。会计核算包括如下方面。

(1)会计主体。会计主体又称会计实体或会计个体,是指会计工作为其服务的特定单位。会计主体假设为会计核算工作确定了空间范围,把会计主体的经济业务与其他会计主体以及投资者的经济业务划分开。也就是说,会计所反映的只是一个特定的独立实体的经济活动,并不反映其他经济实体的经济业务和经济活动。

(2)持续经营。持续经营即企业的生产经营活动在可以预见的将来,并长期按其现实的形式和实现的目标方向,不间断地进行下去。

(3)会计分期。会计分期是把连续不断的生产经营活动及其结果在时间上人为地加以划分,以便及时反映某一时期内的经营成果和财务状况。会计分期可以用公历的年度,也可根据企业自身的需要,自己确定一个起讫日期。

(4)货币计量。以货币作为会计计量的尺度,为会计工作提供了一个最简单而又普遍适用的手段。

2. 遵循会计一般原则

会计一般原则包括:①真实性原则;②可比性原则;③一贯性原则;④相关性原则;⑤及时性原则;⑥清晰性原则;⑦重要性原则;⑧稳健性原则;⑨权责发生制原则;⑩历史成本原则;⑪配比收益性支出和原则;⑫资本性支出原则。

3. 遵循财务管理平衡对等政策

(1)风险与收益平衡。风险广泛存在于重要的财务活动中,并且对企业实现其财务目标具有重要影响。风险的大小与财务活动的收益有密切的关系,一般来说,高风险往往带来高收益,而低收益则伴随着低风险。只有把风险与收益放在一起均衡来考虑,才能有良好的财务成果。

(2)成本与效益对等原则。为了获得某种效益,必然要花费成本,这也是不可避免的。比如企业应收账款,如果为了收回某单位一笔欠款,要人员数次催收,这样很可能收回的应收账款无法补偿为收回该欠款而发生的成本。

（3）协调各方财务关系原则。这其中有企业与国家、企业与银行、企业与个人、企业之间等各方面的关系。只有把企业各方面财务关系协调好,才能使其共同关心与支持企业经营活动。

（五）旅行社财务管理的原则

1. 系统原则

系统是由若干个相互作用、相互依存的部分有机结合而成的整体。财务管理从资金筹集开始到货币资金收回为止,经历了资金筹集、资金投放、资金耗费、资金收回与资金分配几个部分,这几个部分互相联系,互相作用,组成一个完整的系统。为此,开展旅行社财务管理工作,必须从财务管理系统的内部和外部联系出发,从各组成部分的协调和统一出发,注意企业财务活动的整体性、有序性和相关性。这就是财务管理的系统原则的内在要求。

2. 平衡原则

平衡原则要求旅行社在财务管理中不仅要追求资金占用和资金来源的静态平衡,而且还应力使企业资金的收支在数量上和时间上保持动态的协调平衡。旅行社只有实现了资金收支的动态平衡,才能保证企业资金周转的顺利进行,企业财务管理目标也才能更好地实现。

3. 比例原则

财务管理若仅对企业财务的绝对量进行规划和控制,而不重视各种因素之间比例关系的研究,就可能会使财务管理陷入被动境地。因此,在旅行社财务管理中必须正确贯彻比例原则,通过各项财务比例关系的分析,及时发现经营中存在的问题,采取相应措施,使各项比例趋于合理,以实现企业资金运作的良性循环。

4. 优化原则

企业财务管理过程是一个对企业经营活动不断地进行分析、比较和选择,以使其实现最优的过程。财务管理的优化原则就是要求旅行社在财务管理中力求科学地选择最优方案,确定最优总量和最优化比例关系,最终实现企业的经营目标。

【阅读资料】

中华人民共和国国家旅游局
旅行社质量保证金存取管理办法

第一章 总 则

第一条 为规范对旅行社质量保证金的管理,根据《中华人民共和国商业银行法》、《中华人民共和国担保法》、《中华人民共和国合同法》和《旅行社条例》的规定,制定本办法。

第二条 旅行社质量保证金(以下简称"保证金")是指根据《旅行社条例》的规定,由旅行社在指定银行缴存或由银行担保提供的用于保障旅行者合法权益的专项资金。

第三条　依据《旅行社条例》第十三条第一款的规定,为旅行社开设保证金专用账户或提供保证金担保业务的银行,由国家旅游局指定。国家旅游局本着公开、公平、公正的原则,指定符合法律、法规和本办法规定并提出书面申请的中国境内商业银行作为保证金存储银行。

第四条　旅行社须在国家旅游局指定的范围内,选择一家银行(含其银行分支机构)存储保证金。保证金实行专户管理,专款专用。银行为旅行社开设保证金专用账户。当专用账户资金额度不足时,旅行社可对不足部分申请银行担保,但担保条件须符合银行要求。

第五条　银行本着服务客户的原则受理旅行社的保证金存储业务,按期办理保证金的存款、取款和支付手续,不得为不符合担保条件的旅行社提供担保。

第六条　旅行社要按照《旅行社条例》的规定,到指定银行办理存款、取款和支付手续。

第二章　存　款

第七条　旅行社需要存缴保证金时,须持《营业执照》副本、《旅行社业务经营许可证》副本到银行办理存款手续。存缴保证金的旅行社须与银行签订《旅行社质量保证金存款协议书》(附件一),并将复印件送许可的旅游行政管理部门备案。

第八条　为最大限度提高资金效益、简化续存手续,银行按照不少于一年定期、到期自动结息转存方式管理保证金,中途提取部分改按活期结算利息。利息收入全部归旅行社所有。

第九条　为防止保证金存单质押,银行应在存单上注明"专用存款不得质押"字样。

第十条　银行提供保证金担保的,由银行向许可的旅游行政管理部门出具《旅行社质量保证金银行担保函》(附件二)。银行担保期限不得少于一年。担保期届满前 3 个工作日内,应续办担保手续。

第三章　取　款

第十一条　旅行社因解散或破产清算、业务变更或撤减分社减交、三年内未因侵害旅游者合法权益受到行政机关罚款以上处罚而降低保证金数额 50% 等原因,需要支取保证金时,须向许可的旅游行政管理部门提出,许可的旅游行政管理部门审核出具《旅行社质量保证金取款通知书》(附件三)。银行根据《旅行社质量保证金取款通知书》,将相应数额的保证金退还给旅行社。

第十二条　发生《旅行社条例》第十五条规定的情形,银行应根据旅游行政管理部门出具的《旅行社质量保证金取款通知书》及《旅游行政管理部门划拨旅行社质量保证金决定书》,经与旅游行政管理部门核实无误后,在 5 个工作日内将保证金以现金或转账方式直接向旅游者支付。

第十三条　发生《旅行社条例》第十六条规定的情形,银行根据人民法院判决、裁定及其他生效法律文书执行。

第十四条　提供保证金担保的银行,因发生《旅行社条例》第十五条、第十六条规定的情形,在收到《旅行社质量保证金取款通知书》及《旅游行政管理部门划拨旅行社质量保证金决定书》或人民法院判决、裁定及其他生效法律文书 5 个工作日内,履行担保责任。

第四章　附　　则

第十五条　银行应及时和定期通报保证金情况信息,具体通报内容和方式如下:

(一)当旅游行政管理部门、人民法院依据《旅行社条例》规定,划拨保证金后 3 个工作日内,将划拨单位、划拨数额、划拨依据文书等情况,通报给旅行社和许可的旅游行政管理部门。

(二)银行应每季度将保证金存款对账单一式两份,发送给旅行社和许可的旅游行政管理部门。

第十六条　本办法自发布之日起实行,原《旅行社质量保证金财务管理暂行办法》及其补充规定同时废止。

任务二　旅行社组团业务核算

【任务描述】

学校所在地旅行社与企业之间成本结算的方式有哪些? 有何利弊? 请模拟旅行社进行组团业务的核算,认真填写账目与表格。

【任务分析】

随着国际旅游业的快速发展和国内旅游业的高速增长,组团社在旅行社中的作用日益突出,组团业务能够为旅行社带来明显的经济效益,所以旅行社应高度重视。组团业务的核算主要包括审核报价、核算组团收入和组团成本。

【相关知识与技能】

一、组团业务核算

组团业务核算主要包括审核报价、组团收入核算和组团成本核算 3 项内容。

(一)审核报价

审核旅行社销售人员的对外报价,是组团业务核算的重要步骤。财务部门根据旅游团(者)的旅游活动内容、旅游团队的性质及其旅游时间,对销售人员填制的报价单进行审核。审核的内容主要是报价的淡季、旺季价格是否正确;报价单上的各项价格是否准确、全面;报价在时间上、空间上是否一致等。目前很多旅行社审核报价的的权利已经下放给部门负责人,由部门经理对业务人员的对外组团报价进行审核。审核内容见表 7-1。

表 7-1 旅游团日程及报价单

旅游团号： 旅游人数： 价格等级： 报价日期：

日期	综合服务费	城市间交通费	各地房费	各地餐费	各地超公里费	各地门票费	其他	合计
1								
2								
3								
4								
合计								
备注								

部门： 负责人： 财务核算： 填表人：

（二）组团收入核算

组团社通过招徕旅游团（者）和组织旅游团（者）进行旅游所获得的收入，称为组团营业收入。这种营业收入主要由综合服务费、房费、城市间交通费和专项附加费构成。组团社分为旅游客源地组团社和旅游目的地组团社。二者组团收入来源不同。

旅游客源地组团社的组团收入主要来旅游者及某些部门或企业。旅行社在接受旅游者的旅游要求时，必须坚持"先收费、后接待"的原则。要求旅游者在出发前的规定时间内交付全部旅游费用，否则取消其参加旅游团的资格。这是因为，客源地的旅行社是在同旅游者个人打交道，对其无任何约束能力。如果不这样做有可能会因旅游者拖欠费用给旅行社造成经济损失。

旅游目的地组团社的情况则不同，它是在同客源产生地组团社做生意，由于旅游市场竞争十分激烈，在这种市场条件下，如果目的地组团社坚持要求对方遵守"先收费，后接待"的原则，可能会使这家旅行社丧失部分甚至全部客源，造成重大的经济损失。因此，旅游目的地的地组团社在同旅游客源地组团社合作时，可以允许其在旅游团的旅游活动结束后再付款。

无论是旅游客源地组团旅行社，还是旅游目的地组团旅行社，在核算组团收入时，都应该根据与旅游者或旅游客源地组团旅行社达成的旅游协议，认真审核其所付的旅游费用或付款承诺。

（三）组团成本核算

组团成本核算是考核旅行社在组团经营活动过程中的成本支出，从中发现不合理的支出，并采取切实的措施予以纠正，以达到降低成本和增加企业经济效益的目的。组团成本中，绝大部分是为旅行社从各旅游服务供应部门采购服务的费用，亦称为营业成本。旅行社在核算其组团成本时，核算重点为所采购的旅游服务是否按照采购合同双方同意的价格进行结算。为了便于操作，在实际工作中，旅行社往往采用下面的方法来计算其直接成本。

营业成本＝营业收入－毛利

毛利＝旅游团（者）的人数×停留天数×人天计划毛利

旅行社在核算组团成本时,还应该根据接待计划和全程陪同填写的各地支出情况,预先逐团列出,待各地接社将结算单寄到后,再分别列入各结算单位的结算账户。旅行社的组团成本主要由组团外联成本、小包价成本、劳务成本和其他服务成本构成。

二、组团业务结算

旅行社和其他旅游服务供应部门之间的结算,一般根据旅行社与它们事先达成的协议进行,内容比较简单,按相关规定执行即可。这里主要介绍旅行社之间的费用结算业务,结算的内容包括综合服务费、房费、城市间交通费、门票费和专项附加费。

1. 综合服务费

综合服务费是指为旅游团(者)提供综合服务所收的综合服务收入,包括翻译导游费、餐饮费、市内交通费、全程陪同费、组团费、其他费用,综合服务费的计算公式为:

综合服务费＝人天综合服务费×实际接待天数×实际接待旅游者人数

人天综合服务费由于不同地区、不同性质、不同季节的人均服务费的标准是不同的,所以应按各地实际标准执行。

实际接待天数:现行的制度规定出入境之日接首位合算一天半计价。旅游团日程跨年度的,则按所在季节的天数分别计算;如一天跨两个城市,并且两地的综合服务费标准不同,则各按一天计算。若对方同意简化计算方法,则所有天数均按价格标准较高的年度、季节、城市计算。

实际接待旅游者人数:当旅游团内成年旅游者的人数达到 16 人时,应免收 1 人的综合服务费;12 周岁(含 12 周岁)以上的儿童,应按照成年旅游者标准收取综合服务费;2～12 周岁(不含 12 周岁)的儿童,应按成年旅游者标准的 50% 收取综合服务费;2 周岁以下的儿童在未发生费用的情况下,不收取综合服务费,如果发生服务费用,由携带儿童的旅游者支付。

2. 房费

旅游者的住房有组团社代订、委托接待团社安排、旅游者自订三种类型。一般是由接待团社安排,订房时客人要求预订高、中、低档饭店时,按双人间计收,如住单人间加收差价。房费中不包括计时差费用,旅游团应在离开饭店的当天 12 时前退房,如客人要求12 时以后退房,差价现付。房费收入的计算公式为:

房费 ＝ 房价 × 过夜数 × 间数

3. 城市间交通费

城市间交通费按行程的机、车、船票类别和交通部门的有关规定收费。

4. 门票费

门票费按各地景区、景点的现行实际价格收费。

5. 专项附加费

专项附加费主要内容包括风味餐费用、超公里费、旅游费、特殊游览点门票费、文娱费、专利活动费、保险费和其他费用。按接待计划要求及其有关规定标准收费。

【案例 7-1】

旅行社收款实践操作

在企业经营过程中,没有什么工作比催收欠款这项工作更难的了。某家旅行社由于数年来接待量上一直上不去,非常着急,他们采取了最轻松、简单的销售方法:先垫付团款、做团后结账的方式来参与竞争。他们对于合同缺少常识,认为一纸传真就算合同了,大部分业务是第一年的欠款在第一年年底仅付 50%,余下的由对方第二年继续拖欠,待第二年 5 月底,过了黄金周,才结清上一年的 50% 的赊欠款余额。这样就成了一年套一年的连环套,只要哪天组团社不愿合作了,那公司就有半年的拖欠团款别想收回来。

有的地接社还遇到了为了不付团款,客人和组团社串通一起,在出发之前就商议如何挑地接社的毛病,并且一路有自家摄像机跟踪拍摄,证据确凿,地接社只能自己有苦难言。

对于旅行社催款要进行有计划的组织。

1. 培训

在对企业进行全面了解后,旅行社应将所有外联人员、财务经理、副总经理、总经理组织起来学习一周,授课的主要内容如下。

(1)催款要有正确的心态:在催款中学习掌握常用的方式和语言。

(2)聘请律师:请律师为大家讲解相应的民法、合同法的知识。使大家懂得法律的基本常识,避免错误。

(3)针对重点欠款户:要想方设法摸清欠款人历史、信誉、目前企业运转状况,补好以前证据不足和对公司不利的"漏子"。

(4)制订计划:对债务进行管理,分清重点、难点,对每笔债务进行事前规划。每个催款人员须与公司保持协调、配合,对可能出现的意外问题及时处理。

2. 计划设施

培训到位后,就开始进行第二步——"计划实施"。

(1)定目标、定催款计划和期限。

(2)制定催款制度:催款与基本工资等收入挂钩的分配奖励制度。

(3)定催款纪律,不该对外说的绝对不说。

(4)商议对"特殊"户采取"特殊"处理的方案。

【案例 7-2】

旅行社团款纠纷

2004 年 10 月某日,云南 A 旅行社一旅游团因与地接社西安市 B 旅行社团款纠纷问题,在西安市延误近 4 小时行程。具体情况是:云南 A 旅行社 18 人的旅游团进行"西安—延安—壶口—乾陵六日游"。游完西安后,因旅游者对"旅游车窗、门松动"不满意,要求换车和换地接社。云南 A 旅行社的导游在未征得地接社(西安市旅游局)同意的情况下,将地接社改换为陕西省 C 旅行社。西安市 B 旅行社认为云南 A 旅行社擅自单方毁约,要求云南 A 旅行社付清垫付款和损失费方可转团,在协商未达成一致的情况下,担心收不到团款,于是当天夜里派人到酒店向客人收取该社已垫付的团费,引起旅游者不满,遭到拒绝。经过全国假日办和云南省假日办值班人员的反复协调，云南 A 社支付给西安市 B 社部分团款 1.6 万元，西安市 B 旅行社在尚未结清所垫团款的情况下，考虑到旅游者利益，同意变更地接社，并提供了预订的返程机票，使团队顺利返昆。

三、结算付款方式

旅行社之间结算业务多采用汇付方式进行，现在也有旅行社直接采用现金进行结算。汇付方式包括电汇、信汇和汇票三种类型。

1. 电汇

电汇是指组团社要求其开户行用电传给地接社所在地的开户银行指示解付一定金额给地接社的付款方式，是我国旅行社目前经常使用的一种汇款方式。

2. 信汇

信汇是指组团社要求其开户银行将信汇委托书寄往地接社的开户银行，授权解付一定金额给地接社的汇款方式。现在，我国旅行社很少使用这种汇款方式。

3. 汇票

汇票是指组团社要求其开户银行，代其开立以地接社所在地开户银行为解付行的银行即期汇票，支付一定金额给地接社的汇款方式。

任务三　旅行社接团业务核算

【任务描述】

旅行社接待一个 20 人的团队来本市进行两日游。你将如何对此项业务进行核算？

【任务分析】

组织旅游者旅游是旅行社的一项经营性业务，而接待旅游者进入本地区旅游是旅行社的另一项重要业务，接待业务的营业收入是许多旅行社的重要利润来源之一，对于以接待为重要业务的旅行社更是如此。旅行社接待业务核算包括审核结算通知单、接待收入核算、成本费用核算等。

【相关知识与技能】

一、接团业务的核算

（一）审核结算通知单

结算通知单是地接社向组团社收取接待费用的凭证，由旅游团的全陪填写并由地接社的地陪签字。如果旅游团没有配备全陪,则由接待该旅游团的地陪负责填写结算通知单。结算通知单转交给财务部门后,由财务部门根据接待计划、变更通知等有关文件,对结算通知单的内容进行逐项审核。

结算通知单的审核内容如下:

(1) 组团社名称、计划号码、旅游者人数、等级、抵离时间、活动项目、计价标准等与接待计划和变更通知是否相符。

(2) 各项成本费用的计算是否正确,填写项目是否齐全。

(3) 责任是否清楚,有无陪同人员的签字确认。

(二) 接待业务收入核算

接待业务收入主要由综合服务费、房费、餐费、城市间交通费和专项附加费构成。地接社在计算接待收入时,应根据与组团社已经确定的结算方法,计算出因接待组团社委托接待的旅游者应得到的综合服务费收入及其他各项收入。地接社在计算各项费用时,应注意旅游团所属的等级和接待的季节,以避免出现金额计算差错。

(三) 成本费用核算

地接社在审核营业成本时应遵循会计核算原则中的收入与支出的"配比原则"。

配比原则是指营业收入与其相对应的成本、费用应当相互配合的原则。它要求在会计核算中,一个会计期间的各项收入与相关联的成本、费用在同一会计期间内进行确认、计算,以便计算企业的经营成果。

结算中应认真进行成本费用核算,严格审核应付给饭店、餐馆、汽车公司、旅游景点等的款项,做到"分团核算、一团一清"。地接社可根据自身业务的特点,采用单团成本核算或批量成本核算等方法。

二、接团业务的结算

旅行社的接团业务一般以包价(包括全包价、半包价、小包价)旅游团为主。我国境内包价旅游团的费用的基本构成大致相同,主要由综合服务费、房费、餐费和其他费用四个部分组成。

(一) 综合服务费

1. 审核结算内容

按照旅游计划和陪同该旅游团(者)地导游员所填写的结算通知书,对所需结算的各项费用进行认真审查。旅行社之间结算所涉及的综合服务费包括市内交通费、地方导游费、接待手续费和接待宣传费等。其结算的方法是:

综合服务费 = 实际接待旅游者人数 × 实际接待天数 × 人天综合服务费

2. 结算方式

旅游者在本地停留时间满 24 小时的,按 1 天的综合服务费结算。对于在一地停留时间不满 24 小时的天数,不同的旅行社对其综合服务费的收取比例和结算方法是不同的。

目前,我国旅行社主要采用的结算方式如下:

(1)中国国际旅行社(以下简称国旅)系统。国旅系统采用的是按旅游者用餐地点划分综合服务费结算比例进行结算。具体做法见表7-2。

表7-2 国旅系统结算方法

地　　点	综合服务费(扣除餐费)比例
用早餐(7:00)地点	33%
用午餐(12:00)地点	34%
用晚餐(18:00)地点	33%

(2)中国旅行社(以下简称中旅)系统。中旅系统采用的是按抵离时间分段划分综合服务费结算比例进行结算,具体做法见表7-3。

表7-3 中旅系统结算方法

抵达当地时间	收取比例	离开当地时间	收取比例
0:01~9:00	100%	0:01~9:00	20%
9:01~11:00	85%	9:01~11:00	30%
11:00~13:30	70%	11:01~13:30	60%
13:31~17:00	45%	13:31~17:00	80%
17:01~19:30	35%	17:01~19:30	100%
19:31~24:00	15%		

(3)中国青年旅行社(以下简称青旅)系统。青旅系统采用的是按照旅游者停留时间划分综合服务费的结算方式。具体做法见表7-4。

表7-4 青旅系统结算方法

停留时间	综合服务费(扣除餐费)	停留时间	综合服务费(扣除餐费)
4小时之内	按10小时结算	11~18小时	按18小时结算
4~10小时	按15小时结算	18小时以上	按实际停留小时结算

注:去外地一日游当天返回原地的按16小时结算。

(二)房费

房费分自订房房费和代订房房费两种,自订房房费由订房单位或旅游者本人直接向饭店结算,代订房房费由地接社结算。在实际经营中,旅行社一般为旅游团队安排双人房间。有时,旅游团队因人数或性别原因可能出现自然单间。例如,某旅游团队共有29名旅游者,共需15间客房,而非14间客房;又如,某旅游团队共有24名旅游者,其中13名男性,需要13间客房而非12间客房(除非有一对夫妇)。由此而产生的房费差额,可根据事先达成的协议,由组团社或地接社调剂。

旅行社应按照饭店的规定,在旅游团队(者)离开本地当天12时以前办理退房手续。凡因地接社退房延误造成的损失由地接社承担,如果旅游者要求延迟退房,则由旅游者直接向饭店现付房差费用。

（三）餐费

餐费的结算有两种形式,一种是将餐费纳入综合服务费一起结算;另一种将餐费单独根据用餐人数、次数和用餐标准结算。在目前旅行社的经营中,更多采用的是按天计算。公式如下:

$$餐费 = 用餐人数 \times 用餐次数 \times 用餐标准$$

（四）其他费用

其他费用包括城市间交通费、门票费和专项附加费。在结算这些费用时,应根据双方事先达成的协议及有关的旅游服务供应企业和单位的收费标准处理。

三、特殊情况的结算业务

旅行社在组团或接待过程中往往会遇到一些特殊情况,并相应地反映到会计核算中,旅行社应根据不同的情况分别加以妥善处理。

（一）跨季节的结算

我国的旅行社,多以每年的12月至下年的3月底作为旅游淡季,其余月份为旅游旺季。旅游者在一地的停留时间恰逢旅游淡季与旺季交替时,旅行社应按照旅游者在该地实际停留日期的季节价格标准,分段结算。

【例7-1】 某旅游团一行14人于2011年3月29日下午16:05抵达A城旅游,并于4月1日8:33离开该城前往B景区。该旅行社淡季团体包价旅游的综合服务标准为85元,旺季综合服务费为95元,那么,A城的接待旅行社应收取的综合服务费为:

$$85 \times (1 + 33\%) + 95 \times (1 + 33\%) = 239.40(元)$$

（二）等级变化的结算

1. 因分团活动导致等级变化

旅游团在成行后,因某种特殊原因要求分团活动,并因此导致旅游团等级发生变化时,应按分团后的等级收费和结算。结算的方式有两种,一种是由旅游者现付分团后新等级费用标准和原等级费用标准之间的差额;另一种是地接社征得组团旅行社同意后按新等级标准向组团旅行社结算。

2. 因部分旅游者中途退团造成等级变化

参加团体包价旅游的旅游者,在旅行途中因特殊原因退团,造成旅游团队组团人数不足10人而发生等级变化时,原则上仍按旅游团的人数和等级标准收费和结算,退团后的旅游者,离团后的费用由旅游者自理。

3. 晚间抵达或清晨离开的旅游团队结算

包价旅游团队在晚餐后抵达或早餐后离开某地时,地接社按照人数和等级标准向组团社结算接送费用。其计算公式为:

接送费用 ＝ 人数×计价标准

　　【例 7-2】　B 市的一家旅行社接待一个新加坡的旅游团,成员为 16 人,于 2011 年 8 月 12 日晚 21:30 抵达该市机场,旅游团在本市游览 1 天后,于 8 月 14 日地清晨 5:25 未用早餐即乘飞机离开本市前往其他城市。该旅游团的综合服务费为每人天 120 元,这家旅行社应收取的综合服务费和接送费用公式计算如下:

$$(120 元×16 人)＋(5 元×2 天×16 人) ＝ 2040 元$$

【阅读资料】

如何看待旅行社欠款

　　不管是组团还是接团,都不主张欠款,组团社收了客人的钱,为什么还要拖欠对方地接社的款呢? 不恶意欠别人的款,这是企业信誉的表现。作为地接社,也应要求组团社不能欠他们的款,这是基本原则。

　　上次在北京举行的一次旅行社管理论坛上,就旅行社之间三角债的问题,对 60 位全国各地的总经理作了一个调查,企业每年被拖欠款在 5 万元以上,竟然达到了 80%。许多企业为了回收团款,所付出的费用甚至比应得的利润还要多! 可以设想,继续采取这种先垫团款的方式,后果将是赢利虚化,最终使企业陷入难以自拔的"沼泽地"。

　　以下理念需要企业领导者深刻认识。

　　第一,垫付团款是一种缺乏自信心的短期行为。

　　要实现企业的最大利益,必须首先为用户创造更多的价值,在帮助用户获得利益的过程中,企业也必然会得到发展。企业竞争的手段有很多种,有依托品牌取胜的、有以垄断资源取胜的,有以新产品取胜的,也有以规模经济、靠价格战取胜的。之所以为别人垫付,乃是因为没有其他可竞争的手段。

　　第二,不搞垫团款的行为时是一把"筛子",期望筛选到优秀的合作伙伴。

　　急于求成往往会留下很多隐患。不少企业大搞垫付团款行为,甚至把利润降到了零,使得一些组团社的不合理的期望值固定了下来。这种短期行为最终将一害客人,二害自己。真正有眼光的合作商会看重企业的实力、信誉和文化,注重的是接待质量、产品开发、服务环节等方面。

　　第三,不搞拖欠,可以确保接待质量。

　　如果接待量的上升不是建立在确保接待质量的基础之上,那么接待量越大的企业的危险也就越大,依靠垫付团款所增加的虚假销量背后可能隐藏着大量的呆账、坏账。组团社拖欠地接社的团款,地接社就会在流动资金紧张时拖欠酒店、车队、其他地接社团款,形成"三角债"。一旦被"三角债"套住,不但企业自身的正常经营无法进行,还会给客人造成间接的损失,商誉的损失更是不言自明。企业总经理将不得不为解决这些问题而奔波,本来应该用于抓管理、抓市场的时间与精力被大量耗费,久而久之,就可能将企业拖垮。

【案例 7-3】

地接旅行社怎样防止拖欠团款

很多旅行社在长期开展业务的过程中有了约定俗成的操作模式,比如说通过往来传真对团队进行确认。其实对于组团、地接业务的合作而言,仅仅有往来传真是远远不够的,在合作初期,一份书面的合作协议是至关重要的。

某年广东南×××旅(简称广旅)给四川青旅×××分社(简称青旅)发了几十个团,双方都是往来传真确认,每个月广旅按双方的结算给青旅负责人的个人储蓄卡上汇款。双方合作初期一直没有问题,但从"十一"黄金周到年底,对方以各种借口拖延付款。考虑到以前一直合作不错,青旅方面没有拒绝接团,但到年底催款时,广旅提出了按原来的20%来结算。在和对方交涉的过程中青旅才明白,广旅是吃准了青旅没有办法要回十多万元的欠款,即使是到法院诉讼。原因有三:双方业务合作全部是往来传真;往来确认的签字(很多没有公章)有很多杂七杂八的人;双方的往来款项全部走的是私人账户。青旅在这方面管理的疏漏和法律观念的淡薄导致了这个欠款成为死账。

这个案件说明在业务合作中仅仅有往来传真是不够的,不能保证业务合作的事实以法律形式固定下来。因为传真这类证据的证明效力一直都很有争议,一般情况下,在诉讼中法院不会采信此类证据作为判案的依据。如果没有其他的证据能证明双方业务合作的事实,欠款是很难依法追偿的。

组团地接的合作协议中最重要的条款不是团队如何地接、团款如何结算、违约金如何计算等问题,而是对双方合作的履约方式和履约代表人的确定和争议管辖的约定。

(1)履约方式的确定:把传真作为双方团队确认的主要依据之一,合同中应该有类似这样的表述:"本协议为双方业务合作的原则性约定,具体团队接待单团单议,双方关于团队接待的往来确认传真和结算传真与本协议同样具有法律效力……"

(2)履约代表人的确定:把对方旅行社负责和地接社衔接的相关人员的姓名列明。因为旅行社有时在需要团队确认时无法盖公章,但又必须要确认,这时,履约代表人的签字就相当于公章。这样约定就可以避免有些没有盖章的传真难于认定了。

(3)如果和地接社合作的是某个旅行社的分部或承包部门,一定要在这份合作协议中见到旅行社的公章(或财务章、合同章)和部门章同时出现,这样就可以避免一些非法取得的承包部门的印章进行传真确认的无效性了。

(4)如果可以的话,最好将该合作协议的争议诉讼管辖约定到地接社所在地,如果万一产生纠纷,可以方便法院审理,抑制和克服地方保护主义。合同中如果对方坚决不同意约定由地接社所在地管辖,也可约定原告住所地法院管辖,或者约定合同签订地法院管辖。如果约定成合同签订地法院管辖,应该在合同的不显眼的地方写明"合同签订地是地接社所在地"或者打好合同邮寄给组团社先盖章填日期,然后地接社后盖章填日期,地接社盖章日期要晚于组团社。

这里,我们先不讨论关于"合同履行地"能否把诉讼管辖争取过来的问题,这个问题改天我会专门论述。

(5)关于付款的问题,如果合作双方的款项往来都走公司账户那没有问题,但目前的实际情况是很多的旅行社之间由于各种原因导致往来的款项通过私人的储蓄卡结算,这个时候,一定要在合同中明确约定地接社接受团款一人或几人的储蓄卡的卡号、开户行等相关信息。这一条约定看起来对组团社更有利,或者说对组团社更公平,也可以为欠款诉讼中相关问题的举证带来便利。

最后,合作协议作为地接旅行社的重要防线一定要有原件。

资料来源:http://blog.sina.com.cn/lanbo3268

任务四　旅行社财务报表与财务分析

【任务描述】

作为旅行社的管理人员,要了解旅行社财务状况,看得懂旅行社财务报表。

【任务分析】

财务报表是反映旅行社财务状况和经营成果的书面文件,主要包括资产负债表、损益表和现金流量表。财务报表是财务分析的基础,财务分析就是对旅行社的财务状况和经营成果进行分析和评价,是旅行社一定时期的财务活动的总结。通过财务分析可以及时把握财务状况的变化,迅速发现和解决问题,为决策提供可靠依据。

【相关知识与技能】

一、旅行社财务报表

旅行社的财务报表是反映旅行社财务状况和经营成果的书面文件,主要包括资产负债表、损益表和现金流量表及有关附表。

（一）旅行社资产负债表

资产负债表根据"资产＝负债＋所有者权益"的会计等式,其左方的总计与右方的总计永远相等,始终保持平衡的关系。

资产负债表左方项目包括:流动资产、长期投资、固定资产、无形及递延资产、其他资产。右方项目包括:流动负债、长期负债、所有者权益。

（二）旅行社损益表

旅行社损益表是反映旅行社一定时期内(月度、季度、年度)利润或亏损情况形成的报表。它是了解旅行社经营业绩尤其是获利水平的主要报表。

损益表由主表——损益表;附表——利润分配表和主营业务收支明细表组成。旅行社的一定时期利润的计算公式如下：

经营利润 ＝ 营业收入 － 营业成本 － 营业费用 － 营业税金及附加费用

营业利润 ＝ 经营利润 － 管理费用 － 财务费用

利润总额 ＝ 营业利润 ＋ 投资净收益 ＋ 补贴收入 ＋ 营业外收入
　　　　　 － 营业外支出 ＋ 以前年度损益调整费用

净利润 ＝ 利润总额 － 所得税

（三）旅行社现金流量表

旅行社现金流量表是向旅行社管理者及其他有关单位和部门提供旅行社在一定会计期间内现金和现金等价物流入和流出的信息,以便使他们了解旅行社获取现金和现金等价物的能力,并据此以预测旅行社未来的现金流量。

二、旅行社财务分析

（一）财务分析的基本程序

财务分析的基本程序和步骤如下：

（1）明确财务分析的目的。即确定财务分析的课题,提出分析的目的与要求。财务分析的目的包括：评价偿债能力,营运能力,盈利能力,企业发展趋势,综合财务状况等。不同的分析目的要求有不同的信息和方法。

（2）收集有关信息资料。要根据分析的目的收集有关信息资料,最基本的资料是各种财务报表,另外还需要旅行社业务发展方面的资料及外部的金融、财政、税务等方面的资料。

（3）选择适当的分析方法。要根据分析的目的选择适当的分析方法,常用的方法有比较分析法、比率分析法、趋势分析法、因素分析法及综合分析法。如果进行全面的财务分析,最好综合运用各种方法,以便进行客观全面的分析评价。

（4）发现财务管理中存在的问题。使用特定的方法可以加工计算有关的指标,通过与判别标准对比,可以发现存在的不足。判别标准可以选用经验数据、历史数据、同行业数据或本企业设定数据。如果发现存在重大问题,应找到原因,以便采取对策加以解决。

（5）提出改善财务状况的具体方案。在发现问题的基础上,提出改进方案,选择最佳的方案加以实施,才能最终实现财务管理的目标。

（二）旅行社财务分析方法

旅行社财务的分析方法有很多,采用最为广泛的是比较分析法、比率分析法、趋势分析法、因素分析法和综合分析法。

（1）比较分析法。是将本企业的具有可比性的各种经济指标放在同一基础上进行比较,根据比较的差异揭示企业财务状况的一种方法。它可以从不同角度反映企业财务状况的许多方面,适用于各种财务资料的分析。

（2）比率分析法。具体分为相关指标比率分析法和构成比率分析法。由于具有内在联系,所以计算其相对比率可以反映出企业的财务状况或经营成果。如流动资产和流动负债是两个不同指标,通过计算公式(流动比率＝流动资产/流动负债)来反映企业流动负债情况。构成比率是某项指标的某个组成部分占总体的比重。这种比率在分析成本和各项费用时经常使用,有利于分析各种费用的构成是否合理,找出管理和控制的重点。

（3）趋势分析法。是根据企业各种财务现象在时间上的变化来分析企业发展趋势的一种方法,也称动态分析法。采用这种方法可以揭示企业财务状况和经营情况的变化,分析引起变化的主要原因及变化的趋势,并可预测企业未来的发展前景。

（4）因素分析法。是根据综合指标所固有的因素关系,将由多种因素共同影响的综合指标分解为各个具体因素后,逐个确定因素的变动对综合指标的影响程度的一种财务分析方法。

（5）综合分析法。是运用联系的地点,将营运能力、偿债能力和盈利能力等各个方面的分析纳入一个有机整体之中,全面系统地评价企业的财务状况、经营成果,从而作出正确的判断和评价。

（三）旅行社财务分析评价指标

对旅行社财务状况和经营成果进行分析与评价,需借助多种财务分析的方法,现以比率分析法为例,来分析旅行社的偿债能力、营运能力和获利能力。

1. 偿债能力分析

偿债能力是指旅行社偿还各种到期债务的能力。主要通过流动比率、速动比率、资产负债率三个指标进行分析和评价。

（1）流动比率。流动比率是指流动资产与流动负债的比率。它主要衡量旅行社流动资产在短期债务到期前,可以变为现金用于偿还流动负债的能力。计算公式如下:

$$流动比率 = \frac{流动资产}{流动负债} \times 100\%$$

对债权人来说,此项比率越高越好。比率越高,收回债权越有保障。一般认为流动比率保持2：1为宜,以表明旅行社财务状况的稳定可靠程度。

（2）速动比率。速动比率是指速动资产与流动负债的比率。速动资产是指流动资产减去存货和预付费用后的净额。速动资产主要衡量旅行社流动资产中可以立即用于偿还流动负债的能力。计算公式如下:

$$速动比率 = \frac{速动资产}{流动负债} \times 100\%$$

$$速动资产 = 流动资产 - 存款$$

一般认为速动比率以1：1为好,否则偿债能力就会偏低。不过不同行业的情况不同,不同企业的经营状况也不相同。

（3）资产负债率。资产负债率是负债率总额与资产总额的比率,它是衡量旅行社利用债权人提供资金进行经营活动的能力,也能反映债权人提供贷款的安全程度。计算公式如下:

$$资产负债率 = \frac{负债总额}{资产总额} \times 100\%$$

资产负债率对债权人来说,越低越好。就旅行社的所有者而言,则希望这个比率尽可能高些,但过高又会影响旅游者的筹资能力。因此,旅行社必须在全部资产的盈利率和借入资金成本率两者之间权衡利弊得失。

2. 营运能力分析

营运能力是指通过旅行社生产经营资金周转速度的有关指标所反映出来的旅行社资金利用的效率,以及旅行社经营管理和运用资金的能力。主要包括应收账款周转率、存货周转率和流动资产周转率三个指标。

(1)应收账款周转率。应收账款周转率指旅行社赊销收入净额与平均应收账款余额的比率,它反映旅行社应收账款的流动程度。计算公式如下:

$$应收账款周转率 = \frac{赊销收入净额}{平均应收款平均余额} \times 100\%$$

式中: 赊销收入净额 = 销售收入 - 现销收入 - 销售退回、销售折让与折扣

(2)存货周转率。存货周转率是指旅行社营业成本和平均存货的比率,主要用于衡量旅行社销售能力和分析存货库存情况。计算公式如下:

$$存货周转率 = \frac{营业成本}{平均存货} \times 100\%$$

式中: $$平均存货 = \frac{期初存货 + 期末存货}{2}$$

(3)流动资产周转率。流动资产周转率是旅行社营业收入与流动资产平均额的比率,它反映的是旅行社全部流动资产的利用效率。计算公式如下:

$$流动资产周转率 = \frac{营业收入}{流动资产平均额} \times 100\%$$

式中: $$流动资产平均额 = \frac{期初流动资产 + 期末流动资产}{2}$$

通常情况,上述三项指标值越高,表明旅行社的流动资产周转速度越快,旅行社经营状况越好;反之,表明流动资产的周转速度越慢,旅行社的经营状况就越不理想。

3. 获利能力的分析

获利能力也称盈利能力,是指旅行社通过生产经营活动获取利润的能力。通过对旅行社获利能力及变动因素的分析,可以全面掌握旅行社经营及其素质优劣状况,主要包括资本利润率、营业利润率、成本利润率和毛利率等几个指标。

(1)资本利润率。资本利润率是指旅行社利润总额与资本总额的比率,它是衡量投资者投入旅行社资本的获利能力的主要指标。计算公式如下:

$$资本利润率 = \frac{利润总额}{资本总额} \times 100\%$$

旅行社资本利润率越高(高于同期银行利率),适度举债经营对投资者来说,就越有利;反之,如果资本利润率低于同期引航利率,则过高的负债率会损害投资者的利率。

(2)营业利润率。营业利润率是指旅行社利润总额与营业收入的比率,是衡量旅行社营业收入中盈利水平的主要指标。计算公式如下:

$$营业利润率 = \frac{利润总额}{营业收入} \times 100\%$$

这一比率反映旅行社利润占营业收入净额的比重。该指标越高,说明旅行社通过经营活动,获取利润的能力越强;反之,获利能力就越弱。

(3)成本利润率。成本利润率是指利润总额与成本费用总额的比率,主要用于反映旅行社成本费用与利润的关系。计算公式如下:

$$成本利润率 = \frac{利润总额}{成本费用总额} \times 100\%$$

成本费用水平越低,旅行社赢利水平就越高,因此,成本利润率越高越好。

(4)毛利率。毛利率是指旅行社毛利与营业收入净额的比率。毛利是营业收入总额与营业成本总额的差额。毛利指标表明旅行社在一定时期内每一元营业收入能获取的利润额。计算公式如下:

$$毛利率 = \frac{营业收入总额 - 营业成本总额}{营业收入净额} \times 100\%$$

以上介绍的各项指标都从不同的侧面反映了旅行社的财务状况与经营管理水平。通过对这些指标的分析和评价,可获得有价值的、有效的信息。

三、旅行社财务分析的目的与要求

旅行社的不同利益主体对财务分析目的是不同的,这就要求旅行社向不同的利益主体提供不同的信息资料。旅行社进行财务分析的目的主要表现如下。

(一)满足旅行社企业内部经营管理的需要

满足旅行社企业内部经营管理的需要是旅行社管理人员进行财务分析的重要目的,旅行社各级管理人员为了实现经营目标,完成财务指标所规定的任务,就要及时了解自己管理范围内的资产及负债情况,营业收支情况及其与旅游业务量的重要关系。这样,一方面有利于提高财务管理能力;另一方面可以满足企业管理的需要。

(二)满足企业主管部门对企业进行管理的需要

旅行社的主管部门是各级政府的旅游行业管理机构,为了规范和指导旅行社的经营活动,把握旅游市场发展趋势,为政府进行宏观调控提供依据,各级政府主管部门都要代表政府关心旅行社的经营状况与业绩,财务状况与成果,考查旅行社为社会经济发展所作贡献的情况,对旅行社进行财务分析就是获得相关信息的重要手段。国有旅行社受国家委托经营国有资产,国有资产管理部门将作为国有资产所有者的代表,通过财务报表分析,把握国有资产的保值增值以及盈利情况。

(三)满足投资人获取企业盈利和运营能力信息的需要

投资人将资产投放到企业中,就与企业形成了密切的利益关系,它们需要通过财务报表分析,及时获得企业的一切重要信息,包括旅行社的业务增长与企业盈利能力,企业资金的使用与回报,企业未来发展规划和在旅游市场上的发展潜力等。

（四）满足债权人掌握企业盈利能力和偿债能力的需要

债权人为了让企业还本付息，就要通过财务分析，及时了解旅游企业的盈利能力，资金周转状况，长期、短期的偿债能力，长期债务与短期债务的比例变化以及资产负债状况。

（五）满足企业经营伙伴了解企业资信状况的需要

旅行社要不断地与其他旅游企业发生各种经济联系，进行广泛的合作，让对方通过财务分析尽快了解自己的资信情况和业务能力，是获得信任，愉快合作的必备条件。

旅行社财务分析的基本要求：及时、准确、明确和连续的分析。及时进行财务分析，才能把握财务状况的变化，迅速发现问题，解决问题，发挥财务信息的时效性；准确进行财务分析，才能反映企业的真实情况，为决策提供可靠依据；明确财务分析指标和国策，才能确认成绩或不足，找出具体改进的措施；连续进行财务分析，才能揭示财务状况和财务成果变化的过程和趋势。

思考与练习

1. 什么是旅行社财务管理？它包括哪些内容？
2. 简述旅行社财务分析的方法。
3. 什么是组团业务核算？它包括哪些内容？
4. 什么是接团业务核算？它包括哪些内容？
5. 旅行社财务分析的目的和要求是什么？

附录一　旅游服务基础术语

本标准参考了现有的国家标准、行业标准和有关文件、出版物，以及国际标准化组织（ISO）和世界旅游组织（WTO）的文献，确定了术语的范围、条目和定义。

术语具有专门的含义和用途，而不是辞书中出现的一般性定义。规定旅游服务的基础术语和定义，规范它们在旅游业中的用法是必要的。本标准根据国际服务业、国际旅游业和我国旅游业使用旅游服务基础术语的实际情况，给出了相应的定义。本标准的实施，有助于旅游业的行业管理和旅游企业服务质量体系的构筑。

本标准由全国旅游标准化技术委员会提出，由全国旅游标准化技术委员会归口并解释。

中华人民共和国国家标准（GB/T 16766—1997）
旅游服务基础术语 Basic Terms of Service in Tourism

1. 范围

本标准规定了旅游服务领域中的基础术语和定义。

本标准主要适用于中国旅游业。

2. 引用标准

下列标准所包含的条文，通过在本标准中引用而构成为本标准的条文。本标准出版时，所示版本均为有效。所有标准都会被修订，使用本标准的各方应探讨使用下列标准最新版本的可能性。

GB/T 6583—1994 质量管理和质量保证术语（idt ISO 8402：1994）

GB/T 190042—1994 质量管理和质量体系要素

3. 旅游服务需求与供给

3.1　旅游服务需方；顾客 business second party of tourist service；customer　旅游产品或服务的接受者。他们可以是最终消费者、购买者、第二方或其他受益者。

3.1.1　旅游者 tourist

为满足物质和精神文化需求进行旅游消费活动的主体，是旅游服务活动的需求者和服务对象。

3.1.2　旅游散客 independent traveler

自行安排旅游行程，零星现付各项旅游费用的旅游消费者。

3.1.3　旅游团队 tour group

通过旅行社或旅游服务中介机构，采取支付综合包价或部分包价的方式，有组织按预订行程计划进行旅游消费活动的旅游者群体。

3.2 旅游服务供方 service supplier in tourism

向需求方提供旅游产品或服务的组织。

3.2.1 旅游服务组织 service organization in tourism

无论联营或独营、公营或私营的,具有自身旅游服务职能和旅游服务管理机构的公司、社团、商所、企业或组合体,或它们的一部分。

3.2.2 旅游服务企业 enterprise of service in tourism

以资金、场地、设备、技术和劳务为生产要素,为旅游消费者提供产品或服务的经营实体。

3.2.3 旅游定点企业 designated tourism enterprises

经国家或省、自治区、直辖市旅游主管部门认定,或由其会同相关行业主管部门认定,有条件为海内外旅游者提供定向产品或专门服务的企业。

3.2.4 旅游服务特性 characteristics of service in tourism

显示旅游服务质量的征象和标志。它包括:

a) 可以观察到的和须经需方评价的特性;

b) 顾客不能经常观察到的但又直接影响服务质量的特性。

3.2.5 旅游服务提供 service delivery in tourism

提供某项旅游服务所必需的供方活动。

3.2.6 旅游服务等级 service grade in tourism

对功能用途相同的旅游产品或服务,按照适应于不同需要的特性而进行分类或分级的标识。

3.2.6.1 星级 star

用特定的星形符号及其数量表示旅游服务设施等级的方式。

3.2.6.2 星级评定 star-rating

由国家或省、自治区、直辖市旅游行政主管部门按照相应的星级标准对旅游设施、产品或服务进行的等级确定。

3.3 旅游服务产品 product of service in tourism

由实物和服务综合构成的,向旅游者销售的旅游项目。其特征是服务成为产品构成的主体,其具体展示主要有线路、活动和食宿。旅游者可以购买整体产品(如综合包价旅游),也可以购买某一单项旅游产品(如航班座位、饭店客房)。

3.3.1 观光旅游 sightseeing tour

以参观、欣赏自然景观和民俗风情为主要目的和游览内容的旅游消费活动。

3.3.2 度假旅游 vacation tour

以度假和休闲为主要目的和内容的一种旅游消费活动。

3.3.3 专项旅游 specific tour

为社会、经济、文化、科研、修学、宗教、保健等某一专门目的而进行的旅游活动。

3.3.4 会议旅游 convention tour

由跨国界或跨地域的人员参加的,以组织、参加会议为主要目的,并提供参观游览服务的一种旅游活动。

3.3.5 奖励旅游 incentive travel

由企业或社会团体提供费用，以奖励为目的的一种旅游活动。

3.3.6 特种旅游 special interest tour

由旅游行政主管部门和相关主管部门专门批准，并进行总体协调的具有竞技性和强烈个人体验的旅游活动。一般需要提前申报计划。如探险、狩猎、潜水、登山、汽车拉力赛及洲际、跨国汽车旅行等。

4. 旅游服务要素

为使旅游者旅程顺利，获得参观游览的满意效果，由各类旅游企业提供的交通、游览、住宿、餐饮、购物、娱乐等方面的基本服务内容。

4.1 旅行社 travel service；travel agency

依法设立并具有法人资格，主要从事招徕、接待旅游者，组织旅游活动，实行独立核算的企业。

4.1.1 导游人员 tour guide

持有中华人民共和国导游资格证书和导游证，受旅行社委派，按照接待计划，从事陪同旅游团(者)参观、游览等事务的工作人员。

4.1.2 海外领队 overseas escort

受海外旅行社委派，全权代表该旅行社带领旅游团从事旅游活动的工作人员。

4.2 旅游交通 tourist communications

为旅游者在旅游过程中提供运输工具及其配套的服务系统。

4.2.1 旅游汽车 tourist automobile

为旅游团队(者)提供的、一般需要预订的客运汽车。

4.2.2 旅游船 cruise ship

有 24 小时以上(含 24 小时)连续航运能力，以经营接待旅游者为主，并为旅游者提供娱乐、食宿和导游服务的客船。

4.2.3 游览船 sightseeing boat；sightseeing ship

以经营接待旅游者为主，主要为旅游者提供沿途观光、导游讲解等服务的客船。

4.2.4 星级游船 star-rated cruise ship

经国家或省、自治区、直辖市旅游行政主管部门依照有关国家标准和规定进行星级评定，获得星级称号的游船。

4.3 旅游住宿 tourist lodging

旅游过程中为旅游者提供的住宿设施及其服务的总和。

4.3.1 旅游涉外饭店 hotels catering to overseas tourists

经有关行政主管部门批准，允许接待海外来华旅游者的旅游饭店。

4.3.2 星级饭店 star-rated hotel

经国家或省、自治区、直辖市旅游行政主管部门依照有关国家标准和规定进行星级评定，获得星级称号的旅游涉外饭店。

4.3.3 涉外公寓 apartment for aliens

经有关行政主管部门批准，可租售给海外来华人士居住，并提供配套生活服务设施的高级住宅。

4.3.4 星级公寓 star-rated apartment

经国家或省、自治区、直辖市旅游行政部门依照有关国家标准和规定进行星级评定，获得星级称号的涉外公寓。

4.3.5 涉外写字楼 office building for aliens

经有关行政主管部门批准,可供境外组织、企业或办事机构租购的,服务完善、功能配套的办公和生活设施。

4.4 旅游餐饮 tourist catering

旅行游览过程中为旅游者提供的餐饮服务。

4.4.1 旅游定点餐馆 designated tourist restaurant

经旅游行政主管部门批准,并颁发定点标志,推荐作为接待海内外旅游团队的就餐场所。

4.4.2 旅游团队餐 meals for tour group

旅游定点餐馆按照事先与旅行社商定的餐饮价格、餐饮质量和数量等要求,为旅游团队提供的普通正餐,一般不包括团队风味餐。

4.5 游览地 place of sightseeing

旅游者开展游览活动的地理区域。

4.5.1 游览区 sightseeing district

旅游资源比较丰富、集中,具有较高观赏、游览价值,设施比较配套、具有一定接待能力的地理区域。

4.5.2 度假村 holiday resort

具有良好的自然环境和配套的旅游基础设施,集住宿、度假、休闲、游览、娱乐为一体的综合功能区。

4.5.3 游览点 sightseeing spot

具有旅游吸引物与配套服务的游览地点。

4.5.4 参观点 visiting spot

供旅游者了解社会、增长知识、丰富阅历的场所,一般只提供讲解服务。

4.6 旅游购物 touristshopping

旅游者在旅游过程中购买商品的活动,这些商品一般具有纪念、欣赏、保值、馈赠意义或实用价值,主要包括旅游纪念品、旅游工艺品、旅游用品、旅游食品和其他商品五大类。

4.6.1 旅游定点商店 designated tourist shop

经旅游行政主管部门批准,并颁发定点标志,推荐接待海外来华旅游者购物的商店。

4.7 旅游娱乐 tourist recreation

旅游者在旅游过程中享受或参与的各类娱乐活动。

4.7.1 文化类旅游娱乐场所 tourist recreational spot of cultural kind

具有文化观赏性或文化参与性的旅游娱乐场所。如剧场、歌舞厅、卡拉 OK 厅等。

4.7.2 康乐类旅游娱乐场所 tourist recreational spot of health and pleasure kind

拥有游乐、保健和健身设施及配套服务的旅游娱乐场所。如游乐园、健身房、保龄球场等。

5. 旅游服务质量管理

旅游行政主管部门和旅游企业为提高旅游行业的服务质量而制定的质量目标和实现该目标所采取的各种手段。

5.1　服务 service

为满足顾客的需要,供方与顾客接触的活动和供方内部活动所产生的结果。

5.2　旅游服务质量 service quality in tourism

旅游服务活动所能达到规定效果和满足旅游者需求的能力与程度。

5.3　旅游服务规范 service specification in tourism

为达到某一服务标准而采取的以程序化、定量化、制度化为主要内容的科学方法。

5.4　旅游服务质量标准 standards of service quality in tourism

由有关各方协商一致,经国家标准化管理部门或旅游行政管理部门批准,按照特定形式发布,对旅游服务质量应达到的数量和质量要求所作的统一规定,作为旅游服务的供方共同遵守的准则。

5.5　旅游服务质量评定 evaluation of service quality in tourism

由旅游行政主管部门组织旅游者、专职质量评定人员和有关专家,按照旅游服务质量标准的要求,对旅游企业服务质量进行的综合评估。

5.6　旅游服务质量认证 validation of service quality in tourism

旅游行政主管部门根据旅游服务质量标准,对符合要求的旅游服务企业进行资格认证,并颁发相应的质量认证书的活动。

5.7　旅游安全管理 management of tourist safety

旅游行政主管部门采取各种有效措施,保护旅游者在游览参观过程中的人身财产安全的活动。如制定的落实安全制度、检查安全设施及对事故的处理等。

5.8　旅游投诉管理 handling of tourist complaint

旅游行政主管部门对旅游投诉的受理和处理行为。

5.8.1　旅游投诉 tourist complaint

旅游者向旅游行政管理部门提出的对旅游服务质量不满意的口头或书面上的表示。

5.8.2　旅游投诉理赔 settlement of tourist complaint

旅游行政主管部门对旅游投诉的处理过程及作出责任方的赔偿裁定。

附录二 导游服务质量

本标准对导游服务质量提出了要求,并规定了涉及导游服务过程中的若干问题的处理原则,其目的是为了保障和提高导游服务的质量,促进中国旅游事业的发展。

本标准的技术要求借鉴了旅游行业导游服务的几十年实践工作经验、国家和部分企业的有关规章制度与导游工作规范,并参照了国外的相关资料。

本标准由国家旅游局提出。

本标准由全国旅游标准化技术委员会归口并负责解释。

中华人民共和国国家标准(GB/T 15971—1995)
导游服务质量 Quality of Tour-guide Service

1. 范围

本标准规定了导游服务的质量要求,提出了导游服务过程中若干问题的处理原则。

本标准适用于各类旅行社接待旅游者过程中提供的导游服务。

2. 定义

2.1 旅行社 travel service

依法设立并具有法人资格,从事招徕、接待旅行者,组织旅游活动,实行独立核算的企业。

2.2 组团旅行社(简称组团社)domestic tour wholesaler

接受旅游团(者)或海外旅行社预订,制订和下达接待计划,并可提供全程陪同导游业务的旅行社。

2.3 接待旅行社(简称接待社)domestic land operator

接受组团社的委托,按照接待计划委派地方陪同导游人员,负责组织安排旅游团(者)在当地参观游览等活动的旅行社。

2.4 领队 tour escort

受海外旅行社委派,全权代表该旅行社带领旅游团从事旅游活动的工作人员。

2.5 导游人员 tour guide

持有中华人民共和国导游资格证书、受旅行社委派、按照接待计划,从事陪同旅游团(者)参观、游览等工作的人员。导游人员包括全程陪同导游人员和地方陪同导游人员。

2.5.1 地方陪同导游人员(简称地陪)local guide

受接待旅行社委派,代表接待社,实施接待计划,为旅游团(者)提供当地旅游活动安排、讲解、翻译等服务的导游人员。

2.5.2 全程陪同导游人员(简称全陪)national guide

受组团旅行社委派,作为组团社的代表,在领队和地方陪同导游人员的配合下实施接待计划,为旅游团(者)提供全旅程陪同服务的导游人员。

3. 全陪服务

全陪服务是保证旅游团(者)的各项旅游活动按计划实施,旅行顺畅、安全的重要因素之一。

全陪作为组团社的代表,应自始至终参与旅游团(者)全旅程的活动,负责旅游团(者)移动中各环节的衔接,监督接待计划的实施,协调领队、地陪、司机等旅游接待人员的协作关系。

全陪应严格按照服务规范提供各项服务。

3.1 准备工作要求

准备工作是全陪服务的重要环节之一。

3.1.1 熟悉接待计划

上团前,全陪要认真查阅接待计划及相关资料,了解旅游团(者)的全面情况,注意掌握其重点和特点。

3.1.2 做好物质准备

上团前,全陪要做好必要的物质准备,携带必备的证件和有关资料。

3.1.3 与接待社联络

根据需要,接团的前一天,全陪应同接待社取得联系,互通情况,妥善安排好有关事宜。

3.2 首站(入境站)接团服务要求

首站(入境站)接团服务要使旅游团(者)抵达后能立即得到热情友好的接待,旅游者有宾至如归的感觉。

a) 接团前,全陪应向接待社了解本站接待工作的详细安排情况;

b) 全陪应提前半小时到接站地点迎候旅游团(者);

c) 接到旅游团(者)后,全陪应与领队核实有关情况;

d) 全陪应协助领队向地陪交接行李;

e) 全陪应代表组团社和个人向旅游团(者)致欢迎辞。欢迎辞应包括表示欢迎、自我介绍、表示提供服务的真诚愿望、预祝旅行顺利愉快等内容。

3.3 进住饭店服务要求

进住饭店服务应使旅游团(者)进入饭店后尽快完成住宿登记手续、进住客房、取得行李。为此,全陪应积极主动地协助领队办理旅游团的住店手续,并热情地引导旅游者进入房间,还应协助有关人员随时处理旅游者进住过程中可能出现的问题。

3.4 核对商定日程

全陪应认真与领队核对、商定日程。如遇难以解决的问题,应及时反馈给组团社,并使领队得到及时的答复。

3.5 各站服务要求

全陪各站服务,应使接待计划得以全面顺利实施,各站之间有机衔接,各项服务适时、

到位,保护好旅游者人身及财产的安全,突发事件得到及时有效的处理,为此:

  a)全陪应向地陪通报旅游团的情况,并积极协助地陪工作;

  b)监督各地服务质量,酌情提出改进意见和建议;

  c)出现突发事件按附录 A(标准的附录)的有关原则执行。

3.6 离站服务要求

全陪应提前提醒地陪落实离站的交通票据及准确时间,协助领队和地陪妥善办理离店事宜,认真做好旅游团(者)搭乘交通工具的服务。

3.7 途中服务要求

在向异地移动途中,无论乘坐何种交通工具,全陪应提醒旅游者注意人身和物品的安全;组织好娱乐活动,协助安排好饮食和休息,努力使旅游团(者)的旅行充实、轻松、愉快。

3.8 末站(离境站)服务要求

末站(离境站)的服务是全陪服务中最后的接待环节,要使旅游团(者)顺利离开末站(离境站),并留下良好的印象。

在当次旅行结束时,全陪应提醒旅游者带好自己的物品和证件,征求旅游者对接待工作的意见和建议,对旅途中的合作表示感谢,并欢迎再次光临。

3.9 处理好遗留问题

下团后,全陪应认真处理好旅游团(者)的遗留问题。

全陪应认真、按时填写《全陪日志》或其他旅游行政管理部门(或组团社)所要求的资料。

4. 地陪服务

地陪服务是确保旅游团(者)在当地参观游览活动的顺利,并充分了解和感受参观游览对象的重要因素之一。

地陪应按时做好旅游团(者)在本站的迎送工作;严格按照接待计划,做好旅游团(者)参观游览过程中的导游讲解工作和计划内的食宿、购物、文娱等活动的安排;妥善处理各方面的关系和出现的问题。

地陪应严格按照服务规范提供各项服务。

4.1 准备工作要求

做好准备工作,是地陪提供良好服务的重要前提。

4.1.1 熟悉接待计划

地陪应在旅游团(者)抵达之前认真阅读接待计划和有关资料,详细、准确地了解该旅游团(者)的服务项目和要求,重要事宜做好记录。

4.1.2 落实接待事宜

地陪在旅游团(者)抵达的前一天,应与各有关部门或人员落实、核查旅游团(者)的交通、食宿、行李运输等事宜。

4.1.3 做好物质准备

上团前,地陪应做好必要的物质准备,带好接待计划、导游证、胸卡、导游旗、接站牌、结算凭证等物品。

4.2   接站服务要求

在接站过程中,地陪服务应使旅游团(者)在接站地点得到及时、热情、友好的接待,了解在当地参观游览活动的概况。

4.2.1   旅游团(者)抵达前的服务安排

地陪应在接站出发前确认旅游团(者)所乘交通工具的准确抵达时间。

地陪应提前半小时抵达接站地点,并再次核实旅游团(者)抵达的准确时间。

地陪应在旅游团(者)出站前与行李员取得联络,通知行李员行李送往的地点。地陪应与司机商定车辆停放的位置。

地陪应在旅游团(者)出站前持接站标志,站立在出站口醒目的位置热情迎接旅游者。

4.2.2   旅游团(者)抵达后的服务

旅游团(者)出站后,如旅游团中有领队或全陪,地陪应及时与领队、全陪接洽。

地陪应协助旅游者将行李放在指定位置,与领队、全陪核对行李件数无误后,移交给行李员。

地陪应及时引导旅游者前往乘车处。旅游者上车时,地陪应恭候车门旁。上车后,应协助旅游者就座,礼貌地清点人数。

行车过程中,地陪应向旅游团(者)致欢迎辞并介绍本地概况。欢迎辞内容应包括:

a) 代表所在接待社、本人及司机欢迎旅游者光临本地;

b) 介绍自己的姓名及所属单位;

c) 介绍司机;

d) 表示提供服务的诚挚愿望;

e) 预祝旅游愉快顺利。

4.3   入店服务要求

地陪服务应使旅游者抵达饭店后尽快办理好入店手续,进住房间,取到行李,及时了解饭店的基本情况和住店注意事项,熟悉当天或第二天的活动安排,为此地陪应在抵达饭店的途中向旅游者简单介绍饭店情况及入店、住店的有关注意事项,内容应包括:

a) 饭店名称和位置;

b) 入店手续;

c) 饭店的设施和设备的使用方法;

d) 集合地点及停车地点。

旅游团(者)抵饭店后,地陪应引导旅游者到指定地点办理入店手续。

旅游者进入房间之前,地陪应向旅游者介绍饭店内的就餐形式、地点、时间,并告知有关活动的时间安排。

地陪应等待行李送达饭店,负责核对行李,督促行李员及时将行李送至旅游者房间。地陪在结束当天活动离开饭店之前,应安排好叫早服务。

4.4   核对、商定节目安排

旅游团(者)开始参观游览之前,地陪应与领队、全陪核对、商定本地节目安排,并及时通知到每一位旅游者。

4.5 参观游览过程中的导游、讲解服务要求

参观游览过程中的地陪服务,应努力使旅游团(者)参观游览全过程安全、顺利。应使旅游者详细了解参观游览对象的特色、历史背景等及其他感兴趣的问题。

4.5.1 出发前的服务

出发前,地陪应提前十分钟到达集合地点,并督促司机做好出发前的各项准备工作。

地陪应请旅游者及时上车。上车后,地陪应清点人数,向旅游者报告当日重要新闻、天气情况及当日的活动安排,包括午、晚餐的时间、地点。

4.5.2 抵达景点途中的讲解

在前往景点的途中,地陪应相机向旅游者介绍本地的风土人情、自然景观,回答旅游者提出的问题。

抵达景点前,地陪应向旅游者介绍该景点的简要情况,尤其是景点的历史价值和特色。抵达景点时,地陪应告知在景点停留的时间,以及参观游览结束后集合的时间和地点。地陪还应向旅游者讲明游览过程中的有关注意事项。

4.5.3 景点导游、讲解

抵达景点后,地陪应对景点进行讲解。讲解内容应繁简适度,应包括该景点的历史背景、特色、地位、价值等方面的内容。讲解的语言应生动,富有表现力。

在景点导游的过程中,地陪应保证在计划的时间与费用内,旅游者能充分地游览、观赏,做到讲解与引导游览相结合,适当集中与分散相结合,劳逸适度,并应特别关照老弱病残的旅游者。

在景点导游的过程中,地陪应注意旅游者的安全,要自始至终与旅游者在一起活动,并随时清点人数,以防旅游者走失。

4.6 旅游团(者)就餐时对地陪的服务要求

旅游团(者)就餐时,地陪的服务应包括:

a) 简单介绍餐馆及其菜肴的特色;

b) 引导旅游者到餐厅入座,并介绍餐馆的有关设施;

c) 向旅游者说明酒水的类别;

d) 解答旅游者在用餐过程中的提问,解决出现的问题。

4.7 旅游团(者)购物时对地陪的服务要求

旅游团(者)购物时,地陪应:

a) 向旅游团(者)介绍本地商品的特色;

b) 随时提供旅游者在购物过程中所需要的服务,如翻译、介绍托运手续等。

4.8 旅游团(者)观看文娱节目时对地陪的服务要求

旅游团(者)观看计划内的文娱节目时,地陪的服务应包括:

a) 简单介绍节目内容及其特点;

b) 引导旅游者入座。

在旅游团(者)观看节目过程中,地陪应自始至终坚守岗位。

4.9 结束当日活动时的服务要求

旅游团(者)在结束当日活动时,地陪应询问其对当日活动安排的反映,并宣布次日的

活动行程、出发时间及其他有关事项。

4.10　送站服务要求

旅游团(者)结束本地参观游览活动后,地陪服务应使旅游者顺利、安全离站,遗留问题得到及时妥善的处理。

a) 旅游团(者)离站的前一天,地陪应确认交通票据及离站时间,通知旅游者移交行李和与饭店结账的时间;

b) 离饭店前,地陪应与饭店行李员办好行李交接手续;

c) 地陪应诚恳征求旅游者对接待工作的意见和建议,并祝旅游者旅途愉快;

d) 地陪应将交通和行李票证移交给全陪、领队或旅游者;

e) 地陪应在旅游团(者)所乘交通工具起动后方可离开;

f) 如系旅游团(者)离境,地陪应向其介绍办理出境手续的程序。如系乘机离境,地陪还应提醒或协助领队或旅游者提前72小时确认机座。

4.11　处理好遗留问题

下团后,地陪应认真处理好旅游团(者)的遗留问题。

5. 导游人员的基本素质

为保证导游服务质量,导游人员应具备以下基本素质。

5.1　爱国主义意识

导游人员应具有爱国主义意识,在为旅游者提供热情有效服务的同时,要维护国家的利益和民族的自尊。

5.2　法规意识和职业道德

5.2.1　遵纪守法

导游人员应认真学习并模范遵守有关法律及规章制度。

5.2.2　遵守公德

导游人员应讲文明,模范遵守社会公德。

5.2.3　尽职敬业

导游人员应热爱本职工作,不断检查和改进自己的工作,努力提高服务水平。

5.2.4　维护旅游者的合法权益

导游人员应有较高的职业道德,认真完成旅游接待计划所规定的各项任务,维护旅游者的合法权益。对旅游者所提出的计划外的合理要求,经主管部门同意,在条件允许的情况下应尽力予以满足。

5.3　业务水平

5.3.1　能力

导游人员应具备较强的组织、协调、应变等办事能力。

无论是外语、普通话、地方语和少数民族语言导游人员,都应做到语言准确、生动、形象、富有表现力,同时注意使用礼貌用语。

5.3.2　知识

导游人员应有较广泛的基本知识,尤其是政治、经济、历史、地理以及国情、风土习俗等方面的知识。

5.4 仪容仪表

导游人员应穿工作服或指定的服装,服装要整洁、得体。

导游人员应举止大方、端庄、稳重,表情自然、诚恳、和蔼,努力克服不合礼仪的生活习惯。

6. 导游服务质量的监督与检查

各旅行社应建立、健全导游服务质量的检查机构,依据本标准对导游服务进行监督检查。

旅游行政管理部门依据本标准检查导游服务质量,受理旅游者对导游服务质量的投诉。

若干问题处理原则

A1 路线或日程变更

A1.1 旅游团(者)要求变更计划行程

旅游过程中,旅游团(者)提出变更路线或日程的要求时,导游人员原则上应按合同执行,特殊情况报组团社。

A1.2 客观原因需要变更计划行程

旅游过程中,因客观原因需要变更路线或日程时,导游人员应向旅游团(者)做好解释工作,及时将旅游团(者)的意见反馈给组团社和接待社,并根据组团社或接待社的安排做好工作。

A2 丢失证件或物品

当旅游者丢失证件或物品时,导游人员应详细了解丢失情况,尽力协助寻找,同时报告组团社或接待社,根据组团社或接待社的安排协助旅游者向有关部门报案,补办必要的手续。

A3 丢失或损坏行李

当旅游者的行李丢失或损坏时,导游人员应详细了解丢失或损坏情况,积极协助查找责任者。当难以找出责任者时,导游人员应尽量协助当事人开具有关证明,以便向投保公司索赔,并视情况向有关部门报告。

A4 旅游者伤病、病危或死亡

A4.1 旅游者伤病

旅游者意外受伤或患病时,导游人员应及时探视,如有需要,导游人员应陪同患者前往医院就诊。严禁导游人员擅自给患者用药。

A4.2 旅游者病危

旅游者病危时,导游人员应立即协同领队或亲友送病人去急救中心或医院抢救,或请医生前来抢救。患者如系某国际急救组织的投保者,导游人员还应提醒领队及时与该组织的代理机构联系。

在抢救过程中,导游人员应要求旅游团的领队或患者亲友在场,并详细地记录患者患病前后的症状及治疗情况。

在抢救过程中,导游人员应随时向当地接待社反映情况;还应提醒领队及时通知患者亲属,如患者系外籍人士,导游人员应提醒领队通知患者所在国驻华使(领)馆;同时妥善安排好旅游团其他旅游者的活动。全陪应继续随团旅行。

A4.3　旅游者死亡

出现旅游者死亡的情况时,导游人员应立即向当地接待社报告,由当地接待社按照国家有关规定做好善后工作,同时导游人员应稳定其他旅游者的情绪,并继续做好旅游团的接待工作。

如系非正常死亡,导游人员应注意保护现场,并及时报告当地有关部门。

A5　其他

如遇上述之外的其他问题,导游人员应在合理与可能的前提下,积极协助有关人员予以妥善处理。

附录三 中华人民共和国公民出境入境管理法实施细则

(1986 年 12 月 3 日国务院批准,1986 年 12 月 26 日公安部、外交部、交通部发布,1994 年 7 月 13 日国务院批准修订,1994 年 7 月 15 日公安部、外交部、交通部发布。)

第一章 总 则

第一条 根据《中华人民共和国公民出境入境管理法》第十九条的规定,制定本实施细则。

第二条 本实施细则适用于中国公民因私事出境、入境。所称"私事",是指:定居、探亲、访友、继承财产、留学、就业、旅游和其他非公务活动。

第二章 出 境

第三条 居住国内的公民因私事出境,须向户口所在地的市、县公安局出入境管理部门提出申请,回答有关的询问并履行下列手续:

(一)交验户口簿或者其他户籍证明;

(二)填写出境申请表;

(三)提交所在工作单位对申请人出境的意见;

(四)提交与出境事由相应的证明。

第四条 本实施细则第三条第四项所称的证明是指:

(一)出境定居,须提交拟定居地亲友同意去定居的证明或者前往国家的定居许可证明;

(二)出境探亲访友,须提交亲友邀请证明;

(三)出境继承财产,须提交有合法继承权的证明;

(四)出境留学,须提交接受学校入学许可证件和必需的经济保证证明;

(五)出境就业,须提交聘请、雇用单位或者雇主的聘请,雇用证明;

(六)出境旅游,须提交旅行所需处汇费用证明。

第五条 市、县公安局对出境申请应当在 30 天内,地处偏僻、交通不便的应当在 60 天内,作出批准或者不批准的决定,通知申请人。

申请人在规定时间没有接到审批结果通知的,有权查询,受理部门应当作出答复;申请人认为不批准出境不符合《中华人民共和国公民出境入境管理法》的,有权向上一级公安机关提出申诉,受理机关应当作出处理和答复。

第六条 居住国内的公民经批准出境的,由公安机关出入境管理部门发给中华人民共和国护照,并附发出境登记卡。

第七条 居住国内的公民办妥前往国家的签证或者入境许可证件后,应当在出境前办理户口手续,出境定居的,须到当地公安派出所或者户籍办公室注销户口。短期出境的,办理临时外出的户口登记,返回后凭执照在原居住地恢复常住户口。

第八条 中国公民回国后再出境,凭有效的中华人民共和国护照或者有效的中华人民共和国旅行证或者其他有效出境入境证件出境。

第三章 入 境

第九条 在境外的中国公民短期回国,凭有效的中华人民共和国护照或者有效的中华人民共和国旅行证或者其他有效入境出境证入境。

第十条 定居国外的中国公民要求回国定居的,应当在入境前向中国驻外国的外交代表机关、领事机关或者外交部授权的其他驻外机关提出申请,也可由本人或者经由国内亲属向拟定居地的市、县公安局提出申请,由省、自治区、直辖市公安厅(局)核发回国定居证明。

第十一条 定居国外的中国公民要求回国工作的,应当向中国劳动、人事部门或者聘请、雇用单位提出申请。

第十二条 定居国外的中国公民回国定居或者回国工作抵达目的地后,应当在 30 天内凭回国定居证明或者经中国劳动、人事部门核准的聘请、雇用证明到当地公安局办理常住户口登记。

第十三条 定居国外的中国公民短期回国,要按照户口的管理规定,办理暂住登记。在宾馆、饭店、旅店、招待所、学校等企业、事业单位或者机关、团体及其他机构内住宿的,就当填写临时住房登记表;住在亲友家的,由本人或者亲友在 24 小时内(农村可在 72 小时内)到住地公安派出所或者户籍办公室办理暂住登记。

第四章 出境入境检查

第十四条 中国公民应当从对外开放的或者指定的口岸出境、入境,向边防检查站出示中华人民共和国护照或者其他出境入境证件,填交出境、入境登记卡,接受检查。

第十五条 有下列情形之一的,边防检查站有权阻止出境、入境:

(一)未持有中华人民共和国护照或者其他出境入境证件的;

(二)持用无效护照或者其他无效出境入境证件的;

(三)持有伪造、涂改的护照、证件或者冒用他人护照、证件的;

(四)拒绝交验证件的。

具有前款第(二)、(三)项规定的情形的,并可依照本实施细则第二十三条的规定处理。

第五章 证 件 管 理

第十六条 中国公民出境入境的主要证件——中华人民共和国护照和中华人民共和国旅行证由持证人保存、使用。除公安机关和原发证机关有权依法吊销、收缴证件以及人民检察院、人民法院有权依法扣留证件外,其他任何机关、团体和企业、事业单位或者个人不得扣留证件。

第十七条　中华人民共和国护照有效期为 5 年,可以延期 2 次,每次不超过 5 年。申请延期应在护照有效期满前提出。在国外,护照延期,由中国驻外国的外交代表机关、领事机关或者外交授权的其他驻外机关办理。在国内,定居国外的中国公民的护照延期,由省、自治区、直辖市公安厅(局)及其授权的公安机关出入境管理部门办理;居住国内的公民在出境前的护照延期,由原发证的或者户口所在的公安机关出入境管理部门办理。

第十八条　中华人民共和国旅行证分 1 年一次有效和 2 年多次有效两种,由中国驻外国的外交代表机关、领事机关或者外交部授权的其他驻外机关颁发。

第十九条　中华人民共和国出境通行证,是出中国国(边)境的通行证件,由省、自治区、直辖市公安厅(局)及其授权的公安机关签发。这种证件在有效期内分为一次或者多次出境有效。一次有效的,在出境时由边防检查站收缴。

第二十条　中华人民共和国护照和其他出境入境证件的持有人,如因情况变化,护照、证件上的记载事项需要变更或者加注时,应当分别向市、县公安局出入境管理部门或者中国驻外国的外交代表机关、领事机关或者外交部授权的其他驻外机关提申请,提交变更、加注事项的证明或者说明材料。

第二十一条　中国公民持有的中华人民共和国护照和其他出境入境证件因即将期满或者签证页用完不能再延长有效期限,或者被损坏不能继续使用的,可以申请换发,同时交回原持有的护照、证件;要求保留原护照的,可以与新护照合订使用。护照、出境入境证件遗失的,应当报告中国主管机关,在登报声明或者挂失声明后申请补发。换发和补发护照、出境入境证件,在国外,由中国驻外国的外交代表机关、领事机关或者外交部授权的其他驻外机关办理;在国内,由省、自治区、直辖市公安厅(局)及授权的公安机关出入境管理部门办理。

第二十二条　中华人民共和国护照和其他出境入境证件的持有人有下列情形之一的,其护照、出境入境证件予以吊销或者宣布作废:

(一) 持证人因非法进入前往国或者非法居留被送回国内的;

(二) 公民持护照、证件招摇撞骗的;

(三) 从事危害国家安全、荣誉和利益的活动的。

护照和其他出境入境证件的吊销和宣布作废,由原发证机关或者其上级机关作出。

第六章　处　　罚

第二十三条　持用伪造、涂改等无效证件或者冒用他人证件出境、入境的,除收缴证件外,处以警告或者 5 日以下拘留;情节严重、构成犯罪的,依照《全国人民代表大会常务委员会关于严惩组织、运送他人偷越国(边)境犯罪的补充规定》确的有关条款的规定追究刑事责任。

第二十四条　伪造、涂改、转让、买卖出境入境证件的,处 10 日以下拘留;情节严重、构成犯罪的,依照《中华人民共和国刑法》和《全国人民代表大会常务委员会关于严惩组织、运送他人偷越国(边)境犯罪的补充规定》的有关条款的规定追究刑事责任。

第二十五条　编造情况,提供假证明,或者以行贿等手段,获取出境入境证件,情节较轻的,处以警告或者 5 日以下拘留;情节严重、构成犯罪的,依照《中华人民共和国刑法》和《全国人民代表大会常务委员会关于严惩组织、运送他人偷越国(边)境犯罪的补充规定》的有关条款的规定追究刑事责任。

第二十六条　公安机关的工作人员在执行《中华人民共和国出境入境管理法》和本实施细则时,如有利用职权索取、收受贿赂或者有其他违法失职行为,情节轻微的,由主管部门酌情予以行政处分;情节严重,构成犯罪的,依照《中华人民共和国刑法》和《全国人民代表大会常务委员会关于严惩组织、运送他人偷越国(边)境犯罪的补充规定》的有关条款的规定追究刑事责任。

第七章　附　　则

第二十七条　中国公民因公务出境和中国海员因执行任务出境管理办法,另行制定。

第二十八条　本实施细则自发布之日起施行。

附录四　中国公民出国旅游管理办法

（2001 年 12 月 12 日国务院第五十次常务会议通过，2002 年 5 月 27 日中华人民共和国国务院 354 号文件发布，2002 年 7 月 1 日起施行）

第一条　为了规范旅行社组织中国公民出国旅游活动，保障出国旅游者和出国旅游经营者的合法权益，制定本办法。

第二条　出国旅游的目的地国家，由国务院旅游行政部门会同国务院有关部门提出，报国务院批准后，由国务院旅游行政部门公布。

任何单位和个人不得组织中国公民到国务院旅游行政部门公布的出国旅游的目的地国家以外的国家旅游；组织中国公民到国务院旅游行政部门公布的出国旅游的目的地国家以外的国家进行涉及体育活动、文化活动等临时性专项旅游的，须经国务院旅游行政部门批准。

第三条　旅行社经营出国旅游业务，应当具备下列条件：

（一）取得国际旅行社资格满 1 年；

（二）经营入境旅游业务有突出业绩；

（三）经营期间无重大违法行为和重大服务质量问题。

第四条　申请经营出国旅游业务的旅行社，应当向省、自治区、直辖市旅游行政部门提出申请。省、自治区、直辖市旅游行政部门应当自受理申请之日起 30 个工作日内，依据本办法第三条规定的条件对申请审查完毕，经审查同意的，报国务院旅游行政部门批准；经审查不同意的，应当书面通知申请人并说明理由。

国务院旅游行政部门批准旅行社经营出国旅游业务，应当符合旅游业发展规划及合理布局的要求。

未经国务院旅游行政部门批准取得出国旅游业务经营资格的，任何单位和个人不得擅自经营或者以商务、考察、培训等方式变相经营出国旅游业务。

第五条　国务院旅游行政部门应当将取得出国旅游业务经营资格的旅行社（以下简称组团社）名单予以公布，并通报国务院有关部门。

第六条　国务院旅游行政部门根据上年度全国入境旅游的业绩、出国旅游目的地的增加情况和出国旅游的发展趋势，在每年的 2 月底以前确定本年度组织出国旅游的人数安排总量，并下达省、自治区、直辖市旅游行政部门。

省、自治区、直辖市旅游行政部门根据本行政区域内各组团社上年度经营入境旅游的业绩、经营能力、服务质量，按照公平、公正、公开的原则，在每年的 3 月底以前核定各组团社本年度组织出国旅游的人数安排。

国务院旅游行政部门应当对省、自治区、直辖市旅游行政部门核定组团社年度出国旅游人数安排及组团社组织公民出国旅游的情况进行监督。

第七条　国务院旅游行政部门统一印制《中国公民出国旅游团队名单表》（以下简称《名单表》），在下达本年度出国旅游人数安排时编号发放给省、自治区、直辖市旅游行政部门，由省、自治区、直辖市旅游行政部门核发给组团社。

组团社应当按照核定的出国旅游人数安排组织出国旅游团队，填写《名单表》。旅游者及领队首次出境或者再次出境，均应当填写在《名单表》中，经审核后的《名单表》不得增添人员。

第八条　《名单表》一式四联，分为：出境边防检查专用联、入境边防检查专用联、旅游行政部门审验专用联、旅行社自留专用联。

组团社应当按照有关规定，在旅游团队出境、入境时及旅游团队入境后，将《名单表》分别交有关部门查验、留存。

出国旅游兑换外汇，由旅游者个人按照国家有关规定办理。

第九条　旅游者持有有效普通护照的，可以直接到组团社办理出国旅游手续；没有有效普通护照的，应当依照《中华人民共和国公民出境入境管理法》的有关规定办理护照后再办理出国旅游手续。

组团社应当为旅游者办理前往国签证等出境手续。

第十条　组团社应当为旅游团队安排专职领队。

领队应当经省、自治区、直辖市旅游行政部门考核合格，取得领队证。

领队在带团时，应当佩戴领队证，并遵守本办法及国务院旅游行政部门的有关规定。

第十一条　旅游团队应当从国家开放口岸整团出入境。

旅游团队出入境时，应当接受边防检查站对护照、签证、《名单表》的查验。经国务院有关部门批准，旅游团队可以到旅游目的地国家按照该国有关规定办理签证或者免签证。

旅游团队出境前已确定分团入境的，组团社应当事先向出入境边防检查总站或者省级公安边防部门备案。

旅游团队出境后因不可抗力或者其他特殊原因确需分团入境的，领队应当及时通知组团社，组团社应当立即向有关出入境边防检查总站或省级公安边防部门备案。

第十二条　组团社应当维护旅游者的合法权益。

组团社向旅游者提供的出国旅游服务信息必须真实可靠，不得作虚假宣传，报价不得低于成本。

第十三条　组团社经营出国旅游业务，应当与旅游者订立书面旅游合同。

旅游合同应当包括旅游起止时间、行程路线、价格、食宿、交通以及违约责任等内容。旅游合同由组团社和旅游者各持一份。

第十四条　组团社应当按照旅游合同约定的条件，为旅游者提供服务。

组团社应当保证所提供的服务符合保障旅游者人身、财产安全的要求；对可能危及旅游者人身安全的情况，应当向旅游者作出真实说明和明确警示，并采取有效措施，防止危害的发生。

第十五条　组团社组织旅游者出国旅游，应当选择在目的地国家依法设立并具有良好信誉的旅行社（以下简称境外接待社），并与之订立书面合同后，方可委托其承担接待工作。

　　第十六条　组团社及其旅游团队领队应当要求境外接待社按照约定的团队活动计划安排旅游活动,并要求其不得组织旅游者参与涉及色情、赌博、毒品内容的活动或者危险性活动,不得擅自改变行程、减少旅游项目,不得强迫或者变相强迫旅游者参加额外付费项目。

　　境外接待社违反组团社及其旅游团队领队根据前款规定提出的要求时,组团社及其旅游团队领队应当予以制止。

　　第十七条　旅游团队领队应当向旅游者介绍旅游目的地国家的相关法律、风俗习惯以及其他有关注意事项,并尊重旅游者的人格尊严、宗教信仰、民族风俗和生活习惯。

　　第十八条　旅游团队领队在带领旅游者旅行、游览过程中,应当就可能危及旅游者人身安全的情况,向旅游者作出真实说明和明确警示,并按照组团社的要求采取有效措施,防止危害的发生。

　　第十九条　旅游团队在境外遇到特殊困难和安全问题时,领队应当及时向组团社和中国驻所在国家使领馆报告;组团社应当及时向旅游行政部门和公安机关报告。

　　第二十条　旅游团队领队不得与境外接待社、导游及为旅游者提供商品或者服务的其他经营者串通欺骗、胁迫旅游者消费,不得向境外接待社、导游及其他为旅游者提供商品或者服务的经营者索要回扣、提成或者收受其财物。

　　第二十一条　旅游者应当遵守旅游目的地国家的法律,尊重当地的风俗习惯,并服从旅游团队领队的统一管理。

　　第二十二条　严禁旅游者在境外滞留不归。

　　旅游者在境外滞留不归的,旅游团队领队应当及时向组团社和中国驻所在国家使领馆报告,组团社应当及时向公安机关和旅游行政部门报告。有关部门处理有关事项时,组团社有义务予以协助。

　　第二十三条　旅游者对组团社或者旅游团队领队违反本办法规定的行为,有权向旅游行政部门投诉。

　　第二十四条　因组团社或者其委托的境外接待社违约,使旅游者合法权益受到损害的,组团社应当依法对旅游者承担赔偿责任。

　　第二十五条　组团社有下列情形之一的,旅游行政部门可以暂停其经营出国旅游业务;情节严重的,取消其出国旅游业务经营资格:

　　(一)入境旅游业绩下降的;

　　(二)因自身原因,在 1 年内未能正常开展出国旅游业务的;

　　(三)因出国旅游服务质量问题被投诉并经查实的;

　　(四)有逃汇、非法套汇行为的;

　　(五)以旅游名义弄虚作假,骗取护照、签证等出入境证件或者送他人出境的;

　　(六)国务院旅游行政部门认定的影响中国公民出国旅游秩序的其他行为。

　　第二十六条　任何单位和个人违反本办法第四条的规定,未经批准擅自经营或者以商务、考察、培训等方式变相经营出国旅游业务的,由旅游行政部门责令停止非法经营,没收违法所得,并处违法所得 2 倍以上 5 倍以下的罚款。

第二十七条 组团社违反本办法第十条的规定,不为旅游团队安排专职领队的,由旅游行政部门责令改正,并处 5000 元以上 2 万元以下的罚款,可以暂停其出国旅游业务经营资格;多次不安排专职领队的,取消其出国旅游业务经营资格。

第二十八条 组团社违反本办法第十二条的规定,向旅游者提供虚假服务信息或者低于成本报价的,由工商行政管理部门依照《中华人民共和国消费者权益保护法》、《中华人民共和国反不正当竞争法》的有关规定给予处罚。

第二十九条 组团社或者旅游团队领队违反本办法第十四条第二款、第十八条的规定,对可能危及人身安全的情况未向旅游者作出真实说明和明确警示,或者未采取防止危害发生的措施的,由旅游行政部门责令改正,给予警告,情节严重的,对组团社暂停其出国旅游业务经营资格,并处 5000 元以上 2 万元以下的罚款,对旅游团队领队可以暂扣直至吊销其领队证;造成人身伤亡事故的,依法追究刑事责任,并承担赔偿责任。

第三十条 组团社或者旅游团队领队违反本办法第十六条的规定,未要求境外接待社不得组织旅游者参与涉及色情、赌博、毒品内容的活动或者危险性活动,未要求其不得擅自改变行程、减少旅游项目、强迫或者变相强迫旅游者参加额外付费项目,或者在境外接待社违反前述要求时未制止的,由旅游行政部门对组团社处组织该旅游团队所收取费用 2 倍以上 5 倍以下的罚款,并暂停其出国旅游业务经营资格,对旅游团队领队暂扣其领队证;造成恶劣影响的,对组团社取消其出国旅游业务经营资格,对旅游团队领队吊销其领队证。

第三十一条 旅游团队领队违反本办法第二十条的规定,与境外接待社、导游及为旅游者提供商品或者服务的其他经营者串通欺骗、胁迫旅游者消费或者向境外接待社、导游和其他为旅游者提供商品或者服务的经营者索要回扣、提成或者收受其财物的,由旅游行政部门责令改正,没收索要的回扣、提成或者收受的财物,并处索要的回扣、提成或者收受的财物价值 2 倍以上 5 倍以下的罚款;情节严重的,并吊销其领队证。

第三十二条 违反本办法第二十二条的规定,旅游者在境外滞留不归,旅游团队领队不及时向组团社和中国驻所在国家使领馆报告,或者组团社不及时向有关部门报告的,由旅游行政部门给予警告,对旅游团队领队可以暂扣其领队证,对组团社可以暂停其出国旅游业务经营资格。

旅游者因滞留不归被遣返回国的,由公安机关吊销其护照。

第三十三条 本办法自 2002 年 7 月 1 日起施行。国务院 1997 年 3 月 17 日批准,国家旅游局、公安部 1997 年 7 月 1 日发布的《中国公民自费出国旅游管理暂行办法》同时废止。

附录五　旅行社条例

中华人民共和国国务院令

第 550 号

《旅行社条例》已经于 2009 年 1 月 21 日国务院第 47 次常务会议通过,现予公布,自 2009 年 5 月 1 日起施行。

总理　温家宝

二〇〇九年二月二十日

第一章　总　　则

第一条　为了加强对旅行社的管理,保障旅游者和旅行社的合法权益,维护旅游市场秩序,促进旅游业的健康发展,制定本条例。

第二条　本条例适用于中华人民共和国境内旅行社的设立及经营活动。

本条例所称旅行社,是指从事招徕、组织、接待旅游者等活动,为旅游者提供相关旅游服务,开展国内旅游业务、入境旅游业务或者出境旅游业务的企业法人。

第三条　国务院旅游行政主管部门负责全国旅行社的监督管理工作。

县级以上地方人民政府管理旅游工作的部门按照职责负责本行政区域内旅行社的监督管理工作。

县级以上各级人民政府工商、价格、商务、外汇等有关部门,应当按照职责分工,依法对旅行社进行监督管理。

第四条　旅行社在经营活动中应当遵循自愿、平等、公平、诚信的原则,提高服务质量,维护旅游者的合法权益。

第五条　旅行社行业组织应当按照章程为旅行社提供服务,发挥协调和自律作用,引导旅行社合法、公平竞争和诚信经营。

第二章　旅行社的设立

第六条　申请设立旅行社,经营国内旅游业务和入境旅游业务的,应当具备下列条件:

(一) 有固定的经营场所;

(二) 有必要的营业设施;

(三) 有不少于 30 万元的注册资本。

第七条　申请设立旅行社,经营国内旅游业务和入境旅游业务的,应当向所在地省、自治区、直辖市旅游行政管理部门或者其委托的设区的市级旅游行政管理部门提出申请,并提交符合本条例第六条规定的相关证明文件。受理申请的旅游行政管理部门应当自受理申请之日起 20 个工作日内作出许可或者不予许可的决定。予以许可的,向申请人颁发旅行社业务经营许可证,申请人持旅行社业务经营许可证向工商行政管理部门办理设立登记;不予许可的,书面通知申请人并说明理由。

第八条 旅行社取得经营许可满两年,且未因侵害旅游者合法权益受到行政机关罚款以上处罚的,可以申请经营出境旅游业务。

第九条 申请经营出境旅游业务的,应当向国务院旅游行政主管部门或者其委托的省、自治区、直辖市旅游行政管理部门提出申请,受理申请的旅游行政管理部门应当自受理申请之日起 20 个工作日内作出许可或者不予许可的决定。予以许可的,向申请人换发旅行社业务经营许可证,旅行社应当持换发的旅行社业务经营许可证到工商行政管理部门办理变更登记;不予许可的,书面通知申请人并说明理由。

第十条 旅行社设立分社的,应当持旅行社业务经营许可证副本向分社所在地的工商行政管理部门办理设立登记,并自设立登记之日起 3 个工作日内向分社所在地的旅游行政管理部门备案。

旅行社分社的设立不受地域限制。分社的经营范围不得超出设立分社的旅行社的经营范围。

第十一条 旅行社设立专门招徕旅游者、提供旅游咨询的服务网点(以下简称旅行社服务网点)应当依法向工商行政管理部门办理设立登记手续,并向所在地的旅游行政管理部门备案。

旅行社服务网点应当接受旅行社的统一管理,不得从事招徕、咨询以外的活动。

第十二条 旅行社变更名称、经营场所、法定代表人等登记事项或者终止经营的,应当到工商行政管理部门办理相应的变更登记或者注销登记,并在登记办理完毕之日起 10 个工作日内,向原许可的旅游行政管理部门备案,换领或者交回旅行社业务经营许可证。

第十三条 旅行社应当自取得旅行社业务经营许可证之日起 3 个工作日内,在国务院旅游行政主管部门指定的银行开设专门的质量保证金账户,存入质量保证金,或者向作出许可的旅游行政管理部门提交依法取得的担保额度不低于相应质量保证金数额的银行担保。

经营国内旅游业务和入境旅游业务的旅行社,应当存入质量保证金 20 万元;经营出境旅游业务的旅行社,应当增存质量保证金 120 万元。

质量保证金的利息属于旅行社所有。

第十四条 旅行社每设立一个经营国内旅游业务和入境旅游业务的分社,应当向其质量保证金账户增存 5 万元;每设立一个经营出境旅游业务的分社,应当向其质量保证金账户增存 30 万元。

第十五条 有下列情形之一的,旅游行政管理部门可以使用旅行社的质量保证金:

(一)旅行社违反旅游合同约定,侵害旅游者合法权益,经旅游行政管理部门查证属实的;

(二)旅行社因解散、破产或者其他原因造成旅游者预交旅游费用损失的。

第十六条 人民法院判决、裁定及其他生效法律文书认定旅行社损害旅游者合法权益,旅行社拒绝或者无力赔偿的,人民法院可以从旅行社的质量保证金账户上划拨赔偿款。

第十七条　旅行社自缴纳或者补足质量保证金之日起三年内未因侵害旅游者合法权益受到行政机关罚款以上处罚的,旅游行政管理部门应当将旅行社质量保证金的交存数额降低50%,并向社会公告。旅行社可凭省、自治区、直辖市旅游行政管理部门出具的凭证减少其质量保证金。

第十八条　旅行社在旅游行政管理部门使用质量保证金赔偿旅游者的损失,或者依法减少质量保证金后,因侵害旅游者合法权益受到行政机关罚款以上处罚的,应当在收到旅游行政管理部门补交质量保证金的通知之日起5个工作日内补足质量保证金。

第十九条　旅行社不再从事旅游业务的,凭旅游行政管理部门出具的凭证,向银行取回质量保证金。

第二十条　质量保证金存缴、使用的具体管理办法由国务院旅游行政主管部门和国务院财政部门会同有关部门另行制定。

第三章　外商投资旅行社

第二十一条　外商投资旅行社适用本章规定;本章没有规定的,适用本条例其他有关规定。

前款所称外商投资旅行社,包括中外合资经营旅行社、中外合作经营旅行社和外资旅行社。

第二十二条　设立外商投资旅行社,由投资者向国务院旅游行政主管部门提出申请,并提交符合本条例第六条规定条件的相关证明文件。国务院旅游行政主管部门应当自受理申请之日起30个工作日内审查完毕。同意设立的,出具外商投资旅行社业务许可审定意见书;不同意设立的,书面通知申请人并说明理由。

申请人持外商投资旅行社业务许可审定意见书、章程,合资、合作双方签订的合同向国务院商务主管部门提出设立外商投资企业的申请。国务院商务主管部门应当依照有关法律、法规的规定,作出批准或者不予批准的决定。予以批准的,颁发外商投资企业批准证书,并通知申请人向国务院旅游行政主管部门领取旅行社业务经营许可证,申请人持旅行社业务经营许可证和外商投资企业批准证书向工商行政管理部门办理设立登记;不予批准的,书面通知申请人并说明理由。

第二十三条　外商投资旅行社不得经营中国内地居民出国旅游业务以及赴香港特别行政区、澳门特别行政区和台湾地区旅游的业务,但是国务院决定或者我国签署的自由贸易协定和内地与香港、澳门关于建立更紧密经贸关系的安排另有规定的除外。

第四章　旅行社经营

第二十四条　旅行社向旅游者提供的旅游服务信息必须真实可靠,不得作虚假宣传。

第二十五条　经营出境旅游业务的旅行社不得组织旅游者到国务院旅游行政主管部门公布的中国公民出境旅游目的地之外的国家和地区旅游。

第二十六条　旅行社为旅游者安排或者介绍的旅游活动不得含有违反有关法律、法规规定的内容。

第二十七条 旅行社不得以低于旅游成本的报价招徕旅游者。未经旅游者同意,旅行社不得在旅游合同约定之外提供其他有偿服务。

第二十八条 旅行社为旅游者提供服务,应当与旅游者签订旅游合同并载明下列事项:

(一)旅行社的名称及其经营范围、地址、联系电话和旅行社业务经营许可证编号;

(二)旅行社经办人的姓名、联系电话;

(三)签约地点和日期;

(四)旅游行程的出发地、途经地和目的地;

(五)旅游行程中交通、住宿、餐饮服务安排及其标准;

(六)旅行社统一安排的游览项目的具体内容及时间;

(七)旅游者自由活动的时间和次数;

(八)旅游者应当交纳的旅游费用及交纳方式;

(九)旅行社安排的购物次数、停留时间及购物场所的名称;

(十)需要旅游者另行付费的游览项目及价格;

(十一)解除或者变更合同的条件和提前通知的期限;

(十二)违反合同的纠纷解决机制及应当承担的责任;

(十三)旅游服务监督、投诉电话;

(十四)双方协商一致的其他内容。

第二十九条 旅行社在与旅游者签订旅游合同时,应当对旅游合同的具体内容作出真实、准确、完整的说明。

旅行社和旅游者签订的旅游合同约定不明确或者对格式条款的理解发生争议的,应当按照通常理解予以解释;对格式条款有两种以上解释的,应当作出有利于旅游者的解释;格式条款和非格式条款不一致的,应当采用非格式条款。

第三十条 旅行社组织中国内地居民出境旅游的,应当为旅游团队安排领队全程陪同。

第三十一条 旅行社为接待旅游者委派的导游人员或者为组织旅游者出境旅游委派的领队人员,应当持有国家规定的导游证、领队证。

第三十二条 旅行社聘用导游人员、领队人员应当依法签订劳动合同,并向其支付不低于当地最低工资标准的报酬。

第三十三条 旅行社及其委派的导游人员和领队人员不得有下列行为:

(一)拒绝履行旅游合同约定的义务;

(二)非因不可抗力改变旅游合同安排的行程;

(三)欺骗、胁迫旅游者购物或者参加需要另行付费的游览项目。

第三十四条 旅行社不得要求导游人员和领队人员接待不支付接待和服务费用或者支付的费用低于接待和服务成本的旅游团队,不得要求导游人员和领队人员承担接待旅游团队的相关费用。

第三十五条 旅行社违反旅游合同约定,造成旅游者合法权益受到损害的,应当采取必要的补救措施,并及时报告旅游行政管理部门。

第三十六条 旅行社需要对旅游业务作出委托的,应当委托给具有相应资质的旅行社,征得旅游者的同意,并与接受委托的旅行社就接待旅游者的事宜签订委托合同,确定接待旅游者的各项服务安排及其标准,约定双方的权利、义务。

第三十七条 旅行社将旅游业务委托给其他旅行社的,应当向接受委托的旅行社支付不低于接待和服务成本的费用;接受委托的旅行社不得接待不支付或者不足额支付接待和服务费用的旅游团队。

接受委托的旅行社违约,造成旅游者合法权益受到损害的,作出委托的旅行社应当承担相应的赔偿责任。作出委托的旅行社赔偿后,可以向接受委托的旅行社追偿。

接受委托的旅行社因故意或者重大过失造成旅游者合法权益损害的,应当承担连带责任。

第三十八条 旅行社应当投保旅行社责任险。旅行社责任险的具体方案由国务院旅游行政主管部门会同国务院保险监督管理机构另行制定。

第三十九条 旅行社对可能危及旅游者人身、财产安全的事项,应当向旅游者作出真实的说明和明确的警示,并采取防止危害发生的必要措施。

发生危及旅游者人身安全的情形的,旅行社及其委派的导游人员、领队人员应当采取必要的处置措施并及时报告旅游行政管理部门;在境外发生的,还应当及时报告中华人民共和国驻该国使领馆、相关驻外机构、当地警方。

第四十条 旅游者在境外滞留不归的,旅行社委派的领队人员应当及时向旅行社和中华人民共和国驻该国使领馆、相关驻外机构报告。旅行社接到报告后应当及时向旅游行政管理部门和公安机关报告,并协助提供非法滞留者的信息。

旅行社接待入境旅游发生旅游者非法滞留我国境内的,应当及时向旅游行政管理部门、公安机关和外事部门报告,并协助提供非法滞留者的信息。

第五章 监 督 检 查

第四十一条 旅游、工商、价格、商务、外汇等有关部门应当依法加强对旅行社的监督管理,发现违法行为,应当及时予以处理。

第四十二条 旅游、工商、价格等行政管理部门应当及时向社会公告监督检查的情况。公告的内容包括旅行社业务经营许可证的颁发、变更、吊销、注销情况,旅行社的违法经营行为以及旅行社的诚信记录、旅游者投诉信息等。

第四十三条 旅行社损害旅游者合法权益的,旅游者可以向旅游行政管理部门、工商行政管理部门、价格主管部门、商务主管部门或者外汇管理部门投诉,接到投诉的部门应当按照其职责权限及时调查处理,并将调查处理的有关情况告知旅游者。

第四十四条 旅行社及其分社应当接受旅游行政管理部门对其旅游合同、服务质量、旅游安全、财务账簿等情况的监督检查,并按照国家有关规定向旅游行政管理部门报送经营和财务信息等统计资料。

第四十五条 旅游、工商、价格、商务、外汇等有关部门工作人员不得接受旅行社的任何馈赠,不得参加由旅行社支付费用的购物活动或者游览项目,不得通过旅行社为自己、亲友或者其他个人、组织牟取私利。

第六章　法　律　责　任

第四十六条　违反本条例的规定,有下列情形之一的,由旅游行政管理部门或者工商行政管理部门责令改正,没收违法所得,违法所得 10 万元以上的,并处违法所得 1 倍以上 5 倍以下的罚款;违法所得不足 10 万元或者没有违法所得的,并处 10 万元以上 50 万元以下的罚款:

(一) 未取得相应的旅行社业务经营许可,经营国内旅游业务、入境旅游业务、出境旅游业务的;

(二) 分社的经营范围超出设立分社的旅行社的经营范围的;

(三) 旅行社服务网点从事招徕、咨询以外的活动的。

第四十七条　旅行社转让、出租、出借旅行社业务经营许可证的,由旅游行政管理部门责令停业整顿 1 个月至 3 个月,并没收违法所得;情节严重的,吊销旅行社业务经营许可证。受让或者租借旅行社业务经营许可证的,由旅游行政管理部门或者工商行政管理部门责令停止非法经营,没收违法所得,并处 10 万元以上 50 万元以下的罚款。

第四十八条　违反本条例的规定,旅行社未在规定期限内向其质量保证金账户存入、增存、补足质量保证金或者提交相应的银行担保的,由旅游行政管理部门责令改正;拒不改正的,吊销旅行社业务经营许可证。

第四十九条　违反本条例的规定,旅行社不投保旅行社责任险的,由旅游行政管理部门责令改正;拒不改正的,吊销旅行社业务经营许可证。

第五十条　违反本条例的规定,旅行社有下列情形之一的,由旅游行政管理部门责令改正;拒不改正的,处 1 万元以下的罚款:

(一) 变更名称、经营场所、法定代表人等登记事项或者终止经营,未在规定期限内向原许可的旅游行政管理部门备案,换领或者交回旅行社业务经营许可证的;

(二) 设立分社未在规定期限内向分社所在地旅游行政管理部门备案的;

(三) 不按照国家有关规定向旅游行政管理部门报送经营和财务信息等统计资料的。

第五十一条　违反本条例的规定,外商投资旅行社经营中国内地居民出国旅游业务以及赴香港特别行政区、澳门特别行政区和台湾地区旅游业务,或者经营出境旅游业务的旅行社组织旅游者到国务院旅游行政主管部门公布的中国公民出境旅游目的地之外的国家和地区旅游的,由旅游行政管理部门责令改正,没收违法所得,违法所得 10 万元以上的,并处违法所得 1 倍以上 5 倍以下的罚款;违法所得不足 10 万元或者没有违法所得的,并处 10 万元以上 50 万元以下的罚款;情节严重的,吊销旅行社业务经营许可证。

第五十二条　违反本条例的规定,旅行社为旅游者安排或者介绍的旅游活动含有违反有关法律、法规规定的内容的,由旅游行政管理部门责令改正,没收违法所得,并处 2 万元以上 10 万元以下的罚款;情节严重的,吊销旅行社业务经营许可证。

第五十三条　违反本条例的规定,旅行社向旅游者提供的旅游服务信息含有虚假内容或者作虚假宣传的,由工商行政管理部门依法给予处罚。

违反本条例的规定,旅行社以低于旅游成本的报价招徕旅游者的,由价格主管部门依法给予处罚。

第五十四条　违反本条例的规定,旅行社未经旅游者同意在旅游合同约定之外提供其他有偿服务的,由旅游行政管理部门责令改正,处 1 万元以上 5 万元以下的罚款。

第五十五条　违反本条例的规定,旅行社有下列情形之一的,由旅游行政管理部门责令改正,处 2 万元以上 10 万元以下的罚款;情节严重的,责令停业整顿 1 个月至 3 个月:

（一）未与旅游者签订旅游合同;

（二）与旅游者签订的旅游合同未载明本条例第二十八条规定的事项;

（三）未取得旅游者同意,将旅游业务委托给其他旅行社;

（四）将旅游业务委托给不具有相应资质的旅行社;

（五）未与接受委托的旅行社就接待旅游者的事宜签订委托合同。

第五十六条　违反本条例的规定,旅行社组织中国内地居民出境旅游,不为旅游团队安排领队全程陪同的,由旅游行政管理部门责令改正,处 1 万元以上 5 万元以下的罚款;拒不改正的,责令停业整顿 1 个月至 3 个月。

第五十七条　违反本条例的规定,旅行社委派的导游人员和领队人员未持有国家规定的导游证或者领队证的,由旅游行政管理部门责令改正,对旅行社处 2 万元以上 10 万元以下的罚款。

第五十八条　违反本条例的规定,旅行社不向其聘用的导游人员、领队人员支付报酬,或者所支付的报酬低于当地最低工资标准的,按照《中华人民共和国劳动合同法》的有关规定处理。

第五十九条　违反本条例的规定,有下列情形之一的,对旅行社,由旅游行政管理部门或者工商行政管理部门责令改正,处 10 万元以上 50 万元以下的罚款;对导游人员、领队人员,由旅游行政管理部门责令改正,处 1 万元以上 5 万元以下的罚款;情节严重的,吊销旅行社业务经营许可证、导游证或者领队证:

（一）拒不履行旅游合同约定的义务的;

（二）非因不可抗力因素改变旅游合同安排的行程的;

（三）欺骗、胁迫旅游者购物或者参加需要另行付费的游览项目的。

第六十条　违反本条例的规定,旅行社要求导游人员和领队人员接待不支付接待和服务费用、支付的费用低于接待和服务成本的旅游团队,或者要求导游人员和领队人员承担接待旅游团队的相关费用的,由旅游行政管理部门责令改正,处 2 万元以上 10 万元以下的罚款。

第六十一条　旅行社违反旅游合同约定,造成旅游者合法权益受到损害,不采取必要的补救措施的,由旅游行政管理部门或者工商行政管理部门责令改正,处 1 万元以上 5 万元以下的罚款;情节严重的,由旅游行政管理部门吊销旅行社业务经营许可证。

第六十二条　违反本条例的规定,有下列情形之一的,由旅游行政管理部门责令改正,停业整顿 1 个月至 3 个月;情节严重的,吊销旅行社业务经营许可证:

（一）旅行社不向接受委托的旅行社支付接待和服务费用的;

（二）旅行社向接受委托的旅行社支付的费用低于接待和服务成本的;

（三）接受委托的旅行社接待不支付或者不足额支付接待和服务费用的旅游团队的。

第六十三条 违反本条例的规定,旅行社及其委派的导游人员、领队人员有下列情形之一的,由旅游行政管理部门责令改正,对旅行社处 2 万元以上 10 万元以下的罚款;对导游人员、领队人员处 4000 元以上 2 万元以下的罚款;情节严重的,责令旅行社停业整顿 1 个月至 3 个月,或者吊销旅行社业务经营许可证、导游证、领队证:

(一) 发生危及旅游者人身安全的情形,未采取必要的处置措施并及时报告的;

(二) 旅行社组织出境旅游的旅游者非法滞留境外,旅行社未及时报告并协助提供非法滞留者信息的;

(三) 旅行社接待入境旅游的旅游者非法滞留境内,旅行社未及时报告并协助提供非法滞留者信息的。

第六十四条 因妨害国(边)境管理受到刑事处罚的,在刑罚执行完毕之日起五年内不得从事旅行社业务经营活动;旅行社被吊销旅行社业务经营许可证的,其主要负责人在旅行社业务经营许可证被吊销之日起五年内不得担任任何旅行社的主要负责人。

第六十五条 旅行社违反本条例的规定,损害旅游者合法权益的,应当承担相应的民事责任;构成犯罪的,依法追究刑事责任。

第六十六条 违反本条例的规定,旅游行政管理部门或者其他有关部门及其工作人员有下列情形之一的,对直接负责的主管人员和其他直接责任人员依法给予处分:

(一) 发现违法行为不及时予以处理的;

(二) 未及时公告对旅行社的监督检查情况的;

(三) 未及时处理旅游者投诉并将调查处理的有关情况告知旅游者的;

(四) 接受旅行社的馈赠的;

(五) 参加由旅行社支付费用的购物活动或者游览项目的;

(六) 通过旅行社为自己、亲友或者其他个人、组织牟取私利的。

第七章 附 则

第六十七条 香港特别行政区、澳门特别行政区和台湾地区的投资者在内地投资设立的旅行社,参照适用本条例。

第六十八条 本条例自 2009 年 5 月 1 日起施行。1996 年 10 月 15 日国务院发布的《旅行社管理条例》同时废止。

附录六　旅行社条例实施细则

国家旅游局令

第 30 号

《旅行社条例实施细则》已经 2009 年 4 月 2 日国家旅游局第 4 次局长办公会议审议通过,现予公布,自 2009 年 5 月 3 日起施行。

局长　邵琪伟

二○○九年四月三日

第一章　总　　则

第一条　根据《旅行社条例》(以下简称《条例》),制定本实施细则。

第二条　《条例》第二条所称招徕、组织、接待旅游者提供的相关旅游服务,主要包括:

(一) 安排交通服务;

(二) 安排住宿服务;

(三) 安排餐饮服务;

(四) 安排观光游览、休闲度假等服务;

(五) 导游、领队服务;

(六) 旅游咨询、旅游活动设计服务。

旅行社还可以接受委托,提供下列旅游服务:

(一) 接受旅游者的委托,代订交通客票、代订住宿和代办出境、入境、签证手续等;

(二) 接受机关、事业单位和社会团体的委托,为其差旅、考察、会议、展览等公务活动,代办交通、住宿、餐饮、会务等事务;

(三) 接受企业委托,为其各类商务活动、奖励旅游等,代办交通、住宿、餐饮、会务、观光游览、休闲度假等事务;

(四) 其他旅游服务。

前款所列出境、签证手续等服务,应当由具备出境旅游业务经营权的旅行社代办。

第三条　《条例》第二条所称国内旅游业务,是指旅行社招徕、组织和接待中国内地居民在境内旅游的业务。

《条例》第二条所称入境旅游业务,是指旅行社招徕、组织、接待外国旅游者来我国旅游,香港特别行政区、澳门特别行政区旅游者来内地旅游,台湾地区居民来大陆旅游,以及招徕、组织、接待在中国内地的外国人,在内地的香港特别行政区、澳门特别行政区居民和在大陆的台湾地区居民在境内旅游的业务。

《条例》第二条所称出境旅游业务,是指旅行社招徕、组织、接待中国内地居民出国旅游,赴香港特别行政区、澳门特别行政区和台湾地区旅游,以及招徕、组织、接待在中国内地的外国人、在内地的香港特别行政区、澳门特别行政区居民和在大陆的台湾地区居民出境旅游的业务。

第四条　对旅行社及其分支机构的监督管理,县级以上旅游行政管理部门应当按照《条例》和本细则的规定和职责,实行分级管理和属地管理。

第五条　鼓励旅行社实行服务质量等级制度;鼓励旅行社向专业化、网络化、品牌化发展。

第二章　旅行社的设立与变更

第六条　《条例》第六条第(一)项规定的经营场所应当符合下列要求:

(一)申请者拥有产权的营业用房,或者申请者租用的、租期不少于1年的营业用房;

(二)营业用房应当满足申请者业务经营的需要。

第七条　《条例》第六条第(二)项规定营业设施应当至少包括下列设施、设备:

(一)2部以上的直线固定电话;

(二)传真机、复印机;

(三)具备与旅游行政管理部门及其他旅游经营者联网条件的计算机。

第八条　申请设立旅行社,应当向省、自治区、直辖市旅游行政管理部门(简称省级旅游行政管理部门,下同)提交下列文件:

(一)设立申请书。内容包括申请设立的旅行社的中英文名称及英文缩写,设立地址,企业形式、出资人、出资额和出资方式,申请人、受理申请部门的全称、申请书名称和申请的时间;

(二)法定代表人履历表及身份证明;

(三)企业章程;

(四)依法设立的验资机构出具的验资证明;

(五)经营场所的证明;

(六)营业设施、设备的证明或者说明;

(七)工商行政管理部门出具的《企业名称预先核准通知书》。

省级旅游行政管理部门可以委托设区的市(含州、盟,下同)级旅游行政管理部门,受理当事人的申请并作出许可或者不予许可的决定。

第九条　受理申请的旅游行政管理部门可以对申请人的经营场所、营业设施、设备进行现场检查,或者委托下级旅游行政管理部门检查。

第十条　旅行社申请出境旅游业务的,应当向国务院旅游行政主管部门提交原许可的旅游行政管理部门出具的,证明其经营旅行社业务满两年且连续两年未因侵害旅游者合法权益受到行政机关罚款以上处罚的文件。

旅行社取得出境旅游经营业务许可的,由国务院旅游行政主管部门换发旅行社业务经营许可证。旅行社持旅行社业务经营许可证向工商行政管理部门办理经营范围变更登记。

　　国务院旅游行政主管部门可以委托省级旅游行政管理部门受理旅行社经营出境旅游业务的申请,并作出许可或者不予许可的决定。

　　旅行社申请经营边境旅游业务的,适用《边境旅游暂行管理办法》的规定。

　　旅行社申请经营赴台湾地区旅游业务的,适用《大陆居民赴台湾地区旅游管理办法》的规定。

　　第十一条　旅行社因业务经营需要,可以向原许可的旅游行政管理部门申请核发旅行社业务经营许可证副本。

　　旅行社业务经营许可证及副本,由国务院旅游行政主管部门制定统一样式,国务院旅游行政主管部门和省级旅游行政管理部门分别印制。

　　旅行社业务经营许可证及副本损毁或者遗失的,旅行社应当向原许可的旅游行政管理部门申请换发或者补发。

　　申请补发旅行社业务经营许可证及副本的,旅行社应当通过本省、自治区、直辖市范围内公开发行的报刊,或者省级以上旅游行政管理部门网站,刊登损毁或者遗失作废声明。

　　第十二条　旅行社名称、经营场所、出资人、法定代表人等登记事项变更的,应当在办理变更登记后,持已变更的《企业法人营业执照》向原许可的旅游行政管理部门备案。

　　旅行社终止经营的,应当在办理注销手续后,持工商行政管理部门出具的注销文件,向原许可的旅游行政管理部门备案。

　　外商投资旅行社的,适用《条例》第三章的规定。未经批准,旅行社不得引进外商投资。

　　第十三条　国务院旅游行政主管部门指定的作为旅行社存入质量保证金的商业银行,应当提交具有下列内容的书面承诺:

　　(一)同意与存入质量保证金的旅行社签订符合本实施细则第十五条规定的协议;

　　(二)当县级以上旅游行政管理部门或者人民法院依据《条例》规定,划拨质量保证金后3个工作日内,将划拨情况及其数额,通知旅行社所在地的省级旅游行政管理部门,并提供县级以上旅游行政管理部门出具的划拨文件或者人民法院生效法律文书的复印件;

　　(三)非因《条例》规定的情形,出现质量保证金减少时,旅行社承担补足义务。

　　旅行社应当在国务院旅游行政主管部门指定银行的范围内,选择存入质量保证金的银行。

　　第十四条　旅行社在银行存入质量保证金的,应当设立独立账户,存期由旅行社确定,但不得少于1年。账户存期届满,旅行社应当及时办理续存手续。

　　第十五条　旅行社存入、续存、增存质量保证金后7个工作日内,应当向作出许可的旅游行政管理部门提交存入、续存、增存质量保证金的证明文件,以及旅行社与银行达成的使用质量保证金的协议。

　　前款协议应当包含下列内容:

　　(一)旅行社与银行双方同意依照《条例》规定使用质量保证金;

　　(二)旅行社与银行双方承诺,除依照县级以上旅游行政管理部门出具的划拨质量保证金,或者省级以上旅游行政管理部门出具的降低、退还质量保证金的文件,以及人民法院作出的认定旅行社损害旅游者合法权益的生效法律文书外,任何单位和个人不得动用质量保证金。

第十六条　旅行社符合《条例》第十七条降低质量保证金数额规定条件的,原许可的旅游行政管理部门应当根据旅行社的要求,在 10 个工作日内向其出具降低质量保证金数额的文件。

第十七条　旅行社按照《条例》第十八条规定补足质量保证金后 7 个工作日内,应当向原许可的旅游行政管理部门提交补足的证明文件。

第三章　旅行社的分支机构

第十八条　旅行社分社(简称分社,下同)及旅行社服务网点(简称服务网点,下同),不具有法人资格,以设立分社、服务网点的旅行社(简称设立社,下同)的名义从事《条例》规定的经营活动,其经营活动的责任和后果,由设立社承担。

第十九条　设立社向分社所在地工商行政管理部门办理分社设立登记后,应当持下列文件向分社所在地与工商登记同级的旅游行政管理部门备案:

(一)设立社的旅行社业务经营许可证副本和企业法人营业执照副本;

(二)分社的《营业执照》;

(三)分社经理的履历表和身份证明;

(四)增存质量保证金的证明文件。

没有同级的旅游行政管理部门的,向上一级旅游行政管理部门备案。

第二十条　分社的经营场所、营业设施、设备,应当符合《条例》第六条第(一)项、第(二)项及本实施细则第六条、第七条规定的要求。

分社的名称中应当包含设立社名称、分社所在地地名和"分社"或者"分公司"字样。

第二十一条　服务网点是指旅行社设立的,为旅行社招徕旅游者,并以旅行社的名义与旅游者签订旅游合同的门市部等机构。

设立社设立服务网点的区域范围,应当在设立社所在地的设区的市的行政区划内。

设立社不得在前款规定的区域范围外,设立服务网点。

第二十二条　服务网点应当设在方便旅游者认识和出入的公众场所。

服务网点的名称、标牌应当包括设立社名称、服务网点所在地地名等,不得含有使消费者误解为是旅行社或者分社的内容,也不得作易使消费者误解的简称。

服务网点应当在设立社的经营范围内,招徕旅游者、提供旅游咨询服务。

第二十三条　设立社向服务网点所在地工商行政管理部门办理服务网点设立登记后,应当在 3 个工作日内,持下列文件向服务网点所在地与工商登记同级的旅游行政管理部门备案:

(一)设立社的旅行社业务经营许可证副本和企业法人营业执照副本;

(二)服务网点的《营业执照》;

(三)服务网点经理的履历表和身份证明。

没有同级的旅游行政管理部门的,向上一级旅游行政管理部门备案。

第二十四条　分社、服务网点备案后,受理备案的旅游行政管理部门应当向旅行社颁发《旅行社分社备案登记证明》或者《旅行社服务网点备案登记证明》。

第二十五条　设立社应当与分社、服务网点的员工,订立劳动合同。

设立社应当加强对分社和服务网点的管理,对分社实行统一的人事、财务、招徕、接待制度规范,对服务网点实行统一管理、统一财务、统一招徕和统一咨询服务规范。

第四章　旅行社经营规范

第二十六条　旅行社及其分社、服务网点,应当将《旅行社业务经营许可证》、《旅行社分社备案登记证明》或者《旅行社服务网点备案登记证明》,与营业执照一起,悬挂在经营场所的显要位置。

第二十七条　旅行社业务经营许可证不得转让、出租或者出借。

旅行社的下列行为属于转让、出租或者出借旅行社业务经营许可证的行为:

(一)除招徕旅游者和符合本实施细则第三十四条第一款规定的接待旅游者的情形外,准许或者默许其他企业、团体或者个人,以自己的名义从事旅行社业务经营活动的;

(二)准许其他企业、团体或者个人,以部门或者个人承包、挂靠的形式经营旅行社业务的。

第二十八条　旅行社设立的办事处、代表处或者联络处等办事机构,不得从事旅行社业务经营活动。

第二十九条　旅行社以互联网形式经营旅行社业务的,除符合法律、法规规定外,其网站首页应当载明旅行社的名称、法定代表人、许可证编号和业务经营范围,以及原许可的旅游行政管理部门的投诉电话。

第三十条　《条例》第二十六条规定的旅行社不得安排的活动,主要包括:

(一)含有损害国家利益和民族尊严内容的;

(二)含有民族、种族、宗教歧视内容的;

(三)含有淫秽、赌博、涉毒内容的;

(四)其他含有违反法律、法规规定内容的。

第三十一条　《条例》第三十四条所规定的旅行社不得要求导游人员和领队人员承担接待旅游团队的相关费用,主要包括:

(一)垫付旅游接待费用;

(二)为接待旅游团队向旅行社支付费用;

(三)其他不合理费用。

第三十二条　旅行社招徕、组织、接待旅游者,其选择的交通、住宿、餐饮、景区等企业,应当符合具有合法经营资格和接待服务能力的要求。

第三十三条　在签订旅游合同时,旅行社不得要求旅游者必须参加旅行社安排的购物活动或者需要旅游者另行付费的旅游项目。

同一旅游团队中,旅行社不得由于下列因素,提出与其他旅游者不同的合同事项:

(一)旅游者拒绝参加旅行社安排的购物活动或者需要旅游者另行付费的旅游项目的;

(二)旅游者存在的年龄或者职业上的差异。但旅行社提供了与其他旅游者相比更多的服务,或者旅游者主动要求的除外。

第三十四条 旅行社需要将在旅游目的地接待旅游者的业务作出委托的,应当按照《条例》第三十六条的规定,委托给旅游目的地的旅行社并签订委托接待合同。

旅行社对接待旅游者的业务作出委托的,应当按照《条例》第三十六条的规定,将旅游目的地接受委托的旅行社的名称、地址、联系人和联系电话,告知旅游者。

第三十五条 旅游行程开始前,当发生约定的解除旅游合同的情形时,经征得旅游者的同意,旅行社可以将旅游者推荐给其他旅行社组织、接待,并由旅游者与被推荐的旅行社签订旅游合同。

未经旅游者同意的,旅行社不得将旅游者转交给其他旅行社组织、接待。

第三十六条 旅行社及其委派的导游人员和领队人员的下列行为,属于擅自改变旅游合同安排行程:

(一)减少游览项目或者缩短游览时间的;

(二)增加或者变更旅游项目的;

(三)增加购物次数或者延长购物时间的;

(四)其他擅自改变旅游合同安排的行为。

第三十七条 在旅游行程中,当发生不可抗力、危及旅游者人身、财产安全,或者非旅行社责任造成的意外情形,旅行社不得不调整或者变更旅游合同约定的行程安排时,应当在事前向旅游者作出说明;确因客观情况无法在事前说明的,应当在事后作出说明。

第三十八条 在旅游行程中,旅游者有权拒绝参加旅行社在旅游合同之外安排的购物活动或者需要旅游者另行付费的旅游项目。

旅行社及其委派的导游人员和领队人员不得因旅游者拒绝参加旅行社安排的购物活动或者需要旅游者另行付费的旅游项目等情形,以任何借口、理由,拒绝继续履行合同、提供服务,或以拒绝继续履行合同、提供服务相威胁。

第三十九条 旅行社及其委派的导游人员、领队人员,应当对其提供的服务可能危及旅游者人身、财物安全的事项,向旅游者作出真实的说明和明确的警示。

在旅游行程中的自由活动时间,旅游者应当选择自己能够控制风险的活动项目,并在自己能够控制风险的范围内活动。

第四十条 为减少自然灾害等意外风险给旅游者带来的损害,旅行社在招徕、接待旅游者时,可以提示旅游者购买旅游意外保险。

鼓励旅行社依法取得保险代理资格,并接受保险公司的委托,为旅游者提供购买人身意外伤害保险的服务。

第四十一条 发生出境旅游者非法滞留境外或者入境旅游者非法滞留境内的,旅行社应当立即向所在地县级以上旅游行政管理部门、公安机关和外事部门报告。

第四十二条 在旅游行程中,旅行社及其委派的导游人员、领队人员应当提示旅游者遵守文明旅游公约和礼仪。

第四十三条 旅行社及其委派的导游人员、领队人员在经营、服务中享有下列权利:

(一)要求旅游者如实提供旅游所必需的个人信息,按时提交相关证明文件;

(二)要求旅游者遵守旅游合同约定的旅游行程安排,妥善保管随身物品;

（三）出现突发公共事件或者其他危急情形，以及旅行社因违反旅游合同约定采取补救措施时，要求旅游者配合处理防止扩大损失，以将损失降低到最低程度；

（四）拒绝旅游者提出的超出旅游合同约定的不合理要求；

（五）制止旅游者违背旅游目的地的法律、风俗习惯的言行。

第四十四条　旅行社应当妥善保存《条例》规定的招徕、组织、接待旅游者的各类合同及相关文件、资料，以备县级以上旅游行政管理部门核查。

前款所称的合同及文件、资料的保存期，应当不少于两年。

旅行社不得向其他经营者或者个人，泄露旅游者因签订旅游合同提供的个人信息；超过保存期限的旅游者个人信息资料，应当妥善销毁。

第五章　监 督 检 查

第四十五条　根据《条例》和本实施细则规定，受理旅行社申请或者备案的旅游行政管理部门，可以要求申请人或者旅行社，对申请设立旅行社、办理《条例》规定的备案时提交的证明文件、材料的原件，提供复印件并盖章确认，交由旅游行政管理部门留存。

第四十六条　县级以上旅游行政管理部门对旅行社及其分支机构实施监督检查时，可以进入其经营场所，查阅招徕、组织、接待旅游者的各类合同、相关文件、资料，以及财务账簿、交易记录和业务单据等材料，旅行社及其分支机构应当给予配合。

县级以上旅游行政管理部门对旅行社及其分支机构监督检查时，应当由两名以上持有旅游行政执法证件的执法人员进行。

不符合前款规定要求的，旅行社及其分支机构有权拒绝检查。

第四十七条　旅行社应当按年度将下列经营和财务信息等统计资料，在次年 3 月底前，报送原许可的旅游行政管理部门：

（一）旅行社的基本情况，包括企业形式、出资人、员工人数、部门设置、分支机构、网络体系等；

（二）旅行社的经营情况，包括营业收入、利税等；

（三）旅行社组织接待情况，包括国内旅游、入境旅游、出境旅游的组织、接待人数等；

（四）旅行社安全、质量、信誉情况，包括投保旅行社责任保险、认证认可和奖惩等。

对前款资料中涉及旅行社商业秘密的内容，旅游行政管理部门应当予以保密。

第四十八条　《条例》第十七条、第四十二条规定的各项公告，县级以上旅游行政管理部门应当通过本部门或者上级旅游行政管理部门的政府网站向社会发布。

质量保证金存缴数额降低、旅行社业务经营许可证的颁发、变更和注销的，国务院旅游行政主管部门或省级旅游行政管理部门应当在作出许可决定或者备案后 20 个工作日内向社会公告。

旅行社违法经营或者被吊销旅行社业务经营许可证的，由作出行政处罚决定的旅游行政管理部门，在处罚生效后 10 个工作日内向社会公告。

旅游者对旅行社的投诉信息，由处理投诉的旅游行政管理部门每季度向社会公告。

第四十九条　因下列情形之一，给旅游者的合法权益造成损害的，旅游者有权向县级以上旅游行政管理部门投诉：

（一）旅行社违反《条例》和本实施细则规定的；

（二）旅行社提供的服务，未达到旅游合同约定的服务标准或者档次的；

（三）旅行社破产或者其他原因造成旅游者预交旅游费用损失的。

划拨旅行社质量保证金的决定，应当由旅行社或者其分社所在地处理旅游者投诉的县级以上旅游行政管理部门作出。

第五十条 县级以上旅游行政管理部门，可以在其法定权限内，委托符合法定条件的同级旅游质监执法机构实施监督检查。

第六章 法 律 责 任

第五十一条 违反本实施细则第十二条第三款、第二十三条、第二十六条的规定，擅自引进外商投资、设立服务网点未在规定期限内备案，或者旅行社及其分社、服务网点未悬挂旅行社业务经营许可证、备案登记证明的，由县级以上旅游行政管理部门责令改正，可以处1万元以下的罚款。

第五十二条 违反本实施细则第二十二条第三款、第二十八条的规定，服务网点超出设立社经营范围招徕旅游者、提供旅游咨询服务，或者旅行社的办事处、联络处、代表处等从事旅行社业务经营活动的，由县级以上旅游行政管理部门依照《条例》第四十六条的规定处罚。

第五十三条 违反本实施细则第三十二条的规定，旅行社为接待旅游者选择的交通、住宿、餐饮、景区等企业，不具有合法经营资格或者接待服务能力的，由县级以上旅游行政管理部门责令改正，没收违法所得，处违法所得3倍以下但最高不超过3万元的罚款，没有违法所得的，处1万元以下的罚款。

第五十四条 违反本实施细则第三十三条的规定，要求旅游者必须参加旅行社安排的购物活动、需要旅游者另行付费的旅游项目，或者对同一旅游团队的旅游者提出与其他旅游者不同合同事项的，由县级以上旅游行政管理部门责令改正，处1万元以下的罚款。

第五十五条 违反本实施细则第三十四条第二款的规定，旅行社未将旅游目的地接待旅行社的情况告知旅游者的，由县级以上旅游行政管理部门依照《条例》第五十五条的规定处罚。

第五十六条 违反本实施细则第三十五条第二款的规定，旅行社未经旅游者的同意，将旅游者转交给其他旅行社组织、接待的，由县级以上旅游行政管理部门依照《条例》第五十五条的规定处罚。

第五十七条 违反本实施细则第三十八条第二款的规定，旅行社及其导游人员和领队人员拒绝继续履行合同、提供服务，或者以拒绝继续履行合同、提供服务相威胁的，由县级以上旅游行政管理部门依照《条例》第五十九条的规定处罚。

第五十八条 违反本实施细则第四十四条的规定，未妥善保存各类旅游合同及相关文件、资料，保存期不够两年，或者泄露旅游者个人信息的，由县级以上旅游行政管理部门责令改正，没收违法所得，处违法所得3倍以下但最高不超过3万元的罚款；没有违法所得的，处1万元以下的罚款。

第五十九条 吊销旅行社业务经营许可证的行政处罚，由原许可的省级以上旅游行政管理部门作出。

对旅行社作出停业整顿行政处罚的,旅行社在停业整顿期间,不得招徕旅游者、签订旅游合同;停业整顿期间,不影响已签订的旅游合同的履行。

第七章　附　　则

第六十条　本实施细则由国务院旅游行政主管部门负责解释。

第六十一条　本实施细则自 2009 年 5 月 3 日起施行。2001 年 12 月 27 日国家旅游局公布的《旅行社管理条例实施细则》同时废止。

参 考 文 献

1. 刘晓杰.旅行社经营管理.北京：化学工业出版社,2007.
2. 肖树青.旅行社经营管理.北京：北京交通大学出版社,2010.
3. 朱智.旅行社运营管理实务.北京：国防工业出版社,2011.
4. 王艳.旅行社业务.海口：南海出版社,2010.
5. 李晓军.旅行社经营技巧.北京：中国旅游出版社,2005.
6. 张道顺.旅行社管理手册.北京：旅游教育出版社,2006.
7. 徐云松,左红丽.门市操作实务.北京：旅游教育出版社,2008.
8. 杨晨晖.外联部操作实务.北京：旅游教育出版社,2006.
9. 周晓梅.计调部操作实务.北京：旅游教育出版社,2006.
10. 李云霞,杨叶昆.旅行社经营管理.重庆：重庆大学出版社,2002.
11. 马中华.旅行社经营管理.长春：吉林教育出版社,2009.
12. 陈建斌.旅行社经营管理.广州：中山大学出版社,2007.
13. 杜江,李宏.旅行社经营管理.北京：中国财经出版社,2005.